Bildung und literarische Kompetenz nach PISA

Studien zur Pädagogik der Schule

Hrsg. von Stephanie Hellekamps, Wilfried Plöger
und Wilhelm Wittenbruch

Band 35

PETER LANG
Frankfurt am Main · Berlin · Bern · Bruxelles · New York · Oxford · Wien

Martina von Heynitz

Bildung und literarische Kompetenz nach PISA

Konzeptualisierungen literar-ästhetischen Verstehens
am Beispiel von Test-, Prüf- und Lernaufgaben

PETER LANG
Internationaler Verlag der Wissenschaften

Bibliografische Information der Deutschen Nationalbibliothek
Die Deutsche Nationalbibliothek verzeichnet diese Publikation
in der Deutschen Nationalbibliografie; detaillierte bibliografische
Daten sind im Internet über http://dnb.d-nb.de abrufbar.

Zugl.: Münster (Westfalen), Univ., Diss., 2011

Umschlaggestaltung:
© Olaf Glöckler, Atelier Platen, Friedberg

Gedruckt auf alterungsbeständigem,
säurefreiem Papier.

D 6
ISSN 0721-4189
ISBN 978-3-631-63756-2
© Peter Lang GmbH
Internationaler Verlag der Wissenschaften
Frankfurt am Main 2012
Alle Rechte vorbehalten.

Das Werk einschließlich aller seiner Teile ist urheberrechtlich
geschützt. Jede Verwertung außerhalb der engen Grenzen des
Urheberrechtsgesetzes ist ohne Zustimmung des Verlages
unzulässig und strafbar. Das gilt insbesondere für
Vervielfältigungen, Übersetzungen, Mikroverfilmungen und die
Einspeicherung und Verarbeitung in elektronischen Systemen.

www.peterlang.de

παντα ρει - *für Daniel*

Inhalt

I. Einleitung 7
II. Bildung und Kompetenz: Zum Spannungsfeld zwischen Bildungstheorie,
empirischer Bildungsforschung und bildungspolitischer Steuerung 13
   1. Grundbildung vs. Allgemeinbildung? – Grund- und Allgemeinbildung in ihrem Verhältnis zum Bildungsauftrag öffentlicher Schulen 13
   2. Einführung von Bildungsstandards als bildungspolitische Reaktion
   auf die PISA-Ergebnisse 26
   3. Von Ablehnung zu konstruktiver Weiterentwicklung:
   Kompetenzmodellierung und Einführung von Bildungsstandards für
   alle Schulfächer? 30
   4. Aufgabenkultur nach PISA: Test-, Prüf- und Lernaufgaben zwischen
   Empirie und didaktischem Anspruch 35
III. Zum Spannungsverhältnis zwischen Bildungstheorie, Fachdidaktik und
empirischer Bildungsforschung am Beispiel der literaturdidaktischen
Diskussion 43
   1. Literarische Bildung & Kompetenz – Zur bildenden Qualität
   literarischer Texte 43
   2. Problematisierung der empirischen Modellierung und
   Operationalisierung literarischen Verstehens 64
   2.1 Problematisierung der Modellierung von Lesekompetenz in der
   Anwendung auf literarische Texte am Beispiel ihrer
   Operationalisierungen bei PISA & Co. 64
   2.2 Chancen und Grenzen der empirischen Modellierung und
   Operationalisierung genuin literarischer Rezeptionskompetenzen 86
   3. Zur fachdidaktischen Modellierung literar-ästhetischer
   Rezeptionskompetenz und ihren Implikationen für einen
   kompetenzorientierten Literaturunterricht 103
   3.1 Modellierung literar-ästhetischer Rezeptionskompetenzen für
   einen kompetenzorientierten Literaturunterricht aus fachdidaktischer
   Perspektive 103
   3.2 Überlegungen zu den Kriterien eines kompetenzorientierten
   Literaturunterrichts auf der Ebene der Konzeption von Lehr- und
   Lernmaterialien 122
IV. Bildungsadministrative Vorgaben literarischer Bildung 127
   1. Die Bildungsstandards Deutsch und ihre Beispielaufgaben 127
   2. ‚Neue' Prüfaufgabenformate im exemplarischen Vergleich 138
   2.1 Analyse zentraler Prüfaufgaben zum Abschluss der 10. Klasse

am Beispiel der Berliner Aufgaben zu literarischen Texten 141
2.2 Analyse zentraler Prüfaufgaben zum Abschluss der 10. Klasse
am Beispiel der Brandenburger Aufgaben zu literarischen Texten 161
2.3 Resümierender Vergleich 171
V. Literar-ästhetische Bildung im Literaturunterricht nach PISA –
Untersuchung von Lehrwerken und ihren Lernaufgaben 177
1. Forschungs(gegen)stand, -interesse und -methode 177
2. Analyse ausgewählter Deutschlehrwerke und ihrer Aufgaben-
stellungen im Bereich des Umgangs mit erzählender Literatur 193
2.1 Das Lehrwerk „deutsch.punkt" 193
2.2 Das Lehrwerk „Deutschbuch" 220
VI. Fazit und Ausblick 259
Literatur 267
Anhang 290

I. Einleitung

Im Unterschied zu früheren Leistungsmessungen[1] haben die PISA-Testungen aus dem Jahr 2000 aufgrund der schwachen Ergebnisse deutscher Schülerinnen und Schüler ein großes öffentliches Interesse an schulischer Bildung ausgelöst. Der bei PISA vorgenommene funktionalistische Zugriff auf Bildung wurde traditionellen Bildungsvorstellungen gegenüber gestellt und als Lösung aller mit den Testungen konstatierten Problematiken und Defizite betrachtet. Im Zuge dessen wurden von bildungspolitischer Seite umgehend Bildungsreformen unter den Schlagworten ‚Bildungsstandards', ‚Kompetenz- und Outputorientierung' eingeführt, welche die Qualität schulischen Lernens über die zu erreichenden Abschlussleistungen steigern und sichern sollen. Bekannt sind solche Bildungsprogramme, die sich im Besonderen über empirische Leistungsmessungen und -vergleiche in Form zentraler Test- und Prüfverfahren legitimieren, aus dem englischen bzw. amerikanischen Sprachraum. Das 2002 von der Bush-Regierung verabschiedete Bildungsgesetz „No child left behind" sieht vor, alle US-amerikanischen Schülerinnen und Schüler mit einem Mindestmaß an ‚Grundbildung' zu versorgen, die zu einer adäquaten gesellschaftlichen und wirtschaftlichen Teilhabe befähigen soll. Seine Wurzeln hat das damit propagierte Bildungsverständnis in der kognitionspsychologischen Lehr-/Lernforschung sowie einer vorwiegend mit quantitativen Methoden arbeitenden empirischen Bildungsforschung. Dabei wird, wie auch im Rahmen des durch die PISA-Forscher vorgelegten Konzepts, auf Begriffe Bezug genommen, die ursprünglich dem Sektor der industriellen Produktion sowie der Organisation standardisierter Arbeitsabläufe und -ergebnisse zuzuordnen sind und im Rahmen von ‚Grundbildung' auf die schulische Bildung Heranwachsender übertragen werden.

Angesichts in der Regel recht unkritischer Adaptionen des Bildungsverständnisses der empirischen Bildungsforschung durch die Bildungspolitik sind in Deutschland schnell auch skeptische Stimmen laut geworden. Diese führen gegen eine rein auf den Nutzen ausgerichtete Instrumentalisierung des Bildungsbegriffs eher traditionelle Vorstellungen allgemeiner Menschenbildung ins Feld, die Bildung zum einen unter das Primat der Zweckfreiheit stellen oder im

---

[1] Vgl. zum Beispiel in den 1960er Jahren: Edelstein, Wolfgang: Das „Projekt Schulleistung" im Institut für Bildungsforschung der Max-Planck-Gesellschaft. S. 517: „Im Institut für Bildungsforschung in der Max-Planck-Gesellschaft läuft seit einigen Jahren eine umfangreiche Untersuchung über Determinanten von Leistung in der Schule. Die Untersuchung wurde an einer für die Bundesrepublik Deutschland und alle Bundesländer repräsentativen Stichprobe von ca. 450 Gymnasien durchgeführt (...). Als die wichtigsten Ausleseächer bezieht sie Deutsch, Englisch und Mathematik ein."

Sinne Schillers als Instrument sittlicher Bildung des Menschen sehen. Es wird vor allem hinterfragt, ob sich die genannten Begriffe des Produktionssektors auf den Bereich der Bildung des Menschen übertragen lassen, ob sich Konzepte tragfähiger schulischer Allgemeinbildung mit den Grundsätzen funktionalistisch ausgerichteter Bildungsvorstellungen verbinden lassen oder ob die Adaption dieser Konzepte nicht eine zu kritisierende Reduktion schulischer Bildung – auf ein Mindestmaß an Wissen und Können – mit sich führe.

Beide Positionen standen sich vor allem zu Beginn der Debatte bzw. stehen sich zum Teil noch immer recht unversöhnlich gegenüber und scheinen gleichsam konträre Bildungsziele zu formulieren. Aus etwas distanzierterer Perspektive drängen sich jedoch weitere Fragen auf, die sich an die Proponenten jeweiliger Bildungsverständnisse gleichermaßen richten. Diese beziehen sich zum einen auf Fragen der Lesart der PISA-Ergebnisse: Welche Aussagekraft haben die dort erhobenen Leistungen der Schülerinnen und Schüler, welche Kenntnisse und Fähigkeiten wurden getestet bzw. können mit empirischen Mitteln überhaupt getestet werden? Zum anderen sind Fragen angesprochen, die an der Qualität bisheriger Schulbildung interessiert sind: Welche Rückschlüsse lassen sich aus den PISA-Ergebnissen und der damit verbundenen Bildungsdebatte hinsichtlich bisheriger Leistungserwartungen und -niveaus ziehen? Ist das Interesse an zu sichernder Grundbildung etwa gerechtfertigt, wenn maximale Bildungsansprüche traditioneller Bildungskonzepte minimale Bildungsstandards nicht erfüllen können? Denn innerhalb des anlässlich der PISA-Testungen entflammten Bildungsstreits treten nicht nur die Gefahren einer auf den alltäglichen Nutzen reduzierten Schulbildung deutlich zutage, sondern ebenso die Defizite eines Bildungskonzepts, das sich zwar auf traditionsreiche Grundlagen beruft, aber kaum fähig ist, entsprechende Bildungsziele zu benennen oder über das Erreichen dieser Ziele empirisch belastbare Aussagen zu machen. Konstruktiv kann die Diskussion um Kompetenzorientierung gelesen und begriffen werden, wenn die Forderung nach lehr- und lernbaren Bildungszielen ernst genommen und vor dem Hintergrund gängiger Vorstellungen schulischer Allgemeinbildung kritisch überprüft wird. Das Nachdenken über solche Bildungsziele muss aber weiterhin im Kontext des gesamten schulischen Fächerkanons stattfinden; daran erinnern wiederum die der Fokussierung bestimmter ‚Basiskompetenzen' skeptisch gegenüber stehenden Stimmen der Vertreter eines Begriffs allgemeiner Bildung. Innerhalb der auch in den einzelnen Fächern geführten fachdidaktischen Diskussion hat sich im Verlauf der letzten Jahre zunehmend die Einsicht durchgesetzt, dass weder die empirische Bildungsforschung ohne die Erkenntnisse der zuständigen Fachdidaktiken, noch die Fachdidaktiken ohne die empirische Erforschung ihrer Einsichten zu angemessenen Impulsen für die schulische Realität gelangen kann, sondern dass sich beide Disziplinen darüber hinaus in sinnvoller Weise ergänzen lassen.

Besonders in jenen Fächern und Teilbereichen einzelner Fächer, die bei PISA nicht zu den ‚Basiskompetenzen' des Lesens, Schreibens, Rechnens gezählt werden und deswegen im Mittelpunkt der Kritik der Opponenten des Grundbildungsgedankens stehen, treten dabei aber bislang zum Teil ungelöste Problematiken der Modellierung spezifischer Domänen und der Operationalisierung ihrer einzelnen Teilkompetenzen auf. Im Rahmen dessen soll in der vorliegenden Untersuchung in Kapitel II vor allem auch danach gefragt werden, ob zwischen diesen Positionen so vermittelt werden kann, dass sich ein tragfähiger Begriff von ‚Kompetenz' im Zusammenspiel mit ‚Bildung' konstituieren lässt und wie dieser beschaffen sein muss, um einerseits den Ansprüchen allgemeiner Bildungsvorstellungen öffentlicher Schulen und andererseits lehr- und lernbaren Leistungserwartungen und der empirischen Überprüfung ihrer Ergebnisse gerecht werden zu können. In diesem Zusammenhang wird auch die Funktion und Rolle der Bildungsstandards näher zu beleuchten sein: Sind diese anschlussfähig an konstruktive Zugriffe auf die Begriffe ‚Bildung' und ‚Kompetenz' oder bestätigen diese eher den Verdacht der Kritiker des Grundbildungskonzepts, dass nicht nur die ‚weichen' Fächer in der Konzentration auf die Basiskompetenzen bestimmter grundlegender Lernbereiche zunehmend aus der schulischen Unterrichtspraxis herausfallen werden, sondern auch diejenigen Anteile der Kernfächer, die sich der Modellierung durch empirische Prüfverfahren nicht so einfach fügen? Begünstigen die Bildungsstandards in der Formulierung der auf das Ergebnis ausgerichteten Leistungserwartungen eine Form des teaching-to-the-test, die mit den Mitteln der Empirie ausschließlich leicht messbares und nutzenorientiertes Wissen in den Vordergrund stellt? Oder werden sinnvolle Bildungsziele formuliert, die nun in größerer Klarheit in Form ‚entschlackter' Lehrpläne hervortreten?

Das Untersuchungsinteresse der vorliegenden Arbeit besteht vor diesem Hintergrund vor allem darin, die Entwicklungen, die mit den PISA-Testungen 2000 ihren Anfang genommen haben, nachzuzeichnen und einen Ausblick darauf zu geben, inwiefern bildungspolitische Versprechungen hinsichtlich der Steigerung und Sicherung der Qualität schulischer Bildung tatsächlichen Entwicklungen gerecht werden können. Neben der Ebene bildungstheoretisch-erziehungswissenschaftlicher Betrachtung soll dieser Fragestellung konkret am Beispiel der literaturdidaktischen Diskussion nachgegangen werden. Denn in der Konzentration auf – dem angelsächsischen ‚literacy'-Konzept nachempfunden – Fähigkeiten des Lesen-Könnens und der Informationsentnahme aus alltagsnahen Sach- und Gebrauchstexten bei PISA und sich daran anschließende Bildungsreformen drohten Gesichtspunkte literarischer Bildung, die nicht unmittelbarem Nutzen, sondern vielmehr auch Zielen ästhetischer Bildung unterstellt sind, aus dem Blickfeld schulischer Vermittlung verdrängt zu werden. Aus diesem Grunde wurde auch innerhalb dieser Domäne die Forderung nach kompetenzorientierten Bildungsstandards laut. Dabei stellte sich allerdings die Problematik ein, dass bisherige Lesekompetenzmodelle kaum auf literarische Verstehensprozesse angewendet werden können; empirische Modellierungen literarischen Verstehens bzw. literarischer Rezeptionskompetenz konnten überdies bislang noch nicht vorgelegt werden. Mittlerweile besteht im Bereich der Literaturdidaktik trotz der berechtigten Kritik an der zu antizipierenden Trivialisierung literarischer Bildung im Zuge der Einführung von outputorientierten Bildungsstandards und Leistungsmessungen aber Konsens darüber, dass eine domänenspezifische Auslegung des Kompetenzbegriffs, der die Besonderheiten des Faches bedenkt, vor allem zu einer sinnvollen Reflexion bisheriger Bildungsziele und zur Einsicht in eigene Defizite führt: Untersuchungen im Bereich von Unterrichts- und literarischen Verstehensprozessen haben gezeigt, dass bislang nicht ausreichend erforscht wurde, welche Verstehensprozesse und Teilschritte bei der Lektüre eines literarischen Textes vollzogen werden müssen. Defizite finden sich auch in der Benennung der Zielsetzungen im Umgang mit literarischen Texten und ihrer unterrichtspraktischen Vermittlung. In diesem Zusammenhang wird sich Kapitel III der vorliegenden Arbeit vorwiegend der Frage nach den Möglichkeiten empirischer sowie fachdidaktischer Modellierung literarischer Rezeptionskompetenzen, auch am Beispiel ihrer Operationalisierungen, widmen. Dabei wird nicht nur der Versuch unternommen, die Entwicklungen innerhalb dieser Disziplin sowie den aktuellen Forschungsstand nachzuzeichnen, sondern eine Antwort auf die Frage zu geben, welche Auslegung des Kompetenzbegriffs im Bereich der Literaturdidaktik geeignet erscheint, lehr- und lernbare sowie empirisch überprüfbare literarische Bildungsziele zu benennen, die den Anforderungen genuin literarischer Verstehensprozesse gerecht werden können. Vor diesem Hintergrund können in Kapitel IV dann die Bildungsstandards für den Literaturunterricht im Fach Deutsch auch anhand ihrer Beispielaufgaben zur Leistungsüberprüfung einer genaueren Analyse hinsichtlich ihres Kompetenz- und Bildungsverständnisses unterzogen werden.

Um die sich abzeichnenden Auswirkungen der Bildungsdebatte und -reform nach PISA auf den Bereich schulischer Vermittlung und Überprüfung nachvollziehen und veranschaulichen zu können, konzentriert sich die weitere Untersuchung in Kapitel IV. 2 und V auf die Analyse von Prüf- und Lernaufgaben im Bereich literarischen Verstehens. An *Prüf*aufgaben können in Kapitel IV. 2 relativ unmittelbar Reaktionen auf bildungspolitische Veränderungen abgelesen werden. Da von einer Rückwirkung zentraler Abschlussprüfungen auf die Lerngegenstände eines Unterrichts auszugehen ist, dessen Qualität von den Schülerergebnissen bestimmt werden soll, können die Prüfaufgaben zudem als mögliche Einflussfaktoren für die Vermittlung von Kenntnissen und Fähigkeiten im Literaturunterricht betrachtet werden. Ab Kapitel V steht die Analyse von *Lernaufgaben* im Mittelpunkt der Untersuchung. Auf der Grundlage aller zuvor angestellten Analysen bieten Aufgabensets aus aktuellen Lehrwerken des Deutschunterrichts für die zehnte Klasse die Möglichkeit, die Seite des Lernens genauer in den Blick zu nehmen: Was hat sich – angesichts der Einführung von Bildungsstandards, zentralen Abschlussprüfungen und neuen Entwicklungen innerhalb der Fachdidaktik – in der Konzeptionierung von Literaturunterricht, seinen Lerngegenständen und Bildungszielen verändert? Welche Entwicklungen lassen sich im Umgang mit literarischen Texten, auch in ihrem Stellenwert gegenüber der Behandlung von Sach- und Gebrauchstexten, herausstellen? Wird an einen den Anforderungen des Faches angemessenen Begriff literarischer Kompetenz angeknüpft oder wird in der Auseinandersetzung mit literarischen Texten auf Lesekompetenzmodelle rekurriert, die den Anforderungen literarischen Verstehens nicht gerecht werden können? Im Rückgriff auf diese Fragestellungen soll das in aktuellen Deutschlehrwerken vorfindliche Verständnis literarischer Bildung am Beispiel dessen, was Schülerinnen und Schüler im Unterricht konkret lernen sollen bzw. lernen können, skizziert werden.

Ein besonderer Schwerpunkt der vorliegenden Untersuchung liegt somit auf der Auseinandersetzung mit Fragestellungen literarischer Bildung im Gefolge des Schlagworts ‚Kompetenzorientierung'. Da diese als exemplarisch für die mit der PISA-Debatte verbundenen Problemstellungen angesehen werden, eröffnet sich zugleich ein Ausblick auf das der PISA-Debatte nachfolgende Verständnis der Zielsetzungen schulischer Allgemeinbildung im Zusammenspiel der Begriffe ‚Bildung' und ‚Kompetenz' insgesamt. Die Fragestellungen der literaturdidaktischen Diskussion schließen an bildungstheoretische Betrachtungsweisen an und versuchen angesichts der Beschreibung tatsächlicher Auswirkungen innerhalb der Prüf- und Unterrichtspraxis einen klärenden Beitrag hinsichtlich anzustrebender Bildungskonzepte zu liefern.

II. Bildung und Kompetenz: Zum Spannungsfeld zwischen Bildungstheorie, empirischer Bildungsforschung und bildungspolitischer Steuerung

1. Grundbildung vs. Allgemeinbildung? – Grund- und Allgemeinbildung in ihrem Verhältnis zum Bildungsauftrag öffentlicher Schulen

Die vorliegende Untersuchung setzt mit der im Jahr 2000 durch die PISA-Testung ausgelösten erziehungswissenschaftlichen Debatte um schulisch vermittelte Kenntnisse und Fähigkeiten und die Qualität schulischer Bildung ein, die auch die Fachdidaktiken beschäftigt. In der Gegenüberstellung von Grund- und Allgemeinbildung wird zunächst der Versuch der Bestimmung eines schulischen Bildungsbegriffs unternommen, der sowohl auf Überlegungen des Grundbildungsgedankens als auch auf berechtigte Kritikpunkte der – Konzepten der Allgemeinbildung verpflichteten – Opponenten von Grundbildung rekurriert. Die Frage danach, was schulische Bildung notwendigerweise zu leisten habe, bietet Anlass, zunächst in den Blick zu nehmen, vor dem Hintergrund welcher normativer Setzungen und bildungstheoretischer Überlegungen die PISA-Ergebnisse zu lesen sind. Zudem gilt es, die grundlegenden Annahmen des Grundbildungsgedankens von den Vorstellungen allgemeiner Bildung zu unterscheiden, indem repräsentative Kritikpunkte der Vertreter jeweiliger Bildungskonstrukte aufgegriffen werden.

Das PISA-Forscherteam definiert Bildung mit dem Begriff der *Grundbildung* als Fähigkeit zur „befriedigenden Lebensführung in persönlicher und wirtschaftlicher Hinsicht"[2] und zur „aktiven Teilhabe am gesellschaftlichen Leben"[3]. Grundsätzlich neu ist diese Begriffsbestimmung nicht, finden sich doch sowohl ältere Vorläufer, wie beispielsweise bei ROBINSOHN im Zuge der angestrebten Curriculumsreform der 1960er Jahre[4], der Bildung als „Ausstattung zum Verhal-

---

2   Baumert u.a.: PISA 2000. S. 16.
3   Ebd.
4   Robinsohn: Bildungsreform als Revision des Curriculum. Es wären grundsätzlich auch noch weiter zurückliegende historische Vorläufer des Grundbildungsgedankens zu benennen, zudem erschiene ein solcher Rückgriff auf die Geschichte der Bildungstheorie lohnend für einen Ausblick auf heutige bildungspolitische Überlegungen und Prozesse. Eine weitere Auseinandersetzung mit diesem Gesichtspunkt würde den Rahmen der vorliegenden Arbeit in ihrer Ausrichtung aber deutlich überschreiten. Vgl. zu diesem

ten in der Welt"[5] konturierte, als auch aktuelle Vertreter eines solchen Bildungsverständnisses, wie an den Überlegungen TENORTHS – „Generalisierung universeller Prämissen für Kommunikation"[6] – ersichtlich wird. Gemeinsam ist all diesen Verortungen, dass sie Schulbildung in ihrer Bedeutung für einen funktionalpragmatischen Nutzen im Alltag justieren. Fokussiert werden grundlegende Fähig- und Fertigkeiten, die als notwendig erachtet werden, um in Alltagssituationen flexibel auf verschiedene, je neu gestellte Herausforderungen adäquat reagieren und diesen in persönlicher wie gesellschaftlicher Hinsicht gerecht werden zu können.[7] Entsprechend der bei PISA getesteten Lernbereiche werden zur Überprüfung eines für eine erfolgreiche gesellschaftliche Teilhabe zu sichernden Bildungsminimums als unerlässliche Basiskompetenzen das Lesen, die Mathematik sowie die Naturwissenschaften benannt.[8] Diese sollen dazu befähigen,

> „erfolgreich selbständig handeln (...), mit den Instrumenten der Kommunikation und des Wissens souverän umgehen [sowie] in sozial heterogenen Gruppen erfolgreich handeln zu können."[9]

Im Mittelpunkt der Erfassung von Kompetenzen sollen bei PISA nicht bestimmte Themen und Inhalte, konkretes Wissen oder Fähigkeiten stehen, die im Unterricht vermittelt bzw. erlernt wurden, sondern vielmehr Strategien der Problemlösung, wie der Kompetenzbegriff WEINERTS zeigt, auf dem die Kompetenzmodellierungen bei PISA in den einzelnen Lernbereichen fußen: Kompetenzen werden definiert als

> „die bei Individuen verfügbaren oder durch sie erlernbaren kognitiven Fähigkeiten und Fertigkeiten, um bestimmte Probleme zu lösen, sowie die damit verbundenen motivationalen, volitionalen und sozialen Bereitschaften und Fähigkeiten, um die Problemlösungen in variablen Situationen erfolgreich und verantwortungsvoll nutzen zu können."[10]

Aspekt z.B.: Strobel-Eisele/Prange: Vom Kanon zum Kerncurriculum. S. 632. Vgl. besonders auch neueste Arbeiten zu diesem Thema: Waldow: Taylorismus im Klassenzimmer: John Bobbitts Vorschläge zur standards-based reform. / Bellmann: „The very speedy solution" – Neue Erziehung und Steuerung im Zeichen von Social Efficiency.

5   Robinsohn: Bildungsreform als Revision des Curriculum. S. 13.
6   Tenorth: Wie ist Bildung möglich? S. 423. S. auch Tenorth: Grundbildung – Allgemeinbildung. S. 94f.
7   Vgl. Baumert u.a.: PISA 2000. S. 17.
8   Vgl. Baumert u.a.: PISA 2000. S. 15f. Vgl. hier auch die in der BRD geführte Diskussion der 60/70er Jahre sowie auf bestimmte Kernfächer begrenzte Leistungsuntersuchungen, z.B. in: Edelstein: A. a. O.
9   Heinrich-Böll-Stiftung: Von Schlüsselkompetenzen zum Curriculum. S. 14.
10 Vgl. Weinert: Concepts of competence. S. 27f.

Fragen „curricularer Validität"[11] treten hinsichtlich der Erfassung solcher Kompetenzen in den Hintergrund. Die Messungen sollen weniger daran orientiert sein, was konkret im Unterricht gelernt wurde, statt an im Lichte von Basiskompetenzen und zu sicherndem Bildungsminimum normativ gesetzten Leistungskriterien. Lernbereiche, die über die genannten Basiskompetenzen hinaus der Tradition schulischer Bildung angehören, wie geisteswissenschaftliche oder gesellschaftspolitische Fächergruppen, werden in den PISA-Testungen nicht erfasst, da sie nicht als Bestandteile des zur gesellschaftlichen Teilhabe notwendigen Bildungsminimums betrachtet werden.

Allgemeinbildung orientiert sich dagegen nicht am Minimum, sondern am Maximum erreichbarer Bildungsziele. Bildung meint hier nicht die Konzentration auf wenige Basiskompetenzen, sondern zielt auf eine Vielheit und Differenziertheit von Kenntnissen und Fähigkeiten. Im Unterschied zum Grundbildungsverständnis steht hier nicht zuerst der Nutzen, sondern der Selbstzweck von Bildung[12], die auf das Selbst gerichtete Konstruktionsleistung des gebildeten Individuums[13] sowie die Herausbildung einer nicht-instrumentellen „Haltung der Kontemplation"[14] im Vordergrund, indem in verschiedene Modi des Denkens eingeführt werden soll, die reflexive Betrachtungen und entsprechende Perspektivwechsel ermöglichen. Das Ziel allgemeiner Bildung besteht im Sinne ihrer Wissenschaftsorientierung und der damit verbundenen Herausbildung von Kritikfähigkeit insbesondere in der Entwicklung einer kritisch-distanzierten Haltung.[15] Platon hat in seinem Höhlengleichnis metaphorisch dargestellt, welche Vorgänge angesprochen und im Einzelnen angeregt werden sollen: Der Prozess des Verlassens und der Rückkehr in die Höhle sowie das sich unter Anleitung vollziehende ‚Umlenken des Blicks' können als Synonyme für die Einführung und Einübung in reflexive Denkmodi und Betrachtungsweisen gelesen werden.[16]

Vertreter des hier skizzierten Allgemeinbildungsbegriffs, wie beispielsweise MESSNER, beklagen in Bezug auf das Konzept der Grundbildung eine epochale Neuausrichtung des Bildungsbegriffs hin zu einer Fokussierung auf den alltäglichen Anwendungsnutzen von Bildung.[17] Auch BENNER äußert sich skeptisch gegenüber der von PISA vorgelegten Definition der Basiskompetenzen:

---

11 Baumert u.a.: PISA 2000. S. 19.
12 Vgl. Musolff/ Hellekamps: Die Bildung und die Sachen. S. 66.
13 Vgl. Koch: Allgemeinbildung zwischen Selbstwert und Funktion. S. 619.
14 Musolff/ Hellekamps: Die Bildung und die Sachen. S. 64.
15 Musolff/ Hellekamps: Die Bildung und die Sachen. S. 59.
16 Vgl. Platon: Der Staat. S. 566f.
17 Vgl. Messner: Was Bildung von Produktion unterscheidet – oder die Spannung von Freiheit und Objektivierung und das Projekt der Bildungsstandards. S. 4.

"Zweifellos erfasst PISA wesentliche Elementaria grundlegender Lehr-Lern-Prozesse. Sind mit den genannten aber bereits alle repräsentiert oder müssen zu den in den PISA-Projekten thematisierten nicht auch (...) auf (...) die Wahrnehmung entfaltende ästhetische sowie Erfahrung und Reflexivität erweiternde und religiöse Kompetenzen berücksichtigt werden?"[18]

Die Definition einiger bestimmter Basiskompetenzen und Schlüsselqualifikationen schließt notwendig andere Lernbereiche aus: Dies betrifft unter der Prämisse ‚Grundbildung' jene Domänen schulischen Lehrens und Lernens, die keinen unmittelbar funktionalistisch-pragmatischen Anwendungsbezug ersichtlich werden lassen. Diese Reduktion auf bestimmte Basiskompetenzen setzt KOCH in pointiert formulierter Kritik dem Bildungsauftrag öffentlicher Grundschulen gleich, indem er deklariert, eine Einübung in basale Kulturwerkzeuge wie Lesen, Schreiben, Rechnen werde bereits dort abgeschlossen.[19] Er erinnert dagegen im Rückgriff auf die Bildungstheorie Humboldts an ein ‚Inventar' allgemeiner Bildung, das die bei PISA zugrunde gelegte Konzeption hinsichtlich ihrer Tragfähigkeit für das Lernen an allgemeinbildenden Schulen in Frage stellt:

"Allgemeine Menschenbildung [hatte] nicht bloß eine allen Individuen gemeinsame Ausstattung oder Ausrüstung mit einem mehr oder weniger geschlossenen Kreis schulischer Kenntnisse und Fertigkeiten zu bedeuten, sondern dass die Individuen durch die Anverwandlung des Wissens in ihren wesentlichen Kräften gestärkt und so als Menschen bereichert wurden."[20]

Eine pragmatische Begrenzung des Bildungsbegriffs wie bei PISA lässt – den Ausführungen KOCHS folgend – außer Acht,

"dass ein in seinen geistigen Hauptkräften gestärkter Mensch auch und gerade dann im konkreten und praktischen Leben erfolgreich sein würde, wenn er nicht in ganz bestimmter und zielgerichteter Weise dafür qualifiziert wurde, sondern wenn er zuvor Selbstdenken, Überblick, Urteilsfähigkeit und Maßstäbe gewonnen hätte."[21]

Allgemeinbildung, so definiert KOCH, bestehe immer aus einem Zusammenspiel aus sowohl rein praktisch nützlichem[22] sowie den Menschen als solchen in seiner individuellen Persönlichkeitsentwicklung bereicherndem Wissen und Kön-

---

18 Benner: Allgemeine Menschenbildung und schulische Allgemeinbildung. S. 32.
19 Vgl. Koch: Allgemeinbildung und Grundbildung. S. 184: „Inhaltlich gab es bei der Allgemeinbildung ein Minimum und ein Maximum. Das Minimum umfasste das, was ausnahmslos jeder zu lernen hatte und heute in der Grundschule vermittelt wird (...)."
20 Koch: Allgemeinbildung und Grundbildung. S. 185.
21 Ebd.
22 Dem Allgemeinbildungsbegriff wird von den PISA-Autoren im Besonderen hinsichtlich dieses Aspekts in Abrede gestellt, sich an „wichtigen Kenntnissen und Fähigkeiten, die man im Erwachsenenleben benötigt" zu orientieren. Vgl. Baumert u.a.: PISA 2000. S. 17.

nen.[23] Einer solchen Argumentationslinie folgt auch BENNER, wenn er in diesem Zusammenhang ausführt, dass sich moderne von vormodernen Gesellschaften durch die schulische Vermittlung einer „zeitgemäßen Mündigkeit"[24] unterscheiden. Somit dürfe

> „kein Curriculum (…) den Lernenden die Erfahrung und die Anstrengung [des] Blickwechsels vorenthalten und die mit seinem Vollzug möglich werdenden Reflexionen ersparen"[25],

die gerade nicht auf einen direkten Alltagsgebrauch des Gelernten abzielen.

Die wissenschaftsorientierte Auseinandersetzung mit Themen, Gegenständen und schließlich auch daraus entstehenden Sinnfragen zielt auf die Entwicklung einer kritisch-distanzierten Haltung, während bei PISA und Vertretern dieses Konzept im Rückgriff auf volitionale, motivationale und sozialen Bereitschaften und Fähigkeiten des WEINERTSCHEN Kompetenzbegriffs[26] eher von ‚Zivilisiertheit' – der Einübung in Formen problemlösenden Denkens und zivilisierten Verhaltens – die Rede sein dürfte. Darauf verweist auch der bei TENORTH ausgeführte Begriff des „Kanonisierungsstils"[27] einer Gesellschaft, der auf die Universalisierung „genereller Prämissen für Kommunikation"[28] setzt oder auch die bei ROBINSOHN zu findende Zielsetzung der „Ausstattung zum Verhalten in der Welt"[29]. Im Unterschied zur Einübung in eine kritisch-reflexive Haltung im Umgang mit kulturellen Gegenständen und Zusammenhängen wird Grundbildung dagegen als Einführung in eine bestehende Kultur verstanden, welche die Schülerinnen und Schüler mehr zur Eingewöhnung und Anpassungsleistung in

---

23 Vgl. Koch: Allgemeinbildung und Grundbildung. S. 184. Diesen Aspekt erläutert Koch an anderer Stelle im Rückgriff auf Humboldt. Hier spricht er „von der Nützlichkeit dessen, was keinen direkt definierbaren Nutzen erkennen lässt, in der Zweckmäßigkeit für anderes, was gleichwohl Zweck an sich selbst ist, in der Brauchbarkeit des nicht für den Gebrauch, sondern durch sich selbst Gerechtfertigten." (Koch: Allgemeinbildung zwischen Selbstwert und Funktion, S. 619.) Koch führt hinsichtlich der im Grundbildungskonzept getroffenen Unterscheidung zwischen nützlichem und weniger nützlichem Wissen und Können weiter aus, dass Wissen erst im Zuge „mechanischer Vermittlung" zu nutzlosem würde, wenn es eben nicht so vermittelt wird, „dass es von den Lernenden anverwandelt wird." (Koch: Allgemeinbildung und Grundbildung, Identität oder Alternative? S. 184.)
24 Benner: Kerncurriculum moderner Bildungssysteme. S. 74.
25 Ebd.
26 Vgl. Weinert: A. a. O.
27 Tenorth: Wie ist Bildung möglich? S. 423.
28 Tenorth: A. a. O.
29 Robinsohn: A. a. O.

die bestehende(n) Alltagskultur(en), denn zu individuellen Modi kritischen Denkens anregen soll.[30] TENORTH verweist zwar darauf,

> „dass die Handhabung [der Basiskompetenzen] nicht auf der Stufe der Initiation verbleibt, sondern reflexiv werden *kann*."[31]

Er bleibt zugleich eine konkrete Antwort auf die in der Kritik benannte „offene Frage"[32] des Grundbildungskonzepts schuldig:

> „Bisher ist aber kaum diskutiert, in welchem Sinne auf der Ebene der Grundbildung diese Erwartungen an die Reflexivität eingelöst [werden können] oder auch nur definiert wurden."[33]

MESSNER spitzt die Kritik an der Trivialisierung der Bildungsinhalte und Erziehungsziele hinsichtlich der Konzentration auf ein unmittelbar funktional im Alltag „Nützliches"[34] oder „Erfolgversprechendes"[35] weiter zu, indem er die Auswahl der Basiskompetenzen weniger einem bestimmten Bildungsverständnis geschuldet sieht, sondern diese als Resultat eines pragmatischen Mechanismus der „Reduktion auf Messbares" betrachtet.[36] Er führt die getroffenen Festlegungen weit weniger auf ein als notwendig erachtetes Minimum grundlegender Kenntnisse und Fähigkeiten, als auf die begrenzten Möglichkeiten standardisierter empirischer Leistungsmessung bzw. Testverfahren zurück. In dieser Lesart findet bei der Konzeptualisierung von Grundbildung eine Reduktion des Bildungsbegriffs statt, bei der bildungstheoretisch bedeutsame Aspekte zur Konstitution des Selbst und zur Herausbildung der Kritikfähigkeit auch deshalb keinen Platz mehr finden, da sie sich den für Testentwickler kodierbaren Möglichkeiten der Überprüfung entziehen. Vor dem Hintergrund des öffentlichen wie bildungspolitischen Wunsches nach Steuerung, Überprüfbarkeit und Sicherung von Bildungszielen antizipiert MESSNER die Gefahr, dass die Gegenstände schulischer Vermittlungsprozesse auf die bei PISA genannten Basiskompetenzen begrenzt werden, die lediglich den Gesetzen des empirisch Erfassbaren folgen.[37]

---

30 Vgl. Strobel-Eisele/Prange: Vom Kanon zum Kerncurriculum. S. 631f.
31 Tenorth: Stichwort: „Grundbildung" und „Basiskompetenzen". S. 179.
32 Tenorth: Stichwort: „Grundbildung" und „Basiskompetenzen". S. 178.
33 Tenorth: Stichwort: „Grundbildung" und „Basiskompetenzen". S. 179.
34 Musolff/Hellekamps: Die Bildung und die Sachen. S. 40.
35 Ebd.
36 Messner: PISA und Allgemeinbildung. S. 406f. Vgl. auch Koch: Allgemeinbildung und Grundbildung. S. 187.
37 Messner: PISA und Allgemeinbildung. S. 406f. Vgl. auch S. 401: Messner argumentiert, dass der Austausch von Allgemein- und Grundbildung sich bereits dadurch vollziehe, dass in der Öffentlichkeit der Medien die PISA-Ergebnisse als Maßstab für die Gesamtqualität der Schulen angesehen würden.

Dass hier – wenigstens auf den ersten Blick – zwei diametral gegenüber gestellte Auffassungen von Bildung aufeinander treffen, wird im Besonderen auch an der – zum Teil recht polemischen – Wahl der Begrifflichkeiten deutlich, wenn – über die bereits dargestellten Argumente hinaus – von „lichten Höhen von Zielbegriffen" und „Bildungspathos" auf der einen, von bereits an der Grundschule vermittelter Grundbildung[38] und „Bescheidenheitspathos"[39] auf der anderen Seite die Rede ist.[40]

Eine solche Dichotomie wird aber aus mehreren Gründen zu Unrecht und mit wenig konstruktiven Alternativen bzw. Konsequenzen hergestellt. Zunächst sei festgehalten, dass fragwürdig erscheint, warum deutsche Schülerinnen und Schüler bei den PISA-Testungen insgesamt nur wenig zufrieden stellende Ergebnisse erzielt haben. Zwar erfasst PISA Kompetenzen aufgrund von Kompetenzmodellierungen, die sich weniger an im Unterricht konkret Gelerntem, als an normativ gesetzten Basiskompetenzen orientieren und deren Anschlussfähigkeit an zuvor im Unterricht Gelerntes nicht unmittelbar angestrebt wird. Gleichwohl stellt sich die Frage, warum Schülerinnen und Schüler, die im Modus der Allgemeinbildung an öffentlichen Schulen unterrichtet wurden, ein definiertes Minimum grundlegender Kenntnisse und Fähigkeiten nicht zu leisten vermögen, obwohl ein maximal Erreichbares im Unterricht vermittelt werden sollte. Hinweise auf ungewohnte Frage- und Antwortmuster der Aufgaben, unklare Formulierungen in Aufgabenstellung etc. können Einflussfaktoren, aber nicht ursächliche Erklärungen benennen.

Vor diesem Hintergrund scheint berechtigt, auch die Prämissen der den Prinzipien allgemeiner Bildung verpflichteten Schulen bzw. den Begriff der Allgemeinbildung selbst in seiner Anwendung auf den Bereich schulischer Bildung zu hinterfragen. Die PISA-Testungen und die durch sie ausgelöste öffentliche

---

38 Vgl. Koch: Allgemeinbildung und Grundbildung. S. 184.
39 Koch: Allgemeinbildung und Grundbildung. S. 187.
40 Die Diskussion zwischen Vertretern der empirischen Bildungsforschung und der Bildungstheorie erinnert an die bereits in den 60er Jahren geführte Debatte um die ‚Verwissenschaftlichung' der Pädagogik mit den Mitteln der Empirie. Vgl. beispielsweise die Überlegungen Wolfgang Brezinskas im Rückgriff auf ein Zitat Karl R. Poppers: „Im Gegensatz zu einer orakelnden Philosophie, die im Wortschwall ihr Heil sucht, zwingt die moderne Wissenschaft unserem Geist die Disziplin praktischer Prüfung auf. Wissenschaftliche Theorien lassen sich an ihren praktischen Folgen überprüfen. Der Wissenschaftler ist in seinem eigenen Gebiet verantwortlich für das, was er sagt; man kann ihn an seinen Früchten erkennen (...)." In: Popper, Karl, R.: Die offene Gesellschaft und ihre Feinde. Bd. II. Bern, 1958. S. 300. Zit. nach Brezinska: Über den Wissenschaftsbegriff der Erziehungswissenschaft und die Einwände einer weltanschaulichen Pädagogik. S. 135.

Aufmerksamkeit für das Thema Bildung können konstruktiv genutzt werden, um gängige Vorstellungen zu überdenken:

„In der PISA-Debatte muss (...) der Idee einer Einbeziehung der PISA-Konsequenzen in das Gesamtgefüge einer auf Allgemeinbildung verpflichteten Schule stärker Gehör verschafft werden."[41]

Wenngleich aber die Kritik der Vertreter des Grundbildungsgedankens zu einem sinnvollen Nachdenken über Vorstellungen allgemeiner Bildung geführt hat, darf die Begrenzung auf zentrale Basiskompetenzen nicht allein zum bildenden Programm der Schulen erklärt werden, wie dies wiederum die Überlegungen der Vertreter des Allgemeinbildungskonzepts deutlich herausstellen. Aus diesem Grund sollen nun wechselseitig besonders jene Kritikpunkte diskutiert werden, vor deren Hintergrund auf einen solchen Begriff schulischer Allgemeinbildung geschlossen werden kann, der sich sowohl in Anlehnung an als auch in Abgrenzung zu beiden genannten Standpunkten verhält.

Grundbildung stellt solche Vorstellungen allgemeiner schulischer Bildung in Frage, die den Humboldtschen Begriff allgemeiner Menschenbildung, der vielmehr auf die gesamte Lebensspanne appliziert verstanden werden muss[42], ungebrochen auf die unterweisende Funktion der Schule in Fragen von Bildung und Erziehung in Anwendung bringen wollen. Gemeint sind hier jene Vorstellungen, die mehr im Bereich wohlmeinender „Wünschbarkeiten aller Art"[43], als im Kontext lehr- und lernbarer schulischer Lernziele anzusiedeln sind. Deutlich wird dies beispielsweise in den mehr präambelhaften Formulierungen gängiger Lehrpläne, die im Zusammenhang mit der bildenden Wirkung der Schule auch Erziehungsziele im Bereich der sittlichen Persönlichkeitsbildung,

„(...) angefangen von der Durchsetzung der Menschenwürde über die Herstellung einer Weltfriedensordnung bis hin zur Sicherung eines ökologischen Gleichgewichts von Arbeit, Kapital und Natur (...)"[44],

betonen.

Bereits ARISTOTELES betrachtet die Tugend des Einzelnen dagegen nicht als unmittelbares Ergebnis von Erziehung und Bildung, sondern als ein solches von Reflexion und Handeln, das letztlich erst im Kontext lebenslangen Lernens entstehe.[45] HERBART rekurriert in seiner Allgemeinen Pädagogik auf diesen Gedan-

---

41 Messner: PISA und Allgemeinbildung. S. 410.
42 Vgl. Benner: Schule und Bildung. S. 10ff.
43 Benner: Kerncurriculum moderner Bildungssysteme. S. 78.
44 Ebd.
45 Aristoteles: Politik 1337 b 3-5, zitiert nach der Übersetzung von Eugen Rolfes. In: Aristoteles: Philosophische Schriften. Bd. 4. Darmstadt: Wissenschaftliche Buchgesellschaft 1995.

ken, wenn er davor warnt, Heranwachsende durch Unterricht tugendhaft machen zu wollen. Weder Tugend noch Wertefestigkeit seien angemessen als Ziele von Erziehung und Unterweisung zu verstehen. Diese sei vielmehr so zu fassen, Heranwachsende aus der Abhängigkeit ihres gesellschaftlichen Standes zu lösen und in einer „heilsamen Charakterlosigkeit"[46] zu halten, die verhindere, dass Kinder und Jugendliche vorgegebene moralische Überzeugungen und Haltungen adaptieren.[47] Das Grundbildungskonzept und ein entsprechend gerahmtes Kerncurriculum können positiv als Versuch gewertet werden, sich zu weit gesetzten „Wünschbarkeiten aller Art"[48] zu verschließen, die mit der Frage nach Allgemeinbildung zwar verbunden sind, aber kaum eingelöst, sondern rein als euphemistische Versprechungen angesehen werden können. Zu diesen gehören neben ‚Wünschbarkeiten' der Tugend- und Werteerziehung auch solche, welche die Messlatte schulischer Vermittlung – in der Kritik am Konzept der Grundbildung[49] – am maximal Möglichen ausrichten. Ein solches Konzept hebt mehr auf die Möglichkeiten lebenslangen Lernens ab, während schulischem Lernen im Kern die Aufgabe zukommt, passende Anschlussmöglichkeiten für solch lebenslanges (Weiter-) Lernen zu schaffen.

Mit Blick auf den Bereich schulischer Bildung sollte die Formulierung von Lernziele im Vordergrund stehen, die sich als Greifbare lehren, lernen und auch überprüfen lassen. Somit sollte mit entsprechenden Leistungsmessungen weniger eine ablehnende Haltung gegenüber staatlicher Kontrolle des Schulwesens, als die Einsicht in die Notwendigkeit der Konkretisierung entsprechender Lernziele verbunden sein – deren Möglichkeiten jedoch in Bezug auf die bei PISA definierten Basiskompetenzen nicht ausgeschöpft wurden.

Dabei darf allerdings nicht dem Trugschluss aufgesessen werden, dass bestimmte „Probleme wie a, b, c durch Schlüsselqualifikationen A, B, C lösbar

---

46 Herbart, Johann Friedrich: Allgemeine Pädagogik aus dem Zweck der Erziehung abgeleitet. Göttingen: Röwer 1806. S. 500. Asmus ersetzt fälschlicherweise „Charakterlosigkeit", deren Sinn er nicht erkennt, durch „Charakterfestigkeit"; vgl. Herbart, Johann Friedrich: Allgemeine Pädagogik. In: Ders.: Pädagogische Schriften, Bd. 2. Hrsg. v. Walter Asmus. Düsseldorf: Verlag Helmut Küpper 1965. S. 104. Zit. nach Benner et al.: Ethikunterricht und moralische Kompetenz jenseits von Werte- und Tugenderziehung. S. 305.
47 Vgl. Benner et al.: Ethikunterricht und moralische Kompetenz jenseits von Werte- und Tugenderziehung. S. 305.
48 Benner: Kerncurriculum moderner Bildungssysteme. S. 78.
49 Vgl. die Position Kochs: „Charakteristisch ist, dass der Maßstab für das, was Allgemeinbildung zu leisten und zu bieten hatte, am Maximum abgelesen wurde, nicht am Minimum. Das Minimum galt eher als Voraussetzung und notwendiger Anfang, mithin als ‚Grundbildung'." In: Koch: Allgemeinbildung und Grundbildung. S. 184.

sein werden"[50], wenngleich empirische Kompetenzmodellierung und -messung dies suggerieren könnte. Das Problem der Lehrplanarbeit, Zielsetzungen aufzustellen, deren Erreichen nicht garantiert, sondern nur angestrebt werden kann, kann weder im Zuge eines auf Basiskompetenzen minimierten Kerncurriculums noch im Rahmen der Konkretisierung über PISA hinausgehender Lernziele als gelöst betrachtet werden. In diesem Zusammenhang bestehende Schwierigkeiten dürfen nicht mit Blick auf eine vermeintliche Pragmatik der Vermittlung und Überprüfung solcher Fähigkeiten und Fertigkeiten banalisiert werden.

Zwar erinnert das Konzept der Grundbildung mit seiner Konzentration auf Basiskompetenzen und den Output des Gelernten daran, konkrete Bildungs- und Lernziele zu formulieren, die im Bereich schulischer Vermittlung lehr-, lern- und überprüfbar sind, statt im Bereich der Anforderungen eines „Pädagogisch-Eigentlichen"[51] zu verbleiben, dessen Ziele kaum greifbar benannt oder kaum mit den Mitteln schulischer Unterweisung erwirkt werden können.

Gleichwohl erinnert das Konzept der *Allgemeinbildung* daran, dass die erforderliche Fokussierung des „Notwendigen und Unentbehrlichen"[52] im Bereich schulischer Bildung nicht mit einer Begrenzung auf die bei PISA genannten Basiskompetenzen gleichgesetzt werden darf. Das ‚Notwendige' lässt sich nicht auf

„einfache Fertigkeiten und Praktiken (…), beispielsweise, ob jemand eine Zeitung lesen kann oder ein öffentliches Dokument, zum Beispiel eine Stromrechnung, angemessen interpretiert (…)"[53],

reduzieren. Als das „Notwendige"[54] benennt bereits ARISTOTELES nicht nur Kenntnis und Fähigkeiten in den sog. ‚harten' Fächern wie Lesen, Schreiben, Rechnen und Geometrie, sondern auch in den ‚weichen' Fächern wie Gymnastik und Musik. Von diesen seien erstere

„zu Geldgeschäften, zur Hauswirtschaft, zu Erlernung der Wissenschaften und zu mancherlei Staatsgeschäften von Nutzen"[55]

und taugten letztere als „Bildungsmittel" für „edle Geistesbefriedigung in der Muße"[56]. Dieses ‚Notwendige' definiert sich nicht nur über festzulegende Bildungsziele, sondern vor allem auch über die Inhalte und Themen, den Input, an dem gelernt werden kann.

---

50 Ebd.
51 Benner: Bildung – Wissenschaft – Kompetenz. S. 51.
52 Benner: Allgemeine Menschenbildung und schulische Allgemeinbildung. S. 21.
53 Tenorth: Bildungstheorie angesichts von Basiskompetenzen. S. 27.
54 Aristoteles: Politik. 1337 b 3-5.
55 Aristoteles: Politik. 1338 a. S. 15f.
56 Aristoteles: Politik. 1338 a. S. 20f.

Zudem ist die Überlegung MESSNERS ernst zu nehmen, es bestünde die Gefahr der Reduktion schulischer Gegenstände der Vermittlung und Überprüfung im Zuge des von PISA vorgelegten Bildungskonzepts und der mit ihm verbundenen Messinstrumente schulisch erworbener Kenntnisse und Fähigkeiten.[57] Dies betrifft sowohl ganze Lernbereiche – wie beispielsweise die Gruppe gesellschaftswissenschaftlicher Fächer – als auch Teilbereiche einzelner Domänen – wie das literarische Lernen im Rahmen des Deutschunterrichts. Die fehlende Operationalisierung bei PISA nicht berücksichtigter, schulisch aber relevanter Kenntnisse und Fähigkeiten lässt sich einerseits auf die Prämisse empirischer Gütekriterien in der Testaufgabenentwicklung und andererseits auf eine wenig ausgeprägte Zusammenarbeit mit Bildungstheoretikern und vor allem Fachdidaktikern der einzelnen Domänen zurückführen. Dadurch zieht die Ausrichtung am empirisch Möglichen eine Trivialisierung des fachdidaktisch Möglichen und Notwendigen nach sich.[58]

Von den Vertretern allgemeiner Bildung wird neben der Reduktion auf operationalisierbare Basiskompetenzen zudem besonders die starke Anwendungsorientierung des Grundbildungskonzepts auf einen antizipierten alltäglichen Nutzen hin kritisiert. Mit dem Erfolgsversprechen auf einen unmittelbaren Gebrauchswert des schulisch Gelernten wird im Konstrukt ‚Grundbildung' der grundlegende Unterschied zwischen alltäglicher Erfahrung und schulischem Lernen ignoriert. Denn schulisches Lernen sollte seiner öffentlichen Funktion nach vielmehr jene Gegenstände im Blick haben, an denen gelernt werden kann, was sich der alltäglichen Erfahrung der meisten Heranwachsenden entzieht.[59] Angeleitetes Lernen in der Schule setzt im Unterschied zum Anwendungswissen alltäglicher Erfahrung auf Formen reflexiver Erfahrungserweiterung im Zuge der Einführung in eine Vielheit verschiedener Wissensformen.[60] Neben dem konkret Nützlichen soll schulische Unterweisung vor allem die Ausbildung vielfältiger Interessen wahrnehmen, um eine größere Anschlussfähigkeit des Gelernten an eine unbestimmte Zukunft zu ermöglichen.[61] Mit Blick auf die genannte Zukunftsoffenheit sind auf die Gegenwart ausgerichtete Kenntnisse und Fähigkeiten von nur kurzem Gebrauchswert, wohingegen KANTS Überlegung,

---

57 Vgl. Messner: A. a. O.
58 Diese Überlegungen sollen besonders im Rahmen fachdidaktischer Untersuchungen am Beispiel illustriert und verifiziert werden.
59 Vgl. Benner: Schule und Bildung. S. 10ff.
60 Vgl. Benner et al.: Ethikunterricht und moralische Kompetenz jenseits von Werte- und Tugenderziehung. S. 305.
61 Vgl. Koch: A. a. O. Der Aspekt der Zukunftsoffenheit des zu Lernenden bzw. Gelernten wird bei Benner im Rückgriff auf Überlegungen Schleiermachers, Hegels und Herbarts herausgearbeitet. Vgl. Benner: Schule und Bildung. S. 10ff.

dass es „vorzüglich darauf ankommt, daß Kinder denken lernen"[62], auf eine ungewisse Zukunft hin ausgerichtet und als tragfähiger zu betrachten ist. Die Einübung in reflexive Blickwechsel und Modi des Denkens impliziert eine sehr viel größere Anschlussfähigkeit an in der Gegenwart kaum zu spezifizierende Anforderungen künftiger Lebenswelten. Der bei PISA zwar zu stark hervorgehobene Anwendungsnutzen des Gelernten im Alltag ermahnt aber dennoch dazu, im Zuge der Einführung in bestimmte Wissensformen eine Vermittlung von sog. ‚trägem' Wissen zu vermeiden, das kaum zu Lern- und Verstehensprozessen anregt.

Diese als wechselseitige dargestellte Kritik kann konstruktiv für einen modernen schulischen Bildungsbegriff genutzt werden, der auf Aspekte beider Konstrukte rekurriert. Die vorrangige Ausrichtung am Ergebnis bzw. dem Output des Gelernten kann sinnvoll zu einem Nachdenken über eine mit Blick auf die Schule adäquate Begrenzung allgemeinbildender Bildungserwartungen verwendet werden. Die Orientierung am Output schärft den Blick auf „Notwendiges und Unentbehrliches"[63], während die Orientierung an Themen und Inhalten bzw. am Input daran erinnert, dass das „Notwendige und Unentbehrliche"[64] nicht bereits mit den bei PISA genannten Basiskompetenzen erfüllt wird, sondern dem traditionellen Fächerkanon der Schule entsprechend mannigfaltige Applikationsfelder enthält.[65] Beide Konzepte sollten weniger nur in ihrer Dichotomie, denn in ihrer ergänzenden Wirkung betrachtet werden. Die Einführung des Kompetenzbegriffs in die erziehungswissenschaftliche und fachdidaktische Diskussion und Forschung hat zu einer sinnvollen Aktualisierung des Nachdenkens über schulische Bildung geführt. Mit Blick auf seine Angemessenheit für den Raum der Schule müssen domänenspezifische Auslegungen des Kompetenzbegriffs allerdings sowohl in Anlehnung, als auch in Abgrenzung zu WEINERTS Kompetenzdefinition begriffen werden. Schulische Bildung sollte sich auf lehr-, lern- und überprüfbare kognitive Kenntnisse und Fähigkeiten beschränken, statt – entweder auf der Ebene moralischer Erziehung oder als Einübung in Formen zivilisierten bzw. sozial angepassten Verhaltens – „volitionale, motivationale sowie soziale Bereitschaften und Fähigkeiten"[66] als zu sichernde Ziele von Bildung in den Blick zu nehmen. Zugleich muss WEINERTS anwendungsbezogener Kompetenzbegriff um solche kognitiven Kompetenzen erweitert werden, die sich beispielsweise auf die Einführung in verschiedene Modi des Denkens beziehen und die bei Platon beschriebene ‚Umkehrung des Blicks'

---

62 Kant, Immanuel: Über Pädagogik. S. 707.
63 Benner: A. a. O.
64 Benner: A. a. O.
65 Vgl. Benner: Jenseits des Duals von Input und Output. S. 5ff.; 7ff.; 11.
66 Weinert: A. a. O.

ermöglichen. Im Zuge dieser Erweiterung bekommen die Gegenstände, an denen gelernt wird, wieder gesondertes Gewicht. Zusätzlich erinnern die Forderungen des ‚Klieme-Gutachtens' nach einer domänenspezifischen Auslegung des Kompetenzbegriffs an die Zuständigkeit besonders der jeweiligen Fachdidaktiken für die Modellierung und Operationalisierung von Kompetenzen.[67]

Während sich die konträren Positionen zu Beginn der Debatte recht unversöhnlich gegenüberstanden[68], hat sich mittlerweile doch der Konsens durchgesetzt, dass sowohl die Bildungstheorie, als auch die empirische Bildungsforschung im Zuge der Aktualisierung eines angemessenen schulischen Bildungsbegriffs sowie der Vermittlung und Überprüfung unerlässlicher Wissensformen und Fähigkeiten aufeinander angewiesen sind und sich vor dem Hintergrund der genannten Kritikpunkte komplementär ergänzen lassen. Im Verlauf der Kritik an Kompetenzmodellierungen und ihren Operationalisierungen musste die empirische Bildungsforschung zu der Einsicht gelangen, dass sie bildungstheoretisch und fachdidaktisch fundierte Modellierungen und Testaufgabenkonzeptionierungen nicht aus an psychometrischen Kriterien ausgerichteten Modellen ableiten kann, sondern auf die Zusammenarbeit mit den zuständigen Fachwissenschaften angewiesen ist. Vertreter der Bildungstheorie und der Fachdidaktiken erkennen ihrerseits an, dass „postulatorische bildungstheoretische Orientierungen"[69] für eine nachvollziehbare Auslegung und Umsetzung eines adäquaten schulischen Bildungsbegriffs in den einzelnen Lernbereichen nicht ausreichen, sondern dass eine ‚Verwissenschaftlichung' der verschiedenen Fachdidaktiken im Zuge sinnvoller Kompetenzforschung notwendig ist.

Darüber hinaus sollte allerdings – auch im Sinne eines Ausblicks auf die nachfolgenden Überlegungen zu den Möglichkeiten von Kompetenzmodellierung und -operationalisierung im Bereich des literarischen Lernens – kritisch angemerkt werden, dass eine alle notwendigen Kompetenzen abdeckende Modellierung und Operationalisierung mit den Mitteln der empirischen Bildungsforschung derzeit nach wie vor nicht gesichert erscheint. Einzelanalysen von Modellen und ihren Operationalisierungen sowie von Prüf- und Lernaufgaben im Bereich literarischen Lernens werden detailliert aufzeigen können, welche

---

67 Vgl. Klieme et al.: Zur Entwicklung nationaler Bildungsstandards. Eine Expertise. S. 24.

68 In den Veröffentlichungen Benners wird eine solche Position bereits recht früh als Reaktion auf den Grund- und Allgemeinbildungsdiskurs eingebracht. Im Zuge notwendiger Zusammenarbeit ist zwar ein grundlegender Konsens zu erkennen, der aber wenig darüber aussagt, welche Gewichtung den jeweiligen Disziplinen in der Zusammenarbeit zukommt.

69 Benner et al.: Ethikunterricht und moralische Kompetenz jenseits von Werte- und Tugenderziehung. S. 304.

Chancen, aber auch welche Probleme Kompetenzorientierung – selbst bei bildungstheoretisch nachvollziehbarer Fundierung des Unterfangens – aufwirft.

2. Einführung von Bildungsstandards als bildungspolitische Reaktion auf die PISA-Ergebnisse

Der im Kontext der Debatte um Grund- und Allgemeinbildung im Gestus der Beschwichtigung vorgebrachte Einwand, PISA wolle, als Teilleistungsstudie bzw. Längsschnittuntersuchung, nur bestimmte Teilbereiche der gesamten schulisch vermittelten Bildung vermessen und somit weder Aussagen über den schulisch erreichten Leistungsstand insgesamt machen, noch normierend mit Blick auf festzulegende schulische Bildungsziele verstanden werden, wird spätestens mit der Einführung von Bildungsstandards – als bildungspolitische Adaption von Grundbildung und Kompetenzorientierung – widerlegt. Eine deutliche Orientierung am Grundbildungskonzept findet sich im Zusammenhang mit den bei PISA als Basiskompetenzen benannten Lernbereichen, da lediglich für die Kernfächer Deutsch, Mathematik und die erste Fremdsprache Bildungsstandards formuliert wurden. Während die Curricula zuvor traditionell an Inhalten und Themen ausgerichtet waren, findet nun mit den Bildungsstandards eine Ausrichtung am Output des Gelernten statt. Mit den Bildungsstandards sollen auf der Grundlage der „Grundprinzipien jedes Faches"[70] die Ziele unterrichtlicher Vermittlung in „Kernbereichen"[71] benannt werden. Die Formulierung von Bildungsstandards rekurriert auf die Festlegung bestimmter Anforderungsbereiche eines jeweiligen Faches, die in ihrer Struktur stark an die Kompetenzmodellierung bei PISA angelehnt sind.[72] Zur Überprüfung der gesetzten Ziele wurden regelmäßige Leistungstests in Form von Vergleichsarbeiten und Lernstandserhebungen eingeführt, die eine aussagekräftige und mit den Mitteln der Empirie wissenschaftlich abgesicherte Rückmeldung geben sollen.

Neben dieser bildungspolitisch gewollten Anlehnung an Grundbildung, Kompetenz- und Outputorientierung verwehrt sich die Kultusministerkonferenz

---

70 Kultusministerkonferenz: Bildungsstandards für den Mittleren Schulabschluss. S. 6.
71 Ebd. Vgl. auch: Kultusministerkonferenz: Bildungsstandards für den Mittleren Schulabschluss. S. 13: „Aus einem über (…) Bildungsgänge hinweg formulierten gemeinsamen Rahmen von Kompetenzerwartungen lassen sich dann unterschiedliche Schwerpunktsetzungen ableiten."
72 Die genannten Zusammenhänge werden am Beispiel der Bildungsstandards im Fach Deutsch in Kapitel IV der vorliegenden Arbeit illustriert.

aber gleichzeitig gegen eine rein auf den Alltagsnutzen gerichtete Begrenzung von Kenntnissen und Fähigkeiten im Rahmen schulischer Vermittlung: Schulqualität, so wird argumentiert, gehe über das Messen von funktionalen Schülerleistungen hinaus.[73] Die Ziele, die im Rahmen der Bildungsstandards über funktionale hinaus genannt werden, sind allerdings jenen ‚Wünschbarkeiten aller Art' zuzuordnen, von denen sich nicht nur das Grundbildungskonzept, sondern auch ein auf die Schule hin ausgelegter Begriff allgemeiner Bildung distanzieren. Verwiesen wird auf Bildungsziele wie „Persönlichkeits- und Weltorientierung"[74], die „Begegnung mit zentralen Gegenständen unserer Kultur"[75], die „Erziehung zu mündigen Bürgern, die verantwortungsvoll, selbstkritisch und konstruktiv ihr berufliches und privates Leben gestalten und am politischen und gesellschaftlichen Leben teilnehmen"[76] ebenso wie auf eine Erziehung zur „friedlichen Gesinnung im Geiste der Völkerverständigung"[77]. Neben der Neuausrichtung von 2003 sind die allgemeinen Bildungsziele der Kultusministerkonferenz von 1973 offenbar unverändert aktuell. In ihrer aber ohnehin mehr präambelhaften Formulierung – wie sie traditioneller Weise in den Einleitungen von Rahmenrichtlinien vorgenommen werden – können diese neben der Benennung fachlicher Bildungsstandards nur wenig glaubhaft als ernst zu nehmende Ziele ausgegeben werden.[78]

In Form dieser unreflektierten Vermischung von Anforderungen eines Grundbildungskonzepts mit dem Begriff allgemeiner Bildung anhaftenden Zielen aus dem Bereich der Tugend- und Werteerziehung sind die Bildungsstandards kaum als wirkungsvolles Mittel zur Qualitätssteigerung schulischen Lernens anzusehen. Die bildungstheoretische Dimension der Diskussion um Grund- und Allgemeinbildung wird schlicht negiert in dem Versuch, neuen wie vermeintlich traditionellen Bildungszielen gerecht zu werden. Tatsächlich aber werden die Bildungsstandards weder dem Konzept der Grund-, noch dem schulischer Allgemeinbildung gerecht, sondern verwischen die Konturen des jeweilig Gemeinten. Die Bildungsstandards für die Kernfächer werden nicht auf ‚Grundlegendes' beschränkt[79], zugleich werden aber auch Annäherungen an ein

---

73 Vgl. Kultusministerkonferenz: Bildungsstandards für den Mittleren Schulabschluss. S. 6; 16f.
74 Kultusministerkonferenz: Bildungsstandards für den Mittleren Schulabschluss. S. 6f.
75 Ebd.
76 Ebd.
77 Ebd.
78 Vgl. Sauer: Historisches Denken und Geschichtsunterricht. S. 215.
79 Dies wird im Besonderen am Beispiel der Bildungsstandards im Fach Deutsch in Kapitel IV der vorliegenden Arbeit zu zeigen sein.

„Pädagogisch-Eigentliches"[80] nicht vermieden.[81] Eine konstruktive Weiterentwicklung des schulischen Bildungsbegriffs im Sinne der Orientierung an einem Kompetenzbegriff, der – wie in Kapitel II.1 ausgeführt – sinnvoll auf Aspekte beider Bildungsbegriffe rekurriert, findet ebenso wenig statt. So wird in den Bildungsstandards leichthin argumentiert, die „funktionale Aufgabe von Bildungsstandards und die Ziele einer zeitgemäßen Allgemeinbildung"[82] stünden nicht im Widerspruch zueinander, ohne dass jedoch die jeweiligen Konzepte differenziert auf ihren Nutzen für einen angemessenen schulischen Bildungsbegriff hin befragt würden. Die Problematik der Fokussierung grundlegender, erfüllbarer Bildungsziele, die zugleich im Sinne der Befähigung zum kritischen Denken über einen bloß unmittelbaren Anwendungsnutzen des Gelernten hinausgingen, wird auf diese Weise nicht gelöst, sondern schlicht umgangen.[83]

Gleichwohl ist davon auszugehen, dass die in den Bildungsstandards ergebnisorientiert formulierten Zielsetzungen angesichts der Einführung zentraler Vergleichsarbeiten und Leistungsmessungen Einfluss auf schulische Vermittlungszusammenhänge nehmen. Wenn Leistungstests auch nicht zur Benotung der Schülerleistung genutzt werden sollen,[84] so ist doch davon auszugehen, dass auf dieser Grundlage erstellte Rückmeldungen an die Schulen, beispielsweise in Form von Schulrankings, Auswirkungen auf Schwerpunktsetzungen im Unter-

---

80 Benner: A. a. O.
81 Die Bildungsstandards wurden dabei im Widerspruch zu der von der Kultusministerkonferenz in Auftrag gegebenen „Expertise zur Entwicklung nationaler Bildungsstandards" formuliert. Denn diese rät dazu, die Ziele schulischer Bildung mit den Bildungsstandards von ihrem traditionellen „Utopieüberschuss" zu befreien, der zwangsläufig „Realisierungsprobleme" mit sich führe. Vgl. in Klieme et al.: Expertise zur Entwicklung nationaler Bildungsstandards. S. 58. Auch Sauer führt in diesem Zusammenhang aus, dass „aus Gründen der Pragmatik und der Konvention" kein konsequenter Paradigmenwechsel durchgeführt, sondern „alter Wein in neuen Schläuchen" ausgeschenkt werde. Vgl. in Sauer: Historisches Denken und Geschichtsunterricht. S. 215.
82 Kultusministerkonferenz: Bildungsstandards für den Mittleren Schulabschluss. S. 7.
83 Die Position der Kultusministerkonferenz zeige, so auch Benner, dass „die Umstellung der (…) Inputorientierung auf eine an Kompetenzen ausgerichteten Outputorientierung die Schwächen und Grenzen der mit Wünschbarkeiten aller Art argumentierenden Zielkataloge noch überbietet und zu einem nicht minder normativen und illusionären Kompetenzerzeugungsidealismus führt, dessen angeblich pragmatische Ausrichtung durch die Praxis widerlegt wird." In: Benner: Jenseits des Duals von Input und Output. S. 9.
84 Klieme et al.: Expertise zur Entwicklung nationaler Bildungsstandards. S. 48. Klieme et al. argumentieren, dass zur Benotung einer Schülerleistung weit mehr Aspekte bedacht werden müssen als objektive Kodierschemata es ermöglichen. Vgl. in Klieme et al.: Expertise zur Entwicklung nationaler Bildungsstandards. S. 48. Vgl. auch S. 84.

richt haben.[85] Zudem werden unter empirischen Maßgaben konzipierte Testverfahren nicht nur in Leistungsmessungen, sondern in manchen Bundesländern auch in den Prüfungen zum Mittleren Schulabschluss eingesetzt, so dass sich die Konzentration auf die in den Bildungsstandards genannten Ziele auch über die Selektionsfunktion der Schule vollzieht. Die Formulierung von Bildungsstandards nur für die Kernfächer führt somit zu einer weiteren Aufwertung der ‚Hauptfächer' in ihren ‚harten' Lernbereichen. Dies befördert im Rahmen des schulischen Fächerkanons zum einen eine weitere Marginalisierung sogenannter ‚Nebenfächer' sowie zum anderen auf die ‚harten' Anteile fachlichen Lernens gerichtetes ‚teaching-to-the-test'.

KLIEME ET AL. betonen zwar, dass die Bildungsstandards kein Abbild des gesamten schulischen Bildungsspektrums seien[86], auch TENORTH sieht nur 60% der Unterrichtszeit davon in Anspruch genommen, während die restlichen 40% als „pädagogische Gestaltungsfreiräume"[87] verblieben und die „Autonomie"[88] der Schulen förderten. Innerhalb dieser ‚Gestaltungsfreiräume' soll dann zum Beispiel die schulinterne Curriculumsarbeit neben der Beachtung der geforderten Kompetenzen auch all das bedenken und schließlich beinhalten, was aus den zentral vorgegebenen Bildungsstandards heraus fällt. Es liegt auf der Hand, dass Schule hinsichtlich ihrer Selektionsfunktion bestimmte Schwerpunkte setzen wird, um möglichst erfolgreich – das heißt: ergebnisorientiert – auf Abschlussprüfungen wie den Mittleren Schulabschluss vorzubereiten. Die Veröffentlichung von Schulrankings auf der Grundlage auch der Ergebnisse von Prüfungen zum Mittleren Schulabschluss als scheinbares Abbild der Qualität von Schulen und Schülerleistungen fördert dieses Bestreben überdies und dürfte die Unterrichtspraxis stärker prägen, als über die Bildungsstandards hinaus weisende Möglichkeiten innerhalb der verbliebenen ‚Gestaltungsfreiräume'. KÖLLER führt an, dass die Kultusministerkonferenz offenbar nicht reflektiert habe, wie Bildungsstandards als Steuerungsinstrumente der Bildungspolitik sinnvoll implementiert und umgesetzt werden könnten.[89] Denn verbunden mit einer Didaktik des ‚teaching-to-the-test', die vornehmlich das Training der in den Bildungsstandards vorgegebenen Kompetenzen im Blick hat, bildet sich vielmehr ein ‚verschärfter' Lehrplan heraus, als dass ‚Gestaltungsfreiräume' eröffnet würden. Die Entwicklung von Kerncurricula, die sich an in den Bildungsstandards gefor-

---

85 Dies macht auch jene in die Bildungsstandards gesetzte Hoffnung der Kultusministerkonferenz deutlich, dass durch diese das öffentliche Vertrauen in die Abschlüsse gestärkt werde. Vgl. beispielsweise: Kultusministerkonferenz: Bildungsstandards. S. 12.
86 Vgl. Klieme et al.: A. a. O.
87 Tenorth: Auch eine Konvention bedarf der Rechtfertigung. S. 31.
88 Tenorth: Bildungsstandards und ihre Überprüfung. S. 16.
89 Köller: Bildungsstandards. S. 163.

derten Kompetenzen orientieren und die den Lehrkräften als grundlegende Handreichung dienen sollen[90], verstärkt diesen Effekt. Die Veröffentlichung sowohl der Schwerpunkte fachlicher Kompetenzen als auch der thematischen Ausrichtung von beispielsweise Orientierungsarbeiten im Vorfeld von Vergleichsprüfungen auf den Bildungsservern mancher Bundesländer bestätigen diesen Verdacht überdies.[91] Auch der vergleichende Blick auf die Bildungssysteme anderer Länder wie beispielsweise USA und England zeigt, dass unter analogen Voraussetzungen eben solche negativen Konsequenzen abzulesen sind, indem der Test den Unterricht zu dominieren beginnt.[92]

Die Bildungsstandards können kaum als adäquates Mittel zur Verbesserung von Unterrichtsqualität und Lernergebnissen begriffen werden. Sie sind vielmehr Abbild der Bemühungen der Bildungspolitik, greifbare Instrumente zu entwickeln, die repräsentative Aussagen über einen festgelegten status quo von Schülerleistungen ermöglichen. Über die Qualität der Kenntnisse und Fähigkeiten bzw. Kompetenzen, die vermittelt, überprüft und zur öffentlichen Darstellung genutzt werden, können aber im Grunde kaum Aussagen gemacht werden. Antizipiert werden muss dagegen im Zusammenhang mit der Gefahr des ‚teaching-to-the-test' eine Reduktion und Trivialisierung von Lerngegenständen und Lernzielen, die sich kaum mit einem anspruchsvollen Begriff schulischer Bildung in Verbindung bringen lassen.

3. Von Ablehnung zu konstruktiver Weiterentwicklung: Kompetenzmodellierung und Einführung von Bildungsstandards für alle Schulfächer?

Bildungsstandards, die weder konkrete Kompetenzen als Ziele schulischer Bildung benennen, noch den schulischen Allgemeinbildungsbegriff von ‚Wünschbarkeiten aller Art' zu befreien vermögen, sind das Resultat der ambivalenten Haltung der Kultusministerkonferenz in der Frage, wie schulische Bildung zu

---

90 Kultusministerkonferenz: Bildungsstandards für den Mittleren Schulabschluss. S. 17.
91 Dies betrifft beispielsweise das Land Sachsen. Vgl. in Saumert: Orientierungsarbeiten in Deutsch. S. 58. Während gerade die Öffentlichkeit als Reaktion auf PISA mehr Transparenz im Rahmen der Diagnose und Bewertung von Schülerleistungen forderte, ist mittlerweile ein durchaus kritisches Bewusstsein um die anfangs durchaus erwünschte Testkultur entstanden. Vgl. DIE ZEIT. Nr. 31, 29.07.2010. S. 63.
92 Vgl. Klieme et al.: Expertise zur Entwicklung nationaler Bildungsstandards. S. 48. Vgl. auch: de Waal: Fast track to slow progress.

bestimmen sei. Wenngleich mit den Bildungsstandards somit kaum weiterreichende Vorteile im Kontext des Wunsches nach Qualitätssteigerung in Aussicht gestellt werden können, so sind doch die zu antizipierenden negativen Auswirkungen der Reformen in ihrer Konzentration auf sogenannte ‚harte' Lernbereiche ernst zu nehmen.[93]

Sowohl die im Kontext der PISA-Testung und der Einführung von Bildungsstandards aus bildungstheoretischer und fachdidaktischer Perspektive kritisierten Defizite, als auch die im Rahmen der entstandenen Debatte zu Tage tretenden Mängel schulischer Bildung vor PISA können nur im Zuge der Beteiligung aller zuständigen Bildungswissenschaften bearbeitet werden. Aus diesem Grund sollte die Kritik an Einführung und Umsetzung der Bildungsstandards nicht rein zur Haltung der Negation führen, sondern auf eine konstruktive Beeinflussung des bildungspolitisch begonnen Prozesses zielen.

In diesen Zusammenhang sind zum einen recht pragmatische Überlegungen zu setzen, die – trotz der Kritik an den bisherigen Bildungsstandards und dem damit verbundenen Bildungskonzept – die Entwicklung und Einführung von Bildungsstandards für alle Fächer bzw. Lernbereiche befürworten, um der Marginalisierung empirisch bislang nicht erfasster oder nur schwer abbildbarer Lerndomänen, die den Bildungsauftrag öffentlicher Schulen im Sinne der Einführung in „mannigfaltige Applikationsfelder"[94] aber ebenso prägen wie die Kernfächer, entgegenzuwirken.[95] Doch nicht nur aus nachvollziehbaren pragmatisch ausgerichteten Gründen erscheint ein Nachdenken über Bildungsstandards über die Kernkompetenzen hinaus sinnvoll. Einer Reduktion des schulischen Fächerkanons kann vor allem in Form der Konkretisierung fachspezifischer Kompetenzen, die den Beitrag eines Faches zum Gesamten schulischer Bildung

---

93 Positionen, die beispielsweise auf der bildungstheoretischen Legitimation der Bildungsstandards durch den Prozess der Bildungsforschung selbst beharren und die zur Entwicklung weiterer Bildungsstandards in anderen Fächern als den bisherigen zur Orientierung auf das Kompetenzmodell für das Fach Deutsch verweisen, verkennen weiterhin die damit verbundene Problematik der Reduktion und Trivialisierung des schulischen Bildungsbegriffs. Die Überzeugung, die empirische Bildungsforschung könne im Alleingang angemessene Kompetenzmodellierungen entwickeln, wird mittlerweile aber kaum mehr vertreten. Vgl. in Bezug auf eine frühe Position: Tenorth: Bildungsstandards außerhalb der Kernfächer. S. 160.
94 Benner: A. a. O.
95 Vgl. beispielsweise Messner: Was Bildung von Produktion unterscheidet. Vgl. auch: Ders.: Selbstständiges Lernen und PISA. Vgl. des weiteren: Krause et al.: Kompetenzerwerb im evangelischen Religionsunterricht. S. 182./ Rothgangel: Bildungsstandards für den Religionsunterricht. S. 195. / Huber: Standards auch für die „weichen" Fächer? S. 105.

darzustellen vermögen[96], statt auf indifferente ‚Ziele' des „Pädagogisch-Eigentlichen"[97] zu verweisen, vorgebeugt werden. Im Besonderen ‚weichen' Lernbereichen haftet häufig ein Katalog kaum schulisch zu sichernder Erziehungsziele vermeintlich allgemeiner Bildung an, zu dessen sinnvoller Ernüchterung auf der Grundlage der Fokussierung zu vermittelnder, fachspezifischer Kenntnisse und Fähigkeiten beigetragen werden könnte. Dem Nachdenken über Bildungsstandards in den Lernbereichen, die bislang noch nicht erfasst wurden, muss also eine Kompetenzforschung voran gestellt sein, die sowohl eine Ernüchterung von Konzepten der Allgemeinbildung, als auch über den Kompetenz- und Grundbildungsbegriff PISAs hinausweisende Anforderungen in den Blick nimmt (vgl. Kap. II.1), um Defizite der in den Kernfächern bereits vorliegenden Bildungsstandards nicht zu wiederholen. Bei der Suche nach einer „eigenen Antwort"[98] innerhalb der auf nationaler Ebene geführten Diskussion um die Bildungsstandards sehen konstruktive Ansätze viel versprechende Möglichkeiten in einer Weiterentwicklung der Bildungsstandards auf der Grundlage eines Zusammenwirkens von Bildungstheorie und -forschung sowie den Fachdidaktiken der einzelnen Lernbereiche.

Während bereits die Modellierung der ‚harten' Lernbereiche bei PISA einige Kritik erfahren hat[99], da sie aufgrund der sich in den Operationalisierungen widerspiegelnden Trivialität der gestellten Anforderungen nicht als angemessen bezeichnet werden kann, stellen sich im Zusammenhang der Kompetenzmodellierung sog. „ill-structured knowledge domains"[100] weitere Schwierigkeiten ein. Für diese Lernbereiche lassen sich Wissenserwerb sowie Kenntnisse und Fähigkeiten weniger leicht strukturieren und hierarchisch voneinander abgrenzen als in ‚harten' Fächern. Die zur Lösung einer Mathematikaufgabe notwendigen Voraussetzungen und Teilschritte lassen sich klar benennen und deutlich voneinander abgrenzen, die zur Lösung dieser Aufgabe notwendigen Teilschritte lassen sich zudem auf weitere ähnliche Aufgaben anwenden. Anders aber verhält es sich hingegen beispielsweise bei der variantenreichen Deutung eines literari-

---

96 Vgl. Kliemes Forderung einer domänenspezifischen Auslegung des Weinertschen Kompetenzbegriffs: Klieme argumentiert, dass der Kompetenzbegriff Weinerts aufgrund seines recht allgemeinen Charakters in der Anwendung auf einzelne Lernbereiche domänenspezifisch auf die Besonderheiten eines jeweiligen Faches hin ausgelegt werden müsse. Vgl. Klieme et al.: Zur Entwicklung nationaler Bildungsstandards. S. 24.
97 Benner: A. a. O.
98 Klieme et al.: Zur Entwicklung nationaler Bildungsstandards. S. 13f.
99 Vgl. beispielsweise Karg: Mythos PISA. Die genaueren Zusammenhänge dieser defizitären Modellierung und Operationalisierung von Kompetenzen bei PISA werden am Beispiel einiger Aufgaben zur Lesekompetenz in Kapitel III.2.1 erläutert.
100 Spiro et al.: Cognitive flexibility, constructivism and hypertext. S. 26.

schen Textes, zumal jeder einzelne Text unterschiedliche Herangehensweisen erfordert.

Auch der Kompetenzbegriff WEINERTS erscheint in der Anwendung auf über die Kernkompetenzen hinausweisende Lernbereiche unzureichend. Dies wird beispielsweise am bei WEINERT benannten Aspekt der ‚Problemlösung'[101] deutlich, der eine eindeutige Lösung eines vorgegebenen Problems in den Mittelpunkt stellt. Die fachspezifischen Anforderungen von Aufgaben außerhalb der Kernfächer stellen im Zuge ihrer Bearbeitung weniger die eindeutige Lösung eines Problems, sondern eher die diskursive Problembearbeitung in der Anwendung erworbener Kenntnisse in den Vordergrund.[102] ‚Kompetenz' zeigt sich dann vielmehr im Umgang mit dem Problem bzw. der fachspezifisch gestellten Aufgabe, die mehrere ‚richtige' Lösungen zulässt. Eine auf diese Überlegung rekurrierende domänenspezifische Auslegung des WEINERTSCHEN Kompetenzbegriffs hat aber nicht nur Auswirkungen auf das mit dem Stichwort ‚Kompetenz' Bezeichnete, sondern auch auf die der Kompetenzmessung und -modellierung zugrunde liegende Testaufgabenkonstruktion. Denn positivistische Antwortmuster der PISA-Studie, die zum Zwecke ihrer empirischen Verwertbarkeit nur Fragen zulassen, die im Sinne der *Lösung* der Aufgabe eindeutig beantwortet werden können, sind der Modellierung von Kompetenzen sowie ihrer Überprüfung besonders in Lernbereichen außerhalb der Basiskompetenzen wenig förderlich.

Gleichwohl müssen aber auch die Kompetenzen in ‚ill-structured-knowledge-domains' im Rahmen des schulischen Bildungsauftrags so konkretisiert werden können, dass sie lehr-, lern- und überprüfbar sind. Denn die Probleme hinsichtlich der Modellierung einzelner Teilkompetenzen weisen im Grunde vornehmlich darauf hin, dass bislang keine ausreichenden Erkenntnisse vorliegen, über welche Kenntnisse und Fähigkeiten Schülerinnen und Schüler verfügen müssen oder auch welche kognitiven Operationen notwendig sind, um je fachspezifischen Anforderungen gerecht werden und bestimmte Aufgaben lösen zu können: Welche kognitiven Leistungen liegen beispielsweise dem Verstehen eines Witzes oder einer Metapher zugrunde?

Die Erkenntnis dieses Defizits hat zu einer verstärkten Zusammenarbeit der zuständigen Fachdidaktiken mit der empirischen Bildungsforschung geführt, wie beispielsweise das von der Deutschen Forschungsgemeinschaft (DFG) 2006 eingeführte Schwerpunktprogramm (SPSS) zur Kompetenzmodellierung in ver-

---

101 Vgl. Weinert: A. a. O.
102 Diese Problematik betrifft sicher auch die Kompetenzmodellierung in ‚harten' Lernbereichen, wie die Kritik aus den verschiedenen Fachdidaktiken an bereits vorliegenden Modellierungen und Operationalisierungen verdeutlicht. In noch stärkerem Ausmaß tritt diese Problematik aber in den sog. ‚ill-structured-knowledge-domains' ein.

schiedenen Lernbereichen zu dokumentieren vermag.[103] Im Rahmen der vorliegenden Arbeit ist aus diesem SPSS das Projekt ‚Literarästhetische Urteilskompetenz' von besonderem Interesse. Es erarbeitet ein im Rückgriff auf die Literaturtheorie Umberto Ecos theoretisch fundiertes und empirisch ausgewiesenes Modell literarästhetischer Urteilskompetenz, das im Unterschied zum Lesekompetenzmodell der PISA-Studie Kompetenzen zum Verständnis von Sach- und Gebrauchstexten von literarischen Rezeptionskompetenzen unterscheidet. Grundlage des theoretischen Konstrukts literarästhetischer Kompetenz ist ein dreidimensionales Modell mit den Teilkompetenzen „semantisch-literarästhetisches Urteilen" (Erschließung zentraler Textinhalte), „idiolektal-literarästhetisches Urteilen" (Analyse formaler Spezifika) sowie „kontextuell-literarästhetisches Urteilen" (Einbezug relevanter Kontextinformationen).

Darüber hinaus lassen sich zwei weitere von der DFG geförderte Forschungsprojekte als Beispiele einer solchen Zusammenarbeit anführen, die sich mit der Modellierung religiöser bzw. ethischer Kompetenzen 15-Jähriger beschäftigen.[104] In beiden Projekten findet sich eine dreidimensionale Kompetenzstruktur mit den Teilkompetenzen fachspezifische Grundkenntnisse, Urteils- und Handlungs- bzw. Partizipationskompetenz.

Gemeinsam ist diesen Projekten zum einen, dass sie sich an einem kognitiven Kompetenzbegriff orientieren und somit eine sinnvolle Begrenzung im Bereich der bei WEINERT genannten „motivationalen, volitionalen und sozialen Bereitschaften und Fähigkeiten" vornehmen.[105] Zum anderen arbeiten sie auf der Grundlage der bildungstheoretischen wie fachdidaktischen Fundierung ihrer

---

103 DFG-Schwerpunktprogramm: „Kompetenzmodelle zur Erfassung individueller Lernergebnisse und zur Bilanzierung von Bildungsprozessen". Das SPSS umfasst zur Zeit 23 Forschungsprojekte aus den Domänen Mathematik (5 Projekte), Naturwissenschaften (4 Projekte), Sprache/Lesen (5 Projekte), fächerübergreifende Kompetenzen wie Problemlösefähigkeit und Selbstregulation (6 Projekte) sowie berufsbezogene Lehrerkompetenzen (3 Projekte). Vgl. Klieme/ Leutner: Kompetenzmodelle zur Erfassung individueller Lernergebnisse und zur Bilanzierung von Bildungsprozessen.
104 DFG-Projekt KERK („Konstruktion und Erhebung von religiösen Kompetenzniveaus im Religionsunterricht am Beispiel des Evangelischen Religionsunterrichts"); vgl. Krause et al.: Kompetenzerwerb im evangelischen Religionsunterricht. DFG-Projekt ETiK („Entwicklung eines Testinstruments zu einer didaktisch und bildungstheoretisch ausgewiesenen Erfassung moralischer Kompetenzen bezogen auf den Ethik-Unterricht an öffentlichen Schulen"); vgl. Benner et al.: Ethikunterricht und moralische Kompetenz jenseits von Werte- und Tugenderziehung. S. 305ff.
105 Auch der Begriff der Handlungs- oder Partizipationskompetenz bezieht sich nicht auf die Normierung ‚richtigen' Handelns und ebenso wenig auf Handeln in Ernstsituationen; vielmehr beziehen sich diese Kompetenzen auf den Umgang mit verschiedenen Handlungsoptionen im Sinne der Problembearbeitung.

Konzepte im Vergleich zum Grundbildungskonzept PISAs mit einem tragfähigeren und komplexeren Begriff kognitiver Kompetenz. Denn die Kompetenzmodellierungen beziehen sich sowohl auf grundlegende fachspezifische Kenntnisse, als auch auf übergeordnete Stufen der Bewertung bzw. der Beurteilung, die auf ein Urteilsvermögen zielen, das die Einführung in verschiedene Modi des Denkens und die flexible Anwendung erworbener Kenntnisse und Fähigkeiten als Rückwirkung des (im Unterricht) Gelernten voraussetzt. Diese Ansätze orientieren sich weder an einem rein funktional ausgerichteten Bildungsverständnis, das bildungstheoretisch und fachdidaktisch zu bestimmende Anforderungen der Lern- und Prüfgegenstände außer Acht lässt, noch stellen sie sich in den Dienst ungenauer sowie unhaltbarer Vorstellungen eines „Pädagogisch-Eigentlichen"[106].

Im Mittelpunkt des Interesses sollte somit die weitere Erforschung fachspezifischer Kompetenzen, weniger der Wunsch nach der Einführung weiterer Bildungsstandards stehen. Bevor über eine Einführung weiterer Bildungsstandards sinnvoll nachgedacht werden könnte, müssen entsprechende Grundlagen bildungstheoretisch und fachdidaktisch sowie auch weitgehend empirisch abgesichert ausgewiesen werden können. Grundlage einer solchen Modellierung ist die Entwicklung von Testaufgaben, die sowohl fachdidaktischen Ansprüchen als auch empirischen Gütekriterien genügen müssen.

4. Aufgabenkultur nach PISA: Test-, Prüf- und Lernaufgaben zwischen Empirie und didaktischem Anspruch

Testaufgaben erfüllen im Bereich der empirischen Bildungsforschung mindestens zwei Funktionen: Zum einen sind sie notwendige Mittel der quantitativen Forschung für die valide Modellierung domänenspezifischer Kompetenzen. Zum zweiten werden sie in Form eines Aufgabenpools als Testinstrument eingesetzt, um Schülerleistungen vor dem Hintergrund eines domänenspezifischen Kompetenzmodells messen und überprüfen zu können. Testaufgaben nehmen sowohl im Prozess der Modellierung domänenspezifischer Kompetenz, als auch mit

---

106 Benner: A. a. O. Im Unterschied zu den hier vorgestellten Forschungsprojekten wären der Vollständigkeit halber weitere Ansätze zu nennen, die sich aber in zu starker Anlehnung an die Vorgaben des PISA-Ansatzes befinden. Genannt sei hier stellvertretend das Modell Schreibers für den Geschichtsunterricht, bei dem Sauer das Fehlen einer ästhetischen Dimension moniert. Vgl. Schreiber: Ein Kompetenz-Strukturmodell historischen Denkens. Vgl. auch Sauer: Historisches Denken und Geschichtsunterricht. S. 213.

Blick auf die potentielle Rückwirkung zentraler Leistungsvergleichstests auf den schulischen Unterricht eine zentrale Stellung ein.

Testaufgaben, die im Rückgriff auf das Konzept der Grundbildung wie bei PISA auf rein funktional ausgerichtete Kompetenzen abzielen, greifen zu kurz, da sie nur szientifisch-technisch ausgerichtet sind, statt weitere Modi des Denkens zu reflektieren. In der Folge entstehen „allzu schlichte Tests"[107], die an der Überprüfung einzelner Teilkompetenzen unter den Bedingungen psychometrischer Gütekriterien empirischer Messverfahren ausgerichtet sind. MESSNERS Vorwurf der Reduktion schulischer Bildung auf empirisch Messbares[108] erhält angesichts dieser den Aufgaben zugrunde liegenden Gütekriterien weiteres Gewicht. Von entscheidender Bedeutung für die empirische Qualität der zu treffenden Aussagen ist die Beachtung der Gütekriterien ‚Reliabilität', ‚Validität' und ‚Objektivität'.[109] Diese Faktoren sollen garantieren, dass mit einer Aufgabe tatsächlich diejenige Teilkompetenz getestet wird, die es zu erfassen gilt, dass mit einzelnen Aufgaben voneinander zu unterscheidende Kompetenzen getestet werden und dass die richtige Lösung zu einer Aufgabe eindeutig unter objektiven Gesichtspunkten bestimmbar ist. Im Unterschied zu bislang gängigen Prüfaufgaben der Schule führen diese Voraussetzungen vor allem zur Entwicklung geschlossener Aufgabenformate in Form von Multiple-Choice-Aufgaben, die auf eindeutige Lösungserwartungen hin ausgelegt sind, entsprechend kodiert und ausgewertet werden können.

Dies mag einer Aufgabenentwicklung in ‚harten' Lernbereichen insofern geringere Schwierigkeiten bereiten, als dass es beispielsweise im Schulfach Mathematik kaum Diskussionen bzw. Zweifel an der Richtigkeit eines Ergebnisses geben dürfte, das somit als objektiv ausgegeben werden kann. Anders verhält es sich aber auch im Beispiel eines ‚harten' Lernbereichs, rückt man potentiell unterschiedliche Wege, zum richtigen Ergebnis zu gelangen, ins Blickfeld. Die sich hier im Unterricht bietenden diskursiven Möglichkeiten lassen sich mit Hilfe von Testaufgaben, die jeweils unterschiedliche Kompetenzen erfassen sollen und auf eindeutige Ergebnisse ausgerichtet sind, kaum im Modus ihrer Überprüfung einfordern. Dieses Problem spitzt sich im Kontext literarischen Lernens weiter zu, da objektiv richtige Ergebnisse auf fachspezifische Fragestellungen über die Abfrage von Fachwissen hinaus häufig gar nicht im Mittelpunkt der Zielsetzungen stehen, sondern die Diskussion unterschiedlicher Möglichkeiten hinsichtlich der Interpretation literarischer Texte. Im ungünstigsten Fall empiri-

---

107 Benner: Schule und Bildung. S. 15.
108 Vgl. Messner: A. a. O.
109 Vgl. alle drei Begriffe in: Artelt et al.: Die PISA-Studie zur Lesekompetenz. Überblick und weiterführende Analysen. S. 139-168. Zit. nach Schweitzer: Der Schwierigkeitsgrad von Textverstehensaufgaben. S. 26; 33; 39.

scher Testungen beherrschen psychometrische Gütekriterien, statt die inhaltlich-fachdidaktische Güte der Aufgaben den Prozess der Aufgabenentwicklung. Illustriert werden kann dieser Zusammenhang an einem der wenigen veröffentlichten Aufgabenbeispiele[110] aus der PISA-Testung im Bereich der Lesekompetenz.[111] Es handelt sich dabei um einen Aufgabenkomplex zu einem dramatischen Text von Jean Anouihl.[112] Der für die Erfassung von Lesekompetenzen gewählten Szene des Stücks geht die Trauer des Protagonisten um den Verlust seiner Geliebten voraus. Um seine Trauer zu überwinden, hat seine Tante ein scheinbar zufälliges Treffen mit einem Mädchen arrangiert, das der Geliebten erstaunlich ähnlich sieht. Der Protagonist jedoch erkennt keine Ähnlichkeit, für ihn bleibt das Mädchen eine Fremde. Der gewählte Textausschnitt ist in Bezug auf das Verständnis der dargebotenen Handlung im Gesamtkontext des Stücks von eher geringem Anforderungsgehalt. Während das Erzählte in literarischen Texten auf den ersten Blick aber häufig banal anmuten mag, können sich weitere Horizonte auf den Text mit Blick auf Fragen seiner Gestaltung bzw. Literarizität insgesamt eröffnen. Stattdessen rekurriert die im PISA-Test formulierte Frage nur auf die zuerst genannte, unterste Ebene möglicher Anforderungen in der Auseinandersetzung mit dem Text, indem sie sich lediglich auf ein erstes Textverstehen hinsichtlich des Handlungsverlaufs der Szene bezieht. Es wird nur erfragt, wo genau sich die beiden Figuren – im Sinne eines gedachten Bühnenbildes – in der Szene befinden: hinter, neben oder vor dem Buschwerk der Requisite:[113]

Frage 41: AMANDA UND DIE HERZOGIN
Der Regisseur bestimmt die Positionen der Schauspieler auf der Bühne. In einer Zeichnung stellt der Regisseur Amanda mit dem Buchstaben A und die Herzogin mit dem Buchstaben H dar. Füge A und H in die folgende Zeichnung ein, um zu zeigen, wo sich Amanda und die Herzogin ungefähr befinden, wenn der Prinz auftritt.

Die richtige Antwort können die Probanden in der vorgegebenen grafischen Darstellung des Bühnenbildes per Markierung eintragen. Die Anforderungen an den Leser bestehen hier schlicht in der Fähigkeit, den Text lesen, bestimmte Einzelinformationen auffinden und verknüpfen zu können; eine detaillierte Aus-

---

110 Vgl. PISA-Konsortium Deutschland: PISA 2000. Beispielaufgaben aus dem Lesekompetenztest. S. 36ff.
111 Vgl. zu diesem Beispiel auch: Benner: Unterricht –Wissen – Kompetenz. S. 128. / Karg: Mythos PISA. / Lühmann: Pro Domo. S. 6f.
112 Vgl. den Primärtext im Anhang der vorliegenden Arbeit, Text 1.
113 PISA-Konsortium Deutschland: PISA 2000. Beispielaufgaben aus dem Lesekompetenztest. S. 40.

einandersetzung mit dem Text auf der Ebene höherer Anforderungsebenen wird nicht angestrebt. Dies trifft auch auf die anderen Beispiele dieser Aufgabeneinheit zu, die eher auf berufsspezifisches Wissen von Regisseuren abheben, wie ein weiteres Beispiel[114] zeigt:

Frage 40: AMANDA UND DIE HERZOGIN
Die folgende Tabelle enthält eine Liste von Theatertechnikern, die bei der Aufführung dieses Auszugs aus dem Skript beteiligt sind. Vervollständige die Tabelle, indem du jeweils eine genaue Bühnenanweisung aus TEXT 1 einträgst, welche die Beteiligung des betreffenden Technikers erfordert.
Die erste Antwort wird dir als Beispiel vorgegeben.

Theatertechniker	Bühnenanweisung
Bühnenbildner	Eine runde Bank um einen kleinen Obelisken herum.
Requisiteur	
Tontechniker	
Beleuchtungstechniker	

Lediglich eine Frage dieses Aufgabenkomplexes zielt auf eine Form des Verstehens, die an fachdidaktisch angemessene Aufgabenstellungen im Umgang mit literarischen Texten heranreicht. Mit Frage 42[115] des PISA-Testes wird eine unter literaturdidaktischen Gesichtspunkten relevante Irritation innerhalb des Textes aufgegriffen – wenngleich die damit verbundenen Anforderungen an die Probanden weiterhin wenig anspruchsvoll sind:

Frage 42: AMANDA UND DIE HERZOGIN
Gegen Ende des Auszugs aus dem Stück sagt Amanda: „Er hat mich nicht erkannt..." Was meint sie damit?
A Dass der Prinz Amanda nicht angesehen hat.
B Dass der Prinz nicht bemerkt hat, dass sie eine Verkäuferin ist.
C Dass der Prinz nicht bemerkt hat, dass er Amanda schon einmal begegnet ist.
D Dass dem Prinzen nicht aufgefallen ist, dass Amanda wie Léocadia aussieht.

Da der Prinz Amanda vor dieser Szene nicht kannte, kann er sie infolgedessen auch nicht ‚erkennen'. Aufgrund dieser Textauffälligkeit zeigt sich, dass das Besondere der Erzählung häufig eher in der Art und Weise des Erzählten zu fin-

---

114 PISA-Konsortium Deutschland: PISA 2000. Beispielaufgaben aus dem Lesekompetenztest. S. 39.
115 PISA-Konsortium Deutschland: PISA 2000. Beispielaufgaben aus dem Lesekompetenztest. S. 40.

den ist, die wiederum Einfluss auf die Leserwirkung und den Deutungsspielraum des Textes hat. Ein Erkennen, wie die Tante des Prinzen es sich wünscht, ist hier aufgrund der Unverwechselbarkeit des Einzelnen, die sich kaum am Äußeren der Person festmachen lässt, nicht möglich. Allerdings zielt auch diese Frage der PISA-Testung wiederum nur auf das Verstehen des Handlungsverlaufs. Aus diesem lässt sich schließen, dass die falschen Antwortoptionen A-C ohnehin recht abwegig sind, so dass die Probanden allein auf dem Wege des Ausschlussverfahrens zu Antwort D) gelangen dürften.

Die Motive der Handelnden, die gestalterische Darstellungsebene des Textes – dies alles spielt in den PISA-Aufgaben keine Rolle. Nicht der Text selbst steht im Mittelpunkt der Betrachtung, sondern die ihm zu entnehmenden, eindeutig verifizierbaren Informationen. Der vorliegende Gegenstand wird hinsichtlich der Überprüfung solcher Teilkompetenzen, die auf einen unterkomplexen Kompetenzbegriff verweisen, beliebig. Statt des Anouihl-Textes hätte zur Erfassung der geforderten Lesekompetenzen auch ein anderer Text herangezogen werden können. Komplexe Aufgaben, die ein gewisses Anforderungsniveau nicht unterbieten, sind im Rahmen der Anwendung von Lesekompetenz auf die Auseinandersetzung mit literarischen Texten in der PISA-Testung kaum zu finden. Diese technisch ausgerichtete und nur recht triviale Aspekte des schulischen Bildungsspektrums in der Sekundarstufe I testende Verfahrensweise ist vor allem den genannten psychometrischen Gütekriterien und dem fehlenden Einfluss der zuständigen Fachdidaktik geschuldet, so dass die psychometrische der fachdidaktischen Güte präordiniert wird. Ein solches Vorgehen wird den fachspezifischen Anforderungen jedoch nicht gerecht.

Sinnvolle und anspruchsvolle Testaufgabenentwicklung, die diese Defizite nicht wiederholen will, muss hohe Ansprüche an die Generierung von Aufgaben stellen, die einerseits zum Zwecke ihrer empirischen Messbarkeit an Vorgaben der empirischen Bildungsforschung ausgerichtet sein und andererseits inhaltlich-fachdidaktischen Ansprüchen genügen sollen. Es müssen kreative Wege gefunden werden, den Spielraum empirischer Gütekriterien mit Blick auf die Entwicklung von Testaufgaben sowie Möglichkeiten ihrer Kodierung so auszuweiten, dass auch komplexe Frage- und Antworthorizonte in den Blick geraten können. Denn daran entscheidet sich, ob sinnvolle Wege der Modellierung von Kompetenzen für alle Lernbereiche gefunden werden können. Ein Beispiel für eine kreative Erweiterung im Rahmen der Aufgabenentwicklung ist das sog. „ex-negativo-Prinzip" der Aufgabenstellung, in der nicht das Erkennen einer richtigen Antwort, sondern der Ausschluss verschiedener falscher Antworten fokussiert wird. Im Rückgriff auf die Literaturtheorie Ecos wird dieses Prinzip im DFG-Projekt „Literarästhetische Urteilskompetenz" wie folgt definiert:

„Nicht die Verifizierung der richtigen Interpretation, sondern die Falsifizierung der Fehlinterpretation ist das Ziel."[116]

Zudem sind über geschlossene Aufgabenformate, die Antwortoptionen mit Hilfe der Ankreuzkategorien ‚trifft zu/ trifft nicht zu' von den Probanden beurteilen lassen, weitere Möglichkeiten im Umgang mit mehreren richtigen Antworten eröffnet worden, wie an folgender Testaufgabe[117] aus dem DFG-Projekt zu dem Gedicht „Meine Worte gehorchen mir nicht" von Sarah Kirsch[118] illustriert werden kann:

Was könnte es bedeuten, dass die verloren gegangenen Wörter vom lyrischen Ich ‚heim' gebracht wurden (V. 13f.)? Kreuze an, welche Interpretationen deiner Meinung nach zutreffen und welche nicht.		
a) Die missbrauchten Wörter werden wieder in ihrem eigentlichen Sinn benutzt.	trifft zu	trifft nicht zu
b) Wörter werden in Büchern / Texten wieder an Stellen eingesetzt, an denen sie unlesbar geworden waren.		
c) Das lyrische Ich versucht nach einer Schreibblockade seine Sprache wiederzufinden.		
d) Nur wenige Wörter können aus einer fremden Sprache übersetzt werden, ohne dass der wirkliche Sinn entstellt wird.		
e) Nur wenige Wörter werden wiedergefunden, die nicht durch die falsche Verwendung unbrauchbar geworden sind.		

Mit dieser erweiterten Form der Aufgabenstellung kann sowohl die empirische Verwertbarkeit der Daten, als auch beispielsweise der Aspekt des Umgangs mit der Mehrdeutigkeit literarischer Texte im DFG-Projekt „Literarästhetische Urteilskompetenz"[119] berücksichtigt werden.

Die Kritik an den begrenzten Möglichkeiten der Testaufgaben bei PISA vollzieht sich auch vor dem Hintergrund traditioneller Aufgabenmuster von Lern- und Prüfaufgaben im Bereich schulischer Unterweisung und Überprüfung des Gelernten. Sie unterliegen im Unterschied zu Testaufgaben nicht den begrenzten Möglichkeiten empirischer Messungen. So zeichnen sich sowohl Lern-

---

116 Meier et al.: Testaufgabenkonstruktion zur „Literarästhetischen Urteilskompetenz". S. 8.
117 Meier et al.: Testaufgabenkonstruktion zur „Literarästhetischen Urteilskompetenz". S. 39.
118 Primärtext s. Anhang, Text 2.
119 Vgl. weitere Aufgabenbeispiele in Meier et al.: Testaufgabenkonstruktion zur „Literarästhetischen Urteilskompetenz". S. 36ff.

als auch Prüfaufgaben in der Schule – hier sei erneut an den Literaturunterricht gedacht – häufig durch offene, statt geschlossene Aufgabenformate aus. Offene Formate ermöglichen einen eigenständigen Zugriff der Schülerinnen und Schüler auf den Prüfgegenstand. Damit soll zum einen der Prozess des Verstehens im Zuge des individuellen Lernens eröffnet, zum anderen die Bewertung eigenständiger Leistung in der Anwendung des Gelernten ermöglicht werden.

So wie die Kritik an den Testaufgaben als analoge Entsprechung zur Kritik an Grundbildung und Basiskompetenzen gesehen werden kann, müssen auch die eher traditionellen Lern- und Prüfaufgaben öffentlicher Schulen in einen Zusammenhang mit Konzepten der Allgemeinbildung gesetzt werden. Vor diesem Hintergrund schließt sich der Kritik an den Testaufgaben bei PISA die Frage nach der Qualität von Prüfaufgaben in der Schule an, die dem Anspruch allgemeinbildender öffentlicher Schulen (vor PISA) gemäß komplexen Konzepten der Allgemeinbildung und einer daran orientierten Didaktik verbunden sein dürften. Eine Revision des Allgemeinbildungsbegriffs in seiner Anwendung auf schulisch vermittelte Bildung im Kontext der Debatte um Grund- und Allgemeinbildung (vgl. Kap. II.1) hat allerdings gezeigt, dass im Besonderen der Rückzug auf pädagogische ‚Wünschbarkeiten' und die fehlende bzw. defizitäre Konkretisierung schulisch lehr- und lernbarer Bildungsziele als zu behebende Mängel erkannt werden müssen. In diesem Zusammenhang drängt sich der Verdacht auf, dass sich diese Problematik sowie entsprechender Optimierungsbedarf auch in den eher traditionellen Prüfaufgaben der Schule widerspiegeln.

In diesem Zusammenhang hat KÖSTER für schulische Prüfaufgaben des Faches Deutsch darauf aufmerksam gemacht, dass offene Aufgabenformate im ungünstigsten Fall zu einer ähnlichen Trivialisierung der Auseinandersetzung mit dem Gegenstand führen können, wie dies in den Testaufgaben bei PISA der Fall ist.[120] Als Ursache hierfür sind aber nicht die gewollte Reduktion auf funktionales Anwendungswissen, sondern die Orientierung an maximalen Lernzielen anzusehen, wie das folgende Beispiel veranschaulicht: Eine im Bereich des Literaturunterrichts durchaus gängige Prüfaufgabe – ‚Interpretiere den folgenden Text' – bietet zwar vielfältige Optionen, komplexe Fähigkeiten im Bereich der Analyse und Interpretation als eigenständige Leistung einzufordern. Zugleich stellt sie die Schülerinnen und Schüler vor derart hohe Anforderungen, dass sie gezwungen sind, den Anforderungsgrad der Aufgabe selbstständig zu reduzieren, um überhaupt zu Ergebnissen zu gelangen. Auffällig ist innerhalb dieses Vorgangs im Besonderen eine Konzentration auf die Darstellung fachspezifischen Faktenwissens, das kaum auf die Deutung des Textes bezogen wird.[121] Im

---

120 Vgl. Köster: Konzeptuelle Aufgaben. S. 175f.
121 Vgl. Köster: Konzeptuelle Aufgaben. S. 178f.

Ergebnis – wenngleich unter gänzlich anderen Voraussetzungen – verweisen offene Prüfaufgabenformate und geschlossene Testaufgaben auf eine ähnliche Problematik.

Welche Auswirkungen die Debatte nicht nur um Bildungskonzepte, sondern auch um ihre Aufgabenkultur im Bereich der Lern- und Prüfaufgaben tatsächlich hat, soll in der Untersuchung aktueller Lehrwerke des Deutschunterrichts und ihrer Lernarrangements sowie unterschiedlicher Prüfungsmuster in Abschlussprüfungen ausgewählter Bundesländer analysiert werden. Die Problematik, notwendige Kompetenzen zu definieren, die im Unterricht vermittelt und im Anschluss überprüft werden können, konnte bislang weder auf der Grundlage der PISA-Konzepte und der Einführung von Bildungsstandards, noch durch eine bloße Besinnung auf Vorstellungen der Allgemeinbildung oder traditionelle Aufgabenformate gelöst werden. Qualitative Verbesserungen verspricht einzig die konstruktive Weiterentwicklung schulisch zu sichernder Bildung im Sinne der Konkretisierung adäquater Lernziele sowie der Entwicklung angemessener Aufgaben zur Vermittlung und Überprüfung des im Unterricht Gelernten.

III. Zum Spannungsverhältnis zwischen Bildungstheorie, Fachdidaktik und empirischer Bildungsforschung am Beispiel der literaturdidaktischen Diskussion

1. Literarische Bildung & Kompetenz – Zur bildenden Qualität literarischer Texte

Innerhalb der fachdidaktischen Debatte ist nach PISA – analog zur bildungstheoretischen Diskussion (vgl. Kap. II. 1) – der Eindruck einer unüberbrückbaren Kluft zwischen dem durch PISA fokussierten Lesekompetenzverständnis und Vorstellungen vom literarischen Lesen entstanden. Denn durch die in der Kritik benannte „informationstechnische Verengung"[122] des Lesebegriffs im PISA-Modell droht die Beschäftigung mit literarischen Texten, die bislang im traditionellen Deutschunterricht mit einigem Recht eine zentrale Stellung eingenommen hat, an den Rand der Betrachtung verdrängt worden zu sein. Da die Modellierung literar-ästhetischer Rezeptionskompetenz unter empirischen Gesichtspunkten mit ungeklärten Fragen und Schwierigkeiten besetzt ist, auf welche die Fachdidaktik in der Kritik an rein psychometrisch ausgerichteten Modellierungen aufmerksam gemacht hat, erscheint bzw. erschien anfänglich[123] die Sorge um den Bestand dieses Lernbereichs berechtigt.

Vor diesem Hintergrund soll im vorliegenden Kapitel zunächst der Versuch unternommen werden, im Anschluss an die in Kapitel II ausgeführten Überlegungen zu einem Begriff moderner schulischer Allgemeinbildung die Besonderheiten im Umgang mit literarischen Texten, die bildenden Qualitäten im Rahmen der Text-Leser-Begegnung und im Zuge dessen die Zielsetzungen literarästhetischer Bildung differenziert zu beschreiben. In einem zweiten Schritt sollen die in der Debatte um PISA genannten Positionen der Vertreter beider Bildungskonzepte in ihren jeweiligen Bezügen zu den Traditionslinien literarästhetischer Bildung erläutert und kritisch reflektiert werden. In diesem Zusammenhang wird eine Abgrenzung eines schulisch angemessenen Begriffs literarästhetischer Bildung zu beiden Standpunkten vorgenommen, der in analoger Ar-

---

122 Nickel-Bacon: Kurzprosagattungen und literarische Lesekompetenz. S. 66.
123 Am Beispiel der Untersuchungen aktueller Lehrwerke des Deutschunterrichts in Kapitel V der vorliegenden Arbeit lässt sich zeigen, dass literarische Texte auch weiterhin einen zentralen Platz im Unterrichtsgeschehen einnehmen. Probleme entstehen vor allem im Rahmen von Fragestellungen, welche die fachdidaktische Güte der Lernarrangements und ihrer Aufgabenstellungen betreffen (vgl. Kap. V).

gumentation auf den in Kapitel II formulierten Begriff moderner schulischer Allgemeinbildung in der Verbindung von Bildung und Kompetenz verweist. Diese Begriffsbestimmung rekurriert ebenfalls sowohl auf bildungs- und literaturtheoretische wie auch fachdidaktische Überlegungen zu einem angemessenen Umgang mit literarischen Texten in ihrer ästhetischen Qualität, als auch auf Anliegen der empirischen Bildungsforschung in Bezug auf die Forderung nach der Orientierung an greifbaren Kompetenzen. Denn im Bemühen der Literaturdidaktik, die Notwendigkeit literarischer Rezeptionskompetenzen gegen das Konzept der Lesekompetenz bei PISA zu verteidigen, hat sich gezeigt, dass mit literarästhetischer Bildung ‚traditionell' zwar komplexe Bildungsprozesse verbunden werden, dass diese im Detail aber bislang kaum als schulisch vermittelbare bestimmt und benannt werden konnten. Umgekehrt herrscht mittlerweile auch in der empirischen Bildungsforschung die Einsicht, dass sich komplexe Bildungsprozesse im Umgang mit literarischen Texten nicht unter Ausschluss der Literaturdidaktik modellieren lassen. Dies hat aktuell zu einem starken Einfluss der empirischen Bildungsforschung auf die Literaturdidaktik geführt, die sich nun auch selbst und in Zusammenarbeit mit der empirischen Bildungsforschung um die Erforschung einzelner Rezeptionskompetenzen mit qualitativen wie quantitativen Verfahren in der Konzentration auf kognitiv ausgerichtetes, genuin fachliches Lernen bemüht.

Zum Verständnis literar-ästhetischer Bildung im Rahmen schulischer Vermittlung

Wodurch zeichnen sich literarische Texte bzw. der Umgang mit ihnen also im Besonderen aus? Da im Streit um den erweiterten Textbegriff PISAs vor allem auch die Gleichsetzung literarischer Texte mit Sach- und Gebrauchstexten von den Opponenten des Konzepts der Lesekompetenz kritisiert wurde, kann die Unterscheidung dieser Textsorten als Ausgangspunkt für die Beschreibung eines angemessenen Umgangs mit literarischen Texten dienen:[124]

Während Struktur und Inhalt von Sachtexten mit Hilfe der schultypischen ‚W-Fragen' grundsätzlich erfasst werden können, da die Anforderungen an den Leser im Nachvollzug ihres Inhalts und beispielsweise ihrer Argumentationsstruktur liegen, handelt es sich dagegen bei literarischen Texten nie um den bloßen, vom Informationsträger ablösbaren Inhalt.[125] Der Aufbau eines kohärenten

---

124 Hier wird zugunsten der Darstellung der Beschaffenheit und Qualität literarischer Texte auf eine differenzierte Betrachtung von Sachtexten verzichtet, die im Kontext des vorliegenden Kapitels vor allem in ihrem unmittelbaren Wirklichkeitsbezug thematisiert werden.
125 Vgl. Zabka: Literarisches Verstehen durch Inhaltsangaben? S. 212.

Textverständnisses vollzieht sich bei literarischen Texten nicht über unmittelbar im Text Offensichtliches, da sich literarische Texte oftmals einer leicht zugänglichen Kohärenz entziehen. Da Sachtexte im Unterschied dazu in direktem Bezug zur Wirklichkeit stehen und ihre Inhalte nicht mit den Mitteln des Erzählens transportiert werden, sind auch die dargebrachten Informationen leichter zugänglich und in ein kohärentes Ganzes zu bringen.[126] Nicht das, was ‚auf der Hand liegt', führt bei literarischen Texten, anders als beim Aufbau eines mentalen Modells zur Repräsentation von Sachtexten, zu ihrem Verständnis. Literatur ist nicht unmittelbare Spiegelung der Wirklichkeit, sie baut eine fiktionale Welt mit eigenen Gesetzen und Regeln, in der die gewohnten Alltagsregeln nicht gelten:

„Dichtung (…) bezeugt sich selbst, weil ihre Sachverhalte nicht auf Hinterbringung zu befragen sind. Sie sind das, was sie poetologisch zu sein haben."[127]

Literatur muss als Spiel mit der Wirklichkeit mit den Mitteln der Fiktion begriffen werden. Dies trifft nicht nur auf den dargestellten Inhalt, die Handlung eines literarischen Textes, sondern ebenso auf seine sprachliche Form bzw. Gestaltung zu. Die durch Leerstellen, Textanomalien und Formen indirekten sowie metaphorischen bzw. symbolischen Sprachgebrauchs hervorgerufene Ambiguität und Offenheit literarischer Texte zeichnet ihre Besonderheit im Unterschied zum Umgang mit Sach- und Gebrauchstexten aus, denn das Besondere literarischer Texte gründet ebenso auf dem Inhalt wie der Gestaltung des Erzählten, die beide in ihrem Zusammenspiel einer detaillierten Wahrnehmung durch den Leser bedürfen.[128]

Diese ‚Welt mit eigenen Gesetzen und Regeln' erschließt sich nun nicht in der Konzentration auf das neben dem Unverständlichen unmittelbar Verständliche, sondern gerade in der Fokussierung derjenigen Textstellen, die zunächst die größten Irritationen auslösen und sich in ihrer Unbestimmtheit einem unmittelbaren Zugriff entziehen. Doch erst diese Aspekte führen zu einem literarisch definierten Verstehen des jeweiligen Textes. Somit sollte die Analyse und Interpretation eines literarischen Textes daran anknüpfen, was als Anomalie im Text, beispielsweise als „Leerstelle"[129] bzw. „Unbestimmtheitsstelle"[130] wahrgenom-

---

126 Sicherlich arbeiten auch Sachtexte mit Elementen der Bildsprache, stilistischen Mitteln etc. Insgesamt sind sie aber aufgrund ihrer Funktion und ihres Adressatenbezugs in deutlich größerem Ausmaß auf Kohärenz hin ausgelegt als literarische Texte.
127 Gerigk: Gibt es unverständliche Dichtung? S. 156.
128 Vgl. Zabka: Literarisches Verstehen durch Inhaltsangaben? S. 212.
129 Iser: Der implizite Leser. S. 167ff.
130 Vgl. Ingarden: Vom Erkennen des literarischen Kunstwerks. S. 52.

men wird oder als Erwartungsbruch[131] den Leseprozess begleitet und den Aufbau eines mentalen Modells im Zuge des Verstehensprozesses (zunächst) ‚stört'. Leerstellen müssen vom Leser wahrgenommen und von ihm gefüllt werden, damit Kohärenz in Form von Sinnbildung überhaupt ermöglicht werden kann.

Das, was Literatur bietet, widerspricht häufig einer alltäglichen und durch die Gewohnheit eingeübten Sichtweise auf Wirklichkeit. Der Text setzt den Leser in seiner Fiktionalität „Zumutungen"[132] aus, die gewohnten Realitätserfahrungen widersprechen können. Der Leser muss diesen fiktionalen Rahmen als gegeben bzw. beabsichtigt akzeptieren[133] und die damit verbundenen ‚Zumutungen' aushalten können. Hier sei erneut an Platons Höhlengleichnis und die das Lernen auslösenden Irritationen innerhalb der Bildungsstufen erinnert (vgl. Kapitel II). Diese Irritationen bilden den Ausgangspunkt für Entdeckungen im und am Text und sind gleichsam Grundlage zur Motivation für die Beschäftigung mit Literatur. Sie lösen kognitive wie emotionale Problemstellungen und Widersprüche aus und rufen im Abgleich zwischen der eigenen Wirklichkeit und der literarischen Fiktion, die sich aber indirekt auf die Wirklichkeit bezieht bzw. beziehen lässt, ein Spannungsverhältnis hervor, das in der näheren Auseinandersetzung aufgelöst werden will.[134] Innerhalb dieses Prozesses sieht SPINNER die Imagination als zentrales ‚Werkzeug', ohne das es für den Leser beim gedruckten Buchstaben bleibe.[135] Die zum Verständnis literarischer Texte unabdingliche Fähigkeit zur Vorstellungsbildung kann hierbei zunächst auf räumlich-gegenständliche Vorstellungen bezogen sein mit dem Ziel, sich das im Text Dargestellte bildlich vor Augen zu führen. Imagination meint darüber hinaus aber auch die Fähigkeit zur Perspektivübernahme, zum empathischen sich Hineinversetzen in die Figuren, ihre Situation, Charaktere, Sichtweisen und Fragestellungen. Dazu bedarf es neben der Bereitschaft, sich auf fremde Perspektiven einzulassen[136], eines gewissen psychologischen Verstehens[137] innerhalb der fiktionalen Welt des Dargestellten – denn die Themen literarischer Texte beziehen sich meist auf existenzielle, sinnhafte, das Dasein betreffende Fragestellungen

---

131 Kämper-van den Boogaart/ Pieper: Literarisches Lesen. S. 47.
132 Abraham: P/poetisches V/verstehen. S. 17.
133 Kämper-van den Boogaart: Lehrerkonzepte und Lehrerkompetenzen für den Lese- und Literaturunterricht. S. 128.
134 Vgl. Gerigk: Gibt es unverständliche Dichtung? S. 150ff.
135 Vgl. Spinner: Lesen als ästhetische Bildung. S. 89.
136 Vgl. Spinner: Lesen als ästhetische Bildung. S. 90.
137 Wenngleich auch hier zu beachten ist, dass es sich nicht um direkt übertragbare ‚Alltagspsychologie' handelt, wenn man das zuvor dargestellte Verhältnis von Fiktion und Wirklichkeit bedenkt. Vgl. Karg: …the ability to read between the lines…" S. 110.

im Sinne einer „literarischen Anthropologie".[138] Im nicht normativ besetzten Raum literarischer Fiktion findet ein Abgleich zwischen der literarisch erzählten Welt und der Realitätserfahrung des Lesers statt, der den Leser zu mannigfaltigen Blickwechseln veranlasst.

Aufgrund der Ambiguität literarischer Texte ist eine eindeutige Auflösung des mit literarischen Mitteln Dargestellten häufig gar nicht möglich oder intentional angelegt. Es gibt keine ursprüngliche Intention eines Autors, der es im Zuge der Lektüre nachzuspüren gälte, da sich Verstehen zunächst im Zusammenspiel mit dem individuellen Vorwissen eines jeweiligen Lesers einstellt.[139] Im Mittelpunkt des Textverstehensprozesses steht immer der Leser in der Auseinandersetzung mit dem Text; der Text erfährt seine Deutung mithin erst durch den Leser. ‚Vorwissen' bezieht sich dabei sowohl auf fachliches (Spezial-) Wissen und allgemeines Weltwissen, als auch auf individuelle Lebenserfahrungen, Haltungen und Einstellungen eines jeweiligen Lesers zu thematischen und formalen Aspekten literarischer Texte. Diese veranlassen ihn zu Propositionen auf syntaktischer, semantischer sowie formaler Ebene und stehen in ursprünglichem Zusammenhang zu dem mentalen Modell, das ein Leser im Prozess des Verstehens in Form seiner Textdeutung(en) generiert.

Dabei muss zugleich einer Ausrichtung auf subjektive Beliebigkeit in der Deutung literarischer Texte vorgebeugt werden. Zwar entsteht eine Textaussage erst im Licht individueller Betrachtung und reflexiver Auseinandersetzung, Objektivierungen am Text begrenzen jedoch die potentielle Vielfalt der Deutungsmöglichkeiten. Hilfreich im Sinne der Systematisierung des Verhältnisses von Autor – Text – Leser ist hier die von ECO vorgenommene Unterscheidung zwischen der „intentio auctoris", „intentio operis" und „intentio lectoris".[140] Während der Rezipient über die ‚intentio auctoris' lediglich Mutmaßungen anstellen kann und die ‚intentio lectoris' einer wenig verhandelbaren Subjektivität des Betrachters ausgesetzt ist, vermittelt die ‚intentio operis' zwischen beiden, indem die Plausibilität möglicher Deutungsvarianten im diskursiven Abgleich mit dem Text überprüft werden kann. Mit Blick auf die ‚intentio operis' spricht ECO vom Aufstellen von „Wahrscheinlichkeitsdisjunktionen"[141], von anlässlich des Textes aufgestellten Hypothesen, die am Text selbst untersucht und gegeneinander abgewogen werden müssen – ohne einerseits die Reduktion auf *eine* Vermutung zu fokussieren und andererseits *beliebige* subjektive Deutungen zuzulassen. Während die Denkbewegungen des Subjekts in der Auseinandersetzung mit Unbe-

---

138 Spinner: Bildungsstandards und Literaturunterricht. S. 319.
139 Vgl. Abraham: P/poetisches V/verstehen. S. 16.
140 Eco: Die Grenzen der Interpretation. S. 35ff.
141 Eco: Grenzen der Interpretation. S. 140f.

kanntem auf Verstehen zielen, verschließen sich literarische Texte in ihrer Mehrdeutigkeit oftmals eindeutigem Verstehen. In diesem Zusammenhang besteht die Anforderungsleistung in der Auseinandersetzung mit Literatur auch im Abwägen zwar nicht beliebiger, aber doch (zunächst) gleichwertiger Deutungsansätze und Interpretationen oder gar im Aushalten der Offenheit des literarischen Textes.[142] Der Sinn der Beschäftigung mit Literatur liegt gerade nicht in der Verengung des Blickwinkels, sondern im Offenhalten möglicher Deutungen im Rahmen nicht – außer durch den Text selbst – normierter Bedeutungsvarianten.[143]

Diese schon bei Platon im Höhlengleichnis als bildsam beschriebenen Blickwechsel – in Form reflexiver Vorgänge im Abgleich zunächst subjektiv formulierter Deutungsansätze mit dem Text selbst – lassen den Verstehensprozess in der Auseinandersetzung mit Literatur als Paradigma bildsamer Prozesse, wie sie im Rahmen der Auslegung eines schulisch angemessenen Bildungsbegriffs in Kapitel II beschrieben wurden, im Allgemeinen begreifen. Die Bildungsbewegungen, die im Umgang mit literarischen Texten als Gegenstände ästhetischer Betrachtung vorgenommen werden, lassen sich als Konkretisierung des Umwendens des Blicks, des (wiederholten) Verlassens der Höhle und der Wiederkehr in die Höhle verstehen: Ausgehend von ersten subjektiven Wahrnehmungen des Textes entwickelt der Leser mit Hilfe der von SPINNER benannten Imaginationskraft[144] sowie vor dem Hintergrund individuellen Vorwissens erste Deutungsansätze. Im engeren Sinne bildsam erweist sich im Besonderen die ‚Objektivierung' dieser ersten Zugriffe in der weiteren Auseinandersetzung mit dem literarischen Text.[145] Der Leser fällt auf dieser Ebene reflektierende Urteile im Sinne der von KANT benannten Urteilskraft, die zwischen der individuellen Erfahrung des Lesers und dem Text vermitteln.[146] Im Bemühen um ein angemessenes Textverständnis sollte weder die individuelle Erfahrung dem Vorgegebenen, dem Text, untergeordnet werden, noch der Text der individuellen Erfahrung. Zwar verweist jede Interpretation auf potentiell neue Konnotationszusammenhänge, diese müssen aber jeweils im Rahmen des Textes verständlich werden können. Mit Hilfe von Objektivationen am Text vermag der Leser seine

---

142 Vgl. Spinner: Bildungsstandards und Literaturunterricht. S. 317.
143 Vgl. Spinner: Bildungsstandards und Literaturunterricht. S. 314.
144 Vgl. auch die Überlegungen Kochs zum Verhältnis von Ästhetik und Pädagogik, in denen er ‚aisthesis' und Einbildungskraft als zentrale Komponenten der Betrachtung ästhetischer Objekte benennt. In: Koch: Einleitende Bemerkungen zum Thema „Pädagogik und Ästhetik". S. 16.
145 Vgl. Hellekamps: Literaturunterricht und die „Ästhetik der pädagogischen Kommunikation". S. 24.
146 Vgl. Hellekamps: Ästhetisches und praktisches Subjekt. S. 138.

subjektive(n) Textdeutung(en) zu verallgemeinerungsfähigen ästhetischen Anschauungen[147], mithin zu intersubjektiven[148] ästhetischen Urteilen zu erheben, die auch anderen Lesern desselben Textes zugänglich sind. Ausgehend von der zunächst sinnlichen Wahrnehmung und ästhetischen Erfahrung des individuellen Lesers finden zunehmend kognitiv ausgerichtete (Selbst-) Verständigungen[149] über einen jeweiligen literarischen Text statt. Dazu grundlegend notwendige Perspektiv- bzw. Blickwechsel vollziehen sich auf Seiten des Lesers im Umgang mit dem Text sowohl hinsichtlich der Figurenebene, als auch im Prozess des Abwägens unterschiedlicher Deutungsansätze; der Perspektivwechsel wird Teil der Rezeptionserfahrung des Lesers.[150]

Instrumente oder wenigstens potentielle Hilfen zur Eröffnung dieses Blickwechsels, der sich im Abgleich subjektiver Deutungsansätze mit dem Text vollzieht, sind neben der Vorstellungsbildung die Gegenstände fachlichen Lernens, die im Versuch der Modellierung genuin literar-ästhetischer Kompetenzen bei FREDERKING ET AL. in die Kompetenzbereiche semantischen, idiolektalen und kontextuellen Urteilens unterteilt werden.[151] Gelungene Anschlusskommunikation über Literatur kann vor dem Hintergrund des illustrierten Prozesses als „intersubjektive Differenzerfahrung"[152] beschrieben werden, die es ermöglicht, Texte und ihre Wirkungen aus verschiedenen Perspektiven wahrzunehmen und deren Plausibilität diskursiv zu überprüfen. Reflexionen[153] eigener und fremder Verstehensoperationen sowie der jeweiligen Verwendung von individuellem Vorwissen erscheinen hilfreich, um den eigenen Verstehensprozess bewusst nachvollziehen und sich auf dieser Grundlage auch mit anderen Lesarten auseinandersetzen zu können.

Will man vor diesem Hintergrund die Ziele literarischer Bildung und ihre Legitimation für einen schulischen Fächerkanon bestimmen, so ist SPINNER sicher Recht zu geben, wenn er diese, auf der Ebene der Literaturdidaktik, als Fä-

---

147 Vgl. Koch: Einleitende Bemerkungen zum Thema „Pädagogik und Ästhetik". S. 11.
148 Vgl. zum Begriff der ‚Intersubjektivität' im Zusammenhang literarischer Deutung auch Spinner: Interpretieren im Deutschunterricht. S. 17.
149 Gemeint ist mit dem Begriff ‚Selbstverständigung' die Reflexion und mögliche Revision zunächst subjektiver Deutungsansätze in der Auseinandersetzungen mit dem Text. Verwiesen wird dagegen nicht auf ein ‚Selbstverstehen', das – wie beispielsweise bei Abraham (Abraham: P/poetisches V/verstehen: S. 16) – auf die Reflexion des eigenen Ichs in der ‚Anverwandlung' (vgl. Staiger: Die Kunst der Interpretation, S. 11) durch den ästhetischen Gegenstand abzielt.
150 Vgl. Hellekamps: Perspektivenwechsel. S. 107.
151 Frederking et al.: A. a. O.
152 Hellekamps: Ästhetisches und praktisches Subjekt. S. 138.
153 Vgl. den Begriff der „Metakognition" bei Kämper-van den Boogaart/ Pieper: Literarisches Lesen. S. 61.

higkeit zum Umgang mit der Mehrdeutigkeit und Offenheit literarischer Texte benennt.[154] Auf der Ebene bildungstheoretischer Betrachtung ließe sich in Bezug auf KANT formulieren, dass sich der Sinn literar-ästhetischer Bildung im Allgemeinen und in der Schule im Besonderen dadurch auszeichnet, dass „Kinder denken"[155] lernen, indem ihr „Vermögen pluralistischer Denkungsart"[156] gefördert wird. Die Deutungsoffenheit literarischer Texte und die Unabschließbarkeit des hermeneutischen Verständigungsprozesses kongruieren mit einer – aufgrund fehlender Normative – ebenfalls ungesicherten, d.h. deutungsoffenen modernen Wirklichkeitserfahrung, über die es sich stets neu zu verständigen gilt.

Eine solche Auslegung literar-ästhetischer Bildung grenzt sich von jenen Positionen innerhalb literaturdidaktischer und bildungstheoretisch-ästhetischer Diskurse ab, welche die Ziele literarischer Bildung vor allem entweder in ihrer charakterbildenden oder mindestens identitätsstiftenden Funktion oder aber – konträr dazu – in der Beherrschung bestimmter Grundfertigkeiten sehen. Gleichzeitig wird der Versuch unternommen zwischen diesen zu vermitteln, indem auch positiv an die zu diskutierenden Konzepte und an aktuelle Entwicklungen innerhalb der Disziplinen angeschlossen werden kann, wie im Folgenden dargelegt wird.

Überlegungen zu den literaturdidaktischen Traditionslinien literar-ästhetischer Bildung

Während KANT den Begriff des ‚Ästhetischen' unter philosophischen Gesichtspunkten analysiert und dabei das ‚Schöne und Erhabene' als Symbol des Sittlichen bestimmt hat[157], unternimmt SCHILLER in seiner Genieästhetik den Versuch, diesen Gedanken auf Überlegungen zur Pädagogik bzw. auf das Verhältnis von Pädagogik und Ästhetik zu übertragen, indem er

„die Frage nach der empirischen Anschlussmöglichkeit und bildungsrelevanten Funktion des Ästhetischen [stellt]."[158]

SCHILLERS Auffassung zufolge spiegelt sich das ‚Schöne und Erhabene' im Zuge der Betrachtung auch in seinem Betrachter wider und wirkt sich somit harmonisierend auf dessen Charakterbildung im Sinne seiner Versittlichung und

---

154 Vgl. Spinner: A. a. O.
155 Kant: Über Pädagogik. S. 707. Zit. nach Benner et al.: Ethikunterricht und moralische Kompetenz jenseits von Tugend- und Werterziehung. S. 305.
156 Hellekamps: Perspektivenwechsel. S. 109.
157 Kant: Kritik der Urteilskraft. Bd. X. S. 297. Vgl. auch Ehrenspeck: Stichwort: Ästhetik und Bildung. S. 7.
158 Ehrenspeck: Stichwort: Ästhetik und Bildung. S. 8.

Kultivierung aus. Ästhetische Bildung wird in der Ausbildung gesellschaftlich erwünschter Charakterzüge als Gegenmittel gesellschaftlicher Problemstellungen gesehen.[159] Auch HUMBOLDT knüpft an diese Überlegungen SCHILLERS an und betrachtet ästhetische Bildung als Instrument zur Veredelung des menschlichen Charakters im Prozess der Persönlichkeitsbildung.[160] Grundlegende Voraussetzung dieser Auswirkungen auf das Subjekt ästhetischer Betrachtung ist im Rahmen der Genieästhetik die Berührung des Einzelnen durch das Kunstwerk, seine Ergriffenheit vom Gegenstand ästhetischer Betrachtung,

„so dass zwischen den schönen Dingen und dem schönen Menschen eine seltene Entsprechung"[161]

entstehen kann. Auch bei HERBART findet sich dieser Zusammenhang zwischen Ästhetik und Pädagogik, wenngleich hier der Blick für die „Freyheit der Wahl"[162] im Mittelpunkt steht. Dieser könne durch Formen schulisch inszenierter „ästhetischer Nötigung"[163] vermittels der Einführung in mannigfaltige Applikationsfelder und Denkprozesse und die Anregung zu möglichst vielseitigen ästhetischen Urteilen eröffnet werden. Die bei SCHILLER zu findende positive sittliche Qualität ästhetischer Bildung im Prozess der Charakterbildung hin zu Individuation und der Entwicklung von Moralität wird bei HERBART jedoch im Grunde fortgeführt.

Diese hier nur in Kürze skizzierten Traditionslinien sind innerhalb bildungs- und literaturdidaktischer Strömungen nach 1945 in unterschiedlicher Weise aufgenommen und weitergeführt worden. Es lassen sich im Besonderen zwei prägende Ausrichtungen voneinander unterscheiden und benennen, die sich in Bezug auf die Zielsetzungen literarischer Bildung aber einig sind in der – wenngleich je unterschiedlich akzentuierten – persönlichkeitsbildenden Funktion und Wirkung der Beschäftigung mit literarischen Texten.

Überlegungen zum (literarischen) Kunstwerk hinsichtlich seiner Symbolisierung des ‚Schönen und Erhabenen' sowie seiner sittlichen Wirkung finden sich in der auf werkimmanente Interpretation und moralische Erziehung hin ausgelegten Literaturdidaktik der Nachkriegszeit ab 1945 wieder. STAIGERS Aufsatz „Über die Kunst der Interpretation" und seine oft zitierte[164] Prämisse, Analyse

---

159 Vgl. Ehrenspeck: Stichwort: Ästhetik und Bildung. S. 3.
160 Vgl. Ehrenspeck: Stichwort: Ästhetik und Bildung. S. 10.
161 Koch: Einleitende Bemerkungen zum Thema „Pädagogik und Ästhetik". S. 13.
162 Herbart: Über die ästhetische Darstellung der Welt als Hauptgeschäft der Erziehung. S. 61. Zit. nach Ehrenspeck: Stichwort: Ästhetik und Bildung. S. 11.
163 Herbart: Über die ästhetische Darstellung der Welt als Hauptgeschäft der Erziehung. S. 68. Zit. nach Ehrenspeck: Stichwort: Ästhetik und Bildung. S. 11.
164 Vgl. beispielsweise in: Kammler: Literaturtheorie und Literaturdidaktik. S. 208.

und Interpretation literarischer Texte seien darauf ausgelegt, „zu begreifen, was uns ergreift"[165], illustrieren seine Konzeption, in deren Mittelpunkt das (hoch-) literarische Werk in seiner ursprünglichen Aussage- und Wirkungsabsicht bzw. der ‚Intention des Autors' steht. Als Auswahlkriterium literarischer Texte für die Behandlung in der Schule dient das klassizistische Ideal einer sich widerspiegelnden geschlossenen ästhetischen Ordnung.[166]

Diese Form der werkimmanenten Analyse der – aus Sicht des Lesers – eigenen Ergriffenheit von der Schönheit ästhetischer Ordnung wird, wie in den Ausführungen ESSENS deutlich wird, in einen eindeutigen Zusammenhang mit der erzieherischen Wirkung literarischer Texte gestellt. Die vom Dichter dargestellte Wirklichkeit soll als eine in das Leben des Lesers hinein wirkende Kraft verstanden werden, gleichsam als „Ansprache, der er selbst entsprechen muss."[167] Dieser ‚Ansprache' gilt es aus der Sicht der Schülerinnen und Schüler gleich in zweifacher Weise zu entsprechen: Zum einen werden von ihnen Interpretationen eines nahezu „idealen Lesers"[168] erwartet, die umfassende Fähigkeiten in der Analyse und Deutung literarischer Texte voraussetzen, um dem Anspruch der Texte gerecht werden zu können. Zum zweiten werden diese Fähigkeiten als Voraussetzung dafür angesehen, dass von der Auseinandersetzung mit Literatur positive Rückwirkungen auf den Einzelnen im Sinne bildungsbürgerlicher Erziehungsideale ausgehen. Allerdings lassen STAIGERS Ausführungen kaum Rückschlüsse über die schulischen Möglichkeiten der Vermittlung der geforderten Fähigkeiten zu, in deren Mittelpunkt das ‚Gefühl' und die ‚ästhetische Erfahrung', weniger aber kognitiv ausgerichtete – und somit schulisch vermittelbare – Zugänge ästhetischer Betrachtung stehen. Auch KREFTS Überlegungen, die an die hochliterarische Tradition der Nachkriegszeit anknüpfen und die Voraussetzung der identitätsstiftenden Wirkung literarischer Texte in der Überwindung subjektiver „Borniertheit" und der „Anverwandlung" des Textes durch den Leser sehen, so dass der Leser „als sich selbst verwandeltes in sich selbst zurückkehrt"[169], bleiben hinsichtlich der Frage nach ihren schulischen Umsetzungsmöglichkeiten – ungeachtet der Frage nach der Erwünschtheit solcher Zielsetzungen – entsprechende Antworten schuldig. Vorstellungen dieser Art setzen eine spezifische Affinität zur Beschäftigung mit Literatur als Modus der Auseinandersetzung mit Welt voraus, die schulisch zwar angeregt, aber nicht notwendig vermittelt werden kann, so dass es überaus problematisch erscheint, die af-

---

165 Staiger: Über die Kunst der Interpretation. S. 11.
166 Vgl. Kammler: Literaturtheorie und Literaturdidaktik. S. 207ff.
167 Essen: Methodik des Deutschunterrichts. S. 271. Zit. nach: Kammler: Literaturtheorie und Literaturdidaktik. S. 209.
168 Vgl. Kämper-van den Boogaart: Lesekompetenzen – Hauptsache flexibel. S. 35.
169 Staiger: Die Kunst der Interpretation. S. 376.

fektive Dimension in der Beschäftigung mit Literatur in der Schule in den Mittelpunkt der Überlegungen zu stellen.[170]

Im Unterschied zu diesen Positionierungen innerhalb der Literaturdidaktik findet seit den 1970er Jahren eine zunehmende Einbeziehung der Rolle des Lesers, beispielsweise im Anschluss an die Literaturtheorie INGARDENS, statt, die dem Leser mit Blick auf die ‚Leerstellen' und ‚Unbestimmtheitsstellen' literarischer Texte besondere Bedeutung zumisst.[171] Sie stellt die Gültigkeit einer herauszuarbeitenden ‚intentio auctoris' in Frage und wendet sich im Besonderen gegen die werkimmanente Methode.[172] Im Rahmen der Rezeptionsästhetik der Konstanzer Schule[173] werden Leser und Text in ein solches Verhältnis zueinander gesetzt, das nicht mehr von einer vorgegebenen ästhetischen Ordnung ausgeht, sondern – angesichts der Offenheit und Mehrdeutigkeit literarischer Texte – vom Akt der Bedeutungskonstitution durch den Leser selbst. In der Folge wurde auch die literarischen Texten zugesprochene gesellschaftlich wünschenswerte erzieherische Rückwirkung auf den Leser zugunsten einer stärkeren Betonung ihres – weniger normierten – identitätsstiftenden Effektes zurückgestellt. Das Spektrum der für die Behandlung in der Schule zur Auswahl stehenden Texte wurde um solche erweitert, die stärker an die Lebenswelt der Schülerinnen und Schüler anknüpfen sollten. Neben der Beschäftigung mit Werken der Hochliteratur galten nun auch solche als gerechtfertigt, die eher der Trivialliteratur zuzuordnen sind.[174] Analog dazu wurden neue schülerorientierte Verfahren des handlungs- und produktionsorientierten Unterrichts entwickelt, die den Zugang zur Beschäftigung mit Literatur erleichtern sollen.[175]

Gemeinsam ist allen bislang ausgeführten Vorstellungen zur Funktion literar-ästhetischer Bildung in der Schule, dass sie die Zielsetzungen schulischer Bildung im Umgang mit literarischen Texten besonders im Bereich der – je nach gesellschaftlichem Duktus mehr oder weniger normierten – Persönlichkeitsbildung verorten, wie auch WINTERSTEINER konstatiert:

---

170 Anschlussmöglichkeiten bieten die Ausführungen Krefts aber hinsichtlich seiner Überlegungen zur Überwindung ‚subjektiver Borniertheit', die auf einen subjektive ästhetische Urteile objektivierenden Lese- und Verstehensprozess verweisen.
171 Ingarden: A. a. O.
172 Vgl. Kammler: Literaturtheorie und Literaturdidaktik. S. 210.
173 Vgl. Kammler: Literaturtheorie und Literaturdidaktik. S. 221.
174 Vgl. Waldmann: Theorie und Didaktik der Trivialliteratur.
175 Vgl. Waldmann: Grundzüge von Theorie und Praxis eines produktionsorientierten Literaturunterrichts. Die Aktualität handlungs- und produktionsorientierter Unterrichtsverfahren zeigt sich auch in neueren Publikationen Waldmanns; vgl.: Ders.: Produktiver Umgang mit dem Drama.

„Diese Kontinuität besteht vor allem darin, dass Literaturdidaktik unter der Hand als Gesinnungsdidaktik praktiziert wurde."[176]

EHRENSPECK resümiert diese Einigkeit im Glauben an die positive Wirkungsmacht des Ästhetischen analog auch für den bildungstheoretischen Diskurs.[177] Betrachtet man aber die Möglichkeiten und Funktionen moderner schulischer Bildung (vgl. Kap. II), so erscheint eine Begriffsbestimmung literarästhetischer Bildung, die vor allem auf das Gefühl bzw. die ästhetische Erfahrung und damit verbundene pädagogisch oder gesellschaftlich wünschenswerte Effekte setzt, wenig tragfähig. Ein auf die Bildungsprozesse der Schule bezogenes Verständnis kann weder die Ergriffenheit der Schülerinnen und Schüler in der Begegnung mit dem literarischen Text voraussetzen, noch sich zum Ziel setzen,

„für das intersubjektiv Schöne und Erhabene aufgeschlossen zu machen"[178],

wie KOCH in seinen Überlegungen zum Verhältnis von Pädagogik und Ästhetik ausführt – wenigstens können auf dieser Basis keine lehr- und lernbaren Ziele formuliert werden. Ebenso wenig kann angesichts heutiger pluralistischer Gesellschaften in ihrer heterogenen kulturellen Vielfalt auf eine Einführung in bzw. Begegnung mit den Gegenständen einer tradierten Hochkultur gesetzt werden, die zu einer Akzeptanz und positiven Rückwirkung auf Seiten des Betrachters führte, noch auf die Subjektivität individueller ästhetischer Erfahrung, die als identitätsstiftend angesehen wird. Notwendig erscheint dagegen vielmehr eine Auseinandersetzung mit der Gleichzeitigkeit differenter und z.T. widersprüchlicher kultureller Gegebenheiten und Wertvorstellungen. In ihrem Variantenreichtum und der sich im fiktionalen Rahmen vollziehenden Verarbeitung von Wirklichkeitserfahrung bietet das Feld der Literatur die Möglichkeit, die eigenen Erfahrungen um die Auseinandersetzung mit fremden Perspektiven zu erweitern. So betrachtet schult literar-ästhetische Bildung vor allem auch ein spezifisches Reflexionsvermögen, das ohne moralische Bewertungssysteme der Eigenlogik literarischer Texte folgt, die sich von anderen Zugängen zur Welt – also auch moralischen Urteilen – kategorial unterscheidet.[179] Dabei *kann* die Beschäftigung mit Literatur identitätsstiftend wirken, sie *muss* diese Wirkung aber nicht haben. Literar-ästhetische Bildung erweitert die Spielräume eigener Erfahrung und befähigt ebenso zum Spiel mit der eigenen Urteilskraft im nicht normierten Raum literarischer Erzählung. Die häufig sinnhaften, die menschliche Existenz betreffenden Themen literarischer Texte – aufgrund derer SPINNER von einer

---

176 Wintersteiner: Alte Meister – Über die Paradoxien literarischer Bildung. S. 12.
177 Vgl. Ehrenspeck: Stichwort: Ästhetik und Bildung. S. 15.
178 Koch: A. a. O.
179 Vgl. Ehrenspeck: Stichwort: Ästhetik & Bildung. S. 2.

,literarischen Anthropologie'[180] spricht – bieten damit Anschluss an moralische Fragestellungen, ohne dass ihnen eine moralisierende Absicht oder Wirkung zu unterstellen wäre. Gegenwärtige Vorstellungen literarischer Bildung und ihrer Zielsetzungen innerhalb der Literaturdidaktik schließen insofern an diese kritischen Überlegungen an, als sie – beispielsweise im Anschluss an die Kommunikationstheorie HABERMAS` – nun eher Begriffe wie ,Dialog' und ,Verständigung' im Rahmen von Anschlusskommunikation über Literatur in den Mittelpunkt der Bemühungen rücken. Gleichzeitig aber wird teilweise an der Erwartung persönlichkeitsbildender Prozesse festgehalten, die besonders die affektive Seite ästhetischer Erfahrung in der Text-Leser Begegnung betonen. ABRAHAM/ KEPSER beispielsweise sehen als maßgebliche Zielsetzungen des schulischen Literaturunterrichts,

> „Schülerinnen und Schüler an eine lustvolle, befriedigende, unterstützende und bereichernde Rezeption von Literatur heranzuführen (Individuation), sie zu einem medienbezogenen Dialog mit anderen einzuladen und dazu zu befähigen (Sozialisation) sowie am Prozess gesellschaftlicher Selbstverständigung über Literatur teilhaben zu lassen (Enkulturation)."[181]

Im Zusammenhang der Begriffe ,Individuation', ,Sozialisation' und ,Enkulturation' wird angesichts moderner pluralistischer Gesellschaften zwar nicht mehr auf normativ gesetzte Werte einer gültigen Hochkultur verwiesen, da die Vermittlung von Fähigkeiten zur kommunikativen Verständigung über differente Wirklichkeitserfahrungen im Modus der literarischen Betrachtung angestrebt wird. Allerdings wird aber weiterhin an eine Verbindung von Ästhetik und Pädagogik angeknüpft, die ästhetische Erfahrung und eine ihr zugesprochene persönlichkeitsbildende Wirkung als grundlegende Komponenten des Literaturunterrichts versteht, wenn von einer ,lustvollen' und auch ,unterstützenden' bzw. ,bereichernden' Erfahrung im Umgang mit literarischen Texten die Rede ist. Sicherlich äußert ABRAHAM mit Blick auf die Beschäftigung mit Literatur über den Rahmen der Schule hinaus zu Recht, dass literar-ästhetisches Verstehen hinsichtlich der Wechselwirkungen zwischen Leser und Text „allemal auch ein Selbstverstehen"[182] im Abgleich eigener Wirklichkeitserfahrung mit der fiktionalen Darstellung sei. Unangemessen im Rahmen der Formulierung verbindlicher Lernziele erscheint diese Festlegung aber für die schulische Auseinandersetzung mit Literatur. Dass er diese Überlegung vor dem Hintergrund der Skizzierung der Teilkompetenzen eines kompetenzorientierten Unterrichts ausführt, lässt den Eindruck entstehen, dass unter neuer Bezeichnung an eher traditionelle

---

180 Spinner: A. a. O.
181 Abraham/ Kepser: Literaturdidaktik Deutsch. S. 55.
182 Abraham: P/poetisches V/verstehen. S. 16.

Zielsetzungen angeknüpft wird – wenngleich diese zum Begriff der ‚Kompetenz' im Widerspruch zu stehen scheinen, da ‚Kompetenz' doch immer auf erlernbare Fähigkeiten zielt. Wenngleich es hinsichtlich des Aspekts ‚Selbstverstehen' keine empirischen Untersuchungen gibt, die diese Wirkung belegen, wird ein Verständnis literar-ästhetischer Bildung deutlich, das erneut auf der subjektiven Ergriffenheit, dem „subjektiven Angesprochensein"[183] bzw. dem ästhetischen Empfinden des Rezipienten gründet. Erst die affektive ästhetische Erfahrung ermöglicht, so auch SPINNER, ein vertieftes Verständnis für einen literarischen Text.[184] Ob, wie und welche Bilder sich beim Lesen im Zuge des bei SPINNER benannten Imaginationsvorgangs einstellen und mit der Lektüre verbunden werden, ist demnach ausschlaggebend für das Verständnis eines literarischen Textes. Grundlage des (kognitiven) Verstehensprozess ist – folgt man dieser Konzeption – immer auch die Lesefreude im Sinne der motivational-emotionalen Voreinstellung eines Lesers in der Beschäftigung mit Literatur.

Dass die Vorstellungskraft und das Entstehen entsprechender Bilder wichtige Voraussetzungen des Verstehens wie der Motivation sind, die sich letztlich sicher auch in positiven bzw. defizitären Schülerergebnissen niederschlagen, soll hier gar nicht in Frage gestellt werden. Die Bedeutung der Imaginationskraft für literar-ästhetische Verstehensprozesse soll keinesfalls relativiert werden. Allerdings erscheint fraglich, ob die damit verbundene Betonung der *affektiven Dimension* haltbar und tragfähig für einen schulischen Umgang mit literarischen Texten sein kann. Zwar nimmt jede Auseinandersetzung mit dem Text ihren Anfang in der affektiven Reaktion auf einen Text auf der Ebene zunächst rein subjektiver Textwahrnehmung. Da die Auseinandersetzung mit dem Text aber zur Objektivierung erster Deutungsentwürfe bzw. -ideen führen sollte, kann die affektive Seite – die im ‚Angesprochen-Sein' wie auch in einer ablehnenden Haltung zum Ausdruck kommen kann – nicht in den Mittelpunkt des Interesses gestellt werden. Sicherlich ist eine positive Haltung zu literarischen Texten überaus vorteilhaft für den Zugang zur Beschäftigung mit Literatur. Allerdings erscheint auch diese voraussetzende Festlegung für die Vermittlungszusammenhänge des Literaturunterrichts wenig brauchbar: Unter diesen Voraussetzungen wäre Literaturunterricht wohl nur denjenigen Schülerinnen und Schülern zugänglich, die ohnehin schon positive Affinitäten zum Umgang mit Literatur entwickelt haben. Es müssen dagegen vielmehr Wege gefunden werden, auch ablehnende Haltungen auf der Ebene der Annäherung an literarische Texte für weitere Verstehensprozesse fruchtbar machen zu können.

---

183 Spinner: Lesen als ästhetische Bildung. S. 87.
184 Vgl. Spinner: Ebd.

Zwar gehört auch die Steigerung der Lesemotivation zu den didaktischen Anliegen schulischen Literaturunterrichts, so dass diesem Aspekt im Rahmen unterrichtlicher Verfahren und Methoden Beachtung geschenkt werden muss. Sie kann allerdings nicht als zwingend vermittelbares Lernziel ausgegeben werden. Diese sollten vielmehr an lehr- und lernbaren fachlichen Kenntnissen und Fähigkeiten orientiert sein.

Überlegungen zum Konzept der Lesekompetenz in der Anwendung auf literarische Texte

Die bei ABRAHAM/ KEPSER repräsentativ vertretenen Zielsetzungen literarästhetischer Bildung sind vor allem im Zuge der Debatte um die PISA-Testungen erneut virulent geworden. Im Rahmen der Ablehnung eines am angelsächsischen Konzept der ‚reading literacy' orientierten Verständnisses des Umgang mit Sach- wie literarischen Texten – ‚Lesekompetenz' – wurde vor allem auch die Reduktion auf kognitive Fähigkeiten bzw. Kompetenzen und als Konsequenz dessen eine Trivialisierung der Potentiale literar-ästhetischer Bildung kritisiert. Denn die subjektive Dimension ästhetischer Betrachtung oder der affektive Zugang zu literarischen Texten finden im Rahmen der Konzentration auf konkret im Alltag anwendbare Fähigkeiten keine Beachtung.

Die Kritik an einem solchen Umgang mit literarischen Texten ist zweifelsohne berechtigt und sollte doch zugleich differenziert betrachtet werden: Es muss unterschieden werden zwischen solchen Kritikpunkten, die vor dem Hintergrund eines erweiterten Textbegriffs bei PISA die Gleichsetzung von Sach- und literarischen Texte hinsichtlich ihrer Folgen für einen angemessenen und bildenden Umgang mit literarischen Texten in Frage stellen und solchen, welche die Nicht-Beachtung der affektiven Dimension im Lesekompetenzmodell PISAs monieren. Denn mit Blick auf die Vermittelbarkeit literarischer Rezeptionsfähigkeiten im Literaturunterricht ist eine Komplexitätsreduktion notwendig, die im Besonderen die mit der affektiven Seite ästhetischer Erfahrung verbundenen Erwartungen an das Verhältnis und die Wechselwirkung zwischen Leser und Text betrifft. Solche Zielsetzungen sind hinsichtlich eines schulisch angemessenen Bildungsbegriffs einerseits überkomplex in Bezug auf romantische Bildungs- und Ästhetikkonzeptionen und zum anderen auch unterdeterminiert in Bezug auf die Ausformulierung des „Pädagogisch-Eigentlichen" des Literaturunterrichts.

Das Grundbildungskonzept PISAs ist in den einzelnen Fachdisziplinen bzw. Domänen wie dem Deutschunterricht mit dem Anspruch angetreten, eine Komplexitätsreduktion in der Fokussierung auf grundlegende Basiskompetenzen, ‚Lesekompetenz', vorzunehmen. Im Unterschied zu den genannten Traditionslinien literaturtheoretischer wie -didaktischer Strömungen des Deutsch- bzw. Literaturunterrichts fußt das Bildungskonzept PISAs auf angelsächsischen Traditionen der ‚reading literacy'. Diese setzt insbesondere auf solche Leseprozesse, die auf einen konkreten Alltagsnutzen und Gebrauchswert erlernter Lesefähigkeiten bzw. des Gelesenen zielen. Vor diesem Hintergrund werden grundlegende Lesefähigkeiten im Umgang mit Texten fokussiert, die auf die Vorstellungen eines erwarteten Bildungsminimums innerhalb bestimmter Basiskompetenzen rekurrieren:

> „Lesekompetenz im Sinne von ‚Reading Literacy' bezieht sich auf die Fähigkeit des Lesers, handschriftliche, gedruckte oder elektronisch dargebotene Texte zu nutzen, um das eigene Wissen und Potential weiterzuentwickeln. Diese Konzeptualisierung impliziert, dass Lesekompetenz sowohl das Verstehen als auch die Nutzung schriftlicher Informationen für praktische Zwecke beinhaltet. In der PISA-Studie wird Lesekompetenz daher als die Fähigkeit definiert, geschriebene Texte zu verstehen, zu nutzen und über sie zu reflektieren, um eigene Ziele zu erreichen, das eigene Wissen und Potential weiterzuentwickeln und am gesellschaftlichen Leben teilzunehmen."[185]

Im Mittelpunkt der Überlegungen steht der pragmatisch-funktionale Zweck der Fähigkeit, Texte lesen und verstehen zu können, die Erfahrung, dass sich Gelerntes unmittelbar für die Anwendung im Alltag eignet und für die Lösung alltäglicher Probleme lohnenswert erscheint. Deswegen wird von den PISA-Forschern ein Textbegriff definiert, der nicht mehr zwischen Sach- und Gebrauchstexten sowie literarischen Texten unterscheidet, sondern diese Textsorten in Form eines erweiterten Textbegriffs in sich vereint. In diesem Zusammenhang verändern sich bislang gängige Kriterien der Textauswahl für schulische Zusammenhänge von Unterweisung und Überprüfung: In der Konsequenz der Ausrichtung auf den Alltagsnutzen wird die Auswahl der Gegenstände im Zweifel beliebig;[186] eine Gebrauchsanleitung könnte ebenso gut zum Prüfgegenstand avancieren wie ein Zeitungsbericht, da beide in der derzeitigen und unmittelbaren Lebenswelt der Schülerinnen und Schüler Bedeutung haben und angewendet werden können. Thematisch kann dabei die Anleitung zum Zusammenbau einer Küchenmaschine neben einer Grafik mit dem Thema ‚Gesünder essen' oder einem Zeitungsbericht zu tagesaktuellem politischen Geschehen changieren. Im Rahmen der PISA-Konzeption von Lesekompetenz wird ‚Lesen' als zentrale Schlüsselqualifikation zur Bewältigung des Alltags einerseits sowie zur beruflichen Qualifikation andererseits angesehen. Damit werde die ‚Teilhabe am gesellschaftlichen Leben' sowie ‚zielorientierte und flexible Wissensaneignung'

---

185 Baumert et al.: Internationales und nationales Rahmenkonzept für die Erfassung von Lesekompetenz in PISA. S. 2.
186 Vgl. Fingerhut: Integrierte Unterrichtseinheiten als Kompetenzmodelle. S. 121.

ermöglicht.[187] Hohe Lesekompetenz wird mit einer persönlich, gesellschaftlich und wirtschaftlich befriedigenden Teilhabe gleichgesetzt, während geringe Lesefähigkeiten „zunehmend als soziales und politisches Problem"[188] gesehen werden.

Ob mit dem Lesekompetenzkonzept nun eine angemessene Form notwendiger didaktischer Reduktion von Bildungsprozessen und -theorien im Bereich des Umgangs mit Texten vorgenommen wurde, erscheint allerdings überaus fraglich. Denn auf KANT verweisende Vorstellungen von der ‚Zweckfreiheit' ästhetischer Bildung oder LUHMANNS auf den gesamten Bildungsprozess ausgeweitete Überlegung, man lerne, um zu vergessen,[189] spiegeln dagegen ein Verständnis bildsamer Prozesse wider, die sich nicht unmittelbar im Anschluss an Gelerntes abrufen und funktional im Alltag anwenden lassen (vgl. Kap. II.1). Blickwechsel, die bildsam werden können, vollziehen sich erst in der Erweiterung alltäglicher Erfahrung im Rahmen der (schulischen) Inszenierung von Lernprozessen. Die Konzentration auf einen funktional-pragmatischen Alltagsnutzen sowie eine daraus entstehende Gleichsetzung von Sachtexten und literarischen Texten führt zu einer Marginalisierung im Umgang mit literarischen Texten in zweierlei Hinsicht, die im Zusammenhang mit Bildungsprozessen notwendige Reflexionsleistungen nicht mehr erforderlich werden lassen: Zum einen zeigen beispielsweise die PISA-Tests eine Schwerpunktsetzung im Bereich von Sachtexten, die mit einer Unterrepräsentanz literarischer Texte korreliert. Zum anderen führt die Anwendung einer so verstandenen Lesekompetenz zu einer unangemessenen Behandlung literarischer Texte, da diese sich im Rahmen der fiktiven, erzählerisch vermittelten Wirklichkeitsschilderung der unmittelbaren Entnahme von Informationen, wie bei PISA gefordert, verschließen. Auf diese Weise werden die Bildungsbewegungen, die literarische Texte im Leseprozess ermöglichen, erst gar nicht eröffnet bzw. initiiert.

Trotzdem werden, neben den bereits genannten alltagsrelevanten Zielsetzungen, mit Blick auf literarische Texte bei PISA auch solche benannt, die vielmehr an traditionelle Vorstellungen literar-ästhetischer Bildung anknüpfen:

„Literatur als Genre bietet die Möglichkeit der Lebensbewältigung, des ästhetischen Erlebens, der Befriedigung von Unterhaltungsbedürfnissen sowie der Sinnfindung und der Persönlichkeitsentfaltung."[190]

---

187 Vgl. Artelt et al.: Lesekompetenz: Testkonzeption und Ergebnisse. S. 70.
188 Ebd.
189 Luhmann: Das Erziehungssystem der Gesellschaft. S. 134. Zit. nach Kämper-van den Boogaart: Zur Fachlichkeit des Literaturunterrichts. S. 32.
190 Artelt et al.: Lesekompetenz. Testtheorie und Ergebnisse. S. 69. Artelt et al. zitieren hier Hurrelmann (1994) und Spinner (1989) und versuchen damit die (vermeintliche) An-

So versucht man, auch mit dem Konzept grundlegender Lesekompetenz an die Traditionslinien literar-ästhetischer Bildung anzuschließen, wenngleich diese Zielsetzungen den Kerngedanken der Konzeption von Lesekompetenz – Reduktion auf ein Minimum als grundlegend angesehener Fähigkeiten (vgl. Kap. II. 1) – eher widersprechen. Diese Zielsetzungen werden jedoch im Unterschied zu funktional-pragmatischen wenig differenziert dargestellt und scheinen mehr präambelhaft genannt worden zu sein.[191] Denn die „Einsatzmöglichkeiten" des Lesens als universales „Werkzeug"[192] werden im Grunde vor allem im Bereich der „Aneignung, Organisation und Anwendung von Wissen"[193] gesehen, da es sich eignet, einen erhöhten Bedarf an „Informationslesen"[194] zu stillen und das „Lesen zur beruflichen Qualifikation" zu nutzen.[195] Auch das vorwiegend unter empirisch-psychometrischen Gesichtspunkten und Gütekriterien konzipierte Modell der Lesekompetenz spiegelt die in der Testkonzeption benannten weitergehenden Zielsetzungen nicht wider.[196]

Resümee

Eine systematische und theoretisch legitimierbare sowie konsequente Unterscheidung schulisch vermittelbarer und darüber hinausgehender Zielsetzungen gelingt mit dem Konzept der Lesekompetenz für den Bereich literar-ästhetischer Bildung nicht. Ebenso wenig kann die Konzeption von Lesekompetenz als tragfähig für den Literaturunterricht angesehen werden, will man Literaturunterricht weiterhin als Teilbereich des Deutschunterrichts im Bildungskanon der Schule verankern.

Die Kritik an der Modellierung von Lesekompetenz und am Umgang mit literarischen Texten bei PISA hat allerdings gleichzeitig zur Einsicht in die Defizite hinsichtlich der zum Verstehen notwendigen Kompetenzen auf Seiten der

---

schlussfähigkeit des Konzepts der Lesekompetenz zu Überlegungen der Literaturdidaktik zu betonen.
191 Als Beleg dieser These sei im Kontext der weiteren Ausführungen noch ein Zitat aus der Testkonzeption PISAs genannt, das zu zeigen vermag, welche Schwerpunktsetzungen bei PISA vorgenommen werden: „Neben dem Hineinwachsen in die Kultur im Rahmen der Lesesozialisation (...) ist hier vor allem auch die Relevanz des Lesens als Voraussetzung für schulische und berufliche Erfolge zu nennen." Artelt et al.: Lesekompetenz. Testtheorie und Ergebnisse. S. 70.
192 Vgl. Artelt et al.: Lesekompetenz: Testkonzeption und Ergebnisse. S. 70.
193 Ebd.
194 Ebd.
195 Ebd.
196 Der konkrete Nachweis zu dieser Überlegung wird in Kapitel III. 2 „Lesekompetenzmodellierung bei PISA & Co" geführt.

zuständigen Fachdidaktik geführt und zu größerer Aufmerksamkeit für die einzelnen Teilkompetenzen und Anforderungen des Leseverstehensprozesses. Während sich die fachdidaktischen und empirischen Perspektiven zu Beginn der Diskussion um PISA recht unversöhnlich gegenüberstanden, versucht die Fachdidaktik gegenwärtig, zunehmend empirische quantitative wie besonders qualitative Methoden in die fachdidaktische Forschung zu integrieren. Denn die Literaturdidaktik kann der Forderung KLIEMES nach einer domänenspezifischen Auslegung des Kompetenzbegriffs auf der Grundlage von aus den wissenschaftlichen Disziplinen abgeleiteten Kernbereichen[197] eines Faches derzeit noch nicht lückenlos nachkommen. Vielmehr hat sich angesichts der Diskussion um PISA gezeigt, dass die Fachdidaktik kaum in der Lage ist, einen solchen Kern vollständig zu definieren. Die Möglichkeit, einzelne Teilkompetenzen literarischen Verstehens benennen und beschreiben zu können, ist jedoch als unerlässliche Voraussetzung für didaktisch sinnvoll angelegte Lernprozesse und ihre Vermittelbarkeit anzusehen. Deswegen konzentrieren sich gegenwärtige fachdidaktische Forschungsbemühungen vor allem auf die Klärung der Bausteine und der Prozesse des Textverstehens. Am Beispiel von Einzelanalysen literarischer Texte werden verschiedene verstehensrelevante Rezeptionskompetenzen herausgearbeitet. KÄMPER-VAN DEN BOOGAART verweist auf die Notwendigkeit der genauen Textwahrnehmung mit Hilfe von Verfahren des „genauen Lesens"[198], ZABKA auf die Fähigkeit zum „Verstehen von Indirektheit"[199] und KAMMLER auf das „Symbolverstehen"[200]; SPINNER legt eine Zusammenstellung von 11 Aspekten literarischen Lernens[201] vor. Gefragt wird in empirischen Untersuchungen des Weiteren danach, welche Rolle fachliches oder allgemeines Vorwissen konkret für den Lese- und Verstehensprozess und die Textdeutung haben können oder auch wie sich der Verstehensprozess symbolischen bzw. metaphorischen Sprachgebrauchs vollzieht.[202]

Im Zuge dessen hat sich ein zunehmendes Interesse an literar-ästhetischen Verstehensprozessen konstituiert, das genuin fachliche Fragestellungen und

---

197 Vgl. Klieme et al.: A. a. O.
198 Kämper-van den Boogart: Literarisches Lesen. S. 54.
199 Zabka: Typische Operationen literarischen Verstehens. S. 82.
200 Kammler: Symbolverstehen als literarische Rezeptionskompetenz. S. 196.
201 Spinner: Literarisches Lernen. Die einzelnen, bei Spinner sowie den anderen Literaturdidaktikern genannten Elemente literarischen Verstehens werden in Kapitel III. 3 im Rahmen der Überlegungen für einen kompetenzorientierten Unterricht näher ausgeführt.
202 Vgl. beispielsweise Meissner: Domänenspezifisches Vorwissen und literarisches Verstehen. / Pieper: Zum Problem der Konkretisierung von Verstehensleistungen und Niveaus im Bereich poetischer Mehrdeutigkeit. / Stark: Zur Interaktion von Wissensaktivierung, Textverstehens- und Bewertungsprozessen beim Lesen.

kognitive Kompetenzen in den Vordergrund stellt, ohne aber die auf Reflexionsprozesse angewiesene Leser-Text-Begegnung oder die Ästhetik des Erzählens zu negieren, da sich die Fachlichkeit des Literaturunterrichts und diesbezügliche kognitive Verstehensprozesse auch aus diesen Elementen konstituieren.

Demgegenüber sind die Zielsetzungen literar-ästhetischer Bildung in der Schule unterdessen aber wenig verändert worden. Auch neueste Publikationen nehmen teilweise keine den Möglichkeiten schulischen Lernens angemessene Reduktion der potentiellen Wirkung lebenslangen Lernens im Bereich des Umgangs mit literarischen Texten vor. Die von ABRAHAM/ KEPSER benannten Aspekte der persönlichkeitsbildenden Wirkung literarischer Texte finden sich nach wie vor auch in weiteren Publikationen, so dass es sich um ein in der Disziplin oftmals noch geteiltes Begriffsverständnis handelt.[203] So argumentiert zuletzt KNOPF hinsichtlich der Wirkung des Literaturunterrichts, er ermögliche „die Entwicklung zu einer autonomen und gefestigten Persönlichkeit"[204], solange den Schülerinnen und Schülern im Unterricht nur „Zeit für diesen literarischen Selbstsozialisationsprozess gewährt wird."[205] Auch bei FREDERKING ist im Zusammenhang mit der Definition von ABRAHAM/ KEPSER die Rede von einem „identitätsorientierten Literaturunterricht".[206] BEISBART/ MARENBACH verweisen analog zu dem Attribut ‚lustvoll' bei ABRAHAM/ KEPSER auf

„Bemühungen und Einflüsse, die zum Aufbau und zur Entwicklung einer stabilen Einstellung zum Lesen und zu den literarischen Zeugnissen verschiedener Kulturen führen."[207]

So wichtig es ist, die fachlichen Bausteine literarischen Verstehens zu erforschen und zu definieren, so unverzichtbar ist es gleichzeitig, den Fokus dieser Bestrebungen mit Blick auf durchaus sinnvolle Forderungen nach Kompetenzorientierung neu zu justieren und zu benennen. Dies ist bislang nicht oder nicht angemessen geschehen; mit Blick auf die Zielsetzungen stehen sich die genannten und die Ziele der Vertreter von Grundbildung nach wie vor konträr gegenüber. Analog zur Erforschung fachlicher Kompetenzen im Rückgriff sowohl auf bildungstheoretische und fachdidaktische Überlegungen wie auch empirische Verfahren und Mittel, die sich sinnvoll ergänzen können, sollte sich eine kompetenzorientierte Auslegung des Verständnisses literar-ästhetischer Bildung generieren lassen, die auch gängige Ziele einer Revision unterzieht. Denn in der

---

203 Vgl. Frederking: Modellierung literarischer Rezeptionskompetenz (2010). S. 325.
204 Knopf: Literaturbegegnung in der Schule. S. 20.
205 Knopf: Literaturbegegnung in der Schule. S. 23.
206 Frederking: Modellierung literarischer Rezeptionskompetenz (2010). S. 324.
207 Beisbart/ Marenbach: Bausteine der Deutschdidaktik. S. 109. Zit. nach: Knopf: Literaturbegegnung in der Schule. S. 22.

Konzentration auf die Fachlichkeit der Bausteine des Literaturunterrichts setzt sich die Literaturdidaktik im Grunde zum einen kritisch von solchen Zielsetzungen literar-ästhetischer Bildung ab, die zuerst der Persönlichkeitsbildung oder der Steigerung der Lesefreude gelten, zum anderen von an Grundbildung und Basiskompetenzen orientierten Konzepten. Die Domänenspezifik genuin literarischen Verstehens führt zu einem literar-ästhetischen Bildungsverständnis für den Bereich schulischer Unterweisung, das auf eine kognitive Auseinandersetzung mit literarischen Texten zielt, ohne – wie bei PISA geschehen – ihre ästhetische Qualität oder die affektive Seite der Text-Leser-Begegnung zu negieren. In der schulischen Auseinandersetzung mit literarischen Texten kann weniger die Wirkung des Kunstwerks auf seinen Betrachter im Mittelpunkt stehen, als dessen kognitiv ausgerichtete Analyse und Interpretation. Auf diese schon zu Beginn des Kapitels illustrierten Vorstellungen der Schulung des Reflexionsvermögens in Form des Umgangs mit Literatur verweisen auch die Begriffe der „Interpretationskompetenz"[208] bei ZABKA oder der „Urteilskompetenz"[209] bei FREDERKING. Diese Schulung bezieht sich erstens auf die Fähigkeit der Wahrnehmung literarischer Texte als ästhetische Gegenstände in ihrer spezifischen gestalterischen Qualität, zweitens auf die Fähigkeit zur Deutung literar-ästhetischer Gegenstände sowie drittens auf die Fähigkeit, eigene Deutungen partizipatorisch in den Diskurs mit anderen Lesern desselben Textes einbringen zu können.

Eine solche Begriffsbestimmung literar-ästhetischer Bildung umschließt in der Ausrichtung einer so verstandenen ‚Fachlichkeit' des Literaturunterrichts dann alle den Verstehensprozess betreffenden Ebenen – von der ersten Textwahrnehmung bis zur Entwicklung einer intersubjektiven ästhetischen Anschauung – und ebenso alle diese Ebenen betreffenden Elemente – den Umgang mit Vor- und Kontextwissen, die Imaginationskraft, die Anerkennung von Fiktionalität, die Wahrnehmung der ästhetischen Gestalt sowie auch metakognitive Fähigkeiten. Dieses Verständnis des Begriffs der Kompetenzorientierung und seiner Anwendung auf den Bereich literarischer Rezeptionskompetenz verdeutlicht, dass

„Bildung weder ein mechanischer Erwerb materieller Gegenstände noch eine magische Entfaltung schöngeistiger Vermögen ist."[210]

---

208 Zabka: Interpretationskompetenz als Ziel der ästhetischen Bildung. S. 18.
209 Frederking: Modellierung literarischer Rezeptionskompetenz (2010). S. 325. Unnötigerweise fügt Frederking dieser völlig ausreichenden Zielsetzung den Hinweis auf ihre identitätsstiftende Wirkung hinzu.
210 Maiwald: Kompetenzen und Unterrichtsziele im Lese- und Literaturunterricht. S. 67.

2. Problematisierung der empirischen Modellierung und Operationalisierung literarischen Verstehens

2.1 Problematisierung der Modellierung von Lesekompetenz in der Anwendung auf literarische Texte am Beispiel ihrer Operationalisierungen bei PISA & Co

2.1.1 Lesekompetenz in der Anwendung auf literarische Texte bei PISA

Die Unterrepräsentanz literarischer Texte in den PISA-Tests korreliert, und hierauf richtet sich die Kritik der Fachdidaktik im Besonderen, mit dem Fehlen jedes Ausweises spezifisch literarischer Kompetenzen, obwohl diese sich nicht bedenkenlos in das bereits vorliegende, vornehmlich auf expositorische Texte ausgerichtete Lesekompetenzmodell einordnen lassen.[211] Der im Lesekompetenzmodell fehlende, aber doch deutlich vorhandene Unterschied zwischen Sach- und literarischen Texten lässt sich zum einen aus ihrem spezifischen Verhältnis zur unmittelbaren ‚Alltagstauglichkeit' und zum anderen aus den Anforderungen, die sie jeweils an die Wahrnehmung des Lesers stellen, ableiten: Ein angemessenes Verständnis literarischer Texte entsteht im Besonderen auch durch ein die Literarizität des Textes betreffendes, ästhetisches Bewusstsein. Während die Informationen, die der Leser Sachtexten entnimmt, in direktem Bezug zu der den Rezipienten umgebenden Welt stehen (bzw. stehen können) und diese in der Wiedergabe spiegeln, steht Literatur vielmehr in einem Verhältnis indirekter Spiegelung zur sie umgebenden Lebenswelt. Literarische Texte verhandeln zwar auch Alltagssituationen, allerdings geschieht dies mit Hilfe erzählerischer Mittel der Darstellung ästhetisch vermittelt. Literatur erschafft eine fiktionale Welt innerhalb eigener Regeln und Gesetze.[212] So unterscheiden sich sowohl das Verstehen des Inhalts literarischer Texte als auch deren Wirkung auf den Leser in seinem Verhältnis zur Welt von Inhalt und Rezipientenwirkung bei Sachtexten.[213]

---

211 Wenngleich auch eine PISA-Zusatzstudie – als Reaktion auf die kritischen Anfragen – nachgewiesen hat, dass literarische Kompetenzen nicht mit den in der Lesekompetenz definierten Fähigkeiten kongruent sind. Vgl. in Artelt/ Schlagmüller: Der Umgang mit literarischen Texten als Teilkompetenz im Lesen? S. 179.
212 Karg: „...the ability to read between the lines..." S. 110.
213 Trotz der großen Mehrheit der kritischen Stimmen hinsichtlich der bei PISA fehlenden Unterscheidung zwischen Sach- und literarischen Texten und deren spezifischen Kompetenzanforderungen gibt es auch Publikationen, die weiterhin auf diese relevante Unterscheidung verzichten. Vgl. Lindauer/ Schneider: Lesekompetenz ermitteln: Aufgaben

Im Rahmen der funktionalistisch-pragmatischen wie empirischen Ausrichtung des Lesekompetenzmodells verwundert es demnach wenig, dass Sach- und Gebrauchstexte einen Schwerpunkt innerhalb der PISA-Testungen einnehmen. Die statistischen Auswertungsvorgaben empirischer Tests erfordern eindeutige Frage- und Antwortmuster, die auf klar benenn- und messbare Zielsetzungen bzw. Kompetenzerwartungen hin zu überprüfen sind. Dieser zunächst testmetrisch definierten Anforderung ist in der Auseinandersetzung mit Sachtexten sehr viel leichter nachzukommen, als bei der Analyse und Interpretation literarischer Texte.

Dieser lediglich pragmatisch zu begründende Verzicht aber – an den Bedingungen und Grenzen der Testtheorie orientiert – führt zu einer wenig adäquaten Behandlung literarischer Texte in den PISA-Tests: Ihre Einordnung in das zugrunde gelegte Kompetenzraster ist aufgrund des Fehlens explizit literarischer Kompetenzen problematisch und führt zu einem der spezifischen Beschaffenheit literarischer Texte unangemessenen Umgang, da das PISA-Lesekompetenzmodell viele der zum Verständnis literarischer Texte notwendigen Teilkompetenzen nicht enthält. Dabei sind nicht ausschließlich bereits genannte Fragen der ästhetischen Wahrnehmung angesprochen, sondern daneben auch weitere grundlegende kognitive Kompetenzen, die notwendig für den Verstehensprozess literarischer Texte, nicht aber genuin für jenen von Sachtexten sind. Die bei PISA vorgenommene Stufung erscheint für das Verständnis literarischer Texte unzureichend und wenig zutreffend. Zur Erläuterung dieser Überlegungen sei zunächst ein Blick auf das Lesekompetenzmodell PISAs selbst geworfen:

---

im Unterricht. Vgl. auch Schneider/ Lindauer: Lesekompetenz ermitteln: Tests. Auch Willenberg hat noch 2006 anlässlich der Präsentation der DESI-Studie und ihrer Ergebnisse auf dem Workshop des Symposions Deutschdidaktik einen anderen Ansatz dargestellt, der zwischen Sach- und literarischen Texten keinen grundsätzlichen Unterschied sieht, sondern nur „Besonderheiten der jeweiligen Textsorten" einer Dimension. Willenberg: Lesekompetenzen bei DESI. S. 4.

Tab. 1: Das PISA-Lesekompetenzmodell (2000)[214]

Subskala / Stufe	Informationen ermitteln	textbezogenes Interpretieren	Reflektieren und Bewerten
	Aufgaben auf der jeweiligen Kompetenzstufe erfordern vom Leser…		
Stufe V	…verschiedene, tief eingebettete Informationen zu lokalisieren und geordnet wiederzugeben. Üblicherweise ist der Inhalt und die Form des Textes unbekannt, und der Leser muss entnehmen, welche Information im Text für die Aufgabe relevant ist.	…ein vollständiges und detailliertes Verstehen eines Textes, dessen Format und Thema unbekannt sind.	…die kritische Bewertung oder das Bilden von Hypo-thesen, unter Zuhilfenahme von speziellem Wissen. Typischerweise verlangen Aufgaben dieses Niveaus vom Leser den Umgang mit Konzepten, die der Erwartung widersprechen.
Stufe IV	…mehrere eingebettete Informationen zu lokalisieren. Üblicherweise ist der Inhalt und die Form des Textes unbekannt.	…z.B. das Auslegen der Bedeutung von Sprachnuancen in Teilen des Textes, die unter Berücksichtigung des Textes als Ganzes interpretiert werden müssen. Andere Aufgaben er-fordern das Verstehen und Anwenden von Kategorien in einem unbekannten Kontext.	…z.B. die kritische Bewertung eines Textes oder das Formulieren von Hypo-thesen über Informationen im Text, unter Zuhilfenahme von formalem oder allgemeinem Wissen. Leser müssen ein akkurates Textverstehen von langen und komplexen Texten unter Beweis stellen.
Stufe III	…Einzelinformationen herauszusuchen und dabei z.T. auch die Beziehungen dieser Einzelinformationen untereinander zu beachten, die mehrere Voraussetzungen erfüllen. Die Auswahl wird durch auffallende und konkurrierende Informationen erschwert.	…die in verschiedenen Teilen des Textes zu berücksichtigen und zu integrieren, um eine Hauptidee zu erkennen, eine Beziehung zu verstehen oder die Bedeutung eines Wortes oder eines Satzes zu schlussfolgern. Beim Vergleichen, Kontrastieren, Kategorisieren müssen viele Aspekte berücksichtigt werden. Oft ist die erforderliche Information nicht auffallend oder es gibt andere Textschika-	…entweder Verbindungen, Vergleiche und Erklärungen oder sie erfordern vom Leser, bestimmte Merkmale des Textes zu bewerten. Einige Aufgaben erfordern vom Leser ein genaues Verständnis des Textes im Verhältnis zu bekanntem Alltagswissen. Andere Aufgaben verlangen kein detailliertes Textverständnis, aber erfordern vom Leser, auf wenig verbreitetes Wissen

---

214 Artelt et al.: Lesekompetenz: Testkonzeption und Ergebnisse. S. 89.

		nen, wie z.B. Ideen, die das Gegenteil zu einer Annahme aus-drücken oder negativ formuliert sind.	Bezug zu nehmen. Der Leser muss die relevanten Faktoren teilweise selber ableiten.
Stufe II	...eine oder mehrere Informationen zu lokalisieren, die beispielsweise aus dem Text geschlussfolgert werden müssen. Die Auswahl wird durch einige konkurrierende Informationen erschwert.	...z.B. das Erkennen eines wenig auffallend formulierten Hauptgedankens des Textes. Andere Aufgaben erfordern das Verstehen von Beziehungen oder das Erfassen einer Bedeutung innerhalb eines Textteils auf der Basis von einfachen Schlussfolgerungen. Aufgaben auf diesem Niveau, die analoges Denken beinhalten, erfordern üblicherweise Vergleiche oder Kontraste, die auf nur einem Merkmal des Textes basieren.	...z.B. einen Vergleich von mehreren Verbindungen zwischen dem Text und über den Text hinausgehendem Wissen. Bei anderen Aufgaben müssen Leser auf ihre persönlichen Erfahrungen und Einstellungen Bezug nehmen, um bestimmte Merkmale des Textes zu erklären. Die Aufgaben erfordern ein breites Textverständnis.
Stufe I	...eine oder mehrere unabhängige, aber ausdrücklich angegebene Informationen zu lokalisieren. Üblicherweise gibt es eine einzige Voraussetzung, die von der betreffenden Information erfüllt sein muss, und es gibt, wenn überhaupt, nur wenig konkurrierende Informationen im Text.	...das Erkennen des Hauptgedankens des Textes oder der Intention des Autors bei Texten über bekannte Themen. Der Hauptgedanke ist dabei entweder durch Wiederholung oder durch früheres Erscheinen im Text auffallend formuliert.	...z.B. eine einfache Verbindung zwischen Information aus dem Text und weit verbreitetem Alltagswissen herzustellen. Der Leser wird ausdrücklich angewiesen, relevante Faktoren in der Aufgabe und im Text zu beachten.

Die drei Subskalen werden in fünf Kompetenzstufen kategorisiert, in welche die Testaufgaben ihrer Schwierigkeit entsprechend eingeordnet werden. Es zeigt sich, dass sich die Anwendung der Subskalen, die verschiedene Aspekte des Lesens erfassen sollen, und die bei PISA vorgenommene Stufung in der Übertragung auf literarische Texte als schwierig erweist. Während beispielsweise die Stufung der Kompetenzen bei der verstehenden Lektüre von expositorischen

Texten noch zuzutreffen vermag[215], beschreibt sie den Prozess zum Verständnis eines literarischen Textes nur unzureichend. Diese Schwierigkeiten beziehen sich zum einen auf die Abgrenzung und Hierarchisierung der einzelnen Stufen innerhalb eines Kompetenzbereichs und zum anderen auf das Verhältnis der einzelnen, in drei Subskalen erfassten Kompetenzbereiche zueinander: Betrachtet man beispielsweise auf der Ebene der einzelnen Kompetenzstufen der Subskala ‚Informationen ermitteln' die textseitigen Anforderungen in der Beschäftigung mit einem Gedicht, so fällt es leicht, sich vorzustellen, dass die Erklärung einer lokalen Auffälligkeit (Stufe I/II) im Text schwieriger bzw. anspruchsvoller sein kann, als dahingegen das Herstellen von Inferenzen zwischen verschiedenen Versen des Gedichts (Stufe III). Zugleich wirkt die Hierarchisierung der Stufen angesichts ihrer Formulierung verwirrend: Manche Anforderung einer unteren Kompetenzstufe („…Informationen zu lokalisieren, die aus dem Text geschlussfolgert werden müssen…", Stufe II) scheinen der Darstellung nach in ihrem Schwierigkeitsgrad die Anforderungen höherer Kompetenzstufen (Stufe IV, „…mehrere eingebettete Informationen zu lokalisieren") zu überschreiten.

Problematisch ist auch das Verhältnis der drei Kompetenzbereiche zueinander, denn die Deutung beispielsweise einer lokalen Textanomalie, die auf einer Metapher gründet, lässt sich weder eindeutig auf die Subskala „Informationen ermitteln", noch auf die Subskala „textbezogenes Interpretieren" beziehen: Stufe I oder II der Subskala „Informationen ermitteln" haben zwar lokale Phänomene im Blick, dafür kann beim Erschließen einer Metapher aber nicht rein von der ‚Lokalisierung von Informationen' gesprochen werden, da es sich bereits um einen Vorgang der Deutung handelt. Betrachtet man aber die Kompetenzstufen der Subskala „textbezogenes Interpretieren", so erscheinen auch diese wenig hilfreich, da hier lediglich das Auffinden eines Hauptgedankens fokussiert wird. Diesem Kompetenzbereich und seinen einzelnen Stufen kann die Bedeutungskonstruktion eines lokalen Textphänomens ebenfalls kaum sinnvoll zugeordnet werden.

Diese Schwierigkeiten der Zuordnung einzelner Kompetenzen literarischen Verstehens zum Lesekompetenzmodell können am Beispiel der veröffentlichten PISA-Aufgaben und ihrer Kodierung illustriert werden:[216] Die vorgenommene

---

215 Auch wenn die Einordnung verschiedener Teilkompetenzen im Umgang mit expositorischen Texten weniger problematisch erscheinen mag als im Zusammenhang mit literarischen Texten, ergeben sich bei näherer Betrachtung auch dort Schwierigkeiten mit Blick auf eine Einordnung. Denn auch expositorische Texte sind beispielsweise hinsichtlich ihrer Gattungsmerkmale nicht immer konsistent.

216 Besonders anhand der Operationalisierungen werden die Defizite und offenen Fragen der Kompetenzmodellierung ersichtlich. Vgl. Kämper-van den Boogaart: Empirische Messungen im Bereich anspruchsvolleren Lesens. S. 163.

Zuordnung der Operationalisierungen verschiedener Kompetenzen in Form einzelner Aufgabenstellungen zum Lesekompetenzmodell ist zum Teil wenig nachvollziehbar, in vielen Fällen wird sie überhaupt nicht transparent gemacht. In diesem Zusammenhang sei an ein Aufgabenbeispiel aus dem Aufgabenset „Amanda und die Herzogin" erinnert (vgl. Kapitel II. 4), in dem die Schülerinnen und Schüler die genaue Position der Akteure in einem vorgegebenen, grafisch dargestellten Bühnenbild kennzeichnen sollen: Die Einordnung dieser Aufgabe in Kompetenzstufe IV der Skala I, „Informationen ermitteln" ist im Vergleich mit den potentiell ebenso zur Auswahl stehenden Kompetenzstufen II und III kaum nachvollziehbar. Während die Aufgabe hier der Formulierung von Stufe IV „mehrere eingebettete Informationen zu lokalisieren" zugeordnet wird, könnte sie ebenso gut auf Stufe III, „Einzelinformationen herauszusuchen und (…) auch die Beziehung dieser Einzelinformationen zueinander zu beachten", eingeordnet werden. Die in der Hierarchisierung der einzelnen Stufen genannten Schwierigkeitsgrade korrelieren offenbar nicht immer mit der wirklichen Schwierigkeit in der Bearbeitung einer Aufgabe sowie auch die Kompetenzstufen keine sinnvolle Abstimmung untereinander erkennen lassen.

Wo eine Einordnung in die der empirischen Messung zugrunde liegenden Kompetenzstufen – wie in der Kodierung der Beispielaufgaben – nicht eigens ausgewiesen wird, findet sich die Nennung einer „Absicht"[217], die mit der Aufgabenstellung verfolgt werden soll. Bezogen auf die genannte Aufgabe im Set „Amanda und die Herzogin" wird als Frageabsicht formuliert: „Immanente Textinterpretation: Text und graphisches Material miteinander verbinden."[218] Wo bereits die Zuordnung dieser Aufgabe zu Kompetenzstufe IV der Subskala I nicht nachvollzogen werden konnte, so verwundert nun die angegebene Frageabsicht im Zusammenhang mit der Einordnung in die Kompetenzstufe IV der Subskala I, „Informationen ermitteln", umso mehr, da der Zusammenhang zwischen Aufgabenstellung, Frageabsicht und Festlegung der Kompetenzstufe kaum ersichtlich ist. Denn von Textinterpretation kann in dieser Aufgabe keine Rede sein, auch nicht vom Erfassen eines „Hauptgedankens", wie in Subskala II, „textbezogenes Interpretieren", verlangt wird; vielmehr sind ausdrücklich die Fähigkeiten und Qualitäten eines Regisseurs – besser: der Regieassistenz – gefragt, die in diesem Fall zumindest eindeutig der Subskala „Informationen ermitteln" zuzuordnen wären, um den Standort der Figuren bestimmen zu können.[219]

Wie sich insgesamt zeigen lässt, ist die Anwendung des Lesekompetenzmodells mit seinen Subskalen und Stufen auf literarische Texte wenig hilfreich hin-

---

217 PISA 2000: Beispielaufgaben zum Lesekompetenztest 2000: Lösungen. S. 57.
218 Ebd.
219 Vgl. PISA 2000 – Beispielaufgaben aus dem Lesekompetenztest. Frage 41. S. 40.

sichtlich der Erfassung von Kompetenzen genuin literarischen Verstehens. Die Untersuchungsergebnisse von STANAT ET AL. in einer PISA-Zusatzstudie belegen zudem auch auf empirischem Wege, dass Kompetenzen literarischen Verstehens sich von jenen zum Verständnis expositorischer Texte unterscheiden.[220]

Darüber hinaus bietet sich die Betrachtung des Modells an, die problematischen theoretischen Prämissen des Lesekompetenzbegriffs nachzuzeichnen, die einen unter literaturtheoretischen Gesichtspunkten angemessenen Umgang mit literarischen Texten eher verstellen. Subskala II, „Textbezogenes Interpretieren", und auch Subskala III, „Reflektieren und Bewerten", lassen erkennen, dass den Aspekten des Vor- oder Kontextwissens, die zum Verständnis eines literarischen Textes notwendig sind, kaum hinreichend Rechnung getragen wird. Gemeint sind im Rahmen der vorliegenden Untersuchung mit dem Begriff des Vorwissens vor dem Hintergrund der fachwissenschaftlichen Diskussion zum einen die bei den Schülerinnen und Schülern vorhandenen – auch außerschulisch bevorzugten bzw. erlangten – Wissensgebiete, Neigungen und Interessen, welche die Art und Weise der Beschäftigung mit einem Text, gleich welcher Textsorte – beeinflussen können. Angesprochen sind hier zum anderen auch Kenntnisse und Fähigkeiten im Bereich der Anwendung beispielsweise kulturhistorischen Kontext- oder Gattungswissens, die für die Deutung eines jeweiligen literarischen Textes wertvoll sein können. Neigungen und Interessen oder auch Haltungen und Einstellungen der Schülerinnen und Schüler können innerhalb der auf Kompetenzmessung ausgerichteten Testsituation nicht Prüfgegenstand sein und auch nicht in deren Messung eingehen, sondern allenfalls im Rahmen von Begleitfragebögen erfasst werden. Anders dagegen verhält es sich aber mit Aspekten des Kontextwissens, bei denen es sich – im Gegensatz zu Neigungen und Einstellungen – um Kenntnisse kognitiver Art handelt, die im Unterschied zu Haltungen Gegenstand der Überprüfung sein können. Verweise auf literaturspezifisches Vorwissen wie Epochen- oder Gattungswissen beispielsweise jedoch fehlen innerhalb des Modells gänzlich. Stattdessen ist in Subskala III die Rede von „verbreitetem/bekanntem Alltagswissen" (Stufe I/III), „über den Text hinausgehendem Wissen" (Stufe II), „formalem oder allgemeinem Wissen" (Stufe IV) oder von „speziellem Wissen" (Stufe V; was genau sich hinter diesen Begriffen jeweils verbirgt, bleibt unbenannt. Vergeblich sucht man jedenfalls unter den veröffentlichten Beispielaufgaben solche, die sich auf das genannte Spektrum der Aspekte von Vor- bzw. Kontextwissen beziehen ließen. Auch die Be-

---

220 Vgl. Artelt/ Schlagmüller: Der Umgang mit literarischen Texten als Teilkompetenz im Lesen?

zeichnung der Subskala II „textbezogenes Interpretieren"[221] verweist auf literaturtheoretische Prämissen des Lesekompetenzkonzepts bei PISA, die zumindest teilweise eher testmetrischen Vorgaben geschuldet sind: Es ist zunächst sicher richtig, vom Text ausgehend zu interpretieren; Deutungsansätze sollten grundsätzlich auf einer genauen Wahrnehmung des Textes selbst fußen, indem einzelne Ideen mit dem Text in Beziehung gesetzt und anhand einzelner Textstellen be- oder widerlegt werden. Jedoch sollte eine erste Hypothesenbildung nicht unbedingt beim Textabgleich verbleiben; es kann sinnvoll sein, über den Text hinausgehende Wissensbestände in die Deutung des Textes zu integrieren, um zu kohärenten und intersubjektiv plausiblen Bedeutungskonstruktionen zu gelangen. Dies lässt sich am Beispiel der intertextuellen Betrachtung von Brechts „Die unwürdige Greisin" illustrieren:[222] Hier gelingt eine Interpretation jenseits der Reflexion von „Rollenklischees zu Geschlecht und Alter"[223] – die sich angesichts der Figur einer Frau, die ihr Leben der Familie ‚geopfert' hat, nach dem Tod ihres Mannes aber ganz neue Wege geht, sicherlich anbietet – vor allem oder erst im Vergleich mit einer weiteren Erzählung Brechts, in der eine geistige Haltung entworfen wird, welche die Gewaltherrschaft still erleidet, um sie schließlich zu überleben. Der Lesekompetenzbegriff PISAs ist aber im Zuge internationalen Vergleichsinteresses darauf angewiesen, den Begriff des „textimmanenten Interpretierens" in den Mittelpunkt zu stellen; denn wie sollte ein entsprechendes Kontextwissen Bemessungsgrundlage von Schülerinnen und Schülern unterschiedlicher Schulen und Länder sein können? Es verwundert demnach wenig, dass ein weiterer in den PISA-Tests verwendeter Text, „Das Geschenk", keine Angabe eines Verfassers oder Erscheinungsjahres trägt.[224] Mit diesem Vorgehen wird nicht einem verständigen Umgang mit literarischen Texten Rechnung getragen, sondern der zugrunde liegenden Testtheorie, da sich beides innerhalb von quantitativen empirischen Untersuchungen offenbar nicht ergänzend zusammenbringen lässt.

Eine weitere Problematik der Prämisse ‚textbezogenes Interpretieren' zeigt sich bei näherer Betrachtung dessen, was bei PISA offenbar unter dem Begriff ‚Interpretation' verstanden wird. ‚Interpretieren' äußert sich im Modell in Subskala II auf Stufe I in der Formulierung „das Erkennen *des* Hauptgedankens oder

---

221 Artelt et al.: Lesekompetenz: Konzeption und Ergebnisse. S. 82. Vgl. auch die Formulierung „textimmanente Interpretationsleistung" in der o. g. Frageabsicht der Kodierung von Frage 41 im Aufgabenset „Amanda und die Herzogin".
222 Vgl. Kämper-van den Boogaart: Lässt sich normieren, was als literarische Bildung gelten soll? S. 45ff. Vgl. den Text von Brecht im Anhang der vorliegenden Arbeit, Text 10.
223 Ebd.
224 Vgl. PISA 2000 – Beispielaufgaben aus dem Lesekompetenztest. S. 30ff. Vgl. den Primärtext im Anhang, Text 3.

der Intention des *Autors*" (Hervorhebung d. Verf.). Nun entziehen sich literarische Texte angesichts ihrer Offenheit bzw. Ambiguität häufig aber der Festlegung auf eine verbindlich gültige Deutungsweise. Auch hier scheint eher der Testmetrik, als literaturtheoretischen Überlegungen Beachtung geschenkt worden zu sein: Da empirische Tests nach eindeutig auflösbaren Frage- und Antwortschemata verlangen, werden den zum Gegenstand gemachten literarischen Texten ebenso eindeutige Interpretationsmuster zugeschrieben. Im Einzelfall mag diese *eine* Deutungsmöglichkeit zumindest nicht falsch sein. Problematisch ist im Rahmen der Testsituation allerdings, dass andere Sinnkonstruktionen gar nicht erst angeregt bzw. bewertet werden können. Zudem erscheint die Rede von ‚einem Hauptgedanken' und der ‚Intention des Autors' nicht nur unzulässig aufgrund der Festlegung auf nur eine mögliche Sichtweise, sondern auch in Bezug auf die Annahme, es gälte auf Seiten des Lesers die Intention des Verfassers eines literarischen Textes zu entdecken und herauszuarbeiten. Interpretation und Deutung vollziehen sich jedoch nicht im Erkennen einer vielleicht sogar versteckten und jedenfalls festgelegten Textbedeutung, die der Autor beim Schreiben des Textes im Sinn hatte; Bedeutungskonstruktion vollzieht sich vor allem im Zusammenspiel des Vorwissens eines individuellen Lesers mit den textuellen Vorgaben des literarischen Gegenstandes (vgl. Kap. III. 1). Es wird ein falsches Verständnis vom ‚kompetenten' Umgang mit literarischen Texten vermittelt, wenn die Vielfalt der Deutungsmöglichkeiten im Rekurs auf literaturtheoretisch problematische Prämissen, wie beispielsweise die Kategorie ‚Autorintention', ausgeblendet wird, obschon die literarisch inszenierte Mehrdeutigkeit vieler Texte der Festlegung auf *eine* ‚richtige' Deutung widerspricht.[225]

Ein Blick in die veröffentlichten PISA-Aufgaben zu dem im Lesekompetenztest 2000 gewählten Text „Das Geschenk"[226] verdeutlicht diesen Zusammenhang. In der Erzählung wird eine Frau infolge starken Regens und dadurch ausgelöster Überschwemmungen in ihrem Haus vom Rest ihrer Umgebung abgeschnitten. In dieser existentiell bedrohlichen Situation wird ein Panther auf die Terrasse ihres Hauses gespült. Statt den Panther letztlich aber mit ihrem Gewehr zu erschießen, gibt sie ihm den Rest eines Schinkens, ohne selbst über weitere Vorräte zu verfügen. Kurz darauf ist der Panther verschwunden. Zu diesem Text wurde von den PISA-Aufgabenentwicklern folgende Aufgabe[227] konstruiert:

---

225 Vgl. Spinner: Literarisches Lernen. S. 10.
226 PISA 2000 – Beispielaufgaben aus dem Lesekompetenztest. S. 30ff. Primärtext „Das Geschenk", s. Anhang, Text 3.
227 PISA 2000 – Beispielaufgaben aus dem Lesekompetenztest. S. 33.

Frage 31: GESCHENK
Hier folgt ein Ausschnitt aus einem Gespräch zwischen zwei Personen, die „Das Geschenk" gelesen haben:
Person 1: „Ich finde, die Frau in der Erzählung ist herzlos und grausam."
Person 2: „Wie kannst du so etwas sagen? Ich finde, sie ist ein sehr mitfühlender Mensch."
Stütze dich auf Informationen aus der Erzählung, um zu zeigen, wie beide Personen ihren Standpunkt rechtfertigen können.

Durch die im Aufgabenstamm enthaltene Vorgabe möglicher Interpretationsansätze zur Erzählung, die sich ausschließlich im Spannungsfeld von ‚herzlos/grausam' und ‚mitfühlend' bewegen, wird lediglich *ein* Interpretationsstrang innerhalb eines stark begrenzten Spielraums weiterer Möglichkeiten fokussiert[228], obwohl der Text bzw. das Verhalten der Frau sicherlich weitere Deutungsmöglichkeiten zuließen. Das Verhalten der Frau, das neben den Kategorien ‚grausam – mitfühlend' weitere Fragen aufwirft, die sich nicht in diesen Konnotationsrahmen einfügen lassen, wird nicht thematisiert, um nicht – testmetrisch ungewollte – Widersprüche innerhalb verschiedener Deutungshypothesen aufkommen zu lassen. Hier scheinen die psychometrischen Vorgaben die Kodierungs- und auf diesem Wege die Deutungsvielfalt des Textes zu begrenzen. Das dem Lesekompetenzmodell zugrunde gelegte Situationsmodell als mentale Repräsentation eines Textes fixiert *einen* potentiellen Weg kohärenter Sinnbildung, wodurch zwar einer empirischen Auswertung der Ergebnisse Rechnung getragen wird, nicht aber dem mehrdeutigen Charakter literarischer Texte. Gleichzeitig kommt es darüber hinaus auf dem Wege der Fokussierung nur einer Deutungsvariante zu höchst angreifbaren, wenn nicht gar zu Fehlinterpretationen eines literarischen Textes. Dies wird in der genannten Aufgabe exemplarisch deutlich: Der Aufgabenstamm lässt den Gegenstand bzw. Bezugspunkt, auf den das ‚mitfühlende' oder ‚grausame' Verhalten der Frau rekurriert, zwar zunächst offen, doch kann kein anderer Bezugspunkt des Handels der Frau als der Panther gedacht werden.[229] Die Einschätzung, die Frau habe Mitleid mit dem Tier bzw. sei mitfühlend, lässt sich sicherlich mit dem Schlussteil der Erzählung belegen (sie gibt dem hungrigen Panther den Rest ihres Schinkens). Der aber dazu in der zweiten Annahme gebildete Gegensatz, das Handeln der Frau sei grausam, er-

---

228 Vgl. Karg: „…the ability to read between the lines…" S. 109. Dies.: Mythos PISA. S. 128.

229 Dass der Aufgabenstamm interpretationsbedürftig, ‚handwerklich' wenig ausgereift und somit missverständlich ist, zeigt die von Köster offenbar vorausgesetzte Deutung der Aufgabe: „…aus welchem Grund wohl die Frau den Panther gefüttert hat …". Dies macht angesichts der in der Aufgabe vorgegebenen Charakterisierungsmöglichkeit ‚grausam' überhaupt keinen Sinn, zeigt damit aber die Problematik der offenbar mehrdeutigen Aufgabenstellung selbst. Vgl. Köster: Entdecken statt Konstruieren. S. 6.

schließt sich in seiner Logik vielleicht unter dem testmetrischen Gesichtspunkt der Begrenzung der Deutungsvielfalt innerhalb der beiden Pole ‚mitfühlend' – ‚grausam', lässt sich aber nur schwerlich mit dem vorliegenden Text in Einklang bringen. Denn das zwischenzeitlich geplante, dann aber letztendlich verworfene Vorhaben der Frau, den Panther zu töten, kann im Gesamtkontext der Geschichte und angesichts ihrer Notsituation wohl kaum als ‚grausam' charakterisiert werden. Umso mehr verwundert die Aufgabenstellung: Verlangt wird, Belegstellen für *beide* Positionen im Text zu benennen. Wäre die Aufgabe so konzipiert, dass die Schülerinnen und Schüler sich für eine der beiden Positionen entscheiden und diese dann belegen müssten, so würde sie zwar auch nur einen recht engen interpretatorischen Spielraum bieten, wäre aber sachlich weniger angreifbar. So, wie die Aufgabe gestellt wurde, zwingt sie die Schülerinnen und Schüler – allen didaktischen wie literaturtheoretischen Überlegungen widersprechend – den Blick auf einzelne Textstellen zu richten und diese vom Gesamtkontext der Erzählung zu lösen, um die Aufgabe im Sinn der Kodierung beantworten und somit Punkte erzielen zu können. Denn wie sonst sollte man zu der in der Kodierung genannten Lösungsmöglichkeit: „Sie versucht den Panther zu erschießen."[230] als Belegstelle für die Grausamkeit ihres Handelns gelangen? ‚Kluge' Schülerinnen- und Schülerantworten, die sich einer solchen Sichtweise mit Recht versperrten, würden angesichts der Kodierung dieser Aufgabenstellung ‚bestraft', da sie den zweiten Teil der Aufgabe nicht lösen könnten – obwohl sie die damit *eigentlich* an dieser Stelle angemessene Ergebnisleistung erbrächten. Auch die kritischen Überlegungen beispielsweise KARGS weisen darauf hin, dass u. U. keine der vorgegebenen Antwortmöglichkeiten ‚richtig' sein könnte, andere Deutungsansätze aber sehr viel zutreffender erscheinen.[231]

Betrachtet man die restlichen Aufgaben der Einheit „Das Geschenk", so muss aus literaturtheoretischer Sicht dementsprechend irritieren, dass weitere relevante Aspekte des Textverstehens in den nachfolgenden Aufgabenstellungen gänzlich außer Acht gelassen werden. Interessant und aufschlussreich könnte es beispielsweise sein, zur Hypothesenbildung über den Titel der Erzählung anzuregen, nennt die Frau den vom Wasser heran gespülten Panther doch ein „Geschenk" – und das will so gar nicht zu dem begrenzten Deutungsrahmen zwischen ‚mitfühlend' und ‚grausam' passen.

Resümierend lässt sich konstatieren, dass von der Trivialisierung in der Beschäftigung mit Literatur gesprochen werden muss, wenn unter den Maßgaben

---

230 PISA Lesekompetenztest 2000: Lösungen. S. 42.
231 Vgl. ebd. Vgl. hier auch die Überlegungen Kämper-van den Boogaarts, der ebenfalls die Eindeutigkeit der im PISA-Test vorfindlichen Deutung hinterfragt. Kämper-van den Boogaart: PISA und die Interpretationsrituale des Deutschunterrichts. S. 72ff.

der Empirie zu einfache ‚Lösungen' auf umgangene oder kaum erkannte Problemstellungen gefunden werden.[232] Zugespitzt formuliert: Während diese Trivialisierung ein angemessenes Verständnis literarischer Texte geradewegs zu verhindern scheint, indem der Prozess des Textverstehens auf die Entnahme recht oberflächlich ableitbarer Informationen reduziert wird, ist sie offenbar gleichermaßen Voraussetzung für die Erhebung empirischer Daten. Im Zuge der beschriebenen testmetrischen Ausrichtung vollzieht sich im PISA-Modell eine Trivialisierung besonders der höheren Kompetenzebenen wie jener des ‚Reflektieren und Bewertens', die im interpretierenden Umgang mit Literatur differenzierte Betrachtungen,[233] statt eindeutiger Antworten verlangt.[234] Fraglich ist dann aber, was die Daten solcher Studien mit Blick auf literarisches Verstehen überhaupt erheben bzw. ob sie hinreichend geeignet erscheinen, literarisches Lernen adäquat erfassen zu können.

Auch neuere Aufgabenbeispiele aus jüngeren PISA-Testungen versprechen bereits aus testtheoretischen Gründen kaum Verbesserungen: Die PISA-Testung im Bereich Lesekompetenz enthielt 2009 insgesamt 102 Aufgaben, bestehend aus einem Pool mit 58 neuen sowie 44 Aufgaben aus vorhergehenden Testungen.[235] Aus psychometrischer Sicht bedarf es einer Mischung von Aufgaben aus älteren Tests mit neu konzipierten Aufgaben, um mit Hilfe der älteren Aufgaben auf Vergleichswerte zurückgreifen und neuere Ergebnisse 15-jähriger Schülerinnen und Schüler entsprechend einordnen und auswerten zu können.[236] Dies führt aber auch Implikationen für die Entwicklung neuer Aufgaben mit sich, die, um vergleichbar sein zu können, nach ähnlichen Mustern generiert und kodiert werden müssen wie diejenigen aus den Aufgabenpools der Vorjahre. Wirkliche Verbesserungen der literaturtheoretischen wie -didaktischen Qualität der Aufgaben scheinen somit bereits aus Gründen des Testdesigns kaum einlösbar.

Allerdings lassen sich mit der für die PISA-Testung 2009 entwickelten und um zusätzliche Kompetenzstufen erweiterten Fassung des Lesekompetenzmodells auch Optimierungen nachzeichnen, die sich als verstärkte Einbindung der fachdidaktischen Kritik seit PISA 2000 lesen lassen könnten, da diese Fassung teilweise anschlussfähiger an die Anforderungen auch literarischen Lernens bzw. das Verstehen literarischer Texte erscheint. Gleichzeitig wurden aber auch

---

232 Vgl. Belgrad: Lesekompetenzschwächen: Versäumnisse des Deutschunterrichts. S. 37f.
233 Rekurriert wird hier auf abwägende Betrachtungsweisen miteinander konkurrierender Interpretationsansätze, in die Schülerinnen und Schüler im Rahmen von Anschlusskommunikation über literarische Texte im Unterricht eingeführt werden können. Vgl. Spinner: Bildungsstandards und Literaturunterricht. S. 314f.
234 Spinner: Der standardisierte Schüler. S. 88f.
235 Schwantner/ Schreiner: PISA 2009. S. 36
236 Ebd.

literaturtheoretisch- wie didaktisch problematische Aspekte des früheren Lesekompetenzmodells weiter fortgeführt und verschärft, wie sich anhand der nachfolgenden Überlegungen ebenfalls zeigen lassen wird.

Im Zuge der Neufassung des Lesekompetenzmodells wurden jeweils die auf der untersten und obersten Kompetenzstufe empirisch beschreibbaren Fähigkeiten stärker ausdifferenziert, so dass nun sieben statt der vormals fünf Kompetenzstufen beschrieben werden. Auf eine explizite Unterscheidung der drei verschiedenen Subskalen ‚Informationen ermitteln', ‚textbezogenes Interpretieren' und ‚Reflektieren und Bewerten' wurde nun verzichtet, den Vorrang erhält dagegen eine Beschreibung der auf den einzelnen Stufen zu erwartenden Leistungen 15-jähriger Schülerinnen und Schüler, die jeweils Anteile aller drei Subskalen in sich vereint:[237]

Tab. 2: Überblick über die charakteristischen Anforderungen der sieben Kompetenzstufen der Lesekompetenz nach PISA (2009)[238]

Kompetenzstufe	Wozu die Schülerinnen und Schüler auf der jeweiligen Kompetenzstufe im Allgemeinen in der Lage sind
VI	Jugendliche auf dieser Stufe können Schlussfolgerungen, Vergleiche und Gegenüberstellungen detailgenau und präzise anstellen. Dabei entwickeln sie ein volles und detailliertes Verständnis eines oder mehrerer Texte und verbinden dabei unter Umständen gedanklich Informationen aus mehreren Texten miteinander. Hierbei kann auch die Auseinandersetzung mit ungewohnten Ideen gefordert sein, genauso wie der kompetente Umgang mit konkurrierenden Informationen und abstrakten Interpretationskategorien sowie hohe Präzision im Umgang mit zum Teil unauffälligen Textdetails.
V	Jugendliche auf dieser Stufe können sowohl mehrere tief eingebettete Informationen finden, ordnen und herausfinden, welche davon jeweils relevant sind, als auch ausgehend von Fachwissen eine kritische Beurteilung oder Hypothese anstellen. Die Aufgaben dieser Stufe setzen in der Regel ein volles und detailliertes Verständnis von Texten voraus, deren Inhalt und Form ungewohnt ist. Zudem muss mit Konzepten umgegangen werden, die im Gegensatz zum Erwarteten stehen.
IV	Aufgaben dieser Kompetenzstufe erfordern vom Leser / von der Leserin, linguistischen und thematischen Verknüpfungen über mehrere Abschnitte zu fol-

---

237 Die drei genannten Subskalen werden aber implizit weiterhin zugrunde gelegt, wenngleich in leicht anderer Bezeichnung: „Tabelle 2.2 stellt die Beschreibung der Anforderungen aller Kompetenzstufen zusammenfassend dar. Hierbei wird auf die getrennte Charakterisierung der Kompetenzstufen der drei Subskalen Informationen suchen und extrahieren, Kombinieren und Interpretieren sowie Reflektieren und Bewerten verzichtet, die Darstellung also nur übergreifend für die Gesamtskala Lesen vorgenommen." Naumann et al.: Lesekompetenz von PISA 2000 bis PISA 2009. S. 28.
238 Ebd.

	gen, oftmals ohne Verfügbarkeit eindeutiger Kennzeichen im Text, um eingebettete Informationen zu finden, zu interpretieren und zu bewerten oder um psycho-logische oder philosophische Bedeutungen zu erschließen. Insgesamt muss ein genaues Verständnis langer oder komplexer Texte, deren Inhalt oder Form ungewohnt sein kann, unter Beweis gestellt werden.
III	Aufgaben dieser Kompetenzstufe erfordern vom Leser/ von der Leserin, vorhandenes Wissen über die Organisation und den Aufbau von Texten zu nutzen, implizite oder explizite logische Relationen (z. B. Ursache – Wirkungen – Beziehungen) über mehrere Sätze oder Textabschnitte zu erkennen, mit dem Ziel, Informationen im Text zu lokalisieren, zu interpretieren und zu bewerten. Einige Aufgaben verlangen vom Leser/ von der Leserin, einen Zusammenhang zu begreifen oder die Bedeutung eines Wortes oder Satzes zu analysieren. Häufig sind die benötigten Informationen dabei nicht leicht sichtbar oder Passagen des Textes laufen eigenen Erwartungen zuwider.
II	Jugendliche auf dieser Stufe können innerhalb eines Textabschnitts logischen und linguistischen Verknüpfungen folgen, mit dem Ziel, Informationen im Text zu lokalisieren oder zu interpretieren; im Text oder über Textabschnitte verteilte Informationen aufeinander beziehen, um die Absicht des Autors zu erschließen. Bei Aufgaben dieser Stufe müssen unter Umständen auf der Grundlage eines einzigen Textbestandteils Vergleiche und Gegenüberstellungen vorgenommen werden oder es müssen, ausgehend von eigenen Erfahrungen oder Stand-punkten, Vergleiche angestellt oder Zusammenhänge zwischen dem Text und nicht im Text enthaltenen Informationen erkannt werden.
Ia	Aufgaben dieser Kompetenzstufe erfordern vom Leser/ von der Leserin, in einem Text zu einem vertrauten Thema eine oder mehrere unabhängige, explizit ausgedrückte Informationen zu lokalisieren, das Hauptthema oder die Absicht des Autors erkennen oder einen einfachen Zusammenhang zwischen den im Text enthaltenen Informationen und einfachem Alltagswissen herzustellen. Die erforderlichen Informationen sind in der Regel leicht sichtbar, und es sind nur wenige beziehungsweise keine konkurrierenden Informationen vorhanden. Der Leser wird explizit auf die entscheidenden Elemente in der Aufgabe und im Text hingewiesen.
Ib	Jugendliche auf dieser Stufe können in einem kurzen, syntaktisch einfachen Text aus einem gewohnten Kontext, dessen Form vertraut ist (z. B. in einer einfachen Liste oder Erzählung), eine einzige, explizit ausgedrückte Information lokalisieren, die leicht sichtbar ist. Der Text enthält in der Regel Hilfestellungen für den Leser, wie Wiederholungen, Bilder oder bekannte Symbole. Es gibt kaum konkurrierende Informationen. Bei anderen Aufgaben müssen einfache Zusammenhänge zwischen benachbarten Informationsteilen hergestellt werden.

Dass eine solche Gesamtdarstellung sinnvoller ist, zeigt sich im Vergleich zum PISA-Lesekompetenzmodell aus dem Jahr 2000: Dort lässt sich monieren, dass eine Unterteilung in die vorgesehenen drei Subskalen angesichts der zu konstatierenden Gleichzeitigkeit verschiedener Lesetätigkeiten im Widerspruch dazu stehen dürfte, was beim Leser bzw. in der Situation des Lesens kognitiv geschieht. Die nun vorgenommene Gesamtdarstellung versucht diese Problematik zu mindern, indem der Parallelität der Lesevorgänge zumindest mit Blick auf die nun fehlende Ausdifferenzierung in Subskalen zunehmend Rechenschaft getragen wird.[239] Zudem zielen die Formulierungen insbesondere auf den höheren Kompetenzstufen V und IV deutlicher auch auf die Auseinandersetzung mit literarischen Texten ab; im Fokus steht nicht mehr nur das informative Lesen:

> „Hierbei kann auch die Auseinandersetzung mit ungewohnten Ideen gefordert sein, genauso wie der kompetente Umgang mit konkurrierenden Informationen und abstrakten Interpretationskategorien sowie hohe Präzision im Umgang mit zum Teil unauffälligen Textdetails."[240]

Beachtet werden hier auf Stufe VI grundlegende Konzepte in der Auseinandersetzung mit literarischen Texten, wie beispielsweise die Notwendigkeit genauer Textwahrnehmung und zunächst vielleicht auch unauffällig erscheinender Textdetails sowie der Umgang mit Textirritationen und Erwartungsbrüchen. Fraglich dürfte aber sein, ob entsprechende Aufgabenbeispiele generiert werden konnten bzw. ob die mit Blick auf die höheren Kompetenzstufen entwickelten Aufgabenbeispiele erfassen können, was dort beschrieben wird; leider wurden keine PISA-Beispielaufgaben veröffentlicht, die diesen Kompetenzstufen zugeordnet werden. Bereits die aus früheren PISA-Testungen veröffentlichten Aufgabenbeispiele repräsentierten zumeist lediglich untere Kompetenzniveaus. Aufgaben zu höheren Kompetenzniveaus sind auch in den neueren Veröffentlichungen nur vereinzelt zu finden, so dass auch in neueren Tests von einem Mangel an Aufgaben auszugehen ist, die den oberen Kompetenzstufen entsprächen.

Im Versuch, das erweiterte Lesekompetenzmodell anschlussfähiger an Konzepte literarischen Lernens zu gestalten, können die Problematiken des früheren Lesekompetenzmodells nicht immer behoben werden; manche sind teilweise in vertiefter Form erneut anzutreffen: Wird die aus literaturtheoretischer wie - didaktischer Perspektive problematische Leistungserwartung

> „das Erkennen (...) der Intention des Autors bei Texten über bekannte Themen"[241]

im Lesekompetenzmodell aus dem Jahr 2000 nur auf der ersten Stufe der Subskala ‚textbezogenes Interpretieren' benannt, so setzt sich diese Formulierungen nun im neueren Lesekompetenzmodell auch auf Kompetenzstufe II fort:

---

239 Die Subskalen existieren durchaus noch und werden auch für die empirische Auswertung etc. hinzugezogen. Die hier abgebildete Gesamtdarstellung vermag aber die aus literaturdidaktischer Perspektive unangemessene Schärfe in der Ausdifferenzierung kognitiver Leseverstehenstätigkeiten abzuschwächen.
240 Ebd.
241 Ebd.

„im Text oder über Textabschnitte verteilte Informationen aufeinander beziehen, um die Absicht des Autors zu erschließen."[242]

Bereits im Zusammenspiel mit der Analyse des früheren Lesekompetenzmodells wurde deutlich, wie fragwürdig ein solcher Umgang mit literarischen Texten ist. Unter der Prämisse, dass sich die Bedeutungskonstruktion eines Textes vor allem durch den Leser, in der Auseinandersetzung mit dem Text und an diesen gebunden, vollzieht, stellt die ‚Absicht des Autors' auch weiterhin keine gültige Kategorie von Analyse und Interpretation dar (vgl. auch Kap. III. 1). Die Formulierung der Kompetenzstufen und ihrer literaturtheoretischen Setzungen scheint weiterhin eher dem testmetrisch Möglichen, als dem literaturtheoretisch Angemessenen geschuldet. Denn die Rede von der ‚Intention des Autors' erleichtert – wie bereits im Rahmen der Überlegungen zum Lesekompetenzmodell 2000 dargelegt – die Entwicklung von als eindeutig ‚richtig' und ‚falsch' zu bewertender Antwortmöglichkeiten, um diese im Rahmen empirischer Auswertungsverfahren verwenden zu können.

Die diskutierten Optimierungen als auch die weiterhin zu verzeichnenden Defizite des Modells von 2009 können im Folgenden am Beispiel zweier Aufgaben[243] zu einem Auszug aus dem Drama „Das Schauspiel sei das Werkzeug" von Ferenc Molnar[244] aus dem PISA-Test des Jahres 2009 veranschaulicht werden; der Textauszug handelt von den Schwierigkeiten, die dem Schreiben eines Dramenanfangs innewohnen:

Frage 4: „Es vergeht eine Ewigkeit, manchmal eine ganze Viertelstunde..." (Zeilen 34-36).
Warum ist laut Turai eine Viertelstunde „eine Ewigkeit"?
A. Es dauert sehr lange, bis das Publikum in dem vollbesetzten Theatersaal ruhig ist.
B. Es scheint ewig zu dauern, bis am Anfang eines Theaterstücks die Situation geklärt ist.
C. Es scheint für einen Dramatiker immer sehr lange zu dauern, den Anfang eines Theaterstücks zu schreiben.
D. Es scheint, dass die Zeit viel langsamer vergeht, wenn in einem Theaterstück etwas wirklich Bedeutsames geschieht."

Vor dem Hintergrund der genannten Optimierungen des Lesekompetenzmodells – dem Verzicht auf Subskalen im Rahmen der Gesamtdarstellung der sieben Kompetenzstufen – erscheint nun das Zusammenspiel zwischen den Testaufgaben und ihrer Einordnung in die einzelnen Kompetenzstufen nachvollziehbarer: Richtig ist bei Frage 4 die Antwort B. Die Aufgabe wird der Kompetenz-

---

242 Ebd.
243 Naumann et al.: Lesekompetenz von PISA 2000 bis PISA 2009. S. 29.
244 Vgl. den Primärtext im Anhang der vorliegenden Arbeit, Text 4.

stufe II zugeordnet. Angemessen erscheint die Zuordnung zu Kompetenzstufe II beispielsweise aufgrund der dort formulierten Leistungserwartung,

„‚‚innerhalb *eines* [Hervorh. d. Verf.] Textabschnitts logischen und linguistischen Verknüpfungen folgen [zu können]"[245],

die analog auch in den Kodierungen der Aufgabenentwickler zur Lösung von Frage 4 als die Fähigkeit benannt wird,

„[d]ie Bedeutung eines Satzes in einem Stück erschließen [zu können], indem kontextuelle Bezüge verwendet werden."[246]

Auch der Vergleich mit Aufgabe 6[247] aus den PISA-Testungen 2009 zeigt, dass die noch für das Lesekompetenzmodell 2000 beschriebene Zuordnungsproblematik gemindert werden konnte:

Frage 6: ‚Adam ist wahrscheinlich derjenige von den dreien, der am aufgeregtesten darüber ist, auf dem Schloss sein zu dürfen.'
Was könnte die Leserin sagen, um diese Meinung zu stützen? Verwende den Text, um deine Antwort zu begründen.

Frage 6 ist Kompetenzstufe III zuzuordnen, da der Vorgang

„implizite oder explizite logische Relationen (z. B. Ursache – Wirkungen – Beziehungen) über *mehrere* [Hervorh. d. Verf.] Sätze oder Textabschnitte zu erkennen"[248]

eine größere kognitive Anforderung an die Probanden im Bereich ihrer Lesetätigkeiten und ihrer Fähigkeiten der Informationsverarbeitung stellt als die auf Stufe II dargestellte Kompetenzerwartung. Die zur Beantwortung der Frage 6 gesuchten Texthinweise müssen über mehrere Textabschnitte hinweg zusammengetragen und logisch zusammengefügt werden, sie finden sich nicht, wie im Beispiel von Aufgabe 4, im direkten Umfeld der in der Aufgabe vorgegebenen Textstelle.

Deutlich wird in diesem Zusammenhang aber auch die generell weiter bestehende Problematik der PISA-Testaufgaben, die bereits für die Aufgaben aus früheren Testungen zu verzeichnen war: Es handelt sich bei beiden Aufgaben um solche mit einem relativ geringen Anforderungsgrad; dies betrifft auch den zugrunde gelegten Text, auf den hin die Aufgaben konzipiert wurden. Fraglich dürfte mit Blick auf die in den Kompetenzstufen II und III beschriebenen Leis-

---

245 Naumann et al.: Lesekompetenz von PISA 2000 bis PISA 2009. S. 28.
246 Ebd.
247 OECD/ PISA: Lese-Kompetenzen. S. 91.
248 Naumann et al.: Lesekompetenz von PISA 2000 bis PISA 2009. S. 28.

tungsanforderungen sein, ob für die Lösung der Aufgaben überhaupt genuin literarische Rezeptionskompetenzen in den Blick genommen und erfasst werden, oder ob nicht doch wiederum Leseverstehen auf der Ebene der Informationsentnahme im Vordergrund steht. Selbst wenn, wie in den dargestellten Beispielen, Kategorien wie die ‚Thematik des Textes' (Frage 4) oder die ‚Figurenkonstellation' (Frage 6) bedient werden, handelt es sich bei diesen doch um solche, die auch zur Erschließung von Sachtexten heranzuziehen wären. Beide Aufgaben konzentrieren sich auf die Entnahme unmittelbar im Text zu findender ‚Informationen', die im Grunde nicht einer Deutung im literarischen Sinne, sondern einer logischen Zusammenführung verschiedener im Text vorliegender ‚Informationen' bedürfen. Fokussiert werden somit – wie bereits in früheren PISA-Testungen – dem Text eindeutig zu entnehmende Sachverhalte, die vor allem der Erfassung von Kompetenzen unter testmetrischen Kriterien dienlich scheinen. Wege, beispielsweise die Fähigkeit zum Umgang mit der Ambiguität anspruchsvoller literarischer Texte empirisch zu erfassen, wurden auch in den neueren PISA-Aufgabenbeispielen nicht gefunden. Die auf ein valides Testdesign hin ausgerichtete Aufgabenentwicklung verläuft parallel zu der aus literaturdidaktischer Perspektive problematischen Modellierung besonders der unteren Kompetenzstufen, die mit der Rede von der ‚Intention des Autors' zu suggerieren sucht, Deutungen literarischer Texte ließen sich unverrückbar verifizieren. In diesem Sinne begrenzen die auf Eindeutigkeit angelegten Testverfahren weiterhin die Möglichkeiten der Erfassung anspruchsvoller und spezifisch literarischer Rezeptionskompetenzen, wenngleich diese im neueren PISA-Lesekompetenzmodell auf den Stufen V und IV zwar durchaus beschrieben, aber leider nicht operationalisiert werden.

Es lässt sich mithin zusammenfassend konstatieren, dass bislang von den PISA-Forschern keine Möglichkeiten gefunden wurden, neben Lesekompetenzen auch literarische Rezeptionskompetenzen adäquat zu erfassen. Wenngleich auf der Ebene der Beschreibung von Kompetenzen innerhalb des Lesekompetenzmodells und seiner (höheren) Kompetenzstufen eine stärkere Orientierung an literaturdidaktischen Überlegungen sichtbar ist, können Aufgaben, die anspruchsvolle Fähigkeiten im Umgang mit literarischen Texten erfassen, auch weiterhin nicht generiert werden. Vor diesem Hintergrund soll im nachfolgenden Kapitel III. 2. 2. diskutiert werden, welche spezifischen Problemstellungen mit der empirischen Erfassung literarischer Rezeptionskompetenzen unter psychometrischen Gütekriterien verbunden sind und warum sich literarische Verstehensvorgänge oftmals einer eindeutigen Hierarchisierung in Form der Modellierung klar abgrenzbarer Kompetenzstufen entziehen. Auch weitere Untersuchungen wie IGLU oder DESI weisen darauf hin, dass eine generelle Problematik in Bezug auf die empirischen Darstellung und Erfassung literarischer Verstehensprozesse vorliegt, da die bei PISA zu konstatierenden Defizite und Mängel auch dort nicht gelöst werden können.

2.1.2 Lesekompetenzmodellierungen bei IGLU und DESI

Die geschilderten Probleme treffen ebenso auf andere, im Zuge von Längsschnittuntersuchungen wie IGLU oder DESI entwickelte Kompetenzmodelle zu. Auch dort wird keine Unterscheidung zwischen expositorischen und literarischen Texten vorgenommen, genuin literarische Kompetenzen werden nicht gesondert ausgewiesen. Es wird zugunsten der Vereinfachung wie auch beim PISA-Lesekompetenzmodell von 2009 auf eine Ausdifferenzierung in verschiedene Skalen bzw. Dimensionen verzichtet, so dass eine empirisch auszuweisende Operationalisierung in Aufgaben und deren Einordnung in das vorliegende Kompetenzraster leichter fallen mögen;[249] dies stellt aber keinen Fortschritt hinsichtlich der aus literaturtheoretischer bzw. fachdidaktischer Perspektive angesprochenen Problemstellungen dar. Bei IGLU werden vier Kompetenzstufen ausgewiesen:

Tab. 3: Das IGLU-Lesekompetenzmodell[250]

I	gesuchte Wörter in einem Text erkennen
II	angegebene Sachverhalte aus einer Textpassage erschließen
III	implizit im Text enthaltene Sachverhalte aufgrund des Kontextes erschließen
IV	mehrere Textpassagen sinnvoll miteinander in Beziehung setzen

Man sieht sich in der Anwendung dieses Stufenmodells auf literarische Texte vor ähnliche Schwierigkeiten wie beim PISA-Lesekompetenzmodell gestellt. Allein der in der Formulierung der Stufen enthaltene Begriff ‚Sachverhalt' ist nur schwer auf literarische Texte zu übertragen, da gerade ‚Sachverhalte' hier nicht im Mittelpunkt stehen; wohl eher Handlungsstrukturen oder Erzählzusammenhänge.[251]

Der Schwierigkeitsgrad der Anforderungen eines literarischen Textes entspricht auch hier nur schwerlich der dargestellten Stufung, da beispielsweise die Hierarchisierung von Stufe III und IV nicht zwangsläufig der Logik des Verstehens eines literarischen Textes folgt: Es kann, wie bereits im PISA-Modell deut-

---

249 Vgl. Spinner: Bildungsstandards und Literaturunterricht. S. 316.
250 Bos et al.: Lesekompetenzen deutscher Grundschülerinnen und Grundschüler. S. 88.
251 Vgl. Spinner: Bildungsstandards und Literaturunterricht. S. 315.

lich wurde, sehr viel schwieriger sein, in der Übertragung auf literarische Texte ‚implizit im Text enthaltene Sachverhalte aufgrund des Kontextes [zu] erschließen' (Stufe III), als ‚mehrere Textpassagen sinnvoll miteinander in Beziehung [zu] setzen' (Stufe IV).

Diese Problematik in der Hierarchisierung und Abgrenzung der einzelnen Stufen zeigt sich hinsichtlich des zugrunde gelegten Kompetenzmodells ebenso in der DESI-Studie:

Tab. 4: Das DESI-Lesekompetenzmodell[252]

A	Identifizieren einfacher Lexik, d.h. die Fähigkeit, sinntragende Wörter im Text zuverlässig zu finden.
B	Lokale Lektüre, d.h. Inferenzen zwischen Sätzen bilden oder den Fokus auf schwierigere Stellen richten.
C	Verknüpfende Lektüre, d.h. die Verbindung auseinander liegender Textstellen von allgemeinem Wissen bzw. Textwissen.
D	Mentale Modelle bilden, über mentale Modelle zu verfügen heißt hierbei, eine innere Repräsentation wesentlicher Textaspekte zu haben.

Zu Wolfgang Borcherts Kurzgeschichte „Nachts schlafen die Ratten doch"[253], die WILLENBERG gewählt hat, um diese Stufung zu veranschaulichen, findet sich als Ergebnis der Textanalyse folgende Zusammenstellung, die der höchsten Kompetenzstufe, der Bildung mentaler Modelle, zugeordnet wird:

Tab. 5: Exemplarische Textanalyse, Kompetenzstufe D[254]

Figuren:	Junge, 9 Jahre, älterer Mann
Zeit/Zeitablauf:	Kriegsende (…)
Handlungskern	Passt auf seinen Bruder auf vor den Ratten. Mann will ihn davon lösen;
Motiv	Der Mann erkennt die ausweglose Situation und will ihn weglocken.

Dabei wird im Einzelnen von einer idealen Abfolge von Operationen ausgegangen, die Schülerinnen und Schüler zur Bildung eines mentalen Modells durchlaufen:

---

252 Beck/ Klieme: Sprachliche Kompetenzen. S. 109f.
253 Primärtext s. Anhang, Text 5.
254 Vgl. Willenberg: Lesekompetenzen bei DESI. S. 13.

Tab. 6: *Teiloperationen des Leseverstehensprozesses*[255]

0	Vorwissen: Erste Orientierung (Titel, Thema...)
1	Zentrale Wörter erkennen (Wörter und Umgebung)
(2)	Inferenzen, Schlussfolgerungen ziehen (Zwei Sätze)
(3)	Fokussieren: Problemstelle (Satz, Sätze)
(4)	Wissen öffnen / aktivieren: Allgemeinwissen / Gelerntes Textwissen (zwei, drei Textstellen)
5	Verknüpfungen herstellen (über Absätze)
6	Mentales Modell bilden (ganzer Text)
(7)	Textvergleiche (zwei ganze Texte)

Am Beispiel von Borcherts Kurzgeschichte nimmt WILLENBERG Markierungen innerhalb des Textes vor, um die einzelnen Operationen, die dem Modell weitgehend zugeordnet werden können, am Beispiel zu erläutern. Dabei stellen sich aber bereits auf Stufe I ('Identifizieren einfacher Lexik', 'Finden sinntragender Wörter') Zweifel ein: WILLENBERG markiert hier im Text die Wörter „Mauer", „Abendsonne", „Er", „Staubgewölke" sowie „Schuttwüste", während die „steilgereckten Schornsteine" ohne ersichtliche Begründung – sie führen ebenso in Handlungsort und -zeit ein (Nachkriegsschauplatz) – keine Beachtung finden.[256] Die Markierungen wirken aber nicht nur willkürlich, sondern verdeutlichen, dass hier Operationen unterschiedlicher Schwierigkeit auf derselben Kompetenzstufe verortet werden. Während das Verstehen des Wortes 'Abendsonne' kaum Schwierigkeiten bereiten dürfte, handelt es sich beim Verständnis der Metapher „Schuttwüste" um einen weitaus komplexeren Prozess. Eine Gleichsetzung entsprechender Phänomene und Prozesse erscheint unpassend.[257]

Wenig nachvollziehbar ist auch hier wie in den zuvor genannten Lesekompetenzmodellen die Abfolge bzw. Hierarchie der einzelnen Operationen und Stufen. Als Beispiel der Fokussierung einer sinnerschwerenden, da irritierenden Textstelle markiert WILLENBERG den Satz: „Ich gehe dann mit dir nach Hause, weißt du?"[258] Um diesen Satz aber als Anomalie wahrnehmen zu können, muss zuvor eine Verknüpfung zu einer weiteren, nämlich widersprüchlichen Textstel-

---

255 Vgl. Willenberg: Lesekompetenzen bei DESI. S. 6.
256 Vgl. Willenberg: Lesekompetenzen bei DESI. S. 8.
257 Auch Kämper-van den Boogaart kritisiert mit Blick auf eine Studie zum Symbolverstehen bei Huber/ Stückrath (2007) die Annahme, die Identifikation einer Metapher falle 'vergleichsweise leicht'. Vgl. Kämper-van den Boogaart: Empirische Messungen im Bereich anspruchsvolleren Lesens. S. 162.
258 Willenberg: Lesekompetenzen bei DESI. S. 12.

le hergestellt werden, hier zu der Aussage des Jungen: „Unser Haus kriegte eine Bombe." Erst dann können weitere Operationen mit Blick auf kohärente Schlussfolgerungen hinsichtlich des Verhaltens bzw. der Motive des Mannes angeregt werden: Er will den Jungen ‚weglocken', ihn von seiner selbst auferlegten Aufgabe ‚lösen', wie WILLENBERG formuliert. Diese Vorgänge werden im DESI-Modell nicht adäquat erfasst, wenn sich beispielsweise die zur Inferenzbildung und Fokussierung notwendigen Operationen auf derselben Kompetenzstufe befinden. Denn zumindest im gezeigten Beispiel scheint die Fokussierung einer sinnerschwerenden Textstelle dem Prozess der Inferenzbildung nachgeordnet zu sein. Angesichts dieser Abhängigkeit beider Kompetenzen voneinander ist ihre Verortung in derselben Kompetenzstufe nicht gerechtfertigt, da sie sich aus fachdidaktischer Perspektive in ihrem Schwierigkeitsgrad durchaus unterscheiden lassen. Die Kohärenz der Ebenen ist damit auch hier nicht gegeben.[259]

Weitere, bislang ungelöste Probleme und Defizite der Modellierung benennt WILLENBERG in der Darstellung der Ergebnisse der Studie selbst; beispielsweise konnten Anforderungen im Bereich der ‚historischen Einbettung', von ‚historischen und Genreaspekten' oder die ‚Entwicklung eigener Deutungen' im Zuge der Aufgabenentwicklung nicht operationalisiert werden.[260] Die ersten beiden Aspekte bedürften der Zugabe von zu umfangreichem Material, gegen Letzteres sprächen unter testmetrischen Gesichtspunkten der Kodierung die für das Erfassen eigener Deutungsansätze notwendigen offenen Aufgabenformate.[261] Ebenso wird die literarisch zum Ausdruck gebrachte Stimmung des Textes, seine bildhafte Sprache etc., kurz: seine Literarizität, kaum reflektiert.

Diese Schwierigkeiten spiegeln die bereits im Zusammenhang mit der PISA-Studie diskutierten Problemstellungen im Bereich der Modellierung einzelner Teilkompetenzen und ihrer Operationalisierung. Vor diesem Hintergrund erscheint wenig verwunderlich, dass sie auch in der neuesten Kompetenzmodellierung des Instituts für Qualitätssteigerung im Bildungswesen (IQB) nicht als gelöst betrachtet werden können. Denn im Zuge der Normierung der zunächst ohne empirische Absicherung eingeführten Bildungsstandards wurde ein Kompetenzstufenmodell entwickelt, das weiterhin auf dem Lesekompetenzmodell PISAs fußt und wie dieses mit einem erweiterten Textbegriff arbeitet. Da sich

---

259 Wenngleich dem Modell diese Leistung seitens seiner Entwickler zugeschrieben wird. Vgl. Willenberg: Das Forschungsprojekt DESI als Beispiel für die Kombination von Didaktik und Empirie. S. 37. Vgl. hierzu auch die kritische Haltung Spinners in: Spinner: Bildungsstandards und Literaturunterricht. S. 315.
260 Vgl. Willenberg: Das Forschungsprojekt DESI als Beispiel für die Kombination von Didaktik und Empirie. S. 45.
261 Ebd.

das Kompetenzmodell des IQB aber als empirischer Ausweis der Bildungsstandards versteht, wird suggeriert, dass Wege der Aufgabenentwicklung gefunden wurden, die auch die Erfassung der zuvor genannten Aspekte ermöglichen.[262]
Insgesamt sollte deutlich geworden sein, dass im Zuge von quantitativen empirischen Untersuchungen entwickelte Lesekompetenzmodelle bislang nur unzureichend auf die Überprüfung von Kompetenzen literarischen Verstehens angewendet werden können und keine überzeugenden Möglichkeiten der Operationalisierung der genannten Teilkompetenzen in ihrer Anwendung auf literarische Texte zu gelingen vermag. Fraglich ist, ob in der Weiterarbeit an Kompetenzmodellen Wege der Modellierung und Operationalisierung für den Umgang mit literarischen Texten gefunden werden können. So, wie literarische Texte jedenfalls in den bisherigen Studien behandelt wurden, werden grundlegende Rezeptionskompetenzen literarischen Verstehens nicht berücksichtigt.

2.2 Chancen und Grenzen der empirischen Modellierung und Operationalisierung genuin literarischer Rezeptionskompetenzen

Zur Frage der empirischen Modellierung literarischer Rezeptionskompetenzen

Die fachdidaktische Diskussion, geführt im Anschluss an PISA und andere Kompetenztestungen sowie als Reaktion auf die bildungspolitische Instrumentalisierung von Grundbildung und Kompetenzmodellen, bezieht sich auf beide Ebenen des Nachdenkens: zum einen auf Möglichkeiten der konstruktiven Weiterentwicklung von Kompetenzmodellen im Zuge der Verschränkung von Fachdidaktik und empirischer Bildungsforschung zum Zwecke der empirischen Erfassung von Bildungsniveaus; zum anderen auf den Nutzen und Umgang von Kompetenzorientierung für fachdidaktisches Handeln im Bereich von Lehren,

---

262 Vgl. IQB: Kompetenzstufenmodell zu den Bildungsstandards im Kompetenzbereich Lesen für den Mittleren Schulabschluss. S. 9ff. Vgl. die Niveaustufen des Lesekompetenzmodells des IQB im Anhang der vorliegenden Arbeit. Es wird von Seiten des IQB betont, dass das vorgelegte Modell auf dem PISA-Lesekompetenzmodell beruht: „Es muss hier allerdings festgehalten werden, dass das Kompetenzstufenmodell für die Bildungsstandards sich an das internationale Modell anlehnt, ihm aber nicht exakt entspricht. So ist anders als in PISA die Stufe I nach unten unbegrenzt (analog zu Mathematik und Englisch). Weiterhin ist der nationale Mittelwert auf 500 gesetzt, in PISA war es der OECD- Mittelwert, der bei 500 lag." Vgl. IQB: Kompetenzstufenmodell zu den Bildungsstandards im Kompetenzbereich Lesen für den Mittleren Schulabschluss. S. 8.

Lernen und der Überprüfung des Gelernten. Auf beiden Ebenen lassen sich die Möglichkeiten und Widrigkeiten der Modellierung literarischer Rezeptionskompetenzen analysieren sowie problematisieren.

Im Rahmen des vorliegenden Unterkapitels soll der Schwerpunkt auf den Möglichkeiten der empirischen Modellierung literarischer Rezeptionskompetenzen unter Beachtung literaturdidaktischer Gesichtspunkte und Erfordernisse liegen.[263] Innerhalb dieser Debatte finden sich unterschiedliche Positionen: Wenngleich Konsens darüber herrscht, dass bisherige Lesekompetenzmodelle die notwendigen Operationen in der Beschäftigung mit literarischen Texten nicht erfassen, ergibt sich doch ein vielfältiges Spektrum an Standpunkten hinsichtlich des Potentials und der Weiterentwicklung von Kompetenzmodellen. Einerseits werden die Möglichkeiten der Modellierung genuin literarischer Rezeptionskompetenzen angesichts der Beschaffenheit literarischer Verstehensprozesse grundlegend infrage gestellt, wie sich im Besonderen an den Überlegungen KÄMPER-VAN DEN BOOGAARTS zu Aspekten der Bildsprache sowie des Vorwissens zeigen lässt. Andererseits werden bisherige Kompetenzmodelle, im Bewusstsein um ihre Defizite, als erweiterungsbedürftige Grundlage für die nicht nur empirisch, sondern gleichermaßen fachdidaktisch akzentuierte Arbeit zur Erfassung von Kompetenzen literarischen Verstehens gesehen. Dieser Ansatz lässt sich am DFG-Projekt „Erfassung literarästhetischer Urteilskompetenz"[264] nachvollziehen.

Hier soll zunächst auf jene der Modellierung von Kompetenzen literarischen Verstehens skeptisch gegenüberstehenden Positionen innerhalb der fachdidaktischen Debatte eingegangen werden, indem an die Überlegungen zur Qualität literarischer Texte angeknüpft wird (vgl. Kap. III.1). Die Beschreibung der verschiedenen text- wie leserseitigen Anforderungen eröffnet die Möglichkeit einer differenzierten Betrachtung notwendiger Kompetenzen literarischen Verstehens hinsichtlich der Chancen und Grenzen ihrer Modellierung. Der in Kapitel III.1 vorliegende Versuch einer Beschreibung literar-ästhetischer Lese- und Verstehensprozesse weist bereits deutlich auf die mit den einzelnen Kompetenzen verbundenen Problemstellungen hin, die sich im Versuch der Modellierung und Operationalisierung einzelner Teilkompetenzen manifestieren.

Wenn es das Besondere eines Textes ist, das Verstehen einleitet bzw. die dazu nötigen Fragen aufwirft, ist es schwierig, diesem Besonderen allgemeine

---

263 Die sich mit Blick auf die Praxis des Literaturunterrichts ergebenden Fragestellungen einer Modellierung literarischer Rezeptionskompetenzen aus fachdidaktischer Perspektive werden im nachfolgenden Kapitel III.3 erörtert.
264 Vgl. beispielsweise in: Frederking: Modellierung literarischer Rezeptionskompetenz. S. 367ff.

Regeln zu geben.[265] Das ‚Besondere' meint sowohl Spezifika eines einzelnen Textes im Vergleich zu anderen beispielsweise derselben Gattung als auch, mit Blick auf das Besondere im Text selbst, die – den Leser mitunter irritierende – narrative Gestaltung im Spannungsverhältnis zwischen verständlicher und nicht (ad hoc) verständlicher literarischer Darstellung. Die Begriffe ‚Besonderes' und ‚Modell' stehen sich gleichsam als Paradoxon gegenüber. Vor diesem Hintergrund wird die Diskrepanz zwischen dem Wunsch nach Kompetenzmodellierung und dem Gegenstand, der modelliert werden soll, aufgrund der Beschaffenheit desselben offensichtlich. Betrachtet man beispielsweise die einzelnen Operationen des Verstehensprozesses, die GRZESIK im Zusammenhang mit dem Brecht-Gedicht „Ich habe gehört, ihr wollt nichts lernen"[266] detailliert beschreibt, haben diese am Einzelfall des ausgewählten Gedichts zwar durchaus ihre Berechtigung.[267] Da jeder Text andere Anforderungen stellt, ist es allerdings kaum möglich, diese Spezifika in die Form verallgemeinerungsfähiger Definitionen zu transformieren.[268] Die Lektüre jedes Textes erfordert spezifische Operationen, auch hinsichtlich ihrer Abfolge, wenngleich die Leseprozesse – beispielsweise das Dekodieren von Buchstaben und Wörtern – ähnliche sind. Im Falle des Brecht-Gedichts führt erst die Erkenntnis der Ironie-Signale im Gedicht sowie zusätzliches Wissen um die politische Haltung des Autors zu einer gelingenden Auseinandersetzung mit dem Text. Das Zusammenspiel einzelner Teilkompetenzen und Operationen kann im Zuge des Textverstehens zwar durchaus beschrieben werden; übertragbar auf weitere literarische Texte sind dergleichen Zusammenstellungen aber nicht.[269] Dies lässt sich am Beispiel unterschiedlicher Teilkompetenzen literarischen Verstehens illustrieren: Betrachtet man den Bereich ‚Texte verstehen' unter dem Aspekt des symbolischen oder metaphorischen Sprechens, gibt es einerseits ‚feststehende' Symbole innerhalb

---

265 Vgl. Zabka: Literarisches Verstehen durch Inhaltsangaben? S. 202.
266 Bertold Brecht: Ich habe gehört, ihr wollt nichts lernen. Zit. nach: Grzesik: Texte verstehen lernen. S. 134. S. Anhang, Text 14.
267 Grzesik unternimmt in der Analyse des Brecht-Gedichts „Ich habe gehört, ihr wollt nichts lernen" den Versuch der Darstellung aller zum Verständnis des Textes notwendigen Operationen. Vgl. Grzesik: Texte verstehen lernen. 133ff.
268 Grzesik beabsichtigt mit seiner Darstellung der notwendigen Operationen keine festgelegte Reihenfolge oder gar Stufenfolge des Verstehens zu präsentieren, sondern bezieht die einzelnen Operationen konsequent auf den Einzelfall des Brecht-Gedichts. Eine verallgemeinerungsfähige Stufenfolge müsste sich aber herstellen lassen können, um zu einem generalisierbaren Modell literarischer Kompetenzen zu gelangen. Grzesiks Überlegungen beweisen im Rahmen ihrer Gegenstandsbezogenheit das Gegenteil, da sich diese Operationen nicht auf jeden anderen literarischen Text übertragen lassen. Vgl. ebd.
269 Vgl. Abraham: Kompetenzmodelle – überfällige Professionalisierung oder Familienaufstellung in der Deutschdidaktik? S. 12.

eines bestimmten kulturellen Sprachraums, wie beispielsweise eine weiße Taube als Symbol für ‚Frieden', die dann ein weißes Kaninchen in Borcherts Kurzgeschichte „Nachts schlafen die Ratten doch"[270] schnell zu eben jenem Symbol werden lassen kann. Die Übertragung solch konventionalisierter Redeweise auf neue Texte erscheint nachvollziehbar beschreibbar, doch lassen sich die meisten Texte in ihrer Symbolsprache damit nicht erfassen, da den Leser häufig nicht ihm bereits bekannte Symbole in feststehenden Zusammenhängen, sondern innovative dichterische Kreationen erwarten. Angesichts der Literarizität der Texte können Wörter oder Wortzusammenstellungen eine im Alltag unübliche Kontextualisierung erfahren, Wortneuschöpfungen – man denke hier besonders beispielsweise auch an poetische Texte – sowie bildhafte Sprachverwendung erschweren den Verstehensprozess zusätzlich. Es fehlt ein vorgegebenes ‚Raster', symbolischen oder indirekten Sprachgebrauch im Zuge des Verstehensprozesses ‚aufzulösen'. Das Verstehen konventionalisierter Redewendungen lässt sich im Rahmen der Gewöhnung an ein kulturelles Umfeld, das durch bestimmte, feststehende sprachliche Bilder geprägt ist, recht leicht erklären. Schwieriger wird es somit bei Kreationen im Bereich metaphorischer Sprache, die nur im Kontext eines Textes verständlich werden – oder aber bei bildhaftem Sprachgebrauch, der sich einer für den Leser mit ‚Sinn' besetzten Erschließung gänzlich verweigert.

Auch die in dieser Arbeit vorliegende Rede von der ‚bildhaften Sprache', von ‚sprachlichen Bildern' oder vom ‚metaphorischen Sprechen' weist auf die genannten offenen bzw. ungelösten Fragestellungen hin: Dieser unzulängliche, da zu stark verallgemeinernde Sprachgebrauch zeigt, dass innerhalb der Literaturwissenschaft kaum klare Abgrenzungen zwischen den verschiedenen Formen metaphorischer Redeweise herrschen, die in diesem Kontext aber detailliert zugrunde gelegt werden müssten.[271]

Erschwert wird die Modellierung der Rezeptionskompetenzen im Bereich metaphorischen Sprachgebrauchs zusätzlich, da mit Bedacht und in flexibler Anwendung entsprechender literarischer Teilkompetenzen analysiert und interpretiert werden muss. Denn nicht jeder sprachlichen Auffälligkeit oder Irritation dürfen übertragene Bedeutungen im Sinne einer ‚Überinterpretation' des Textes zugeschrieben werden, wie sich im Rekurs auf die Literaturtheorie Ecos argumentieren lässt:

---

270 Borchert: Nachts schlafen die Ratten doch. S. 219. Vgl. Primärtext im Anhang, Text 5.
271 Da eine Untersuchung dieser Aspekte aber den Rahmen der vorliegenden Arbeit überschreiten würde, muss in Ermangelung von (geeigneten) Alternativen vorerst mit diesen Begriffen gearbeitet werden. Vgl. zum Problem unklarer Begrifflichkeiten auch Kämper-van den Boogaart: Empirische Messungen im Bereich anspruchsvolleren Lesens. S. 162; 165.

„Die Überbewertung von Indizien rührt oft von einer Art Wunder-Sucht her, dass heißt von einer Neigung, die Elemente, die unmittelbar ins Auge fallen, für erstaunlich und bedeutungsvoll zu halten, während die Tatsache, dass sie so augenfällig sind, vielmehr dazu veranlassen sollte, sie als auf sehr ökonomische Weise erklärbar zu erkennen."[272]

Mit Blick auf die Modellierung entsprechender Rezeptionskompetenzen leitet KÄMPER-VAN DEN BOOGAART die Gefahr der Standardisierung nicht nur entsprechender Teilkompetenzen oder Anforderungsbereiche, sondern ebenso die Standardisierung literarischen Verstehens ab: Diese könnte auf der Grundlage von Kompetenzmodellen in einer dem innovativen Charakter von Literatur widersprechenden Stereotypenbildung bzw. einem unangemessenen Schematismus Ausdruck finden.[273]

Auch auf den Bereich des Umgangs mit Gattungswissen sowie mit historischem oder epochengeschichtlichem Kontextwissen treffen ähnliche Schwierigkeiten wie auf den Bereich der Metaphorik zu, obwohl es sich um (vermeintlich) sehr viel ‚greifbareres' Wissen handelt. Denn eine Anwendung solchen Wissens kann im Falle des einen Textes glücken und hilfreich hinsichtlich seiner Deutung erscheinen (wie im gezeigten Beispiel ironischer Redeweise), im nächsten Fall dem Verstehen aber eher im Wege stehen bzw. wenig förderlich für das tiefere Verständnis eines Textes sein.[274] Fachliches Wissen sowie Kontextwissen bietet hilfreiche, aber keine in jedem Fall verlässlichen ‚Werkzeuge' zum Zwecke der Interpretation. Betrachtet man beispielsweise Typologien bestimmter Gattungsmerkmale, die einzelnen Textgattungen und -genres mustergültig zugeschrieben werden, wird schnell deutlich, dass diese nie in Gänze auf einen Text zutreffen[275] oder dass sich ein Text einer bestimmten Gattung zudem der Merk-

---

272 Eco: Die Grenzen der Interpretation. S. 120.
273 Dass die Gefahr der Überinterpretation nicht nur bei ‚Laien' besteht, zeigen Huber/ Stückrath in den Erwartungshorizonten der Lerneingangstests für Erstsemester zu von ihnen entwickelten Aufgaben im Bereich des literarischen Verstehens, wenn hier ‚grünes Kaninchenfutter' als Zeichen der ‚Hoffnung' und das ‚weiße Kaninchen' als Symbol für ‚Frieden' benannt werden. Vgl. Huber/Stückrath: Was können Eingangsdiagnosen im Deutschstudium leisten? S. 84. Vgl. hier im Zusammenhang mit der Untersuchung von Huber/Stückrath auch Kämper-van den Boogaart: Empirische Messungen im Bereich anspruchsvolleren Lesens. S. 163. Vgl. zudem Spinner: Der standardisierte Schüler. S. 11.
274 Die Problematik der Janusköpfigkeit von Wissen im Zusammenhang mit literarischem Textverstehen wird verstärkt in neueren, empirisch ausgerichteten Forschungsprojekten untersucht. Vgl. beispielsweise die Beiträge von Tobias Stark und Almuth Meissner in Winkler et al.: Poetisches Verstehen. S. 114-132; 133-147.
275 Kämper-van den Boogaart: PISA und die Interpretationsrituale des Deutschunterrichts. S. 65f.

male anderer Gattungen bedienen kann. Literarische Texte sind insofern immer inkonsistent; Merkmalkataloge bestimmter Gattungen, wie man sie in Schulbüchern findet, haben ihre Berechtigung nur in der Zusammenstellung aller *möglichen* Merkmale einer Gattung, können aber keinen Gesamtanspruch mit Blick auf den einzelnen Text im Sinne seiner gegenstandsbezogenen Rezeptionsanforderungen haben.

Ähnliches trifft auf weitere Bereiche des Textverstehens bzw. literarischer Rezeptionskompetenzen zu. Auch Wissen beispielsweise über erzählperspektivische Gestaltungsmöglichkeiten muss nicht ausschlaggebend für das Verständnis eines Textes sein. Dies kann auf den einen Text zutreffen, während der nächste ganz andere Fähigkeiten im Bereich der Anwendung adäquaten Vorwissens einfordert. Typologisierungen der Erzählperspektive, wie etwa bei STANZEL[276], erfassen den Variantenreichtum in ihrer Schematisierung nicht: Wie sich u.a. in den Texten Kafkas gezeigt hat, kann ein personaler Erzähler durchaus in Form der auktorialen Erzählhaltung anzutreffen sein.[277] Die verschiedenen, zum Verständnis literarischer Texte notwendigen Fähigkeiten müssen gegenstandsbezogen von Text zu Text und in differenzierter Weise angewandt werden, da die Verstehensleistungen jeweils variieren.[278] Aufschlussreich ist in diesem Zusammenhang auch die Analyse KÄMPER-VAN DEN BOOGARTS[279] zu Brechts Keuner-Geschichte „Der hilflose Knabe"[280]: Die Frage nach dem ‚Sinn' des Textes, seiner Erzählabsicht, könnte schlicht mit der Schlussfolgerung, entnommen aus dem ersten Satz der Geschichte, beantwortet werden: „...die Unart, erlittenes Unrecht stillschweigend in sich hineinzufressen...". Jedoch muss bei genauer Lektüre irritieren, dass der Protagonist den Verlust des ersten Geldstücks nicht stillschweigend hinnimmt, sondern angesichts des erlittenen Unrechts um Hilfe ruft – während ihm aber niemand zur Hilfe kommt.[281] Wie ist nun mit dieser Irritation im Text umzugehen, wenn entsprechende Operationali-

---

276 Stanzel: Theorie des Erzählens. S. 70ff.
277 Vgl. Kämper-van den Boogaart: Empirische Messungen im Bereich anspruchsvollleren Lesens. S. 166.
278 Vgl. Kämper-van den Boogaart: Lässt sich normieren, was als literarische Bildung gelten soll? S. 47.
279 Vgl. Kämper-van den Boogaart: Lässt sich normieren, was als literarische Bildung gelten soll? S. 36ff.
280 In: Brecht, Bertolt: Geschichten vom Herrn Keuner. Werke; Prosa 3:438. Zit. nach Kämper-van den Boogaart: Lässt sich normieren, was als literarische Bildung gelten soll? S. 36. Vgl. Primärtext im Anhang, Text 13.
281 Kämper-van den Boogaart verweist hier auf die Interpretation des Textes von Klaus Gerth (1992), der (u.a.) auf die beschriebene Irritation aufmerksam gemacht hat. Vgl. in Kämper-van den Boogaart: Lässt sich normieren, was als literarische Bildung gelten soll? S. 40.

sierungen gefunden werden sollen, die ein angemessenes Verständnis des Textes spiegeln und überprüfen können? Ein Versuch der Klärung dieses inhaltlichen Widerspruchs der Keuner-Geschichte führt bei KÄMPER-VAN DEN BOOGAART zuerst über den Weg der Gattungspoetik, der sich in der Anwendung auf den Text Brechts aber schnell als wenig ergiebig erweist. Die einschlägigen Informationen zur ‚Kalendergeschichte', in deren Kategorie Brecht selbst diese Keuner-Geschichte in der Ausgabe von 1949 eingeordnet hat, führen nicht zu einer dem Verstehen zuträglichen Erkenntnis. Zwar lassen sich Analogien der Gattungsmerkmale zu anderen Kalendergeschichten, dadurch aber keine sinnvolle Verbindung zwischen Form und Inhalt dieser Keuner-Geschichte herstellen, die für die Interpretation hilfreich sein könnte.[282] Von weitaus größerem Wert ist dagegen die von KÄMPER-VAN DEN BOOGAART vorgenommene intertextuelle sowie kultur-historische Kontextualisierung der Geschichte „Der hilflose Knabe" im Vergleich mit anderen literarischen Texten Brechts sowie im Rahmen des Großstadtdiskurses des frühen 20. Jahrhunderts. Der Kontext weiterer Texte Brechts ist hier hilfreich, da im Rekurs darauf deutlich wird, dass das Verhalten des Jungen unter den Lebensbedingungen und Strukturen der Großstadt vom Erzähler weniger mit ‚Mitleid' bedacht, denn als ‚Naivität' charakterisiert wird. Eine ähnliche Szene findet sich in dem Fragment gebliebenen Brecht-Stück „Der böse Baal der Asoziale" (1929/30)[283], die, anders als in der Keuner-Geschichte, mit folgender Bewertung seitens der Figur ‚Baal' endet: „Der gewöhnliche Ausgang aller Appelle der Schwachen."[284]

Auch das Beispiel des Keuner-Textes veranschaulicht, dass die gegenstandsbezogene Analyse und Interpretation mit Hilfe der angewendeten literarischen Kompetenzen nur durch deren flexible Handhabung von Text zu Text gelingt.[285] Dies kann im Unterricht sicherlich an möglichst vielen verschiedenen Texten eingeübt werden – standardisierbar im Sinne der Modellierung entsprechender Fähigkeiten scheint aber ein solches Verfahren nicht zu sein: Während

---

282 Vgl. Kämper-van den Boogaart: Lässt sich normieren, was als literarische Bildung gelten soll? S. 39.
283 Vgl. in Kämper-van den Boogaart: Lässt sich normieren, was als literarische Bildung gelten soll? S. 41.
284 Vgl. in Kämper-van den Boogaart: Lässt sich normieren, was als literarische Bildung gelten soll? S. 42. Kämper-van den Boogaart zieht schließlich noch einen weiteren Text Brechts aus dem „Lesebuch für Städtebewohner" hinzu, in dem sich folgende, die Anonymität und Kälte der Großstadt widerspiegelnden Verse finden: „Wenn Sie durchkommen/ Haben Sie mehr getan als/ Wozu ein Mensch verpflichtet ist." Brecht: Lesebuch für Städtebewohner 7. Zitiert nach: Kämper-van den Boogaart: Lässt sich normieren, was als literarische Bildung gelten soll? S. 44.
285 Vgl. Kämper-van den Boogaart: Lesekompetenzen – Hauptsache flexibel. S. 34.

Gattungswissen im Fall des Brecht-Textes wenig brauchbar für die Deutung erscheint, ist stattdessen die Kontextualisierung mit anderen Texten Brechts von zentraler Bedeutung. Ein anderer literarischer Text erfordert dagegen von den hier brauchbaren zu unterscheidende Kompetenzen im Sinne einer Definition der jeweils zum Verständnis notwendigen Anforderungen. Der Versuch, bestimmten Mustern zu folgen, ist – wie das Beispiel zeigen konnte – wenig Erfolg versprechend.

Es ist zudem überaus fraglich, wie solche Vorgänge im Rahmen der Überprüfung des Textverständnisses mit unter psychometrischen Kriterien entwickelten Testaufgaben erfasst werden könnten. Textimmanent kann die sich aus dem Text ergebende Irritation kaum aufgelöst werden; ebenso wenig kann die Anwendung solchen Kontextwissens im Rahmen von Test- und Prüfsituationen vorausgesetzt werden. Aufgaben, die solches Kontextwissen einbezögen, finden sich aus diesem Grund in Längsschnittuntersuchungen bislang nicht (vgl. III. 2. 1). Um solches Wissen voraussetzen zu können, müssten verstärkt Festlegungen im Lehrplan getroffen werden, mit denen sowohl bestimmte Texte als auch deren Kontexte vorgegeben würden[286] – was aber im Sinne der Vielfalt pädagogischer Lehre wenig wünschenswert sein kann.[287] Das Beispiel der Keuner-Geschichte zeigt aber, dass *in diesem Fall* ein vertieftes und sinnvolles Verständnis im Sinne der Konstruktion eines kohärenten Sinnzusammenhangs ohne seine Kontextualisierung mit anderen Texten Brechts kaum möglich erscheint, so dass die Problematik der Modellierung des Bereichs von Vor- bzw. Kontextwissen eine entscheidende Hürde zur Erfassung von Kompetenzen literarischen Verstehens im Rahmen ihrer Modellierung insgesamt darstellt.

Wenn aber bei der Modellierung kein genereller Zusammenhang zwischen Gattungs- oder beispielsweise Kontextwissen und einem beliebigen literarischen Text definiert werden kann, könnte dies zu einer isolierten Betrachtung des Gattungs- oder Kontextwissens bzw. einzelner Teilkompetenzen des Textverstehens generell führen – im Bemühen darum, beispielsweise die in diesem Zusammenhang gesetzten Bildungsstandards in der Beschäftigung mit literarischen Texten umzusetzen (vgl. III. 1. 2). Die Darstellung der einzelnen Standards für das Fach Deutsch, bei denen kein innerer Zusammenhang zwischen Daten- bzw. Faktenwissen und Deutungshypothesen hergestellt wird, fördert den Verdacht, dass eine missverstandene Anwendung zu einer reinen Wissensabfrage oder einer schematisierten Anwendung führen könnte. Dies ließe eigentlich angestrebte

---

286 Vgl.: Kämper-van den Boogaart: Lässt sich normieren, was als literarische Bildung gelten soll? S. 48. Vgl. auch: Ders.: Staatliche Steuerung von Deutschunterricht. S. 36f.
287 Ein solcher Befund lässt sich aber im Rahmen der Einheitlichen Prüfungsordnung für das Abitur bereits nachzeichnen. Vgl. Kämper-van den Boogaart: Staatliche Steuerung von Unterricht. S. 38.

Rezeptionskompetenzen im Bereich der Interpretation in den Hintergrund treten.[288]

Insgesamt sollte damit deutlich geworden sein, dass eine ‚Typologie' verallgemeinerungsfähiger Merkmale literarischer Texte im Rahmen ihrer höchst heterogenen Beschaffenheit und Vielfalt weder text- noch leserseitig definiert werden kann. Ein genaues Nachvollziehen der von einem literarischen Text ausgehenden Anforderungen an den Leser kann nur am Einzelfall selbst vorgenommen werden. Letztlich obliegt es der zuständigen Fachdidaktik in Kooperation mit der empirischen Bildungsforschung, den Nachweis zu erbringen, ob entsprechende Kompetenzmodelle erstellt und auf alle literarischen Texte bezogen werden können. Einen konstruktiven Beitrag leistet im Zusammenhang der Modellierung literarischer Rezeptionskompetenzen das von VOLKER FREDERKING ET AL. vorgelegte Modell literarästhetischer Urteilskompetenz, das als Reaktion auf die Kritik an bisheriger Kompetenzmodellierung bemüht ist, auch ebenjene Kompetenzbereiche zu beinhalten, die aus der bisherigen Lesekompetenzmodellierung bei PISA herausgefallen sind.[289] Den textseitigen Anforderungen literarischer Texte soll damit ebenso Rechnung getragen werden wie der Gefahr des durch entsprechende Standardsetzungen antizipierten ‚teaching-to-the-test'[290] des „standardisierten Schülers"[291]. Im Rahmen eines – an KANTS Begriff der ‚Urteilskraft' angelehnten – kognitiv ausgerichteten Ansatzes wird hier auf die affektiv-subjektiven Aspekte der Beschäftigung mit Literatur als Forschungsdesiderat verwiesen. Die Bedeutung dieser Aspekte soll dabei nicht marginalisiert werden; unter Gesichtspunkten der schulischen Vermittelbarkeit der Gegenstände und Kompetenzen des Literaturunterrichts jedoch herrscht Konsens, dass solche Faktoren nicht in Leistungstests erfasst und gemessen werden können.[292] Als übergeordnete Dimensionen literarischen Verstehens werden drei verschiedene Kompetenzbereiche empirisch erprobt: die Fähigkeit

---

288 Vgl. Kämper-van den Boogaart/ Pieper: Literarisches Lesen. S. 60.
289 Vgl. Frederking et al.: Ein Modell literarästhetischer Urteilskompetenz. S. 11.
290 Frederking et al.: Ein Modell literarästhetischer Urteilskompetenz. S. 12.
291 Ebd. Frederking et al. zitieren hier einen von Spinner geprägten Ausdruck, um sich damit auf der Seite der fachdidaktischen Kritik am PISA-Lesekompetenzmodell und einhergegangenen Bildungsreformen zu positionieren (vgl. Spinner: Der standardisierte Schüler.).
292 Dieser Umstand ist aber dennoch problematisch: Gerade im Rekurs auf den Begriff der Urteilskraft bei Kant lassen sich Gedanken und Empfindungen nicht in zwei voneinander getrennt zu betrachtende Bereiche unterteilen. Da der emotionale Anteil innerhalb des Verstehensprozesses aber offenbar nicht erhoben werden kann, verbleibt im Unklaren, welchen Einfluss subjektive Empfindungen etc. auf das literarische Verstehen haben. Vor diesem Hintergrund können die Ergebnisse der Studie über kognitive Rezeptionskompetenzen nur bedingt aussagekräftig sein.

zum semantisch-literarästhetischen, idiolektalen sowie kontextuellen Urteilen.[293] ‚Literarästhetische Urteilskompetenz' meint hier all jene literarischen Rezeptionskompetenzen, die zur Erschließung eines prinzipiell möglichen, kohärenten Textsinns[294] erforderlich sind. Ob im Rahmen dieses Forschungsprojekts die zuvor diskutierten Problemstellungen gelöst werden können, muss noch abgewartet werden und kann auf der Grundlage bisheriger Publikationen kaum abschließend geklärt werden.

Aus literaturtheoretischer wie fachdidaktischer Sicht gibt es gute Gründe für die (vorläufige) Annahme, dass eine empirische Modellierung der notwendigen literarischen Rezeptionskompetenzen kaum vollständig umsetzbar ist.[295] Zugleich aber muss auch die Literaturdidaktik die ihrer Disziplin inhärenten Kompetenzen beschreiben können, will sie diese als lehr- und lernbare schulisch legitimieren. Ob eine solche Standortbestimmung empirischen Kriterien unterstellt sein muss oder sollte, muss aufgrund bislang vorliegender Ergebnisse mit Skepsis betrachtet werden. Die Überlegungen der Kompetenzdebatte zeigen vor allem, dass es sich bei der Frage nach der Modellierung einzelner Kompetenzen um eine grundsätzliche handelt, welche die Fachdidaktik als zuständige Disziplin zuerst angeht: Wie kann literarisches Verstehen dem Gegenstand angemessen vermittelt werden, wenn es dafür keine verbindlichen, verallgemeinerbaren Regeln gibt bzw. geben kann? Erinnert sei in diesem Zusammenhang auch an die gesellschaftliche Funktion von Schule und die an sie gestellten Anforderungen (vgl. Kap. II): Schule muss für das, was hinsichtlich der Bildungsziele erreicht werden soll, verbindlich einstehen können, das heißt, das im Unterricht zu Vermittelnde muss auch weitgehend lehr-, lern- und überprüfbar sein. Eine Didaktik, die sich der Lehrbarkeit ihrer Gegenstände verschrieben hat, kann sich nicht mit der Feststellung der Unmöglichkeit ihrer Überprüfung zufrieden geben.[296] Vor diesem Hintergrund gilt es angesichts der Herausforderungen der Kompetenzen literarischen Verstehens zu hinterfragen, ob nur das, was sich in empirisch abbildbaren Kompetenzstufen, die generalisierend auf den jeweiligen Gegenstand angewendet werden können, erfassen lässt, auch im Unterricht vermittel- und darüber hinaus prüfbar ist. Denn ansonsten könnte die Kompetenzmodellentwicklung allein zum Maßstab gelingenden Literaturunterrichts sowie der Überprüfung des dort Gelernten gemacht werden.

---

293 Vgl. Frederking et al.: Ein Modell literarästhetischer Urteilskompetenz. S. 18ff.
294 Vgl. Frederking et al.: Ein Modell literarästhetischer Urteilskompetenz. S. 19. Hier wird auf die Literaturtheorie Ecos verwiesen, die als Konstruktgrundlage für das zu entwickelnde Modell fungiert.
295 Vgl. Spinner: Bildungsstandards und Literaturunterricht. S. 317.
296 Vgl. Kämper-van den Boogaart: PISA und die Interpretationsrituale des Deutschunterrichts. S. 61.

Mit Blick auf die Debatte um die Einführung der Bildungsstandards nach PISA scheint es insgesamt berechtigt zu hinterfragen, inwieweit die Entwicklung von Kompetenzmodellen zum Zwecke der Standardisierung literarischen Verstehens sinnvoll oder wünschenswert sein kann, wenn sich der Gegenstand der Modellierung selbst dem Verfahren bislang in der dargestellten Weise entzieht – und darüber hinaus das mit den Bildungsreformen angestrebte Resultat der Qualitätsverbesserung in der Anwendung auf die Vermittlung literarischer Bildung eher das Gegenteil der Steigerung von Qualität erwarten lässt. Möglich scheint Standardisierung offenbar auf den unteren Kompetenzstufen, in denen basale Kompetenzen beispielsweise der Informationsentnahme eingefordert werden, zu sein. Mit Blick auf die große Anzahl von Schülerinnen- und Schülerergebnissen im unteren Leistungsbereich des PISA-Tests und auch mit Blick auf die nationalen Problemstellungen von Haupt- und Gesamtschulen dürfte eine solche Standardisierung zur Sicherung von Grundkenntnissen ebenso sinnvoll wie wünschenswert sein. Im Sinne der Differenzierung der Bildungsziele der verschiedenen Schulstufen und -formen darf jedoch das wenig standardisierbare, aber durchaus fachdidaktisch beschreibbare ‚Mehr' literarischer Rezeptionskompetenzen mit dieser Feststellung nicht aufgegeben werden.

Zur Frage der Operationalisierbarkeit literarischer Rezeptionskompetenzen

Im Zusammenhang mit den Modellierungsschwierigkeiten literarischer Rezeptionskompetenzen dürften die damit verbundenen Problemstellungen ihrer Operationalisierung bereits kenntlich geworden sein. Dennoch sollen im Folgenden einige dieser Aspekte vertieft zur Darstellung gebracht werden:

Die Analyse der PISA-Aufgaben sowie die Überlegungen zur Modellierung genuin literarischer Rezeptionskompetenzen haben gezeigt, dass sich Kompetenzmodellierung und die Erfassung einzelner Teilkompetenzen in Tests auf den unteren Niveaustufen durchaus umsetzen lassen. In Analogie zu den zunehmenden Problemstellungen der Modellierung anspruchsvoller literarischer Rezeptionskompetenzen erscheint eine adäquate Operationalisierung allerdings wenig Erfolg versprechend. Fraglich ist insgesamt, ob literarische Rezeptionskompetenzen, deren empirische Modellierung bereits mit einigen bislang ungelösten Problemstellungen verbunden ist, in Testaufgaben operationalisiert werden können, die über die Ebene der Informationsentnahme (‚Informationen ermitteln') hinausweisen.[297]

Angesichts des Variantenreichtums literarischer Texte und ihrer Ambiguität erscheint es aus literaturdidaktischer Sicht sinnvoll, bei der Entwicklung von

---

297 Vgl. Kämper-van den Boogaart/ Pieper: Literarisches Lesen. S. 56.

Aufgaben an den im Text enthaltenen Irritationen, Anomalien, Leerstellen und Erwartungsbrüchen anzusetzen – dort, wo dem Verstehen zunächst Grenzen gesetzt sind. Am Beispiel der Analyse exemplarischer PISA-Aufgaben hat sich aber gezeigt, dass Aufgaben, die den Gütekriterien standardisierter Testungen unterworfen sind, dieser Überlegung kaum entsprechen können. Denn psychometrische Gütekriterien zur Testaufgabenentwicklung, ‚Validität', ‚Reliabilität' und ‚Objektivität'[298], erfordern eine Trennung eindeutig zu unterscheidender Teilkompetenzen, deren Erfassung nicht in Abhängigkeit einzelner Aufgaben zueinander erfolgen darf. Objektivität muss im Rahmen standardisierter Tests besonders hinsichtlich der Möglichkeit eindeutiger Auswertung der Ergebnisse im Rahmen einer festgelegten, geschlossenen Kodierung gegeben sein. Zu diesem Zwecke greifen bisherige Leistungstests in besonderem Maße auf geschlossene und halboffene Aufgabenformate zurück, die nur begrenzte und eindeutig zu kodierende Frage- und Antwortmuster zulassen. Offene Formate widersetzen sich einer geschlossenen Kodierung, da die Antwortmöglichkeiten auf offene Fragestellungen zu vielfältig sind, als dass sie in den Kodierungen vollständig benannt werden könnten. Selbständige ‚Entdeckungen' im und am Text als Ausdruck eines eigenständig erarbeiteten Textverständnisses können mit Hilfe geschlossener Aufgabenformate wiederum aber kaum erfasst werden. Insofern sind die Aufgabenentwickler häufig zu deduktivem Vorgehen innerhalb der Aufgabenstellungen gezwungen. Die zu erwartende Ergebnisleistung wird von den Kritikern als weniger eigenständig, ergo als unterkomplex betrachtet, da den Probanden innerhalb der Aufgabenstellung Vorgaben gemacht werden, die ihre Aufmerksamkeit auf bestimmte Textstellen lenken und die Auseinandersetzung mit bestimmten Aspekten des je vorliegenden Textes im Blick haben, um eine in der Kodierung bereits festgelegte Interpretationsvariante zu fokussieren. Im Zentrum der fachdidaktischen Kritik steht vor diesem Hintergrund der Vorwurf, dass kaum Aufgaben, die über die Ebene basaler Informationsentnahme hinausgingen bzw. zur Erfassung höherer Kompetenzebenen – von Reflexion und Bewertung – geeignet schienen, generiert wurden. Dies unterstützt ein trivialisie-

---

298 Validität meint Gültigkeit in Bezug darauf, was der Test zu messen beansprucht. Reliabilität bezieht sich auf die Genauigkeit und Zuverlässigkeit, mit der ein Test bestimmte Kompetenzen zu erfassen fähig ist. Für die Zuverlässigkeit der Ergebnisse ist beispielsweise maßgeblich, dass einzelne Testaufgaben nicht in Abhängigkeit zueinander konstruiert werden. Objektivität schließlich ist dann gegeben, wenn keine Abhängigkeit der Testergebnisse von situativen Aspekten der Testdurchführung vorliegt. Objektivität ist als Gütekriterium empirischer Messung beispielsweise ausschlaggebend für vorgegebene Kodierungen, welche in der Auswertung von Tests der möglichen Subjektivität der Bewerter vorbeugen sollen. Vgl. Arnold: Validität als übergreifendes Qualitätskriterium für Schulleistungsmessungen. S. 118.

rendes Verständnis im Umgang mit Literatur, bei dem die Testpersonen nicht zu eigenständig evozierten Ergebnissen angesichts der Ambiguität literarischer Texte angeregt werden, sondern sich in einem eng gesteckten, häufig suggestiv wirkenden Interpretationsrahmen innerhalb geschlossener oder allenfalls halboffener Aufgabenformate bewegen. Verständlich wird unter diesem Gesichtspunkt die verbreitete Skepsis, ob sich unter testmetrischen Maßgaben überhaupt Aufgaben generieren ließen, die auch anspruchsvollere Kompetenzen im Umgang mit literarischen Texten erfassen könnten.

Dass dennoch auch ‚kluge' Aufgaben im Testformat – in Anlehnung an die zuvor genannten Textirritationen – entwickelt werden können, zeigen die von KÄMPER-VAN DEN BOOGAART/ PIEPER entwickelten Aufgaben zu Georg Brittings Kurzgeschichte „Brudermord" im Altwasser[299]. Diejenigen Testaufgaben, die in Anlehnung an Textirritationen entwickelt werden können, werden von KÄMPER-VAN DEN BOOGAART/ PIEPER Fähigkeiten im Bereich „genaues Lesen"[300] zugeordnet. Dieser darf nicht mit der in PISA vorfindlichen Kompetenz ‚Informationen lokalisieren' verwechselt werden. Im Unterschied dazu beziehen sich KÄMPER-VAN DEN BOOGAART/ PIEPER auf Fähigkeiten, den Text in seinen erzählerischen Besonderheiten detailliert wahrnehmen zu können, wie das von ihnen entwickelte Aufgabenbeispiel[301] zu Georg Brittings Kurzgeschichte „Brudermord im Altwasser" veranschaulichen kann. Das Verständnis des Textes wird an seine Unverständnis hervorrufenden Anomalien zurückgebunden:

Was steht im Zentrum der Erzählung?
• ein Mord
• ein Seeräuberspiel
• ein Todesfall
• ein Weiher

Probanden, die hier den Widerspruch zwischen dem Titel (‚Brudermord') und dem Verhalten der beiden Brüder (sie *ermorden* den jüngeren Bruder nicht, allenfalls ließe sich sagen, sie helfen ihm nicht) nicht im Sinne genauen Lesens wahrgenommen haben, könnten schnell zur ersten (falschen) Antwortmöglichkeit tendieren. Probanden, die den zweiten oder letzten Distraktor als den richtigen erachten, haben den Text offenbar nur oberflächlich wahrgenommen, indem sie auf die geplanten Aktivitäten der Brüder oder den Ort der Handlung rekurrieren. Probanden dagegen, die sich für die dritte (richtige) Antwortmöglichkeit, den Attraktor, entscheiden, zeigen in ihrem Antwortverhalten, dass sie erkannt

---

299 Vgl. den Primärtext im Anhang der vorliegenden Arbeit, Text 9.
300 Kämper-van den Boogaart/ Pieper: Literarisches Lesen. S. 58f.
301 Kämper-van den Boogaart/ Pieper: Literarisches Lesen. S. 56.

haben, dass es sich hier nicht um die Erzählung eines kaltblütigen Mordes handelt. In der nüchternen Formulierung ‚Todesfall' ist bereits ein Aspekt der Deutung enthalten. Allerdings muss der Proband aber nur unter bereits vorgegebenen Antwortmöglichkeiten wählen; es kann nicht überprüft werden, ob er eigenständig zur richtigen Antwort gefunden hätte. Dass im zunehmenden Zusammenspiel von empirischer Bildungsforschung und Literaturdidaktik Aufgaben entwickelt werden können, die ein weiteres Spektrum literarischer Rezeptionskompetenzen ansprechen, zeigt sich darüber hinaus auch an einem Aufgabenbeispiel[302] des Instituts zur Qualitätsentwicklung im Bildungswesen (IQB), das im Rahmen der Normierung der Bildungsstandards für die Sekundarstufe I in entsprechende Testungen eingegangen ist. Hier werden die zu antizipierenden Hürden für das Verständnis des literarischen Testgegenstandes, das Gedicht „Hybris" von Dagmar Nick[303], gezielt fokussiert:

„Wir haben Gewalt." Diese Zeile ist für viele irritierend. Wieso versteht man sie nicht auf Anhieb?"

In weiteren Aufgabenbeispielen[304], auch im geschlossenen Format, gelingt es im Unterschied beispielsweise zu den PISA-Aufgaben, deutlich auf die Ebene des ‚Reflektierens & Bewertens' Bezug zu nehmen:

Wer könnte am ehesten mit „wir" gemeint sein?
• eine kleine Gruppe
• alle lebenden Frauen
• die gegenwärtige Menschheit
• alle Überlebenden des Ersten Weltkriegs

Nach KÄMPER-VAN DEN BOOGAART/ PIEPER sind der Überprüfung weiterführender Rezeptionskompetenzen aber dennoch dort Grenzen gesetzt, wo eine Anschlusskommunikation mit Blick auf Deutung und Interpretation im Grunde erst ‚interessant' wird.[305] Dies kann hinsichtlich der von ihnen entwickelten Aufgabenbeispiele zu Brittings „Brudermord im Altwasser" besonders im Kon-

---

302 Kämper-van den Boogaart: Korrumpieren Testaufgaben notwendig das literarische Verstehen? S. 68. Leider wurden den Aufgabenbeispielen keine Kodierungen beigefügt; gerade diese wären angesichts des offenen Charakters der Aufgabenstellung aber von einigem Interesse.
303 Primärtext s. Anhang, Text 8.
304 Kämper-van den Boogaart: Korrumpieren Testaufgaben notwendig das literarische Verstehen? S. 66.
305 Kämper-van den Boogaart/ Pieper: Literarisches Lesen. S. 58f.

text der Leerstellen dieses literarischen Textes – durchaus auch stellvertretend für andere – veranschaulicht werden. Mit erzählerischer Absicht wird in der Kurzgeschichte Brittings der eigentliche Unfallhergang nicht detailliert geschildert, das Augenmerk liegt vielmehr auf der Schilderung der Zeit unmittelbar nach dem Unglück. In Bezug darauf wird folgende Aufgabe[306] entwickelt:

Wieso kommt der jüngste Bruder nicht mehr unter dem Boot hervor?
- Er kann nicht schwimmen.
- Er schlägt mit dem Kopf an.
- Das wird nicht erzählt.
- Er versackt im Schlamm.

Mit dieser Aufgabe kann erneut untersucht werden, ob der Text genau gelesen wurde; nicht nur hinsichtlich der Informationen, die er unmittelbar enthält, sondern gerade hinsichtlich dessen – und hier muss erzählerische Absicht unterstellt werden –, was nicht erzählt wird. Mit dieser Aufgabe wird aber ‚lediglich' die Leerstelle bzw. die Kompetenz, diese zu erkennen, erfasst. Nicht thematisiert wird in der vorliegenden Form die – im Zusammenhang mit dem Titel „Brudermord im Altwasser" – eigentlich relevante Frage, warum sich gerade in diesem Teil der Handlung Leerstellen finden. KÄMPER-VAN DEN BOOGAART/ PIEPER benennen drei verschiedene Möglichkeiten, die Leerstelle textkohärent zu füllen, welche hier zusammenfassend wiedergegeben werden:

- die beiden anderen Brüder erkennen die Notlage ihres Bruders nicht früh genug, um ihm helfen zu können
- die beiden Brüder handeln wie Mörder, indem sie die Rettungsversuche des Bruders mit neugieriger Spannung verfolgen;
- nicht der Unglücksfall steht im Mittelpunkt, sondern seine Wirkung; die Darstellung gilt im Besonderen den Folgen des Unglücks.[307]

Was im Unterricht im Rahmen von Anschlusskommunikation behandelt werden kann, kann in Testaufgaben zur Überprüfung von Deutungskompetenz im Besonderen aus zwei Gründen kaum oder nur auf Umwegen erfasst werden: Zum einen lässt eine mögliche Hypothesenbildung durch Inferenzbildung auf der Grundlage der erkannten Leerstelle mehrere Möglichkeiten erkennen, die zwar nicht gleichwertig mit Blick auf die Frage nach der Textintention sind, aber doch ‚richtig' sein bzw. im Antwortverhalten zumindest nicht als ‚falsch' bewertet werden könnten. Dies könnte sich als problematisch im Zusammenspiel mit dem Gütekriterium der ‚Objektivität' und der daraus zu folgernden Eindeu-

---

306 Kämper-van den Boogaart/ Pieper: Literarisches Lesen. S. 57.
307 Vgl. Kämper-van den Boogaart/ Pieper: Literarisches Lesen. S. 51.

tigkeit der Kodieranleitungen erweisen. Zum anderen ermöglicht die Offenheit in der – zunächst als ‚ideal' zu antizipierenden – Anschlusskommunikation im Literaturunterricht eigenständige Entdeckungen im Text, die aufgrund der Vorgaben im Aufgabenstamm bzw. den Antwortmöglichkeiten geschlossener Aufgabenstellungen nicht eröffnet werden können.

Mit Blick auf die problematischen Aufgabenstellungen beispielsweise auch in den PISA-Testungen, die auf nur eine festgelegte Deutungsweise rekurrieren, stellt das Vorgehen in der Aufgabenentwicklung der Forschergruppe des DFG-Projekts ‚literar-ästhetische Rezeptionskompetenzen' interessante Ansätze zur möglichen Lösung des Problems dar. Um beispielsweise die Fokussierung *einer* ‚richtigen' Deutungsvariante zu vermeiden, entwickeln FREDERKING ET AL. Aufgaben, die weniger die Kompetenz zum Nachweis der Richtigkeit *eines* Textsinns fokussieren, als vielmehr die Fähigkeit zum Ausschluss falscher Interpretationen innerhalb unterschiedlicher Deutungsansätze.[308] Dies könnte auch in der genannten und am Beispiel verdeutlichten Frage nach der Operationalisierung von Leerstellen zum Zwecke der Inferenz- bzw. Hypothesenbildung weiterhelfen, indem man den von KÄMPER-VAN DEN BOOGAART/ PIEPER zuvor dargestellten zutreffenden Deutungsvarianten zu Brittings „Brudermord im Altwasser" weniger zutreffende bzw. falsche hinzugesellte und diese in den Mittelpunkt des Schülerinnen- und Schülerinteresses stellte. Solche Aufgaben sind bislang allerdings (noch) kaum zu finden.

Dem Vorwurf der mangelnden Eigenständigkeit in Testaufgaben stellt KÖSTER allerdings die Analyse von Schülerinnen- und Schülerarbeiten zu offenen Aufgabenstellungen („Interpretieren und analysieren Sie...") gegenüber, die zeigen, dass die Schülerinnen und Schüler auch hier, wenngleich auf anderen Wegen, zu einem ähnlich trivialisierenden Umgang mit dem literarischen Text veranlasst werden bzw. gar nicht fähig sind, mit der Offenheit der Aufgabenstellung überhaupt angemessen umzugehen. KÖSTER argumentiert am Beispiel der Schülerinnen- und Schülerergebnisse, dass die Aufgabenstellung – zumal in der Prüfsituation – von zu hoher Komplexität sei, da sie alle möglichen Aufträge enthalte und auf eine rein induktive Ergebnisleistung abziele. Die analysierten Arbeiten verdeutlichen, dass die Aufgabenstellung die Schülerinnen und Schüler zu einer stark vereinfachenden Reduktion des von ihnen Geforderten veranlasst.[309]

---

308 Vgl. Roick: Aspekte ästhetischer Texturteile. S. 6.
309 Vgl. Köster: Konzeptuelle Aufgaben. S. 173ff. Vgl. auch Kap. II. 4 der vorliegenden Arbeit.

Allein auf der Grundlage des Formats einer Aufgabe lassen sich allerdings keine Aussagen hinsichtlich ihrer qualitativen Beschaffenheit treffen; vielmehr handelt es sich um Unterschiede in der Herangehensweise an und Auseinandersetzung mit literarischen Texten: Der deduktive Ansatz stellt den Prozess des Bewertens und Beurteilens auf der Grundlage vorgegebener Hypothesen in den Vordergrund, während der induktive Ansatz den Prozess der Erkenntnis selbst betont – der aber ohne eine gewisse Zielführung durchaus ins Leere laufen kann, bedenkt man vor allem den schulischen Rahmen der Sekundarstufe I.

Fragt man, mit Blick auch auf die Analyse der Prüfaufgaben zum Abschluss der 10. Klasse in Berlin und Brandenburg, nach weniger formalen, sondern inhaltlichen Kriterien ihrer qualitativen Beschaffenheit, so sollten sich (Prüf-)Aufgaben zuallererst an einer detaillierten Gegenstandsanalyse orientieren und messen lassen, mit deren Hilfe im Besonderen die textverstehenden Operationen – also jene Verstehensprozesse, die nötig sind, Bedeutung zu einem literarischen Text zu generieren – in den Mittelpunkt rücken. Dies ist im Vorfeld der Entwicklung der PISA-Aufgaben beispielsweise offenbar – wie am Beispiel der Aufgabenanalyse in Kapitel III. 2. 1 illustriert wurde – nur unzureichend bedacht worden. Die Beispielaufgaben des vorliegenden Kapitels dagegen zeigen, dass ein Anknüpfen an die Verstehensschwierigkeiten eines Textes sehr viel mehr den textseitigen Anforderungen von Literatur als auch der subjektiven Bedeutungskonstruktion durch den Leser gerecht zu werden vermag. Der Anteil jener Testaufgaben, die diesen Kriterien genügen, fällt allerdings äußerst gering aus.

Auch die Fachdidaktik lässt hier – über die gezeigten Aufgabenbeispiele hinaus – viele Fragen offen. Überlegungen, wie beispielsweise nach der literarischen Gestalt(-ung) eines Textes gefragt werden kann, ohne einerseits – wie es bei Testaufgaben zutreffen könnte – suggestiv vorzugehen, die Form des Erzählten und das Erzählte selbst getrennt voneinander zu behandeln oder auf der Ebene der reinen Wissensabfrage zu verbleiben und anderseits – wie bei traditionellen Aufgabenmustern zu konstatieren – die Schülerinnen und Schüler vor zu komplexe Leistungsanforderungen zu stellen, stehen bislang noch aus.

3. Zur fachdidaktischen Modellierung literarästhetischer Rezeptionskompetenz und ihren Implikationen für einen kompetenzorientierten Literaturunterricht

3.1 Modellierung literar-ästhetischer Rezeptionskompetenzen für einen kompetenzorientierten Literaturunterricht aus fachdidaktischer Perspektive

Zur Frage der didaktischen Relevanz empirischer Modellierungen und Testungen

Weder empirisch ausgerichtete Modellierungen von Lesekompetenz noch entsprechende Versuche der Modellierung genuin literarischer Kompetenzen konnten bislang überzeugend konstituiert werden. Die Besonderheiten der Text-Leser-Interdependenz entziehen sich im Rahmen des Lese- und Verstehensprozesses literarischer Texte der Modellierung unter psychometrischen, d.h. empirisch auswertbaren Kriterien und lassen sich hinsichtlich ihrer Testbarkeit – über die Erfassung grundlegender Niveaus hinaus – kaum in angemessene Operationalisierungen anspruchsvoller Teilkompetenzen überführen. Die Analysen einzelner Teilkompetenzen wie beispielsweise des Umgangs mit Kontextwissen oder der Bildsprache lassen sich als Nachweis für die bislang kaum zu widerlegende These lesen, dass sich literarische Texte im verstehenden Umgang einer hierarchischen Standardisierung notwendiger Teilkompetenzen bzw. standardisierten Verstehensmustern weitgehend verweigern. Aufgrund der Vielfalt literarischer Texte müssen einzelne Rezeptionskompetenzen reflektiert und flexibel eingesetzt werden, um Textverstehen einleiten zu können.

Die sich auf dieser Grundlage vollziehende Kritik an bisherigen Modellierungen moniert vor allem die mit der Operationalisierung einzelner Teilkompetenzen einhergehende Trivialisierung und Schematisierung des Umgangs mit literarischen Texten aus Gründen der Testökonomie (vgl. Kap. III. 2. 2). Im Rahmen der Einführung von Bildungsstandards, Vergleichsarbeiten, Lernstandserhebungen und zentralen Abschlussprüfungen, die sich auf bislang defizitäre empirische Kompetenzmodellierungen und Testverfahren berufen, wird die Gefahr des ‚teaching-to-the-test' antizipiert: Die den Test bestimmenden Aufgaben und deren auf Testbares reduzierte Anforderungen könnten den Unterricht zu dominieren beginnen.[310] Damit könnten an die Stelle von Defiziten der empiri-

---

310 Vgl. Kammler: Literarische Kompetenzen. S. 20. Vgl. auch Frederking: Modellierung literarischer Rezeptionskompetenz. S. 341.

schen Bildungsforschung bei der Modellierung und Operationalisierung literarästhetischer Kompetenz Probleme treten, die durch diese erst erzeugt werden. KAMMLER legt diese Gefahr in dreifacher Weise aus: Erstens als „Verkürzung der spezifischen Kompetenzen (…) auf bloße Arbeitstechniken"[311], zweitens als „schleichende Kanonisierung [der] Inhalte"[312] sowie schließlich drittens als „einseitige Fixierung der Unterrichtskultur auf entsprechende Vorgaben in zentralen Abschlussprüfungen"[313]. Dass diese Sorge nicht unberechtigt ist, zeigt die große Fülle entsprechender ‚Kompetenztrainer', die von Seiten der Schulbuchverlage zur Prüfungsvorbereitung bereits kurz nach der Einführung der Bildungsstandards und der zentralen Abschlussprüfungen etc. nach PISA 2000 publiziert wurden und werden. Dabei gerät offenbar schnell in Vergessenheit, dass die besondere Herausforderung des Literaturunterrichts bzw. des Textverstehens sich durch die Vielfalt literarischer Texte auszeichnet, die stets neue Zugänge, Arbeitsschritte und Wissensvoraussetzungen erfordern, um zu angemessenen Interpretationen gelangen zu können. Lehrerinnen und Lehrer wie auch Schülerinnen und Eltern wird suggeriert, dass solche – falsch verstandenen – Didaktisierungen des Kompetenzbegriffs traditionelle Problemstellungen des Literaturunterrichts, beispielsweise die Schwierigkeit eindeutiger Leistungsbewertung, lösen könnten.

Ein Rückgriff auf die Modellierungen, die Large-scale-Untersuchungen wie PISA zugrunde liegen, sowie auf Ergebnisse aus darauf aufbauenden Vergleichstestungen liefert kaum didaktisch relevante Anschlussmöglichkeiten für den Literaturunterricht. Der Mangel an konkreten Hinweisen für unterrichtspraktische Fördermaßnahmen erschließt sich nicht nur auf der Ebene der Modellierungsschwächen, sondern auch mit Blick auf die Aussagekraft der Ergebnisse entsprechender Untersuchungen. Vergleichstests liefern Aussagen über Leistungsdefizite insgesamt und ermöglichen den Schulen eine Standortbestimmung. Sie vermögen aber weder über Ursachenzusammenhänge, noch didaktische Konzepte Auskunft zu geben.[314]

Überlegungen zu literaturdidaktischen und unterrichtspraktischen Defiziten

Die kritische Auseinandersetzung mit empirischen Modellierungen sowie die Notwendigkeit, literarische Rezeptionskompetenzen im Zuge der Bildungsre-

---

311 Kammler: Literarische Kompetenzen. S. 5.
312 Ebd.
313 Ebd.
314 Vgl. Kämper-van den Boogaart: Empirische Messungen im Bereich anspruchsvolleren Lesens. S. 156. Er bezieht sich in diesem Zusammenhang auf Überlegungen des empirischen Bildungsforschers Peek über die Funktion von Leistungsvergleichstests.

formen als gleichwertige Bestandteile schulischer Bildung neben der Lesekompetenz legitimieren zu können, haben allerdings nicht nur zur Kritik an der empirischen Bildungsforschung, sondern – vor dem Hintergrund der Einforderung domänenspezifischer Kompetenzbeschreibungen z. B. im KLIEME-Gutachten[315] – auch zur Einsicht in eigene Defizite der zuständigen Fachdidaktik geführt.[316] Die Bausteine und genuinen Kernkompetenzen literarischer Schulbildung konnten für Verstehensprozesse im Umgang mit literarischen Texten nicht konkret benannt werden.[317] In traditionellen Literaturdidaktiken wie beispielsweise jener KREFTS konnte die Kluft zwischen abstrakter Darstellung und realisierbarer Unterrichtspraxis[318] nicht geschlossen werden (vgl. Kap. III. 1). KAMMLER kritisiert, dass im Unklaren verbleibt, was mit solchen abstrakten Auslegungen von Teilkompetenzen wie beispielsweise der „Sensibilität für Bedürfnisse, Natur, Texte"[319] in der Unterrichtspraxis anzufangen sei; dies werde, so resümiert er, der „Fantasie des Lesers"[320] überantwortet (vgl. Kap. III. 1).

Es liegt auf der Hand, dass mit dem Fehlen konkreter unterrichtsrelevanter, d. h. schulisch einlösbarer Bausteine in Form von Kompetenzen und Teilkompetenzen Mängel in der täglichen Unterrichtspraxis einhergehen, die umso deutlicher zutage treten, als gezielte Anfragen an im Unterricht zu Lernendes bzw. Gelerntes gestellt werden. Die Spezifika der Text-Leser-Begegnung (vgl. Kap. III.1) verweisen somit analog zu den Schwierigkeiten ihrer Modellierung auf Problemstellungen innerhalb der Vermittlung literarischer Rezeptionskompetenzen im Literaturunterricht. Auch in der Vermittlungssituation kann kein gleichförmiges Muster notwendiger Rezeptionskompetenzen hinsichtlich des Verstehensprozesses zu einem spezifischen Text vorgegeben werden.

Umso größer erscheint die Notwendigkeit der genauen Benennung von Kernkompetenzen des Textverstehens, die nicht zwangsläufig empirisch messbar, aber fachdidaktisch beschreibbar sein müssen (vgl. Kap. III.1). Es ist unabdingbar, Antworten auf die Frage, welche Kenntnisse und Fähigkeiten im Literaturunterricht konkret vermittelt werden sollen und können, zu liefern. Können

---

315 Vgl. Klieme et al.: A. a. O.
316 Vgl. Kämper-van den Boogaart: Empirische Messungen im Bereich anspruchsvolleren Lesens. S. 156. Vgl. auch Kammler: Literarische Kompetenzen. S. 12.
317 Vgl. Kammler: Literarische Kompetenzen beschreiben, beurteilen und fördern. S. 198: „(…) es verdeutlicht, dass wir nur von literarischen Kompetenzen (im Plural) reden können, dass wir uns Gedanken darüber machen müssen, was wir von Schülern einer bestimmten Jahrgangsstufe und Schulform in welchen Teilbereichen erwarten wollen."
318 Vgl. Kammler: Literarische Kompetenzen. S. 13.
319 Kreft: Grundprobleme der Literaturdidaktik. S. 255. Zit. nach Kammler: Literarische Kompetenzen. S. 13.
320 Kammler: Literarische Kompetenzen. S. 13.

die Bausteine eines Konzepts literarischer Rezeptionskompetenz von Seiten der zuständigen Fachdidaktik nicht in dieser Weise ausgewiesen werden, sind negative Folgeerscheinungen in der Vermittlungssituation auf der Ebene entsprechender Lehrer- und Schülerkompetenzen zu antizipieren.

Es hat sich in der Untersuchung von Unterrichtszusammenhängen und Schülertexten mit qualitativen empirischen Forschungsmethoden gezeigt, dass das mit Blick auf viele Testaufgaben konstatierte Phänomen der Trivialisierung im Umgang mit literarischen Texten auch in der Unterrichtspraxis sichtbar wird.[321] Einen Beleg für diese These liefert beispielsweise die qualitative Studie von IRIS WINKLER zum Umgang mit literarischem Textverstehen. Im Mittelpunkt ihrer Überlegungen steht dort das Lehrerhandeln, das als ein möglicher Indikator gelingender Lernprozesse im Unterricht betrachtet wird.[322] Schülerleistungen werden als (Teil-)Resultat entsprechender Vermittlungsprozesse gewertet. Die Untersuchung zeigt u. a., dass Lehrkräfte häufig dazu tendieren, *eine* als richtig anzusehende Deutung eines Textes anzustreben, um vor diesem Hintergrund eindeutig falsche oder richtige Schülerlösungen verifizieren und dem Notensystem gemäß beurteilen zu können. Damit wird eine unzulässige Deutungsverengung vorgenommen, die weder der systematischen Mehrdeutigkeit literarischer Texte, noch der Bedeutungskonstruktion durch je individuelle Leser gerecht werden kann. Auch bezogen auf Aufgabenstellungen aus Deutschbüchern, die vor der PISA-Debatte herausgegeben wurden, kommt KARL SCHUSTER zu dem Schluss, dass häufig eine viel zu enge Rezeptionslenkung stattfinde, die den Schülerinnen und Schülern eine bestimmte Sichtweise auf einen jeweiligen Text als einzig richtige nahe lege.[323]

In einer weiteren Arbeit thematisiert WINKLER den problematischen Umgang mit literarischem Gattungswissen in aktuellen Lehrwerken des Deutschunterrichts, deren Ergebnisse für das gesamte Feld extratextuellen Kontextwissens repräsentativ zu sein scheinen. Anhand der Resultate lässt sich nachweisen, dass eine zu starke Vereinfachung des Textgehalts häufig entweder als Folge zu enger oder aber zu komplexer und offener Fragestellungen entsteht. In beiden Fällen vollzieht sich eine Trivialisierung des Textgehalts in Form einer mehr schematischen Fokussierung ‚typischen' Gattungswissens.[324] Bemängelt wird die Konzentration auf (träges) Wissen, die aufgrund häufig fehlender Funktionali-

---

321 Vgl. Kämper-van den Boogaart: PISA und die Rituale des Deutschunterrichts. S. 62ff.
322 Vgl. Winkler: Zur Beziehung von Unterrichtsmaterial, -gestaltung und -erfolg: Drei Aufgaben zu Georg Brittings „Brudermord im Altwasser" im Praxistest. S. 179ff.
323 Schuster: Einführung in die Fachdidaktik Deutsch. S. 125.
324 Vgl. Winkler: „Im Allgemeinen hat die Kurzgeschichte ein offenes Ende..." Zum Umgang mit literarischem Gattungswissen in aktuellen Lehrwerken für den Deutschunterricht. S. 270.

sierung von Wissen für das Textverstehen leicht zu Schematisierungen bzw. Stereotypenbildungen führen kann.[325] Gängige Interpretationsverfahren des Literaturunterrichts werden als „brachialer Akt der Reduktion"[326] kritisiert, da Irritationen eingeebnet und harmonisiert, statt aufgegriffen werden.[327] Dies kann u.a. auch ZABKA am Beispiel des Umgangs mit Inhaltsangaben zu literarischen Texten veranschaulichen.[328] Die gängige Praxis des Unterrichts – die im Einklang mit in Lehrwerken und ihren Lernaufgaben vorgeschlagenen Verfahren steht – Inhaltsangaben an den Beginn der Textarbeit zu stellen, verweist auf eine fehlende Realisierung der Operationen, welche die Schülerinnen und Schüler zur korrekten Bearbeitung der gestellten Aufgabe vornehmen müssen: Da die Auswahl zentraler Handlungselemente und ihre kohärente Darstellung bereits als Ergebnis einer Interpretationsleistung angesehen werden müssen, erscheint der Zugriff auf den Text in Form der Inhaltsangabe denkbar schlecht gewählt. Die Schülerinnen und Schüler gelangen auf diese Weise nur zu oberflächlichen Ergebnissen; im Text Unverständliches wird ausgelassen im Bemühen um die sinnvolle Wiedergabe eines (scheinbar) stimmigen Handlungszusammenhangs.

Auch DOROTHEE WIESERS Untersuchung literaturdidaktischer Lehrerkompetenzen zeigt, dass oft „kein sehr kohärentes Kompetenzkonzept"[329] vorhanden ist, sondern vielmehr Fragen nach methodischen Verfahren des Unterrichts im Mittelpunkt stünden, so dass das Wissen um im Unterricht zu fördernde Kompetenzen zu allgemein und ungenau verbleibe. Diese Anzeichen fehlender Konzeptualisierung des Textverstehensprozesses problematisiert auch WINKLER, wenn sie das auffällige Fehlen übergeordneter Fragestellungen in Unterrichtszusammenhängen moniert.[330] Einzelne Aufgabenstellungen zu einem Text ergeben häufig kein zielführend konstruiertes Lernarrangement mit mehreren Teilschritten, sondern zerfallen in isolierte Einzelaufträge, deren Abfolge bzw. Zusammenhang für den Verstehensprozess nicht ersichtlich wird.

Vor dem Hintergrund der genannten Aspekte stellt WINKLER zutreffend fest, dass eine den Lernvoraussetzungen der Schülerinnen und Schüler sowie dem Gegenstand angemessene didaktische Reduktion der Anforderungen literarischer Texte Lehrkräfte vor große Herausforderungen stellt, wenn der schulische Umgang mit literarischen Texten nicht zur Vereinfachung der Deutungspotentiale

---

325 Vgl. Kämper-van den Boogaart: A. a. O.
326 Kämper-van den Boogaart: Lesekompetenzen – Hauptsache flexibel. S. 33.
327 Vgl. auch Fingerhut: Literaturunterricht über Kompetenzmodelle organisieren? S. 135.
328 Vgl. Zabka: A. a. O.
329 Wieser: Literaturunterricht aus Sicht der Lehrenden. S. 6. Zit. nach: Bachor, Nicole: Fazit. S. 250.
330 Vgl. Winkler: Aufgabenstellungen und ihre Bedeutung für die Ausbildung von Textverstehensstrategien. S. 86.

einerseits oder zur Verwirrung bei der Suche nach einer ‚übertragenen Bedeutung' des Textes andererseits führen soll.[331] Diese Herausforderung besteht – betrachtet man die Untersuchungsergebnisse – offenbar vor allem auch in einer detaillierten Gegenstandsanalyse der im Unterricht zu thematisierenden literarischen Texte durch die Lehrkräfte und der Entwicklung entsprechender Lernarrangements.[332]

Entsprechendes spiegelt sich auch in den Leistungsaufgaben zur Überprüfung des Gelernten im Literaturunterricht wider. Bei der Analyse traditioneller Leistungsaufgaben – ‚Analysiere und interpretiere …' – hat sich gezeigt, dass Schülerinnen und Schüler auf der Grundlage des im Unterricht Gelernten häufig an der großen Offenheit und Komplexität der Fragestellung scheitern, wie KÖSTER anhand von Schülerarbeiten nachweisen konnte.[333] Gänzlich offene, überkomplexe und gleichzeitig mit Blick auf schulisch erlernbare Kompetenzen unterdeterminierte Aufgabenstellungen nötigen offenbar zu eher trivialen Textdeutungen, statt die erwünschten „Meisterinterpretationen"[334] im Sinne individueller Textbetrachtungen rundum kompetenter Leserinnen und Leser hervorzubringen. Dem offenen Format traditioneller Aufgabenstellungen liegt der Anspruch zugrunde, literarische Rezeptionskompetenzen aller Schülerinnen und Schüler am Maßstab maximaler Erwartungshorizonte literarischen Verstehens zu überprüfen; die Realität der Unterrichtspraxis scheint diesem Anspruch aber kaum nachkommen zu können. Insofern spiegeln die Ergebnisse der Schülerinnen und Schüler in der Tat wider, was bzw. was nicht im Unterricht gelernt werden konnte und bestätigen die Ergebnisse der zuvor dargestellten Unterrichtsbeobachtungen WINKLERS.

Die u.a. von KAMMLER geäußerten Bedenken hinsichtlich der Auswirkungen von Testverfahren und Bildungsstandards auf die Unterrichtspraxis in Form des ‚teaching-to-the-test'[335] stellen sich vor dem Hintergrund der aufgezeigten Mängel in Lern- und Leistungssituationen des traditionellen Literaturunterrichts nicht als gänzlich neue didaktische Problemstellungen und Herausforderungen dar. Es ist aber zu erwarten, dass der Einfluss outputorientierter Bildungsstandards und zentraler Abschlussprüfungen Formen der Schematisierung sowie da-

---

331 Vgl. Winkler: „Im Allgemeinen hat die Kurzgeschichte ein offenes Ende…" Zum Umgang mit literarischem Gattungswissen in aktuellen Lehrwerken für den Deutschunterricht. S. 270.
332 Vgl. Willenberg: Lesestufen- die Leseprozesstheorie. S. 23. Zit. nach: Kämper-van den Boogaart: Empirische Messungen im Bereich anspruchsvolleren Lesens. S. 167.
333 Vgl. Köster: Konzeptuelle Aufgaben. S. 179. Vgl. auch Kap. II. 4 und III. 2. 2 der vorliegenden Arbeit.
334 Kämper-van den Boogaart: Pisa und die Rituale des Deutschunterrichts. S. 62
335 Vgl. Kammler: A. a. O.

raus resultierende Trivialisierung auf der Deutungsebene zusätzlich manifestiert.[336]

Bausteine eines kompetenzorientierten Unterrichts

Die seit den ersten PISA-Testungen geführte fachdidaktische Diskussion zeigt dringenden Klärungsbedarf hinsichtlich der genannten Vermittlungsdefizite literarischer Rezeptionskompetenzen an, deren zunehmender Manifestation vorgebeugt werden sollte. Auf der Grundlage der genannten Befunde hat – im Bewusstsein um die fehlende Modellierung didaktisch nicht nur relevanter, sondern auch in der Unterrichtspraxis lehr- und lernbarer literarischer Rezeptionskompetenzen – ein verstärktes Interesse an der Erforschung schulisch realisierbarer Zielsetzungen im Bereich literarischer Bildung eingesetzt: Literarische Rezeptionskompetenzen müssen lehr- und lernbar sein, will man ihre Potentiale im Rahmen schulischer Bildungsmöglichkeiten ausschöpfen können.

Zur Definition und Bestimmung der Bausteine literarischer Rezeptionskompetenz erscheint der Rekurs auf den Kompetenzbegriff in Anlehnung an KLIEMES Forderung seiner domänenspezifischen Auslegung sinnvoll, da er dazu beiträgt, einzelne Teilkompetenzen sowie ihr Verhältnis zueinander gezielt in den Blick zu nehmen. Er kann helfen, die ‚black box' literarischen Verstehens aufzuschließen und aus fachdidaktischer Perspektive zu konkretisieren, welche Kenntnisse und Fähigkeiten mit dem Begriff literarischer Rezeptionskompetenz im Rahmen schulischer Vermittlungsmöglichkeiten angestrebt werden. Es hat sich in der Fachdidaktik daher der Konsens durchgesetzt, dass die Diskussion um Kompetenzorientierung im Bereich der Literaturdidaktik in konstruktiver Weise zu einem wachsenden Verständnis der für den Verstehensprozess im Umgang mit literarischen Texten erforderlichen Teilkompetenzen und kognitiven Schritte führt.[337] In der Folge der Diskussion der letzten Jahre zeigt sich ein zunehmend kognitionspsychologisch, statt rein psychometrisch[338] ausgerichtetes fachdidaktisches Interesse an der genaueren Erforschung der einzelnen kognitiven Prozesse des Textverstehens und somit derjenigen literarischen Rezeptionskompetenzen, die jeweils zum verstehenden Umgang mit einem literarischen

---

336 Diese These wird im Rahmen der Analyse von Lernaufgaben in aktuellen Lehrwerken des Deutschunterrichts in Kapitel V näher untersucht.
337 Vgl. Grzesik: Texte verstehen lernen. S. 378.
338 Der Fokus der Kognitionspsychologie liegt, im Unterschied zur Psychometrie, stärker auf der Beschreibung der geistigen Aktivitäten zur Lösung einer Aufgabe, statt auf der Erfassung von Leistung (geistiger Aktivität) mit dem Instrument der Messung. Vgl. Köster/ Lindauer: Zum Stand wissenschaftlicher Aufgabenreflexion aus deutschdidaktischer Perspektive. S. 150.

Text erforderlich sind. Im Mittelpunkt dieses Interesses stehen nicht mehr Fragen der Lernzielorientierung oder epochaler Schlüsselprobleme, sondern Fragen kognitiver Anforderungen im Zusammenspiel von literarischen Texten und dazu formulierten Aufgaben.[339]

Die fachdidaktische Modellierung dieser Kernkompetenzen bzw. Bausteine literarischen Verstehens wird dabei nicht den Vorgaben und Begrenzungen psychometrischer Kompetenzmodellierungen unterstellt. KAMMLER unterscheidet beispielsweise zwischen

„Messbarkeit im strengen empirischen Sinne [und] Beurteilbarkeit im unterrichtspraktischen Sinne"[340].

Der durch PISA und der Konzentration auf Basiskompetenzen antizipierten Gefahr einer Reduktion auf Messbares wird vorgebeugt, indem bei der fachdidaktischen Modellierung auch solche Teilkompetenzen nicht aus dem Blick geraten, die sich zwar unter den Gesichtspunkten empirischer Gütekriterien kaum messen und in verallgemeinernden Niveaustufen erfassen lassen, aber mit Blick auf die Erfordernisse des Textverstehens sowohl notwendig als auch schulisch vermittelbar und überprüfbar sind.[341] Dem Unterricht liegen andere Möglichkeiten zugrunde, als dies in empirisch auswertbaren Testverfahren der Fall ist, wie auch KÄMPER-VAN DEN BOOGAART/PIEPER mit ihrer Überlegungen, Testaufgaben hörten da auf, wo Anschlusskommunikation im Unterricht erst interessant werde[342], betonen. Im Besonderen Lernaufgaben im Unterricht sowie aber auch Aufgaben zur Überprüfung des Gelernten am Ende einer Unterrichtseinheit sind nicht an psychometrische Kriterien der Aufgabenentwicklung und -auswertung gebunden. Unter empirischen Gesichtspunkten ‚gute' Aufgaben sind eben nicht

---

339 Vgl. Bohl/ Kleinknecht: Aufgabenkultur. S. 150.
340 Kammler: Literarische Kompetenzen beschreiben, beurteilen und fördern. S. 199. Wieser weist zudem darauf hin, dass selbst die Anwendung empirischer Forschungsmethoden im Zusammenhang mit der Untersuchung literarischen Verstehens „durch eine Abkehr von neo-positivistischen Positionen geprägt" sei, so dass nicht mehr von „'harten' präzisen Kriterien, sondern bestenfalls von regulativen Zielideen ausgegangen wird (Groeben; 2006, 288)." Wieser: Gegenwärtiger Stand der empirischen Unterrichtsforschung. S. 331.
341 Rekurriert wird hier nicht auf affektive Zugänge zu Literatur, sondern beispielsweise auf die Möglichkeit, eigenständige Entdeckungen und Interpretationsansätze in den Unterricht integrieren und schließlich auch überprüfen zu können. Wie in Kapitel III. 2. 2 der vorliegenden Arbeit gezeigt werden konnte, genügen unter psychometrischen Kriterien konstruierte Testaufgaben solchen fachdidaktischen Ansprüchen häufig nicht, da die Kriterien selbst die Möglichkeiten der Aufgabenkonstruktion stark begrenzen.
342 Vgl. Kämper-van den Boogaart/ Pieper: A. a. O.

zwangsläufig auch aus fachdidaktischer Sicht ‚gute' Aufgaben, wie die Ausführungen in Kapitel III. 2. der vorliegenden Arbeit zu zeigen vermochten.[343] Um eine fachdidaktisch sinnvolle und zugleich kompetenzorientierte Modellierung der Bausteine literarischer Rezeptionskompetenzen für den Unterricht generieren zu können, muss aber nicht nur eine wie zuvor beschriebene Abgrenzung von psychometrischen Gütekriterien vorgenommen werden. Gleichzeitig müssen, angesichts der konstatierten Mängel der Unterrichtspraxis, traditionelle Zielsetzungen des Literaturunterrichts mit Blick auf den Kompetenzbegriff konkretisiert und an den Möglichkeiten schulischer Vermittlung orientiert werden. Anhand aktueller fachdidaktischer Positionierungen soll im Folgenden nachvollzogen werden, inwieweit solchen Zielsetzungen nachgekommen wird und wo im Zweifel lediglich Aktualisierungen traditioneller Positionen in neuer Formulierung vorgenommen werden. Im Zuge dessen wird ein Kern bestimmter Kompetenzen greifbar, der sich als Beschreibung genuin literarischer Rezeptionskompetenzen – in der Abgrenzung von anderen Domänen schulischen Lernens – verstehen lässt.

Repräsentative Versuche der Modellierung literarischer Rezeptionskompetenzen für den Unterricht finden sich bei SPINNER unter dem Begriff „Literarisches Lernen"[344] oder bei ABRAHAM mit der Bezeichnung „Poetisches Verstehen"[345]. Wenngleich die Benennung der unterschiedlichen Teilkompetenzen partiell auf kritisch zu hinterfragenden Annahmen des Leseverstehensprozesses hinsichtlich der Voraussetzungen und Ziele literarischer Bildung beruht (vgl. Kap. III. 1),[346] können die dargestellten Teilkompetenzen doch als Ausgangspunkt für eine Systematisierung der Erfordernisse literarischer Vermittlungs- und Verstehensprozesse im Unterricht angesehen werden. Mit Hilfe der dort dargestellten Kernkompetenzen bzw. Bausteine lässt sich eine Konzeptualisierung literarischer Rezeptionskompetenz vornehmen, die hinsichtlich der Zieldimensionen schulischen Literaturunterrichts (vgl. Kap. III. 1) einen adäquaten Umgang mit vielfältigen literarischen Texten zu ermöglichen vermag.

---

343 Granzer et al. stellen als Vertreter der Bildungsforschung eine gegenteilige These auf, die sich aber bislang aufgrund nur weniger überzeugender Aufgabenbeispiele als kaum haltbar erwiesen hat. Vgl. in: Granzer et al.: Kompetenzmodelle und Aufgabenentwicklung. S. 11.
344 Spinner: Literarisches Lernen. S. 6ff.
345 Abraham: P/poetisches Verstehen. S. 9ff.
346 In Kapitel III. 1 wurde im Zusammenhang mit den Überlegungen zu den Voraussetzungen und Zielen literarischer Bildung angesichts einer sinnvollen Orientierung am Kompetenzbegriff eine kritische Distanzierung von rein affektiven Aspekten des Lernens vorgenommen, wie sie allerdings sowohl bei Abraham/ Kepser, als teilweise auch bei Spinner – im Anschluss an gängige Traditionslinien – zu finden sind.

Folgt man den Überlegungen SPINNERS, liegen der Text-Leser-Begegnung im Literaturunterricht im Rahmen von Unterrichtsverfahren und didaktischen Aufgabenstellungen im Besonderen elf Aspekte genuin ‚literarischen Lernens' zugrunde, die im Rahmen des Textverstehensprozesses beachtet und in differenzierter Weise auf unterschiedliche literarische Texte angewendet werden können:

Tab. 7: Übersicht über die 11 Aspekte Literarischen Lernens nach Kaspar Spinner[347]

1	Imaginationskraft kontextgebunden nutzen („beim Lesen und Hören Vorstellungen entwickeln")
2	reflexive Objektivationen zwischen subjektiven Sichtweisen und dem Text vornehmen („subjektive Involviertheit und genaue Textwahrnehmung miteinander ins Spiel bringen")
3	sprachliche Gestalt wahrnehmen und deutend auf den Inhalt eines Textes beziehen können („sprachliche Gestaltung aufmerksam wahrnehmen")
4	Perspektivwechsel/Blickwechsel vollziehen („Perspektiven literarischer Figuren nachvollziehen")
5	innertextliche Bezüge auf der Ebene narrativer Handlungslogik wahrnehmen und verstehen („narrative und dramaturgische Handlungslogik verstehen")
6	Akzeptanz der Dignität des Textes („mit Fiktionalität bewusst umgehen")
7	Texte in ihrer literalen und non-literalen Bedeutung wahrnehmen und verstehen („metaphorische und symbolische Ausdrucksweise verstehen")
8	Akzeptanz der Unabschließbarkeit des Sinnbildungsprozesses („sich auf die Unabschließbarkeit des Sinnbildungsprozesses einlassen")
9	Fähigkeit zur Anschlusskommunikation („mit dem literarischen Gespräch vertraut werden")
10	Kenntnis gattungsspezifischer Prototypen und deren reflektierte Anwendung („prototypische Vorstellungen von Gattungen/Genres gewinnen")
11	Fähigkeit zum flexiblen Umgang mit literaturgeschichtlichem Kontextwissen („literaturhistorisches Bewusstsein entwickeln")

Die bei SPINNER genannten Kernkompetenzen literarischer Rezeptionskompetenz weisen deutlich über den bei PISA genannten Kompetenzrahmen hinaus, indem sie auch weitere notwendige und spezifisch literarische Rezeptionskompetenzen in den Blick nehmen, die z. T. nicht bzw. nur schwer unter den Bedingungen psychometrischer Gütekriterien testbar sind (vgl. Kap. II. 2). Zugleich orientieren sie sich dennoch deutlich an der Fokussierung einzelner Teilkompe-

---

347 Vgl. Spinner: Literarisches Lernen. S. 8ff. Die in Anführungszeichen gesetzten Formulierungen geben die von Spinner gewählten Bezeichnungen wieder.

tenzen und deren konkreter didaktischer Beschreibung. SPINNERS elf Aspekte ‚Literarischen Lernens' werden dabei ohne hierarchische Zuordnung nebeneinander gestellt und im Einzelnen erläutert. Sie beziehen sowohl kognitive Kenntnisse, Fähigkeiten und Prozesse, als auch spezifische Bereitschaften und Haltungen gegenüber dem Leseprozess mit ein. Letztere betreffen weniger die stark affektiv gelagerte Motivation der Schülerinnen und Schüler in ihrem Leseverhalten, sondern mehr mentale Grundlegungen und spezifische Erwartungshaltungen hinsichtlich des Umgangs mit literarischen Texten insgesamt.[348] Darauf verweisen jene Aspekte in SPINNERS Zusammenstellung, die sich auf den Umgang mit der Fiktionalität des Textes oder auf die damit verbundene Fähigkeit zum Umgang mit der Unabschließbarkeit des Sinnbildungsprozesses beziehen. Hierbei handelt es sich um Haltungen, die durchaus schulisch vermittelbar erscheinen und sich anhand der Ergebnisse von Schülerleistungen rekonstruieren lassen. Die Akzeptanz der Fiktionalität des Textes, mithin seiner Dignität, ermöglicht im Grunde erst eine genaue Textwahrnehmung auf literaler wie nonliteraler Ebene, die sich auch auf die Wahrnehmung der Unbestimmtheitsstellen, Anomalien und Textirritationen einlässt, statt diese als vermeintliche ‚Fehler des Autors' zu glätten. In diesem Sinne sprechen auch KÄMPER-VAN DEN BOOGAART/ PIEPER von einem „Kontrakt"[349], den Schülerinnen und Schüler mit literarischen Texten aufgrund ihrer Fiktionalität wie gleichzeitigen Dignität grundsätzlich eingehen müssen, um den Anforderungen der Auseinandersetzung mit literarischen Texte gerecht werden zu können. Die Fähigkeit zum Umgang mit der Unabschließbarkeit des Sinnbildungsprozesses verlangt von den Schülerinnen und Schülern nicht nur die Fähigkeit zum Umgang mit der damit verbundenen Ungewissheit, sondern erfordert eine insgesamt vorsichtige Haltung gegenüber vorschnellen Bedeutungszuschreibungen.[350] SPINNER plädiert auf dieser Grundlage für die Förderung einer induktiven Herangehensweise an literarische Texte[351], die individuelle Beobachtungen der Schülerinnen und Schülern im und am Text in den Vordergrund stellt. Dies verdeutlicht auch die Teilkompetenz ‚mit dem literarischen Gespräch vertraut werden', die auf der Einsicht beruht, „das Gespräch als Suchbewegung [zu] verstehen."[352] Erforderlich sind im Rah-

---

348 Spinner nimmt keine dahingehenden Unterscheidungen zwischen den einzelnen von ihm benannten Teilkompetenzen ‚Literarischen Lernens' vor. Anhand seiner Ausführungen lässt sich diese aber nach Auffassung der Autorin durchaus rechtfertigen, um Spinners Thesen zu untersuchen.
349 Kämper-van den Boogaart/Pieper: Literarisches Lesen. S. 59.
350 Vgl. Spinner: Literarisches Lernen. S. 12.
351 Vgl. Spinner: Was eine wissenschaftliche Ausbildung von Deutschlehrer(inne)n leisten soll. S. 42.
352 Ebd.

men dessen die Fähigkeit, eigene und fremde Deutungen in ihrem Entstehungshorizont reflektieren und im Abgleich bzw. Wechselspiel mit genauen Textbeobachtungen plausibel begründen oder auch verwerfen zu können. Die detaillierte didaktische Beschreibung der einzelnen Kompetenzen, die SPINNER vornimmt, reflektiert die beanstandeten Defizite gängiger Unterrichtkultur, rekurriert auf aktuelle Forschungsergebnisse und bezieht sich deutlich auf den Raum schulischen Lehrens und Lernens. Seine Erläuterungen benennen die einzelnen Teilkompetenzen in transparenter Weise und legen die Gefahren eines unreflektierten Umgangs mit den verschiedenen Teilkompetenzen im Literaturunterricht offen. Seine Ausführungen besonders zur Teilkompetenz 'prototypische Vorstellungen von Gattungen/Genres gewinnen' erinnern exemplarisch daran, dass die Kompetenz 'literarisches Verstehen' einem (schulischen) Lernprozess unterliegt, der mit der Einsicht in bestimmte Stereotype beginnt, dabei aber nicht stehen bleibt. Typisches Gattungswissen zu den Merkmalen einer Kurzgeschichte kann beispielsweise hilfreich sein, um eine erste Vorstellung vom Zusammenspiel inhaltlicher und formaler Gestaltung einer Kurzgeschichte zu erlangen. Die Herausbildung eines differenzierten und reflektierten Umgangs mit solchen Merkmalen kann auf dieser Grundlage an vielfältigen Textbeispielen veranschaulicht werden.[353]

Insgesamt liegt den Ausführungen SPINNERS eine konsequentere Systematik als anderen Konzepten zugrunde. Er beschränkt sich in seinen Ausführungen weitgehend auf schulisch lehr- und lernbare Teilkompetenzen im Bereich der Rezeption literarischer Texte. Aus diesem Grunde sind andere durchaus prominente literaturdidaktische Modellierungen für den Literaturunterricht weniger tragfähig, wie sich beispielsweise im Vergleich zur Konzeption „Poetischer Kompetenz" bei ABRAHAM zeigen lässt. Die bei SPINNER formulierten Teilkompetenzen finden sich, in ähnlicher Benennung, zwar auch im Konzept ABRAHAMS. Darüber hinaus benennt ABRAHAM aber auch Teilkompetenzen, die zum einen über die Möglichkeiten schulischer Vermittlung hinausweisen und zum anderen nicht nur auf Rezeptions-, sondern auch auf methodische wie produktive Kenntnisse und Fähigkeiten abzielen.[354] Ersteres lässt sich am Beispiel der bei ABRAHAM genannten Teilkompetenz „die mögliche Bedeutung eines Textes für das eigene Leben reflektieren wollen und können"[355] nachvollziehen,

---

353 Vgl. Spinner: Literarisches Lernen. S. 13.
354 Vgl. Kammler: Literarische Kompetenzen beschreiben, beurteilen, fördern. S. 198: „Sieht man sich Definitionsversuche der aktuellen Literaturdidaktik an, so kommen noch die produktiven (vgl. Abraham/Kepser 2005:51-59) hinzu, (was die Unerreichbarkeit des Ideals noch steigert)."
355 Abraham: Wie standardisierbar ist Methodenkompetenz im Umgang mit Lyrik? S. 129.

die KNOPF in der Rezeption ABRAHAMS als „moralische Teilkompetenz"[356] auffasst. Diese orientiert sich an den von ABRAHAM/ KEPSER definierten Zielsetzungen des Literaturunterrichts, die vor allem einen Selbstverständigungsprozess des Lesers – vermittelt durch den literarischen Text – fokussieren (vgl. Kap. III. 1).[357] Dass literarische Prozesse durchaus auf Formen des Selbstverstehens verweisen, wird nicht in Frage gestellt (vgl. Kap. III. 1). Die damit von ABRAHAM beschriebene Teilkompetenz vermag aber keinen Beitrag zu leisten, um die in traditionellen Literaturdidaktiken enthaltene Lücke zwischen Theorie und Praxis annähernd schließen zu können. Die Vermittlung einer so verstandenen Bereitschaft dürfte im Rahmen schulischer Lernprozesse kaum realisierbar und im Zusammenhang mit der Beurteilbarkeit zu erbringender Leistungen auch kaum wünschenswert sein. Fruchtbar machen lässt sich dieser Aspekt für den Bereich des Literaturunterrichts nur, wenn man ‚Selbstverständigung' weniger auf die Lösung von Sinnfragen innerhalb der eigenen Lebenswelt oder gar als ‚moralische' Teilkompetenz fasst, sondern auf die Reflexion des je individuellen Vorwissens zur Bedeutungskonstitution eines literarischen Textes ausrichtet. Im Unterschied zu ABRAHAM fokussiert SPINNER mit der Formulierung der Teilkompetenz ‚subjektive Involviertheit' deshalb das den Leseprozess begleitende Wechselspiel zwischen subjektiver Textrezeption und genauer Textwahrnehmung. Dieses kann und soll weniger dem Verstehen des eigenen Lebens, sondern einem angemessenen Textverständnis und Einsichten in den Prozess der Generierung von Deutungsansätzen dienen.[358]

Dass ABRAHAM daneben auch produktive Fähigkeiten und Tätigkeiten der Schülerinnen unter dem Begriff der ‚Rezeptionskompetenz' versammelt, soll an folgendem Beispiel verdeutlicht werden:

Tab. 8: Übersicht der Stufen der Teilkompetenz ‚szenische Texterschließung' nach Ulf Abraham[359]

Teilkompetenz szenische Texterschließung: einen literarischen Text mithilfe szenischer Verfahren sich und anderen erschließen können	
Stufe I	ein vorgeschlagenes Verfahren unter Anleitung anwenden können
Stufe II	ein vorgeschlagenes Verfahren (…) selbständig anwenden können
Stufe III	selbständig ein Verfahren auswählen (z.B. Standbildbau, lit. Rollenspiel, Improvisation) und ohne Anleitung auf den Text anwenden können

---

356 Knopf: Literaturbegegnung in der Schule. S. 28.
357 Vgl. Abraham/ Kepser: A. a. O.
358 Vgl. Spinner: Literarisches Lernen. S. 8.
359 Abraham: Wie standardisierbar ist Methodenkompetenz im Umgang mit Lyrik? S. 128.

Der Umgang mit szenischen Verfahren wird hier offenbar als eigenständige Teilkompetenz angesehen, die sich in Niveaustufen unterteilen lässt. Szenische Verfahren, wie handlungs- und produktionsorientierte Unterrichtsverfahren im Allgemeinen – sollten aber stattdessen als methodische Unterrichtsverfahren zur Texterschließung, als Mittel zum Zweck, betrachtet werden, statt als eigenständige Teilkompetenz. Denn die Schülerinnen- und Schülerprodukte sollten im Bereich der Schule – und damit verbundener Bewertbarkeit der Leistungen – nicht (notwendigerweise) selbst zum Unterrichtsgegenstand werden, sondern im Rahmen ihrer Funktion für das Verstehen des literarischen Primärtextes betrachtet werden. Diese Fokussierung methodischer Überlegungen hat in der Vergangenheit bereits häufig zu einer Marginalisierung der eigentlichen Rezeptionskompetenzen geführt, indem Kompetenzen auf Arbeitstechniken verkürzt werden, wie auch KAMMLER im Rahmen der Defizite gängiger Unterrichtsverfahren kritisiert hat.[360]

Die bei SPINNER aufgeführten Einzelkomponenten literarischer Rezeptionskompetenz bedürfen hinsichtlich der Erfordernisse der Unterrichtspraxis einer weiteren Erforschung und Ausdifferenzierung. Dies betrifft zum einen die weitere Ausdifferenzierung der einzelnen Teilkompetenzen hinsichtlich zu unterscheidender Operationen und Komplexitätsniveaus, die ausschlaggebend für die transparente Vermittlung und Beurteilung von Lernergebnissen sind. Zum anderen muss der Zusammenhang der unterschiedlichen Teilkompetenzen in ihrer Abhängigkeit zueinander im Rahmen des Leseverstehensprozesses beschrieben werden, da einzelne Teilkompetenzen immer auch auf das Zusammenspiel mit weiteren angewiesen sind. Im Folgenden sollen deswegen bereits vorliegende literaturdidaktische Analysen einzelner Kernkompetenzen im Vordergrund stehen, die am Beispiel einzelner literarischer Texte durchgeführt wurden. Wenngleich aus den Einzelfallanalysen nur partiell verallgemeinerungsfähige Aussagen zu erwarten sind (vgl. die Problematik der Modellierung in Kapitel III. 2. 2), wird doch deutlich, wie ein kompetenzorientierter Unterricht zu einer angemessenen Konzeptualisierung des Umgangs mit literarischen Texten beitragen kann. Die Überlegungen SPINNERS sind als Ausgangspunkt für die detaillierte Erforschung einzelner Kernkompetenzen und die weitere Differenzierung literarischer Rezeptionskompetenz insgesamt zu betrachten, da innerhalb der Fachdidaktik weitgehend Konsens hinsichtlich der von ihm benannten Aspekte herrscht.[361]

---

360 Vgl. Kammler: A. a. O. Vgl. auch Wieser: A. a. O.
361 Kammler beispielsweise sieht die elf Aspekte ‚Literarischen Lernens' bei Spinner als „den bislang überzeugendsten Versuch einer Systematisierung nicht nur des literarischen Lernens, sondern auch der entsprechenden Lern- und Kompetenzbereiche." Kammler: Literarische Kompetenzen. S. 16.

KAMMLER beispielsweise stellt das Symbolverstehen als eine der auch bei SPINNER benannten Kernkompetenzen in den Mittelpunkt seiner Überlegungen. Diese Teilkompetenz kann, über grundlegende Fähigkeiten in diesem Bereich hinaus, kaum unter Einhaltung empirisch relevanter Gütekriterien operationalisiert werden (vgl. Kap. III. 2).[362] KAMMLER unterzieht die Kernkompetenz ‚Symbolverstehen' einer differenzierten Betrachtung, indem er eine weitere Unterscheidung verschiedener Teilkompetenzen innerhalb dieser Kernkompetenz vornimmt. Dadurch wird einerseits einer Verkürzung auf Messbares, andererseits begrifflich zu großer Weite und entsprechender Diffusität vorgebeugt. Er benennt in Anlehnung an die Begriffsbestimmung des ‚Symbols' bei KURZ[363] fünf durchaus verallgemeinerungsfähige, aber unabhängig von den jeweiligen Gegenständen bzw. literarischen Texten nicht hierarchisch modellierbare Teilkompetenzen bzw. Operationen im Umgang mit Symbolen in literarischen Texten:

Tab. 9: *Anforderungsniveaus der Teilkompetenz „Symbolverstehen" nach Clemens Kammler*[364]

Kernkompetenz	Erläuterung	mögliche Anforderungsniveaus/Standards
Symbolverstehen	Symbolische Verstehensprozeduren werden angewendet, wenn eines oder mehrere Textelemente pragmatisch keinen Sinn machen, wenn sich also eine weitere Bedeutung aufdrängt. Symbole haben die Tendenz, sich auf die erzählte Situation als Ganzes zu beziehen.	1. Erfassen der (möglichen) Bildlichkeit sprachlich-literarischer Elemente 2. Bedeutungskonstitution durch In-Beziehung-Setzen und Überprüfung von Deutungshypothesen (z.B. zu einem einzelnen Symbol) durch Bezugnahme auf andere Textpartien 3. Bedeutungskonstitution durch In-Beziehung-Setzen von Deutungshypothesen zu historischen (auch wirkungsgeschichtlichen) Kontexten 4. Reflektieren des Spielraums, der dem Leser bei der Konstitution der Bedeutung literarischer Symbole eingeräumt wird 5. Kenntnis und kritischer Gebrauch einschlägiger Fachbegriffe

Die Beschreibung der Hierarchie notwendiger Teilkompetenzen und Operationen müsste beispielsweise der Komplexität und der Unbestimmtheit des jeweiligen Gegenstandes Rechnung tragen und die von KAMMLER benannten Aspekte in der Phase der Unterrichtsvorbereitung am Einzelfall konkretisieren.[365]

---

362 Vgl. Kammler: Symbolverstehen als literarische Rezeptionskompetenz. S. 210.
363 Vgl. Kammler: Symbolverstehen als literarische Rezeptionskompetenz. S. 197.
364 Kammler: Symbolverstehen als literarische Rezeptionskompetenz. S. 197.
365 Vgl. Kammler: Symbolverstehen als literarische Rezeptionskompetenz. S. 209.

Die einzelnen Anforderungsniveaus des Symbolverstehens, beginnend mit dem Wahrnehmen und Erkennen möglicher Bildelemente in einem literarischen Text, liefern eine detaillierte Schilderung der einzelnen Operationen und Arbeitsschritte, die im Rahmen der Unterrichtsvorbereitung sowie der Beurteilung von Ergebnissen zugrunde gelegt werden können. Bereits die als grundlegend zu betrachtende Anforderung, Symbole in literarischen Texten wahrnehmen zu können (Niveau 1), ist für Schülerinnen und Schüler mit einigen Schwierigkeiten behaftet, die als Verstehenshürden bereits in der literaturdidaktischen Konzeption der Auseinandersetzung mit literarischen Texten bedacht werden müssen. KAMMLER führt im Rekurs auf die Definition des ‚Symbols' bei KURZ aus, dass Leser auf ‚Symbole' oder ‚Metaphern' durch Textsignale in Form solcher Dissonanzen und Anomalien im Text aufmerksam gemacht werden, ‚die pragmatisch keinen Sinn machen'. Diese Erläuterung beinhaltet mit Blick auf das Erreichen von Niveau 1 komplexe Voraussetzungen hinsichtlich einzelner Operationen des Textverstehens. Angesprochen sind hier im Besonderen zwei weitere notwendige Aspekte einer angemessene Konzeptualisierung der Kompetenz ‚Symbolverstehen', über welche die knappe Erläuterung bei KAMMLER nicht hinwegtäuschen sollte: Zum einen leitet nicht jede Textunverständlichkeit symbolische Verstehensprozesse ein; ein solches Vorgehen würde zwangsläufig zu willkürlichen Überinterpretationen, nicht aber zu angemessenem Textverstehen führen. Deshalb ist bereits die Fähigkeit zum Erkennen von Symbolen auf das Zusammenspiel mit anderen Teilkompetenzen angewiesen, grundlegend beispielsweise auf jene Kompetenz, die KÄMPER-VAN DEN BOOGAART mit dem Begriff des „kleinschrittigen Lesens"[366] benennt. Im Fokus des Interesses steht beim ‚kleinschrittigen Lesen' zunächst das Verstehen des Textes auf seiner wörtlichen, nicht übertragenen Bedeutungsebene. Dies beugt einer vorschnellen Inanspruchnahme übertragener Bedeutungen einzelner Textpartien oder des gesamten Textes vor, die dazu verleiten könnte, beabsichtigte Anomalien zu glätten, die Dignität des Textes zu verletzen und auf diese Weise den Weg zum Textverstehen zu verstellen. Es bieten sich Methoden des ‚close reading' an, um eine Lesepraxis zu entwickeln, die sich nicht auf den ersten Leseprozess verlässt und beschränkt:

> „Textverständnis ist das Ergebnis von kleinschrittigen Lektüren und Re-Lektüren. Hierbei spürt man – auch als Profi-Leser – immer wieder, dass man grammatische und semantische Bezüge zunächst nicht richtig hergestellt hatte, indem man Bedeutungen produzierte, die man, etwa gelenkt durch den Titel, für wahrscheinlich hielt."[367]

---

366 Kämper-van den Boogaart: Kleinschrittiges Lesen als Kompetenz. S. 158; 168.
367 Vgl. Kämper-van den Boogaart: Kleinschrittiges Lesen als Kompetenz. S. 168.

SPINNER weist zudem darauf hin, dass sich der Gehalt und die Deutung eines literarischen Symbols immer auch aus seiner wörtlichen Bedeutungsebene heraus konstituieren, die in eine mögliche übertragene Bedeutung einfließt.[368] Schülerinnen und Schüler müssen einen Text zunächst in seiner literalen Bedeutung wahrnehmen, bevor er auf eine mögliche übertragene Bedeutung hin untersucht werden kann. Erst dann können vom Leser als irritierend oder unverständlich wahrgenommene Textstellen begründet auf symbolische Deutungsansätze hin gelesen werden.

Zum anderen muss bei der literaturdidaktischen Konzeption von Lernprozessen im Bereich des Symbolverstehens beachtet werden, dass Leser zwar durch Textsignale wie beispielsweise Dissonanzen auf Symbole aufmerksam werden können, dass diese Dissonanzen aber nicht offensichtlich den Lese- und Verstehensprozess beeinträchtigen müssen. Auch KAMMLERS Untersuchung[369] zu den für das Verständnis der Kurzgeschichte „Streuselschnecke" von Julia Franck[370] erforderlichen Operationen zeigt, dass sich der potentielle symbolische Gehalt einzelner Textpassagen oder ganzer Texte den Schülerinnen und Schülern nicht zwangsläufig als den Lese- und Verstehensprozess ‚störende' Irritationsstelle aufdrängt. Um die für die Interpretation des Textes relevante symbolische Bedeutung des Titels ‚Streuselschnecke' überhaupt erkennen zu können, müssen die Probanden zunächst weitere Rezeptionskompetenzen, hier im Bereich des kompetenten Umgangs mit Wissen um narrative Handlungslogiken, aktivieren. Denn der Begriff ‚Streuselschnecke' lässt sich zunächst auch auf rein literaler Ebene erklären: Der im Sterben liegende Vater der Protagonistin isst gern Streuselschnecken; um seinen (letzten) Wunsch zu erfüllen, bringt sie ihm selbst gebackene Streuselschnecken ins Krankenhaus. Die kompetente Einbindung des Wissens um narrative Handlungsstrukturen – hier: um die potentielle Bedeutung des Titels eines literarischen Textes – und die Anwendung dieses Wissens für die Textdeutung aber kann über eine Lesart auf literaler Ebene hinaus den Blick für symbolische Deutungsansätze eröffnen:[371] Erst die Verwunderung des Lesers über die Verwendung eines vermeintlich alltäglichen und nebensächlichen Begriffs im Titel der Kurzgeschichte kann zu der Annahme führen, dass dieser ohne eine symbolische Deutung ‚pragmatisch keinen Sinn

---

368 Vgl. Spinner: Literarisches Lernen. S. 11.
369 Kammler untersucht hier die zum Verständnis der Kurzgeschichte „Streuselschnecke" von Julia Franck benötigten Rezeptionskompetenzen; im Fokus der Betrachtung steht der Zusammenhang zwischen den Teilkompetenzen ‚Symbolverstehen' und ‚Umgang mit narrativer Handlungslogik'. Vgl. Kammler: Literarische Kompetenzen beschreiben, beurteilen und fördern. S. 202ff.
370 Primärtext s. Anhang, Text 11.
371 Vgl. Kammler: Literarische Kompetenzen beschreiben, beurteilen und fördern. S. 209.

macht' oder zumindest Raum für eine symbolische Deutung bietet. Eine über den literalen Sinn des Erzählten hinausgehende Deutung gelingt vor allem dann, wenn der Titel mit dem Ende der Kurzgeschichte in Beziehung gesetzt wird. Es dürfte anschaulich geworden sein, dass bereits die bei KAMMLER als unterstes Anforderungsniveau benannte Stufe der Wahrnehmung symbolischen Textgehalts aus literaturdidaktischer Sicht mit recht komplexen Textverstehensoperationen einhergeht, die auch das Zusammenspiel mit weiteren Rezeptionskompetenzen erfordern. Literarische Rezeptionskompetenz besteht stets aus dem Zusammenspiel unterschiedlicher Teilkompetenzen, die je aufs Neue für einzelne Texte zusammengestellt werden müssen.[372]

Dies bestätigen auch zahlreiche weitere Analysen literarischer Texte hinsichtlich ihrer zum Verstehen notwendigen Teilkompetenzen. Eine aufschlussreiche Zusammenstellung solcher Arbeiten bietet der von KAMMLER herausgegebene Band „Literarische Kompetenzen – Standards im Literaturunterricht" (2006). Aktuelle Untersuchungen bemühen sich um die weitere Vertiefung der Forschungsergebnisse und des Wissens um den verstehensfördernden oder auch -verhindernden Umgang mit den verschiedenen Teilkompetenzen literarischen Verstehens. Vor allem mit Verfahren des ‚Lauten Denkens' wird im Rahmen von qualitativen empirischen Studien der Versuch unternommen, die zunächst während des Leseprozesses unsichtbaren und nur vom Schülerergebnis her zu rekonstruierenden Operationen und jeweils vorhandenen Teilkompetenzen des Textverstehens sichtbar zu machen.[373] Das Wissen um einzelnen Kernkompetenzen und ihre Zusammenhänge stellt eine entscheidende Grundlage für die der Unterrichtspraxis vorausgehende Gegenstandsanalyse am Einzelfall eines jeweiligen literarischen Textes durch die zuständige Lehrkraft dar.[374] Auf diese Weise können Verstehensbarrieren der Schülerinnen und Schüler erkannt und entsprechend didaktisch aufbereitet werden.

Die Komplexität des Zusammenwirkens unterschiedlicher Teilkompetenzen bedarf im Zuge der Unterrichtsvorbereitung nicht nur der genauen Gegenstandsanalyse, sondern zuvor bereits der Auswahl von Texten, an denen entsprechende Fähigkeiten vermittelt werden können. Damit wird einer Marginalisierung der Gegenstände – die beispielsweise dem PISA-Konzept in seiner pragma-

---

372 Vgl. ebd.
373 Vgl. Winkler: Welches Wissen fördert das Verstehen literarischer Texte? Vgl. auch: Meissner: A. a. O. Und: Stark: A. a. O. Qualitative empirische Forschung findet hier in Form von ‚Cognitive Laboratories' statt, in denen Testpersonen u.a. mit der Methode des ‚Lauten Denkens' animiert werden, Einblick in spezifische kognitive Schritte innerhalb des Verstehensprozesses zu geben.
374 Vgl. Zabka: Typische Operationen literarischen Verstehens. S. 80.

tischen Ausrichtung attestiert wurde –, an denen gelernt bzw. Kenntnisse und Fähigkeiten überprüft werden sollen, vorgebeugt.[375]

Aus den einzelnen Untersuchungen und ihren Forschungsergebnissen ergeben sich nicht unmittelbar konkrete Konzepte zur Förderung literarischer Rezeptionskompetenz, die den aufgezeigten Defiziten der Unterrichtspraxis vorbeugen könnten. Wenngleich diese wünschenswert wären,[376] hat sich doch bereits in der Vergangenheit gezeigt, dass einzelne Konzepte keine Universallösungen bieten.[377] Da angemessenes Textverstehen sich aus komplexen Prozessen zusammensetzt und sich an jedem Text auf andere Weise vollzieht, ist es also vielmehr darum bestellt, möglichst viel über jeweilige Prozesse der Text-Leser-Begegnung zu wissen:[378]

„Ob es gelingt, über einen längeren Zeitraum literarisches Lernen erfolgreich zu initiieren, hängt von vielen Faktoren ab. Um einem solchen Lernen als Lehrer nicht im Wege zu stehen, muss man unter anderem möglichst viele Methoden beherrschen, möglichst viel über seine Schüler wissen (über deren Kompetenzen und Inkompetenzen, [...]) und auch einiges von Literatur verstehen. Man muss also nicht zuletzt literarisch kompetent sein."[379]

Diese Anmerkung KAMMLERS mag auf den ersten Blick zwar banal, da selbstverständlich anmuten, erweist sich aber angesichts der herausgestellten Defizite hinsichtlich der Benennung von Teilkompetenzen auf Seiten der Fachdidaktik und der Vermittlung entsprechender Kompetenzen auf Seiten der zuständigen Unterrichtspraktiker als notwendige Erinnerung, die im Zuge der Erforschung dieser Kompetenzen konstruktiv genutzt werden sollte. Literarisch kompetent zu sein beinhaltet dann auch, nicht nur selbst Texte angemessen verstehen, sondern auch die Verstehenshürden der Schülerinnen und Schüler hinsichtlich unterschiedlicher literarischer Texte antizipieren zu können.

---

375 Vgl. Bohl/ Kleinknecht: Aufgabenkultur. S. 150.
376 Vgl. Bertschi-Kaufmann: Literarisches Lesen. S. 231: „Der Anspruch an [den] Literaturunterricht ist hoch. Einlösbar ist er am ehesten dann, wenn wir zusammen mit den Grundlagen, die wir aus theoretischen und empirischen Arbeiten gewinnen, auch praktische Modelle vorschlagen können und wenn Lehrerinnen und Lehrer diese wiederum den aktuellen Situationen in der Schulklasse anpassen."
377 Vgl. Kammler: Literarische Kompetenzen beschreiben, beurteilen und fördern. S. 200.
378 Vgl. Pieper: Lese- und literarische Sozialisation. S. 87.
379 Kammler: Literarische Kompetenzen beschreiben, beurteilen und fördern. S. 200. Vgl. auch: Kämper-van den Boogaart: Lehrerkonzepte und Lehrerkompetenzen. S. 128f.

3.2 Überlegungen zu den Kriterien eines kompetenzorientierten Literaturunterrichts auf der Ebene der Konzeption von Lehr- und Lernmaterialien

Dass generalisierbare Gütekriterien gelungener Verstehensprozesse im Literaturunterricht für den Bereich der Teilkompetenzen des Textverstehens aus fachdidaktischer Sicht über die elf bei SPINNER genannten Aspekte hinaus kaum formuliert werden können, haben im Besonderen die Arbeiten zu einzelnen literarischen Texten und ihren Anforderungen bei KAMMLER, KÄMPER-VAN DEN BOOGAART oder ZABKA herausstellen können. Fachdidaktische Kriterien für die Entwicklung und Beurteilung von Lernaufgaben, die Vermittlungsprozesse initiieren und den Unterricht strukturieren können, müssen je für einzelne literarische Texte individuell im Sinne der benötigten Teilkompetenzen und erforderlichen Operationen zusammengestellt werden.

Im Anschluss an die bei SPINNER benannten Fähigkeiten und Haltungen sowie an die genannten weiteren kompetenztheoretischen Überlegungen aus literaturdidaktischer Perspektive können dennoch auch einige generalisierbare Kriterien abgeleitet werden, wenngleich konkrete Textverstehensoperationen und Teilkompetenzen immer nur mit Blick auf einzelne Texte beschrieben werden können. Diese Kriterien betreffen grundlegende ‚Konzepte', die als Voraussetzungen für einen kompetenten Umgang mit unterschiedlichen literarischen Texten angesehen werden können, des weiteren ‚Strategien' und ‚Wissensbestände', die ein Repertoire an Hilfsmitteln im Umgang mit literarischen Texten zur Verfügung stellen.

Der Begriff der ‚Konzepte' verweist im Rahmen der vorliegenden Arbeit auf grundlegende Einsichten und Haltungen der Schülerinnen und Schüler im Umgang mit literarischen Texten. Hierzu gehört das Wissen um die systematische Mehrdeutigkeit literarischer Texte, das sich Einlassen auf ihr Spiel mit der Wirklichkeit im Raum fiktionalen Erzählens, das angesichts der Gefahr der Überinterpretation mit Bedacht gehandhabt werden muss. Ebenso dazu gehört das Wissen darum, dass sich literarische Texte nicht im ersten Zugriff erschließen lassen, sondern einer mehrfachen Lektüre und genauen Wahrnehmung bedürfen, um erste Deutungsansätze entwickeln zu können – und dass sich manche Textstellen einer kohärenten Sinnbildung gänzlich entziehen. Zudem betrifft der Begriff der ‚Konzepte' vor allem auch die Einsicht in mentale Verstehensprozesse und -operationen, um diese mit Rücksicht auf einen jeweiligen literarischen Text in neuen Situationen angemessen anwenden zu können. Die Reflexion dieser Operationen muss sich in den Lernaufgaben widerspiegeln, wie auch WINKLER ausführt:

„Wenn Aufgaben im Literaturunterricht die Ausbildung von Textverstehensstrategien fördern sollen, müssen sich die Lehrenden des Ablaufs mentaler Prozesse bewusst sein und dieses Wissen in ihre Aufgabenstellungen einfließen lassen."[380]

Die Reflexion der ablaufenden mentalen Prozesse sollte allerdings nicht nur von den Lehrkräften im Rahmen der Unterrichtsvorbereitung, sondern auch von den Schülerinnen und Schülern – angeleitet durch didaktische Lernaufgaben – vorgenommen werden. Erst die Reflexion spezifischer Verstehensoperationen ermöglicht ihre immer flexiblere Anwendung zum Verständnis unterschiedlicher literarischer Texte. Zum Bereich notwendiger ‚Konzepte' gehört darüber hinaus auch die Vermittlung der Einsicht, intra- oder extratextuelles Wissen zum Zwecke des Textverständnisses – im Rückgriff auf das dieser Arbeit zugrunde liegende Kompetenzverständnis (vgl. Kapitel III. 1/3. 1) – „funktionalisieren"[381] zu können. Einbeziehung von Wissen, gleich welcher Art, kann für den Textverstehensprozess nur dann sinnvoll sein, wenn es in einen Zusammenhang mit dem Erzählten gesetzt wird und auf diese Weise Aufschluss hinsichtlich der problemlösenden Textdeutung bieten kann. Kenntnisse sollten im Literaturunterricht aufgrund dessen nie isoliert und um ihrer selbst Willen erworben, sondern stets in die Textarbeit integriert werden. Gleichwohl muss bedacht werden, dass diese ‚Funktionalisierung' nur dann angemessen gelingt, wenn die Grenzen des Textes hinsichtlich seiner Dignität und Fiktionalität gewahrt werden und die Schülerinnen und Schüler sich auf das imaginative Spiel mit den Möglichkeiten literarischer Texte in ihrer Literarizität, die sie von anderen Texten unterscheidet, einlassen (vgl. Kapitel III. 3).Die Begriffe ‚Strategien' und ‚Wissensbestände' beziehen sich dagegen auf die Vermittlung eines gewissen ‚Handwerkszeugs' sowie erforderlichen Fach- und Faktenwissens, das die Analyse und Interpretation literarischer Texte systematisieren und Verstehensprozesse eröffnen kann. Gemeint ist beispielsweise das Wissen um bestimmte Lesestrategien oder Erschließungsmethoden sowie literaturgeschichtliches, narratologisches oder gattungsspezifisches Wissen.

Diese Unterscheidung in ‚Konzepte' auf der einen, ‚Strategien' und ‚Wissensbestände' auf der anderen Seite findet in Anlehnung an den Gebrauch der aus der Lehr- und Lernforschung stammenden Begriffe des „syntaktischen" (‚Konzepte') und „substantivischen Wissens" (‚Strategien', ‚Wissensbestände') bei KÄMPER-VAN DEN BOOGAART/PIEPER statt:

„Während das substantivische Wissen Basiskonzepte und Prinzipien eines Gebietes in ihrer Vielfalt umfasst, bezeichnet das syntaktische Wissen eine Art Grammatik:

---

380 Vgl. Winkler: Aufgabenstellungen und ihre Bedeutung für die Ausbildung von Textverstehensstrategien. S. 89.
381 Knopf: Literaturbegegnung in der Schule. S. 128.

„It is the set of rules for determining what is legitimate to say in a disciplinary domain and what ‚breaks' the rules." (Shulman 2004, S. 202)."[382]

Ziel des kompetenten Umgangs mit syntaktischem wie substantivischem Wissen ist die Herausbildung einer induktiven Haltung[383] im Umgang mit literarischen Texten, die auf Klärungen und Problemlösungen[384] abzielt. Die Schülerinnen und Schüler müssen wiederholt die Erfahrung machen können, dass sich Entdeckungen im und am Text im Sinne ihrer anzustrebenden Funktionalisierung lohnen,[385] um literarische Texte mehr als oberflächlich verstehen zu können. Die Textanalyse sollte sich entsprechend an einer übergeordneten Problemstellung bzw. Fragestellung ausrichten,[386] die an den Verstehenshürden der Schülerinnen und Schüler ansetzt und eine bestimmte Abfolge einzelner Aufgabenstellungen mit sich führt. Vor dem Hintergrund des Zusammenspiels von Konzepten, Strategien und jeweils erforderlichem Wissen werden nachfolgend verallgemeinerbare Kriterien zur Untersuchung der Lernaufgaben abgeleitet und zusammengestellt. Anhand von Lernaufgaben – wie auch anhand der didaktischen Konzeption von Lehrwerken – kann dann mit Blick auf die Vermittlung literarästhetischer Rezeptionskompetenz gezielt untersucht werden, ob ...

Tab. 10: Zusammenstellung notwendiger Untersuchungsaspekte für die Konzeption von Lernaufgaben zu literarischen Texten in Deutschlehrwerken aus fachdidaktisch-kompetenzorientierter Perspektive[387]

Untersuchungsaspekt	Erläuterung
...notwendige und erforderliche Teilkompetenzen fokussiert werden →	Liegt eine hinreichende Gegenstandsanalyse vor, die um die Antizipation der Verstehenshürden der Schüler/innen und die notwendigen Textverstehensoperationen bemüht ist? Werden bzw. wie werden diese in die Aufgabenstellungen und ihren Zusammenhang untereinander integriert? Gibt es eine übergeordnete Fragestellung, von der aus der Text analysiert wird? Wie ist die Textauswahl zu beurteilen: Bieten die Texte anspruchsvolle Lernmöglichkeiten?

---

382 Kämper-van den Boogaart/ Pieper: Literarisches Lesen. S. 61.
383 Vgl. Spinner: A. a. O.
384 Vgl. Kammler: A. a. O.
385 Vgl. Zabka: Diskursive und poetische Aufgaben zur Texterschließung. S. 209.
386 Vgl. Winkler: Aufgabenstellungen und ihre Bedeutung für die Ausbildung von Textverstehensstrategien. S. 86.
387 Diese tabellarische Übersicht der Untersuchungsfragen kann, je nach Gegenstand und Fragestellung einer Untersuchung, sicherlich erweitert werden; sie enthält aber grundlegende Anfragen, die in keiner Lernaufgabenentwicklung unbeachtet bleiben sollten.

...Texte auch hinsichtlich ihrer Unverständlichkeiten genau wahrgenommen werden sollen →	Werden Lesestrategien, z.B. Methoden des ‚close reading' angewendet? Wie werden diese didaktisiert und in die Textarbeit integriert? Wird der Text hinsichtlich der Besonderheiten literarischen Erzählens/ seiner Literarizität wahrgenommen?
...Wissen mit Blick auf Textverstehen angemessen funktionalisiert werden soll →	Welche Funktion übernehmen verschiedene Wissensbereiche (narratives Textwissen, Gattungswissen, literaturhistorisches Wissen etc.) im Rahmen des Verstehensprozesses? Welche Funktion übernimmt Strategiewissen/syntaktisches Wissen und wie wird dieses didaktisiert? Werden sie so auf die Texte bezogen und in die Textarbeit integriert, dass konkrete Verstehensprozesse initiiert werden? Wird Wissen angewendet, um Verstehenshorizonte zu eröffnen oder findet mehr schematisierendes, formelhaftes Lernen statt? Werden formale und inhaltliche Textbetrachtungen sinnvoll aufeinander bezogen?
...individuelle Lernvoraussetzungen im Wechselspiel mit der Beschaffenheit eines literarischen Textes beachtet werden →	Werden individuelle Lernvoraussetzungen der Schüler/innen und die Bedeutungskonstruktion durch den Leser in Lernaufgaben und Textverstehensprozesse integriert? Wird die systematische Mehrdeutigkeit literarischer Texte in einen Zusammenhang mit solchen Lern-/ Lektürevoraussetzungen gesetzt? Werden subjektive Textbetrachtungen in ein Wechselspiel mit der Beschaffenheit des Textes gebracht? Werden Imaginationskraft und Perspektivwechsel angeregt? Wird Gelegenheit zur Anschlusskommunikation und zum Austausch über plurale Deutungsmöglichkeiten bzw. ihre Plausibilität im Rahmen eines jeweiligen Textes gegeben?
...die Schülerinnen und Schüler schrittweise zu eigenständigem Vorgehen und zur Reflexion ihrer Verstehensoperationen angeleitet werden →	Werden eigenständige Problemlösungen angeregt und Verfahrensweisen bzw. Textoperationen reflektiert? Werden übergeordnete Textverstehensstrategien vermittelt? Werden einzelne Teilkompetenzen an unterschiedlichen Texten so erprobt, dass die Notwendigkeit eines flexiblen Umgangs mit literarischen Rezeptionskompetenzen deutlich werden kann?

Bildungsadministrative Vorgaben literarischer Bildung

1. Die Bildungsstandards Deutsch und ihre Beispielaufgaben

In der Reaktion insbesondere auf die auch in unteren Anforderungsbereichen schwachen PISA-Ergebnisse deutscher Schülerinnen und Schüler wurden die Bildungsstandards als Werkzeuge der Qualitätssicherung eingeführt. Mit der Umstellung von der Input- zur Outputorientierung wurde eine stärkere Steuerung unterrichtlichen Lehrens und Lernens über die Ergebnisse angestrebt.[388] Im Zuge dessen wurde der Versuch einer ‚Entschlackung' der bislang gültigen, überfrachteten Lehrpläne in der Orientierung am Grundbildungsmodell und der Fokussierung grundlegender Basiskompetenzen vorgenommen.[389] Die Modellierung von Kompetenzen in den sog. Kernfächern wie dem Fach Deutsch sollte die Grundlage der angestrebten Qualitätsverbesserung darstellen.[390] Die in den Standards formulierten Leistungserwartungen werden in der Form generalisierbarer Kompetenzen als Bewertungsmaßstäbe ausgegeben. Die Bildungsstandards sollen sich in Test- und Prüfaufgaben für zentrale Leistungsüberprüfungen[391] operationalisieren lassen, die spezifische Kompetenzen erfassen und die Vergleichbarkeit von Prüfungsergebnissen mit Hilfe der zugrunde liegenden psychometrischen Gütekriterien der Aufgaben und ihrer Kodierung ermöglichen. – Soweit die Theorie.[392]

---

388 Vgl. Kämper-van den Boogaart: Staatliche Steuerung von Deutschunterricht. S. 13ff.
389 Vgl. Kultusministerkonferenz: Bildungsstandards für das Fach Deutsch. S. 3.
390 Ebd.
391 Ebd. Die genaue Auslegung und Umsetzung dieser verschiedenen Möglichkeiten der Leistungstestung obliegt den einzelnen Bundesländern, so dass im Einzelnen von durchaus unterschiedlichen Implementationen ausgegangen werden muss. Vgl. Kultusministerkonferenz: Bildungsstandards für das Fach Deutsch. S. 4.
392 Vgl. Kämper-van den Boogaart: Staatliche Steuerung des Deutschunterrichts. S. 19: „Unterstellt wird [seitens der Bildungspolitik; Anm. d. Verf.], man könne mit Lehrplänen Schule und Lehrerhandeln steuern und verändern." Kämper-van den Boogaart weist in diesem Zusammenhang auch auf die Studie von Vollstädt et al. (1999, S. 122) hin, die zeigt, dass Lehrpläne in ihren Veränderungswünschen auf wenig Resonanz bei Lehrenden stoßen und kaum Einfluss auf als wirkungsvoll erfahrene und bereits verfestigte Unterrichtsroutinen haben. Für die Praxis viel relevanter seien die Schulbücher als „Sekundäreffekte" der Lehrpläne. Vgl. Kämper-van den Boogaart: Staatliche Steuerung des Deutschunterrichts. S. 22f.

Die Hoffnung, Bildungsstandards könnten ihr Versprechen mehr Orientierung für den Unterricht und die Überprüfung des Gelernten zu bieten, einlösen, hat sich schnell als unbegründet erwiesen. Denn im Grunde stellen die Bildungsstandards eine Spiegelung der Probleme dar, die sich bereits in bisherigen Lesekompetenzmodellen gezeigt haben, wenngleich große Unterschiede zwischen den wissenschaftlichen Vorgaben der Bildungsforschung und der Umsetzung durch die Kommissionen der Kultusministerkonferenz bestehen. In den Bildungsstandards zeigt sich zwar das Bewusstsein darum, dass bisherige Lesekompetenzmodelle die bildenden Potentiale des Deutschunterrichts, vor allem hinsichtlich der Vermittlung literarischer Rezeptionskompetenzen, nicht angemessen repräsentieren, ohne allerdings konstruktive Lösungswege aufzeigen zu können. Aufgrund der Defizite bisheriger Kompetenzmodelle wurden in der Praxis der Bildungsstandards keine Mindeststandards gesetzt; stattdessen wurden im Zuge ihrer (vorschnellen) Einführung Anforderungsbereiche formuliert, die lediglich Bezüge zu bisherigen Kompetenzmodellen enthalten und deren Probleme nicht beheben können. Einerseits wird Kompetenzorientierung angestrebt, dann aber nicht konsequent umgesetzt, indem keine Outputs oder Ziele formuliert werden, sondern – in der Tradition bisheriger Lehrpläne – recht weitläufige und unspezifische Standards.[393] Diese aber können die gewünschte Konkretisierung der Bildungsziele im Deutschunterricht vor allem im Bereich literarischer Bildung nicht leisten. Die Bildungsstandards enthalten zwar eigens für den Bereich ‚literarische Texte verstehen und nutzen' aufgeführte Standards und versuchen somit auch spezifisch literarische Fähigkeiten in den Blick zu nehmen. Aber die hier getroffenen Zuschreibungen erweisen sich als viel zu umfangreich und zugleich lückenhaft. Der originäre Anspruch der Einführung von Bildungsstandards konnte somit nicht umgesetzt werden:[394] Eine domänenspezifische Konkretisierung und ‚Entschlackung' früherer Lehrpläne und ihrer Zielsetzungen hat nicht stattgefunden,[395] auch nicht die Gewährleistung der Vergleichbarkeit von Leistungen nach objektiv gültigen Kriterien.

---

393 Vgl. Spinner: Der standardisierte Schüler. S. 5.
394 Zu diesem Schluss kommen auch Köster/ Lindauer, indem sie in den Bildungsstandards zum einen die Verpflichtung zu ‚schulischem Brauchtum' und gleichzeitig offenbar das – widersprüchliche – Bemühen sehen, sich an der Bildungsforschung zu orientieren. Vgl. Köster/ Lindauer: Zum Stand wissenschaftlicher Aufgabenreflexion aus deutschdidaktischer Perspektive. S. 149. Vgl. auch Köster: Kompetenzorientierung im Deutschunterricht und die Konsequenzen für die Qualitätssicherung. S. 102ff.
395 Auch Fingerhut kommt zu dem Ergebnis, dass sich die ‚alten' Lehrpläne im Grunde in den neuen Kerncurricula wiederfinden und nach wie vor ‚übervoll' seien. Vgl. Fingerhut: Integrierte Unterrichtseinheiten als Kompetenzmodelle. S. 122f. Vgl. auch die Überlegungen Kämper-van den Boogaarts, der das Ringen verschiedener Interessenver-

Die Bildungsstandards präsentieren sich im Bereich literarischen Verstehens als eine Mischung aus normativ gesetzten Standards, Anforderungsbereichen und Aufgabenbeispielen, die sich an empirische Modelle anlehnen, aber nicht auf empirisch belegbaren Ergebnissen der Modellierung beruhen, sondern auf – nicht weiter ausgewiesener oder legitimierter – ‚Erfahrung'.[396]

Im Wissen um die Schwächen bisheriger Kompetenzmodelle ist von Anforderungs-, statt Kompetenzbereichen die Rede. Diese weisen Ähnlichkeiten zu den Kompetenzen des PISA-Lesekompetenzmodells auf, finden sich hier aber in einer neuen Zusammenstellung, die im Vergleich zu den Skalen und Kompetenzstufen des PISA-Modells eher mehr, denn weniger Inkonsistenzen aufzeigt. Statt der Kompetenzbereiche ‚Informationen ermitteln', ‚Interpretieren', ‚Reflektieren und Bewerten' finden sich hier die Anforderungsbereiche ‚Methodisches Wissen', ‚Informationen ermitteln und Zusammenhänge herstellen' sowie ‚Reflektieren und Bewerten':[397]

---

treter, Verbände etc. als einen der Gründe für erneut überfrachtete Lehrpläne benennt. In: Kämper-van den Boogaart: Staatliche Steuerung von Deutschunterricht. S. 19.

396 Vgl. Kultusministerkonferenz: Bildungsstandards im Fach Deutsch. S. 17: „Für Aussagen über die Angemessenheit, Qualität und Komplexität der Anforderungen, die mit (...) Aufgaben verbunden sind, stellen die Anforderungsbereiche einen Orientierungsrahmen dar, in dem sich die Leistungen von Schülerinnen und Schülern erfahrungsgemäß bewegen." Vgl. auch Kultusministerkonferenz: Bildungsstandards für das Fach Deutsch, S. 3.

397 In den Bildungsstandards selbst ist nur von den Anforderungsbereichen I-III die Rede, eine konkrete Benennung der einzelnen Kategorien/Anforderungsbereiche findet sich nicht. Dies kann als Verweis auf die höchst heterogenen Anforderungen innerhalb eines Bereiches gelesen werden, die eine Kategorisierung der einzelnen Bereiche erschweren. Es liegt der Verdacht nahe, dass eine begriffliche Benennung von den Autoren der Bildungsstandards aus diesem Grund erst gar nicht vorgenommen wurde.

Tab. 11: *Anforderungsbereiche der Bildungsstandards im Fach Deutsch*[398]

Anforderungsbereich I	Anforderungsbereich II	Anforderungsbereich III
Verfügbarkeit der für die Bearbeitung der Aufgaben notwendigen inhaltlichen und methodischen Kenntnisse	Selbständiges Erfassen, Einordnen, Strukturieren und Verarbeiten der aus der Thematik, dem Material und der Aufgabenstellung erwachsenden Fragen/ Probleme und deren entsprechende gedankliche und sprachliche Bearbeitung	Eigenständige Reflexion, Bewertung bzw. Beurteilung einer komplexen Problemstellung/Thematik oder entsprechenden Materials und ggf. die Entwicklung eigener Lösungsansätze
Die Leistungen umfassen im Anforderungsbereich I:	*Die Leistungen umfassen im Anforderungsbereich II:*	*Die Leistungen umfassen im Anforderungsbereich III:*
- die sich aus der Aufgabe, dem Material oder der Problemstellung ergebenden Arbeitsaufträge identifizieren - das der Aufgabenstellung oder dem Material zugrunde liegende Thema erfassen - den Text- bzw. Materialinhalt geordnet wiedergeben - die eigenen Kenntnisse mit dem Thema, dem Hauptgedanken, der Problemstellung verbinden - über die dem Thema, dem Bereich entsprechenden Fachbegriffe verfügen (...)	- einen längeren oder einen komplexen Text bzw. Materialinhalt in eigen-ständiger Formulierung wiedergeben oder zusammen-fassen - die Hauptgedanken eines Textes und seine Argumentation differenziert erfassen - Bezüge in Texten bzw. Materialien erkennen, um Aussagen zu erfassen - poetische/ stilistische/ rhetorische Mittel in einem Text erkennen, beschreiben und untersuchen - inhaltliche und methodische Kenntnisse auf unbekannte Sachverhalte sinnvoll beziehen (...)	- komplexe, anspruchsvolle Texte, Problemstellungen, Materialien erfassen und bearbeiten - die Aussagen eines Textes, eine Problemstellung in weitere Zusammenhänge einordnen und entsprechend detailliert untersuchen - begründete Folgerungen aus der Text-, Material- oder Problembearbeitung ziehen und formulieren - Deutungsansätze poetischer/ stilistischer/ rhetorischer Mittel in einem Text entwickeln - spezielles Fachwissen nutzen (...)

Will man die Anforderungsbereiche, die für alle Textsorten gelten sollen – im Unterschied zu den Standards, die durchaus zwischen expositorischen und literarischen Texten unterscheiden –, auf die Auseinandersetzung mit literarischen Texten anwenden, erscheint beispielsweise eine Zuordnung von Fähigkeiten im Bereich der Interpretation äußerst problematisch. Wird im Anforderungsbereich II nur auf ‚Informationen ermitteln und Zusammenhänge herstellen' rekurriert oder wird bereits die Ebene der Interpretation angesprochen, wenn beispielsweise von der „entsprechenden gedanklichen (...) Bearbeitung" der aus

---

398 Kultusministerkonferenz: Bildungsstandards für das Fach Deutsch. S. 18.

der „Thematik (...) erwachsenden (...) Probleme"[399] die Rede ist? Oder wären Vorgänge der Hypothesenbildung und Interpretation dem Anforderungsbereich III in der Formulierung ‚Entwicklung eigener Lösungsansätze' zuzuordnen, gleichwohl Deutungshypothesen nicht notwendigerweise der Kategorie ‚Reflektieren und Bewerten' gleichzusetzen sind? Für die Bewertung von Schülerleistungen können die Anforderungsbereiche kaum hilfreich sein, wenn bereits die eindeutige Zuordnung einzelner Teilkompetenzen fragwürdig erscheint.

Ebenso wenig aufschlussreich sind in der genannten Frage die Aufgabenbeispiele, die den Bildungsstandards zur exemplarischen Veranschaulichung von Standards und Anforderungsbereichen beigefügt wurden: Die bei einem Gedichtvergleich nötigen Rezeptionskompetenzen für eine „sinnvolle Deutung, die am Text belegt wird"[400], werden dem Anforderungsbereich III, ‚Reflektieren und Bewerten', zugeordnet. Im Unterschied dazu wird aber die in der Aufgabenstellung geforderte Inhaltsangabe – die immer auch bereits deutende Elemente enthält[401] – des literarischen Textes „Das Vorkommnis" von Max Frisch[402] mit der Formulierung der Anforderung „das Wesentliche (...) mit eigenen Worten [wiedergeben] und in der Textdeutung [darstellen]"[403] dem Anforderungsbereich II, ‚Informationen ermitteln und Zusammenhänge herstellen', zugeordnet. Bei der Einordnung aller weiteren literarischen Texte, die in den als exemplarisch zu betrachtenden Aufgabenbeispielen nicht erfasst werden, ist davon auszugehen, dass es angesichts fehlender Prägnanz und Stimmigkeit zwangsläufig zu Schwierigkeiten bzw. Unsicherheiten in der Zuordnung kommen dürfte.

Zusätzlich irritiert, dass nicht ersichtlich wird, ob mit den Anforderungsbereichen I-III unterschiedliche Schwierigkeitsgrade verbunden werden, sowohl auf der Ebene der verschiedenen Niveaustufen eines jeweiligen Anforderungsbereichs, als auch im Verhältnis der Anforderungsbereiche untereinander. Die Anforderung ‚die eigenen Kenntnisse mit dem (...) Hauptgedanken (...) verbinden' (AB I) steht in ihrem Schwierigkeitsgrad der Anforderung ‚die Hauptgedanken eines Textes (...) differenziert erfassen' (AB II), in nichts nach; sie scheint sogar komplexer zu sein, da das Erfassen des Hauptgedankens nur die Grundlage eines weiteren Schritts, nämlich der Verknüpfung des Hauptgedankens mit eigenen Kenntnissen, darstellt. Anhand der gewählten Formulierungen ist ebenfalls nicht nachzuvollziehen, warum diese beiden Anforderungen unter-

---

399 Kultusministerkonferenz: Bildungsstandards für das Fach Deutsch. S. 17.
400 Kultusministerkonferenz: Bildungsstandards für das Fach Deutsch. S. 33.
401 Vgl. Zabka: A. a. O.
402 Frisch: Tagebuch 1966-1971. Frankfurt a. M., 1972. S. 366f. Zit. nach: Kultusministerkonferenz: Bildungsstandards für das Fach Deutsch. S. 28. Primärtext s. Anhang, Text 6.
403 Kultusministerkonferenz: Bildungsstandards für das Fach Deutsch. S. 29.

schiedlichen Bereichen zugeordnet werden. Insgesamt wird nicht deutlich, in welches Verhältnis der erste Anforderungsbereich zu den beiden anderen zu setzen ist, denn hier schwerpunktmäßig angesiedeltes methodisches Wissen ist immer in der Vor- bzw. Gleichzeitigkeit zu den jeweiligen Operationen der Anforderungsbereiche II und III zu sehen. Hier finden sich somit ähnliche Defizite wie bereits in der Analyse von Lesekompetenzmodellen (vgl. Kap. III. 2. 1).

Unklar ist auch, in welcher Beziehung die formulierten Standards zu den Anforderungsbereichen zu sehen sind. Während die Anforderungsbereiche für alle Lernbereiche des Faches Deutsch gelten, so beispielsweise gleichermaßen auf Sach- wie literarische Texte anzuwenden sind, werden in den Standards dezidiert unterschiedliche Fähigkeiten je nach Textsorte benannt. Dies ist vor dem Hintergrund der fachdidaktischen Kritik an bisherigen Längsschnittuntersuchungen verständlich und in diesem Rahmen zunächst als konstruktiver Versuch zu werten.

In dem Bemühen, möglichst alle grundlegenden Fähigkeiten literarischen Verstehens zu versammeln, ist ein breites Spektrum entstanden, das einerseits zu weitläufig ist, um noch präzise sein zu können und andererseits doch nicht alle zum Verständnis notwendigen Aspekte enthält:

Tab. 12: Die Bildungsstandards für das Fach Deutsch[404]

Texte verstehen und nutzen: literarische Texte verstehen und nutzen
- ein Spektrum altersangemessener Werke – auch Jugendliteratur – bedeutender Autorinnen und Autoren kennen,
- epische, lyrische, dramatische Texte unterscheiden, insbesondere epische Kleinformen, Novelle, längere Erzählung, Kurzgeschichte, Roman, Schauspiel, Gedichte,
- Zusammenhänge zwischen Text, Entstehungszeit und Leben des Autors/ der Autorin bei der Arbeit an Texten aus Gegenwart und Vergangenheit herstellen,
- zentrale Inhalte erschließen,
- wesentliche Elemente eines Textes erfassen: z.B. Figuren, Raum- und Zeitdarstellung, Konfliktverlauf,
- wesentliche Fachbegriffe zur Erschließung von Literatur kennen und anwenden, insbesondere Erzähler, Erzählperspektive, Monolog, Dialog, sprachliche Bilder, Metapher, Reim, lyrisches Ich,
- sprachliche Gestaltungsmittel in ihren Wirkungszusammenhängen und in ihrer historischen Bedingtheit erkennen: z.B. Wort-, Satz- und Gedankenfiguren, Bildsprache (Metaphern),
- eigene Deutungen des Textes entwickeln, am Text belegen und sich mit anderen darüber verständigen,
- analytische Methoden anwenden: z.B. Texte untersuchen, vergleichen, kommentieren,
- produktive Methoden anwenden: z.B. Perspektivenwechsel: innerer Monolog, Brief in der Rolle einer literarischen Figur; szenische Umsetzung, Paralleltext, weiterschreiben, in eine

---

404 Kultusministerkonferenz: Bildungsstandards im Fach Deutsch für den Mittleren Schulabschluss. S. 14.

andere Textsorte umschreiben,
- Handlungen, Verhaltensweisen und Verhaltensmotive bewerten.

Die Standards bilden eine heterogene Ansammlung nicht hierarchisch angeordneter Fähigkeiten, in der beispielsweise die Anwendung ‚analytischer' neben der ‚produktiver' Methoden steht.[405] Es findet hinsichtlich des zu erbringenden Outputs eine Vermischung von didaktischen Verfahren und Fähigkeiten der Schülerinnen und Schüler statt, gleichwohl es nicht Ziel des Deutschunterrichts sein kann, möglichst viele Literaten auszubilden, sondern kompetente Leser. Dies sorgt im Zweifel eher für mehr Irritation als Klarheit.[406]

Zieht man auch hier im Versuch der Klärung die Aufgabenbeispiele hinzu, findet man allerdings wenig Anschauungsmaterial hinsichtlich der Zuordnung einzelner Standards. Während in der Aufgabe zu dem bereits erwähnten Text von Max Frisch fast sämtliche Standards aufgeboten werden, fällt die Zuordnung bei einer Interpretationsaufgabe[407] zu der Kurzgeschichte „Die Kupfermünze" von Joe Lederer[408] ohne ersichtliche Begründung deutlich begrenzter aus:

Aufgabenstellung:
1. Fassen Sie den Inhalt der Tagebuchnotiz zusammen!
2. Gestalten Sie auf der Grundlage des literarischen Textes (besonders: Personen, Raum, Zeit) eine Szene, deren Dialoge und Regieanweisungen Hinweise auf die innere Verfassung der Figuren geben! Berücksichtigen Sie dabei die beiden Schlusszeilen des Tagebuchtextes!
Je nach Höhe der Anforderungen fakultativ:
3. Begründen Sie die Wahl und die Gestaltung Ihrer Figuren!

Der Aufgabenstellung zum Text von Max Frisch werden folgende Standards in der Kategorie ‚literarische Texte verstehen und nutzen' zugeordnet:[409]

---

405 Vgl. Kultusministerkonferenz: Bildungsstandards im Fach Deutsch. S. 14. Vgl. auch die kritische Position Spinners hierzu in: Spinner: Der standardisierte Schüler. S. 5f.
406 Auch Köster beklagt, dass auf diese Weise ein „ungutes Durcheinander überprüfbarer und nicht überprüfbarer Standards" entstehe. Vgl. Köster: Evaluation von Kompetenzen im Deutschunterricht. S. 178.
407 Vgl. Kultusministerkonferenz: Bildungsstandards für das Fach Deutsch. S. 29.
408 Lederer: Von der Freundlichkeit der Menschen. München, 1964. Zit. nach: Kultusministerkonferenz: Bildungsstandards für das Fach Deutsch. S. 40f. Primärtext s. Anhang, Text 7.
409 Ebd.

i. epische, lyrische und dramatische Texte unterscheiden,
ii. wesentliche Fachbegriffe zur Erschließung von Literatur kennen und anwenden,
iii. wesentliche Elemente eines Textes erfassen,
iv. zentrale Inhalte erschließen,
v. sprachliche Gestaltungsmittel in ihren Wirkungszusammenhängen und in ihrer historischen Bedingtheit erkennen,
vi. eigene Deutungen des Textes entwickeln und am Text belegen,
vii. analytische Methoden anwenden,
viii. produktive Methoden anwenden,
ix. Handlungen, Verhaltensweisen und Verhaltensmotive bewerten.

Man ist erstaunt, welche (und wie viele!) Standards die gestellte Aufgabe offenbar erfüllen soll.[410] Bei genauerer Betrachtung erweisen sich einige der Zuordnungen aber als wenig haltbar, da sie in der vorliegenden Verwendung gleichsam jeder Form der Auseinandersetzung mit literarischen Texten zugeordnet werden könnten. Der zweite genannte Standard (ii) beispielsweise erschließt sich im Kontext der Aufgabenstellung kaum: Zwar enthält die Aufgabenstellung selbst Fachbegriffe, die es zunächst zu verstehen gilt („Regieanweisungen", „Dialoge"). Diese werden darüber hinaus aber nicht in einen Zusammenhang mit der Texterschließung gestellt. Stattdessen dient ihre Kenntnis der korrekten formalen Gestaltung eines dramatischen Textes im Rahmen der Bearbeitung der genannten Produktionsaufgabe. Die Fachbegriffe müssen bekannt sein, um den Anforderungen der Aufgabe mit Blick auf die geforderte Umgestaltung des Prosatextes zu einer dramatischen Szene nachkommen zu können. Es ist zwar davon auszugehen, dass die Schülerinnen und Schüler ‚eigene Deutungen entwickeln' (vi), um die Aufgabe inhaltlich bearbeiten und füllen zu können. Der formale Schwerpunkt der Aufgabenstellung könnte allerdings leicht zu übergroßer Distanz zum Ausgangstext verleiten. Denn die Notwendigkeit, gefundene Deutungsansätze ‚am Text zu belegen' (vi), ergibt sich nur aus der letzten, lediglich fakultativ angegebenen Teilaufgabe. Der Bezug zum Text und die sich daraus ergebende Plausibilität von Deutungsansätzen könnten auf diese Weise leicht zweitrangig erscheinen. Die mit Blick auf die Ziele des Literaturunterrichts – die Vermittlung literarischer Rezeptionskompetenzen – grundlegenden Fähigkeiten im Umgang mit literarischen Texten werden der formalen Bearbeitung der Lösung nachgeordnet. Auch bei einigen anderen der genannten Standardbezüge ist nicht klar, was damit am konkreten Beispiel und im Rahmen der Leistungsbeurteilung gemeint sein könnte. Die Aufgabenstellung gibt beispiels-

---

410 Vgl. Spinner: Der standardisierte Schüler. S. 6: „Und siehe da: Mit einer einzigen Aufgabe können in der Regel gleich ein Dutzend Standards abgedeckt werden."

weise kaum Anlass, die ‚sprachlichen Gestaltungsmittel des Textes (...) in ihrer historischen Bedingtheit zu erkennen' (v). Repräsentativ für mögliche Irritationen bei der Leistungsbeurteilung sei hier beispielsweise auf die beiden Standards (iii) ‚wesentliche Elemente eines Textes erfassen' und (iv) ‚zentrale Inhalte erschließen' hingewiesen. Was könnte unter (iv) zu verstehen sein, wenn – und keinen anderen Schluss lässt die Trennung in zwei unterschiedliche Formulierungen zu – damit über (iii) hinausgehende Aspekte gemeint sein sollen? Denn die Aufgabe lässt sich nicht als Verweis beispielsweise auf die Analyse der Bildsprache des Textes o. Ä. lesen.

Im Unterschied zu diesen überfrachteten und wenig nachvollziehbaren Standardbezügen trifft man mit Verwunderung auf eine sehr viel kleinere Anzahl an Bezügen am Beispiel einer Aufgabe[411] zum Text Lederers, die – zumindest auf den ersten Blick – zwar weniger komplex hinsichtlich ihrer Anforderungen, aber mit Blick auf die Zuordnung adäquater Standards unterdeterminiert ist:

Aufgabenstellung:
1. Fassen Sie den Inhalt der Geschichte zusammen!
2. Die Autorin verwendet im ersten Absatz bildhafte Vergleiche. Identifizieren Sie zwei Vergleiche und erklären Sie ihre Bedeutung!

Alternative Aufgabenstellung:
1. Fassen Sie den Inhalt der Geschichte zusammen!
2. Die Erzählerin fühlt sich in China zunächst nicht wohl. Notieren Sie vier Gründe dafür aus dem Text und erläutern Sie diese!"

Die Aufgabenstellung fordert hier zunächst wiederum eine Inhaltsangabe, des Weiteren die Identifikation zweier ‚bildhafter Vergleiche' sowie die Erklärung ihrer ‚Bedeutung'. Die Aufgabenstellung lässt den Leser bzw. die Schülerinnen und Schüler im Unklaren darüber, ob die Bedeutung der Vergleiche im Kontext des gesamten Textes erklärt und somit eine komplexe Interpretationsleistung erbracht werden soll oder ob die Vergleiche lediglich lokalisiert und in ihrem unmittelbaren semantischen wie syntaktischen Kontext betrachtet und erklärt werden sollen. Erst der Erwartungshorizont – der den Schülerinnen und Schülern allerdings nicht zugänglich ist – zeigt, dass Ersteres gemeint ist. Die der Aufgabe zugeordneten Standards spiegeln diese Leistungserwartung der Aufgabenentwickler allerdings ebenso wenig wider, wie die Aufgabenstellung selbst: Denn obwohl es sich bei dem der Aufgabe zugrunde liegenden Text „Die Kupfermünze" ebenfalls um einen literarischen Text handelt, wird diese Kategorie (‚literarische Texte verstehen und nutzen') nicht explizit – wie in den vorhe-

---

411 Vgl. Kultusministerkonferenz: Bildungsstandards für das Fach Deutsch. S. 42.

rigen Beispielen – benannt, sondern es wird lediglich auf *einen* Standard dieses Bereichs verwiesen: „wesentliche Fachbegriffe zur Erschließung von Literatur kennen und anwenden".[412] Alle anderen der genannten Standards rekurrieren nicht explizit auf den Umgang mit Literatur, sondern mit Texten im Allgemeinen:[413]

- Strategien zum Leseverstehen kennen und anwenden
- Verfahren zur Textstrukturierung kennen und selbstständig anwenden,
- Texte schreiben
- Inhalte verkürzt wiedergeben,
- wesentliche Fachbegriffe zur Erschließung von Literatur kennen und anwenden,
- über Schreibfertigkeiten verfügen,
- richtig schreiben.

Angesichts jener in der Aufgabenstellung benannten Anforderungen hätten die zuvor zum Text von Max Frisch formulierten Standardbezüge erneut aufgegriffen werden müssen. Nachvollziehbar erscheint diese Zusammenstellung im Rahmen des Vergleichs beider Aufgabenbeispiele nicht. Während die Kodierung des ersten Aufgabenbeispiels zu viele – im Sinne nur scheinbarer – Standardbezüge herstellt, werden die Anforderungen des zweiten Aufgabenbeispiel mit dem genannten Standard im Bereich literarischen Verstehens nur im Ansatz erfasst. Die in diesem Zusammenhang geäußerte Kritik SPINNERS an der ‚wechselseitigen Reduktion' des Gehalts von Standards und Aufgabenstellungen als Folge solch fast beliebiger Standardsetzungen wird an diesen Beispielen nachvollziehbar: Im ersten Fall vollzieht sich eine „massive Reduktion, wenn nicht Trivialisierung dessen, was in den Standards formuliert ist"[414], während sich im zweiten Beispiel der umgekehrte Prozess einer Trivialisierung der Aufgabe durch einen unterdeterminierten Standardbezug zeigt. Diese Vorgehensweise im Umgang mit den Bildungsstandards in ihren Bezügen zu den einzelnen Aufgabenbeispielen lässt den Eindruck einer gewissen Willkür entstehen und wirft – ebenso wie die als problematisch zu erachtenden Anforderungsbereiche – ein zweifelhaftes Licht auf die Legitimationskraft der Bildungsstandards insgesamt.

Es dürfte anschaulich geworden sein, dass sich die bereits in den zuvor beschriebenen Kompetenzmodellen analysierten Problemstellungen in den Bildungsstandards fortsetzen. Das Bemühen um einen Ausgleich der Defizite vorgelegter Kompetenzmodelle stiftet im Rahmen der Bildungsstandards in ihrer

---

412 Ebd.
413 Ebd.
414 Spinner: Der standardisierte Schüler. S. 6f.

wenig kohärenten Aufteilung in Standards und Anforderungsbereiche eher mehr Verwirrung, als es der domänenspezifischen Orientierung des Faches Deutsch – und der angestrebten Qualitätsverbesserung schulischer Bildung – dienlich sein kann. Es muss aber darauf hingewiesen werden, dass der Bildungsadministration kaum zum Vorwurf gemacht werden kann, was innerhalb wissenschaftlicher Forschung zum Zeitpunkt der Einführung der Bildungsstandards nicht gelöst werden konnte und auch aktuell noch mit ungeklärten Fragen verbunden ist.[415] Allerdings regt dies auch zu der Nachfrage an, warum ein wenig ausgefeiltes Bildungskonzept zur Grundlage einer gesamten Bildungsreform erklärt wurde.[416] Den gesetzten Zielen – Ernüchterung des schulischen Bildungsverständnisses, Vergleichbarkeit und Objektivität von Schülerinnen- und Schülerergebnissen sowie Qualitätssteigerung der zu erwartenden Ergebnisse – kann in der vorliegenden Form nur vermeintlich generalisierbarer sowie lehr- und lernbarer Standards jedenfalls nicht nachvollziehbar Rechnung getragen werden. Dieser Eindruck bestätigt sich zudem durch die Tatsache, dass der Umgang mit den nationalen Bildungsstandards auf der Ebene der einzelnen Bundesländer jeweils in eigener Interpretation umgesetzt wird[417], wie sich im Zuge der Untersuchung der Aufgaben zum Mittleren Schulabschluss (vgl. Kap. IV. 2) detaillierter zur Anschauung bringen lässt.

Erstaunen muss auch, dass die teilweise durchaus negativen Erfahrungen anderer Länder hinsichtlich Kompetenz- und Outputorientierung[418] auf bildungsadministrativer Ebene bislang entweder nicht zur Kenntnis genommen oder offenbar kaum reflektiert worden sind, wenngleich die Fokussierung von Kompetenzmodellen vor dem Hintergrund eines Grundbildungskonzepts quasi aus dem angelsächsischen Raum ‚importiert' wurde. Im Rahmen der ‚No child left be-

---

415 Vgl. Köster: Evaluation von Kompetenzen im Deutschunterricht. S. 179.
416 Auch die nachträglich vom Institut für Qualitätsverbesserung im Bildungswesen (IQB) durchgeführte Normierungsstudie zur wissenschaftlichen Legitimation der eingeführten Bildungsstandards erscheint hier wenig überzeugend. Die Standards wurden als Grundlage der Normierungsstudie herangezogen, indem sie in einzelne Aufgaben operationalisiert wurden. Damit kann bestätigt werden, dass die aufgeführten Standards Fähigkeiten ansprechen, die im Zusammenhang mit dem Verstehen literarischer Texte erforderlich sein können. Im Zuge dessen kann aber wohl kaum der wissenschaftliche Beweis erbracht werden, dass es sich bei den aufgeführten Standards um (alle) notwendige(n) Kernkompetenzen handelte, von denen weniger wesentliche unterschieden würden. Zu nachträglichen Veränderungen der Bildungsstandards im Sinne ihrer Konkretisierung hat die Untersuchung des IQB jedenfalls nicht geführt.
417 Vgl. Köster: Kompetenzorientierung im Deutschunterricht und die Konsequenzen für die Qualitätssicherung. S. 102ff.
418 Vgl. Kämper-van den Boogart: Staatliche Steuerung von Deutschunterricht. S. 27.

hind' - Kampagne wurden alle Bundesstaaten der USA gesetzlich verpflichtet, Bildungsstandards zu formulieren, die in landesweiten Testungen überprüft werden. Für den Fall der (Nicht-) Einhaltung des damit verbundenen Plans, bis 2014/15 allen Schülerinnen und Schülern ‚Grundbildung' gesichert zu vermitteln, wurde ein dezidiertes Belohnungs- bzw. Bestrafungssystem entwickelt.[419] Aus fachdidaktischer Sicht steht dabei die Sorge im Vordergrund, dass sich Unterricht als Reaktion auf solche bildungspolitischen Entscheidungen und vor dem Hintergrund von Vergleichsarbeiten und zentralen Prüfungen – in dem verständlichen Wunsch, möglichst ‚gute' Ergebnisse zu erzielen – auf Anforderungen im Bereich von ‚Basiskompetenzen' ausrichten wird.[420] Dass diese Bedenken nicht unbegründet sind, hat sich durch entsprechende Studien in anderen Ländern bereits mit empirischen Daten untermauern lassen.[421]

2. ‚Neue' Prüfaufgabenformate im exemplarischen Vergleich

Die Outputorientierung der Bildungsreform strebt die Steigerung der Qualität schulischer Bildung über die Festlegung der geforderten Ergebnisleistungen im Bereich des Wissens und der Fähigkeiten der Schülerinnen und Schüler an. Diese werden in Form von Bildungsstandards formuliert, die mit Hilfe von Vergleichsarbeiten, Lernstandserhebungen, aber auch mittels Abschlussprüfungen am Ende der Schullaufbahn – nach der 10. bzw. 12. Klasse – überprüft werden sollen. Dabei sind die Bildungsstandards mit ihren Anforderungsbereichen deutlich angelehnt an bisherige Kompetenzmodelle; die Test- und Prüfaufgaben wiederum verzeichnen deutliche Einflüsse der nach PISA einsetzenden Diskussion um eine ‚neue Aufgabenkultur'. Prüfaufgaben sollen gezielt bestimmte Kompetenzen erfassen und damit die Einhaltung der Bildungsstandards überprüfen lassen sowie objektivere Möglichkeiten der Bewertung der Ergebnisse im Rahmen zentral gestellter Aufgaben und Lösungen bieten. Konkrete Möglichkeiten der Umsetzung der Forderungen nach der Vergleichbarkeit von Schülerergebnissen werden mit Blick auf die Aufgabenentwicklung nicht hinreichend illustriert. Dass die dargestellten Beispielaufgaben diesen Ansprüchen kaum genügen dürften, hat sich im Besonderen im Rahmen des Verhältnisses von Stan-

---

419 Vgl. Kämper-van den Boogaart: Korrumpieren Testaufgaben notwendig das literarische Verstehen? S. 2ff.
420 Vgl. Kämper-van den Boogaart: Korrumpieren Testaufgaben notwendig das literarische Verstehen? S. 7. Vgl. auch: Ders.: Staatliche Steuerung von Deutschunterricht. S. 38.
421 Vgl. beispielsweise für Großbritannien die Studie von de Waal, Anastasia: Fast Track to Slow Progress. Civitas-Report 2008.

dardsetzungen und Aufgabenstellungen zeigen lassen. Einerseits werden Testaufgabenformate für die Konzeption von Prüfaufgaben abgelehnt, indem in den Bildungsstandards auf traditionelle Aufgabenformate zurückgegriffen wird. Traditionelle Aufgabenformate andererseits sind aber mit empirischen Auswertungsverfahren wenig in Einklang zu bringen. Was in den Bildungsstandards und ihren Beispielaufgaben nicht plausibel dargelegt werden kann, dürfte zu noch größeren Schwierigkeiten in der Umsetzung auf schulischer bzw. bildungsadministrativer Ebene führen.

Ein Blick in die Aufgabensets für den Mittleren Schulabschluss am Ende der Jahrgangstufe 10 der verschiedenen Bundesländer verdeutlicht, dass das Spektrum der Aufgabenformate nach PISA im Zuge zentraler Leistungsüberprüfung eher zu-, als abgenommen hat. Obwohl der Fokus der Einführung zentraler Abschlussprüfungen auf einer vermeintlich größeren Vergleichbarkeit der Ergebnisse unter der Voraussetzung zentral vorgegebener Aufgabenstellungen sowie Lösungen liegt, wird die genaue Umsetzung der bildungspolitischen Vorgaben unter dem Stichwort ‚Kompetenz'- bzw. ‚Outputorientierung' den einzelnen Bundesländern überlassen. Aufgrund dessen finden sich unterschiedliche Varianten zur Überprüfung des Gelernten am Ende der 10. Klasse: Teilweise wird, wie in Berlin, in Anlehnung an die in den Bildungsstandards benannten Anforderungsbereiche sowie das PISA-Lesekompetenzmodell gänzlich auf Aufgabenformate im Muster psychometrischer Testaufgaben gesetzt, in Brandenburg wiederum findet sich in Anlehnung an die Beispielaufgaben zu den Bildungsstandards eine Mischung aus ‚alten' und ‚neuen' Aufgabenformaten.

Am Beispiel exemplarischer Aufgabenstellungen aus beiden Bundesländern[422] sollen die Möglichkeiten und Grenzen der je unterschiedlichen Aufgabenformate hinsichtlich der schulischen Überprüfung von Gelerntem untersucht und verglichen werden. Wenngleich die Aufgabenformate beider Bundesländer unterschiedlich aufgebaut sind und verschiedene Wege zur Herleitung der richtigen Antwort anstreben, lässt sich zeigen, dass die Problemstellungen hinsichtlich ihrer Auswirkungen auf den Umgang mit literarischen Texten solche Parallelen aufweisen, dass ein Nachdenken über generelle Problemstellungen und übergeordnete Schwierigkeiten beider Aufgabentypen und -formate notwendig erscheint. Die Ergebnisse der nachfolgenden Untersuchung sind damit anschlussfähig an die Diskussion um die im Zusammenhang mit den ‚Ritualen des Deutschunterrichts' benannten Defizite der Vermittlungspraxis (vgl. Kap. III. 3), die sich auch in Form der Überprüfung des Gelernten nachzeichnen lassen. Es

---

422 Die hier gewählten Bundesländer können hinsichtlich der je unterschiedlichen Wege zur Prüfaufgabenentwicklung als repräsentativ für das Vorgehen in den übrigen Bundesländern angesehen werden.

soll untersucht werden, welche Auslegung des Kompetenzbegriffs im Rahmen literarischer Texte in den Aufgaben der zentralen Abschlussprüfungen am Ende der 10. Klasse vorgenommen wird. Es ist bereits abzusehen, dass mit deduktiven Aufgabenformaten, die an psychometrische Kriterien angelehnt sind, viele der bei SPINNER genannten Aspekte ‚literarischen Verstehens' nicht erfasst werden können (vgl. Kap. III. 2. 2). In der Fachdidaktik herrscht derzeit allerdings kein Konsens, welche Teilkompetenzen literarischen Verstehens im Rahmen von Leistungsaufgaben – ungeachtet des Aufgabenformats – überhaupt überprüft werden können. KÖSTER beispielsweise sieht keine Möglichkeiten zur Überprüfung der von SPINNER benannten Teilkompetenzen ‚Imaginationskraft' oder ‚Umgang mit Fiktionalität'.[423] Bislang liegen keine Untersuchungen vor, die KÖSTERS Annahme gezielt widerlegen könnten. Angesichts der dargestellten Zusammenhänge zwischen den einzelnen Teilkompetenzen, wie sie bisherige qualitative empirische Studien sowie theoretische Arbeiten ausgewiesen haben, wird im Rahmen der vorliegenden Arbeit gleichwohl davon ausgegangen, dass sich prinzipiell auch die von KÖSTER in Frage gestellten Kompetenzen mit Hilfe von Leistungsaufgaben überprüfen lassen. Überprüfbar sind im Sinne dieser Annahme nicht nur jene Teilkompetenzen, die ad hoc in der Betrachtung von Schülerergebnissen sichtbar werden, wie beispielsweise der adäquate oder inadäquate Umgang mit Kontextwissen, das Wissen um narrative Handlungslogik oder angemessenes Symbolverstehen. Auch Kompetenzen im Bereich der Akzeptanz der Dignität eines Textes und des Umgangs mit Fiktionalität sind überprüfbar, verlangen aber höhere Diagnosekompetenzen und das Wissen um das Zusammenspiel verschiedener Teilkompetenzen auf Seiten zuständiger Lehrkräfte, um diese in Ergebnissen von Schülerinnen und Schülern sichtbar zu machen bzw. zu erkennen. Hilfreich ist zu diesem Zweck das Wissen um das Verhältnis einzelner Teilkompetenzen zueinander. Denn es ist davon auszugehen, dass ein Schüler, der Probleme mit dem Umgang mit Fiktionalität hat, auch kaum zu einem angemessenen Verständnis der im Text enthaltenen Symbolik gelangen wird. Ohne die Fähigkeit zur Akzeptanz der Dignität literarischer Texte wird ein Leser über das Unverständnis, das sich in ihm angesichts der Wirklichkeit widersprechender Handlungsverläufe etc. regt, nicht hinaus und erst recht nicht zu einer plausiblen Deutung des symbolischen Gehalts gelangen. Somit werden auch solche Teilkompetenzen sichtbar und überprüfbar, wenngleich sie sich dem Bewertenden nicht auf den ersten Blick erschließen.

---

423 Vgl. Köster: Aufgabentypen für Erfolgskontrollen und Leistungsmessung. S. 3.

2.1 Analyse zentraler Prüfaufgaben zum Abschluss der 10. Klasse am Beispiel der Berliner Aufgaben zu literarischen Texten

Auf der Folie der Kritik an Kompetenzmodellierung und -operationalisierung im Zuge beispielsweise der PISA-Testungen sowie vor dem Hintergrund der Überlegungen zu den Grenzen der Operationalisierung literarischer Rezeptionskompetenzen (vgl. Kap. III. 2.) sollen zuerst die Berliner Aufgaben zum Mittleren Schulabschluss in den Mittelpunkt der Überlegungen gestellt werden. Der Versuch der Umsetzung klarer Kompetenzorientierung und psychometrischer Vorgaben der Aufgabenentwicklung auf der Ebene schulischer Prüfaufgaben lässt sich hier repräsentativ unter fachdidaktischen Gesichtspunkten analysieren.

Die Aufgabenentwicklung für die Prüfungen zum Mittleren Schulabschluss basiert in Berlin auf einem Kompetenzmodell, das als Adaption des PISA-Lesekompetenzmodells anzusehen ist. Es wird nicht zwischen Fähigkeiten zum Verständnis expositorischer und literarischer Texte unterschieden, stattdessen werden die genannten Kompetenzen und Kompetenzstufen auf alle Textsorten gleichermaßen angewendet:

Tab. 13: Lesekompetenz, am PISA-Modell orientiert[424]

Bereiche/ Dimensionen \ Stufen	1 Informationen ermitteln einzelne oder mehrere Informationsteile in einem Text auffinden	2 textbezogenes Interpretieren einem oder mehreren Teilen eines Textes einen Sinn zuordnen und Schlüsse daraus ziehen	3 Reflektieren u. Bewerten einen Text zu eigenen Erfahrungen, Kenntnissen und Ideen in Beziehung setzen
1	explizite Informationen lokalisieren 1.1	auffällige Hauptgedanken wiedergeben 2.1	Verbindung zu Alltagswissen herstellen 3.1
2	Beziehungen von Einzelinformationen erkennen 1.2	Aussagen in verschiedenen Textteilen verknüpfen 2.2	Verbindungen herstellen unter Auswertung verschiedener Textmerkmale 3.2
3	versteckte Informationen erschließen 1.3	Detailverstehen bei unvertrauten Themen 2.3	kritisch zum Text Stellung nehmen 3.3

---

424 Senatsverwaltung Berlin: MSA 2007. Lösungen. S. 8.

Die auch angesichts dieses Modells sichtbaren Problemstellungen der Modellierung von Lesekompetenzen und ihrer Anwendung auf literarische Texte soll hier nicht erneut aufgenommen werden, da eine Diskussion jener Aspekte bereits in Kapitel III. 2. 1 detailliert geführt wurde. Die dort festgestellten Schwierigkeiten können im Grunde auf das in Berlin zugrunde gelegte Modell übertragen werden.

Hingewiesen sei aber gleichwohl auf einen Aspekt, der die Brisanz der Übertragung empirischer Modelle auf den Bereich schulischer Überprüfung zu verdeutlichen vermag: Obwohl das PISA-Lesekompetenzmodell mittlerweile eine breite Kritik erfahren hat, wird hier im Umgang mit literarischen Texten – mangels entsprechender Alternativen – erneut darauf rekurriert. Ein bereits mit Schwächen besetztes und überarbeitungsbedürftiges Modell avanciert – in einer vereinfachten Variante und ohne erneute Überprüfung – zur Grundlage der Aufgabenentwicklung. Die Reduktion dient sicherlich einer einfacheren Handhabung des bei PISA mit seinen drei Dimensionen und fünf Stufen durchaus komplexen Modells; ob damit aber Prozessen des Leseverstehens adäquat(er) Rechnung getragen werden kann, erscheint überaus fraglich: Betrachtet man beispielsweise die dritte Dimension innerhalb des ‚Berliner Lesekompetenzmodells' (‚Reflektieren und Bewerten') und vergleicht diese in ihren einzelnen Stufen mit der ebenso benannten dritten Kompetenzskala des PISA-Lesekompetenzmodells, so zeigt sich, dass die Anforderungen der dritten Kompetenzdimension des Berliner Modells offenbar auf die beiden unteren Kompetenzstufen der Dimension ‚Reflektieren und Bewerten' des PISA-Modells reduziert werden. Dadurch wird nicht nur eine weitere Trivialisierung hinsichtlich der Anforderungsniveaus vollzogen; gleichzeitig entsteht im Vergleich zum PISA-Modell ein gänzlich neuer Fokus: Unter ‚Reflektieren und Bewerten' wird hier nun offensichtlich verstanden, ‚einen Text zu eigenen Erfahrungen, Kenntnissen und Ideen in Beziehung zu setzen'. In den Mittelpunkt rückt die persönliche Ebene des Lesers, Haltungen und Einstellungen, die sein Verständnis des Textes subjektiv beeinflussen. Dies findet sich im PISA-Modell höchstens auf den beiden unteren Stufen, obwohl auch dort eher das Textverständnis in den Vordergrund tritt – wie vor allem die höchsten Kompetenzstufen deutlich machen, wenn beispielsweise ‚Hypothesenbildung' zum Text unter Rückgriff auf ‚spezielles Wissen' eingefordert wird. Bei PISA ist offenbar vielmehr der Bereich der Kontextualisierung angesprochen, der auf den unteren Stufen als ein mehr automatisierter Prozess der individuellen Bedeutungskonstruktion, auf den höheren Stufen als eine bewusste Verknüpfung von allgemeinem oder speziellem Wissen mit dem zugrunde liegenden Text zu verstehen ist. Die Formulierungen im Berliner Modell scheinen somit den Erkenntnissen der empirischen Lese- und Bildungsforschung eher zu widersprechen, da es sich bei den Vorgängen, die im dritten Kompetenzbereich angesprochen werden, eher um Grundlagen jedes Textverständnisses handelt, als um eine als eigenständig zu bezeichnende Kompetenzdimension. Angesichts der vagen und offenen Formulierungen sind die Differenzen, welche die einzelnen Stufen voneinander unterscheiden sollen, wenig greifbar. Was im ‚Original' schon einige Modellierungsschwächen aufweist, erfährt weitere Unzulänglichkeiten in der Adaption. Vor diesem Hintergrund verwundert es umso weniger, dass Aufgaben, die sich der dritten Kompetenzdimension zuordnen ließen, auch in den Berliner Prüfaufgaben zum Mittleren Schulabschluss kaum oder gar nicht vertreten sind.

Prüfaufgaben wurden dagegen besonders im Kompetenzbereich 1, ‚Informationen ermitteln' (fünf Aufgaben), sowie im Kompetenzbereich 2, ‚textbezogenes Interpretieren' (sieben Aufgaben), entwickelt. Die im Kompetenzbereich 1 vorzufindenden Aufgaben werden in den dazu beschriebenen Lösungen fast durchgängig auf der ersten Kompetenzstufe, ‚explizite Informationen ermitteln', angesiedelt. Im Allgemeinen ist der Rückgriff auf grundlegende Textinformationen im Sinne der Überprüfung basaler Lesekompetenzen durchaus sinnvoll. Die kritischen Überlegungen zu den PISA-Aufgaben haben aber gezeigt, dass ein bloßes Überprüfen der Fähigkeit, geforderte Informationen im Text aufzufinden, der Auseinandersetzung mit literarischen Texten höchstens rudimentär gerecht wird. Es muss dagegen vielmehr darum bestellt sein, im Sinne einer dem Gegenstand angemessenen wie schülerinnen- und schülerorientierten Gegenstandsanalyse jene für die Interpretation relevanten Textstellen zu lokalisieren, welche die notwendigen Operationen, die zum Verständnis eines jeweiligen Textes erforderlich sind, in den Vordergrund treten lassen. Damit kann Aufgabenstellungen vorgebeugt werden, die wenig Bezug zu den Besonderheiten eines Textes, sondern eine vorrangig pragmatische Handhabung zugrunde gelegter Kompetenzraster aufweisen. Bei Aufgaben aus dem zweiten Kompetenzbereich wird das Augenmerk der Untersuchung vor allem darauf zu richten sein, welches Verständnis des zunächst vielversprechenden Begriffs ‚textbezogenes Interpretieren' am Beispiel der Prüfaufgaben ersichtlich wird und welche Konsequenzen dies für den Begriff literarischen Verstehens beinhaltet.

Zunächst wird auf ein erstes exemplarisches Beispiel aus dem Aufgabenset von 2007 zurückgegriffen. Auf der Grundlage eines Romanausschnitts aus Patrick Süskinds „Das Parfum" wurden 12 Aufgaben entwickelt, mit deren Hilfe die ‚literarische Lesekompetenz' der Schülerinnen und Schüler überprüft werden soll.[425] Den Prüfaufgaben wurde ein Romanausschnitt[426] zugrunde gelegt, der im

---

425 Daneben finden sich zu dem Romanausschnitt fünf weitere Fragen, mit denen der hier von der ‚Lesekompetenz' abgetrennte Kompetenzbereich ‚Sprachwissen und Sprach-

Besonderen den ausgeprägten Geruchssinn der Hauptperson sowie seinen Geruchsfetisch in den Mittelpunkt rückt:

Das Parfum.
Die Geschichte eines Mörders.
Patrick Süskind

In dem Roman geht es um Jean-Baptiste Grenouille, der im Jahr 1738 in Paris geboren wird und in einem Waisenhaus aufwächst. Obwohl er selbst geruchlos ist, verfügt er über einen außergewöhnlichen Geruchssinn. Als junger Mann verliebt er sich in den Duft eines schönen Mädchens, das er ungewollt umbringt. Im Laufe des Romans tötet Grenouille noch weitere junge Mädchen, um aus deren Duft das perfekte Parfum herzustellen.

Am 1. September 1753, dem Jahrestag der Thronbesteigung des Königs, ließ die Stadt Paris am Pont Royal ein Feuerwerk abbrennen. [...] Grenouille stand stumm [...]. Er rührte keine Hand zum Beifall, er schaute nicht einmal hin, wenn die Raketen aufstiegen. Er war gekommen, weil er glaubte, irgend etwas Neues erschnuppern zu können, aber es stellte sich bald heraus, dass das Feuerwerk geruchlich nichts zu bieten hatte. Was da in verschwenderischer Vielfalt funkelte und sprühte und krachte und pfiff, hinterließ ein höchst eintöniges Duftgemisch von Schwefel, Öl und Salpeter. Er war schon im Begriff, die langweilige Veranstaltung zu verlassen, als ihm der Wind etwas zutrug, etwas Winziges, kaum Merkliches, ein Bröselchen, ein Duftatom, nein, noch weniger: eher die Ahnung eines Dufts als einen tatsächlichen Duft – und zugleich doch die sichere Ahnung von etwas Niegerochenem. Er [...] schloss die Augen und blähte die Nüstern. Der Duft war so ausnehmend zart und fein, dass er ihn nicht festhalten konnte, immer wieder entzog er sich der Wahrnehmung, wurde verdeckt vom Pulverdampf der Petarden, blockiert von den Ausdünstungen der Menschenmassen, zerstückelt und zerrieben von den tausend andren Gerüchen der Stadt. Aber dann, plötzlich, war er wieder da, ein kleiner Fetzen nur, eine kurze Sekunde lang als herrliche Andeutung zu riechen ... und verschwand alsbald. Grenouille litt Qualen. Zum ersten Mal war es nicht nur sein gieriger Charakter, dem eine Kränkung widerfuhr, sondern tatsächlich sein Herz, das litt. Ihm schwante sonderbar, dieser Duft sei der Schlüssel zur Ordnung aller anderen Düfte, man habe nichts von den Düften verstanden, wenn man diesen einen nicht verstand und er, Grenouille, hätte sein Leben verpfuscht, wenn es ihm nicht gelänge, diesen einen zu besitzen. Er musste ihn haben. [...]
Ihm wurde fast schlecht vor Aufregung. Er hatte noch nicht einmal herausbekommen, aus welcher Richtung der Duft überhaupt kam. Manchmal dauerten die Intervalle, ehe ihm wieder ein Fetzchen zugeweht wurde, minutenlang, und jedesmal überfiel ihn die grässliche Angst, er hätte ihn auf immer verloren. Endlich rettete er sich in den verzweifelten Glauben, der Duft komme vom anderen Ufer des Flusses, irgendwoher aus südöstlicher Richtung. Er [...] wühlte sich fort, erreichte nach endlosen Minuten das andere Ufer. [...]
Hier blieb er stehen, sammelte sich und roch. Er hatte ihn. Er hielt ihn fest. Wie ein Band kam der Geruch die Rue de Seine herabgezogen, unverwechselbar deutlich, dennoch weiterhin sehr zart und sehr fein. Grenouille spürte, wie sein Herz pochte, und er wusste, dass es nicht die Anstrengung des Laufens war, die es pochen machte, sondern seine erregte Hilflo-

---

bewusstsein' überprüft werden soll. Darauf wird zu einem späteren Zeitpunkt innerhalb der vorliegenden Überlegungen noch eingegangen werden.
426 Senatsverwaltung Berlin: MSA 2007. Aufgaben. S. 15.

sigkeit vor der Gegenwart dieses Geruches. Er versuchte, sich an irgendetwas Vergleichbares zu erinnern und musste alle Vergleiche verwerfen. [...]
Unbegreiflich dieser Duft, unbeschreiblich, in keiner Weise einzuordnen, es durfte ihn eigentlich gar nicht geben. Und doch war er da in mit Sprengladung gefüllte Gefäße herrlichster Selbstverständlichkeit. Grenouille folgte ihm, mit bänglich pochendem Herzen, denn er ahnte, dass nicht er dem Duft folgte, sondern dass der Duft ihn gefangen genommen hatte und nun unwiderstehlich zu sich zog. [...]
Traumwandlerisch durchschritt Grenouille [...] den Hinterhof, bog um eine Ecke, gelangte in einen zweiten, kleineren Hinterhof, und hier nun endlich war Licht: Der Platz umfasste nur wenige Schritte im Geviert. An der Mauer sprang ein schräges Holzdach vor. Auf einem Tisch darunter klebte eine Kerze. Ein Mädchen saß an diesem Tisch und putzte Mirabellen. Sie nahm die Früchte aus einem Korb zu ihrer Linken, entstielte und entkernte sie mit einem Messer und ließ sie in einen Eimer fallen. Sie mochte dreizehn, vierzehn Jahre alt sein. Grenouille blieb stehen. Er wusste sofort, was die Quelle des Duftes war, den er über eine halbe Meile hinweg bis ans andere Ufer des Flusses gerochen hatte: nicht dieser schmuddelige Hinterhof, nicht die Mirabellen. Die Quelle war das Mädchen.
Aus: Süskind, Patrick: Das Parfum. Die Geschichte eines Mörders. Zürich 1994. S. 49-55 (angepasst an die Neuregelung der Rechtschreibung).

Dass die Aufgabenentwicklung im Besonderen auf den Geruchsfetisch des Protagonisten zielt, veranschaulicht auch der gehäufte Gebrauch des Wortes ‚Duft' in den Lösungsvorgaben:

„..., weil er den Duft verloren hat, (...) weil Grenouille wegen ihres Duftes Mädchen ermordet, (...) muss den Duft unbedingt besitzen, (...) weil er aus den Düften der Frauen das perfekte Parfum herstellen will"[427].

Betrachtet man vor diesem Hintergrund die erste Aufgabe[428] dieses Sets, die Kompetenzbereich 1, ‚Informationen ermitteln', zugeordnet wird, scheint die in der Aufgabe geforderte Lokalisierung der entsprechenden Information jedoch relativ willkürlich – im Kontrast zur Fokussierung des genannten Geruchsfetischs – herausgegriffen worden zu sein:

401: Notieren Sie, wo Grenouille aufgewachsen ist.

Gemäß der Vorgabe in den Lösungen lautet die richtige Antwort: „im Waisenhaus"[429]. Eine solche Aufgabenstellung ist problematisch, weil diese Fragestellung keine gesonderte Schwierigkeit, denn die Fähigkeit, einen Text lesen und die wörtlich enthaltenen Informationen verstehen zu können, aufweist.

---

427 Die zitierten richtigen Antworten auf die Fragen zum Romanausschnitt sind den Lösungen zu den Aufgaben 405, 407, 408, 412 entnommen. In: Senatsverwaltung Berlin: MSA 2007. Lösungen. S. 4.
428 Senatsverwaltung Berlin: Prüfaufgaben MSA 2007. S. 15.
429 Senatsverwaltung Berlin: MSA 2007. Lösungen. S. 4.

Wenngleich innerhalb des Kompetenzbereichs, in dem diese Aufgabe verortet wurde, nicht explizit von der Ebene des Textverstehens gesprochen wird, so sollten sich doch auch Fragen, die dem Textverstehen auf der Ebene der Informationsentnahme vorausgehen, nicht abseits des Verständnisses eines literarischen Textes befinden.[430] Dass der Protagonist ‚Grenouille' in einem Waisenhaus aufgewachsen ist, dürfte für das Verständnis des Charakters bzw. der Handlungsweisen der Hauptfigur im Kontext des gesamten Romans durchaus von Bedeutung sein; zum Verständnis des gewählten Romanausschnitts trägt diese Information aber kaum bei. Hier scheint der Fokus der Aufgabenentwicklung mehr auf dem Kriterium eindeutiger Kodierbarkeit, denn auf der Verstehensangemessenheit der Frage bzw. ihrer Antwort zu liegen.

Andere Aufgaben dieses Kompetenzbereichs zielen dagegen zwar deutlich auf die von den Aufgabenentwicklern angestrebte Thematik des Textauszuges, zeugen aber lediglich von der Überprüfung eines insgesamt nicht über Basales hinaus gehenden Textverständnisses, wenn beispielsweise gefragt wird:[431]

411: Der Geruch, den Grenouille wahrnimmt, stammt von…
Kreuzen Sie die richtige Antwort an.
(a) den Mirabellen.   ☐
(b) dem Hinterhof.   ☐
(c) dem Mädchen.   ☐

Hinsichtlich der potentiellen Vielfalt der zu überprüfenden unterschiedlichen Teilkompetenzen der Schülerinnen und Schüler erscheint die Beschränkung auf solche Einzelinformationen des Textes, die sämtlich auf die von den Aufgabenentwicklern zugrunde gelegte Deutung des Textes rekurrieren, problematisch. Dabei wird in der Tat – wie von den Kritikern der Multiple-Choice-Aufgaben bereits am Beispiel der PISA-Aufgaben konstatiert wurde – wenig selbständig zu erbringende Leistung von den Schülerinnen und Schülern gefordert. Denn die meisten Aufgaben reduzieren ihre Anforderungen auf die Fähigkeit dem Text. Bestimmte Informationen entnehmen zu können. Dies betrifft nicht nur die dargestellten Aufgaben 401 und 411, sondern auch die Aufgaben

---

430 Verwiesen sei hier auf die Diskussion der Überlegungen Grzesiks und – mit Bezug zu Grzesik – Kämper-van den Boogaarts zum Stichwort der ‚textverstehenden Operationen', die wichtige Hinweise auf für das Verständnis eines Textes notwendige kognitive Operationen liefert. Vgl. Grzesik: Texte verstehen lernen. S. 133ff. Vgl. auch Kämper-van den Boogaart: Empirische Messungen im Bereich anspruchsvolleren Lesens. S. 159.
431 Senatsverwaltung Berlin: MSA 2007. S. 17.

402, 403 und 412 – somit alle Aufgaben, die innerhalb dieses Aufgabensets zum ersten Kompetenzbereich ‚Informationen ermitteln', konstruiert wurden. Und auch ein Teil jener Aufgaben, die von den Aufgabenentwicklern dem zweiten Kompetenzbereich ‚textbezogenes Interpretieren', zugeordnet wurden, sind bei genauerer Betrachtung wohl ebenfalls dem ersten Kompetenzbereich zugehörig, so dass eine ‚Überhöhung' der durch die Aufgabe gestellten Anforderungen bzw. eine Trivialisierung der Bedeutung der einzelnen Kompetenzbereiche vollzogen wird:[432]

> 406: Grenouille folgt einem Duft, der ihn fasziniert. Dabei macht er verschiedene Stimmungen durch. Ordnen Sie folgende Begriffe nach ihrer zeitlichen Reihenfolge im Text.
>
> erregte Hilflosigkeit – schlecht vor Aufregung – verzweifelter Glaube

Das Auffinden der vorgegebenen Formulierungen steht kaum in einem Zusammenhang mit der Deutung des Romanauszugs. Denn, anders als auf der zweiten Stufe des Kompetenzbereichs ‚textbezogenes Interpretieren' im Lösungsteil für diese Aufgabe angegeben, handelt es sich bei den von den Schülerinnen und Schülern durchzuführenden Operationen nicht darum, ‚Aussagen in verschiedenen Textteilen verknüpfen' zu müssen. Stattdessen müssen die Schülerinnen und Schüler den Text lediglich auf die genannten Formulierungen hin durchsuchen, ohne dabei aber die Inhalte der entsprechenden Textstellen miteinander bzw. die singulären Textstellen mit dem gesamten Romanausschnitt in Beziehung setzen zu müssen. Die geforderten Textstellen sind schnell gefunden, folgen sie doch innerhalb einer eng gefassten Textpassage aufeinander: Zeile 26: ‚schlecht vor Aufregung'; Zeile 30: ‚verzweifelter Glaube'; Zeile 37: ‚erregte Hilflosigkeit'.[433] Es muss bei diesem Suchvorgang kein Verständnis der gesuchten Formulierungen entwickelt werden – weder lokal noch mit Blick auf das Textganze:

> „Auf die [...] Imperative der PsychometrikerInnen reagieren die didaktischen AufgabenkonstrukteurInnen im ungünstigsten Fall so, dass sie tatsächlich die textbasierten Aufgabenstämme mit einer Fülle von geschlossenen Items anreichern und ihre eigene Expertise hintanstellen. Zustande kommen auf solche Weise etwa Testaufgaben zum Leseverstehen, die vorwiegend explizite Textinformationen abfragen, nicht aber darauf achten, ob die abgefragten Informationen in der gegebenen Rezeptionssituation verstehensrelevant sind. (…) Wichtige und weniger wichtige Informatio-

---

[432] Senatsverwaltung Berlin: MSA 2007. S. 16. Vgl. hier auch die Überlegungen Spinners zur „wechselseitigen Reduktion" von Bildungsstandards und den Anforderungen der ihnen zugeordneten Aufgaben. In: Spinner: Der standardisierte Schüler. S. 7. Vgl. auch Kapitel IV. 1 der vorliegenden Arbeit.
[433] Senatsverwaltung Berlin: MSA 2007. S. 14.

nen werden bereits in der Konzeptionsphase nicht differenziert: Ein Konstrukt wie literarische Rezeptionskompetenz kann auf diese Weise nicht valide getestet werden, da das, was nach landläufiger Meinung solche Kompetenzen bewiese, hier nicht zur Sprache kommt."[434]

Besonders problematisch wird das Vorgehen der Aufgabenentwickler dann, wenn sich die Aufgabenstellungen gar nicht auf den gewählten literarischen Text selbst beziehen, sondern auf den dem Romanauszug voran gestellten Vortext. Dieser Vortext wurde offenbar vom Team der Aufgabenentwickler verfasst, um einen Auszug des Romans in den Kontext seiner gesamten Handlung stellen und auf diese Weise einen verstehenden Zugang zum Prüfgegenstand überhaupt erst eröffnen zu können. Auf diesen Vortext beziehen sich sowohl Aufgaben des ersten, als auch solche des zweiten Kompetenzbereichs. Brisant erscheint dieses Vorgehen besonders mit Blick auf den zweiten Kompetenzbereich ‚textbezogenes Interpretieren'. Denn der Vortext bietet nicht nur eine Einführung in den nachfolgenden Romanausschnitt, um sein Verständnis zu erleichtern. Er enthält in der Form einer Inhaltsangabe des Romans auch bereits einen hohen Anteil deutender Aussagen, wenn beispielsweise die Rede davon ist, dass der Protagonist Grenouille die von ihm *um ihres besonderen Duftes* und *des perfekten Parfums* Willen getöteten Mädchen *ungewollt* umbringt.[435] Zur Veranschaulichung sei Aufgabe 407[436] des Sets einer genaueren Betrachtung unterzogen:

407: Warum muss der Leser um das Leben des Mädchens, das Mirabellen putzt, fürchten? Geben Sie einen Grund an.

Als Antwort findet sich im Lösungsteil zu dieser Aufgabe die Vorgabe: „‚…weil Grenouille wegen ihres Duftes Mädchen ermordet./u.Ä."[437] Die Aufgabe wird der Kompetenzstufe 2.3, ‚Detailverstehen bei unvertrauten Themen', zugeordnet,[438] obwohl die als zutreffend erachtete Antwort dem Vortext wörtlich entnommen werden kann. Die Schülerinnen und Schüler müssen nicht Fähigkeiten der Interpretation anhand des eigentlichen Prüfgegenstandes, des Romanauszugs, unter Beweis stellen, sondern wiederum Können im Bereich des Verständnisses basaler Informationen, das sich zudem auf einen außerhalb des Prüfgegenstandes liegenden Text bezieht. Betrachtet man dagegen aber – in (imagi-

---

434 Vgl. Kämper-van den Boogaart: Empirische Messungen im Bereich anspruchsvolleren Lesens. S. 160.
435 Senatsverwaltung Berlin: MSA 2007. S. 14.
436 Senatsverwaltung Berlin: MSA 2007. S. 16.
437 Senatsverwaltung Berlin: MSA 2007. Lösungen. S. 4.
438 Vgl. ebd.

nierter) Unkenntnis seines Inhalts – nur den Romanauszug selbst, so ist fraglich, ob ein jeweiliger Leser zwangsläufig den Rückschluss zur hier geforderten ‚richtigen' Antwort ziehen würde. Ein Leser, der nur den Romanausschnitt kennt, würde vielleicht gar nicht zu der Annahme gelangen, dass das Leben des Mädchens in Gefahr sei. Denn der Problemhorizont, den die Frage eröffnet, bezieht sich in der vorliegenden Form ausschließlich auf den Vortext. Da der Vortext aber alle sich möglicherweise stellenden Fragen bereits beantwortet, gibt es im Grunde kein *Problem* mehr, das von den Schülerinnen und Schülern bearbeitet werden müsste. Sie müssen lediglich fähig sein, dem Vortext die gewünschte Information zu entnehmen.

In diesem Zusammenhang wird deutlich, dass die mit den MSA-Aufgaben verbundenen Problemstellungen in der Adaption noch über die bereits anlässlich der PISA-Aufgaben erwähnten Kritikpunkte hinausweisen: KÖSTER betont bei aller berechtigten Kritik an den PISA-Aufgaben, dass mit deduktiv konstruierten Aufgaben aber zumindest ein Problemhorizont eröffnet werde, der für die Testpersonen eine Motivationsgrundlage schaffe, die im Sinne der Aufgabenstellung richtige Antwort geben zu wollen bzw. zu können.[439] Verständlich ist ihre Argumentation im Kontext der Diskussion um ‚neue' Aufgabenformate mit Blick auf das häufig zu verzeichnende, induktiv angeregte Rätselraten einiger Schülerinnen und Schüler auf der Suche nach eigenen Interpretationsansätzen.[440] Versucht man diesen Gedanken aber auf die dargestellte Aufgabe zum Mittleren Schulabschluss in Berlin zu übertragen, muss festgestellt werden, dass die – ohnehin geringen und auch in den PISA-Aufgaben kaum sichtbaren – Vorzüge ‚neuer' Aufgabenformate bzw. Fragestellungen hinsichtlich der Erfassung litera-

---

439 Vgl. die Überlegungen Kösters hinsichtlich einer Unterscheidung induktiver und deduktiver Vorgehensweisen: Köster bezeichnet das in vielen PISA-Aufgaben zu literarischen Texten vorzufindende Aufgabenmuster als ein ‚deduktives', da den Testpersonen bereits im Aufgabenstamm Vorgaben beispielsweise hinsichtlich möglicher Sichtweisen auf den Text gemacht werden, zu denen u.a. Belegstellen im Text gefunden werden müssen, statt im Unterschied dazu ‚induktiv' durch eigene Entdeckungen im Text zu entsprechenden Interpretationsansätzen zu gelangen. Vgl. Köster: Konstruieren statt Entdecken. S. 5ff.

440 Die PISA-Aufgabe zu dem Text ‚Das Geschenk' wurde in Kapitel III. 2. 1 ausführlich behandelt. Die dort argumentierte Kritik soll hier nicht zurück genommen werden. Nach Auffassung der Autorin der vorliegenden Arbeit zeichnet sich der von Köster benannte Vorteil weder in den PISA-Aufgaben, noch in den MSA-Aufgaben ab. Die Position Kösters wird hier aber erneut eingebracht, da ihr Ansatz vor dem Hintergrund ihrer Kritik an traditionellen Aufsatz-Formaten grundsätzlich durchaus sinnvoll ist. Es muss aber gleichwohl hinterfragt werden, ob ihre Überlegungen auch in Test- bzw. Prüfaufgaben umgesetzt werden können. Dies scheint bislang nur in wenigen Aufgabenbeispielen der Fall zu sein.

rischer Rezeptionskompetenzen hier nicht mehr zum Ausdruck kommen, sondern anspruchsvolle Denkleistungen im Interesse eindeutiger Aufgabenkodierung weiter eingeschränkt und auf ein Minimum – die Fähigkeit, den Text lesen und ihm bestimmte Informationen entnehmen zu können – reduziert werden.

Irritieren muss deshalb in diesem Zusammenhang auch, dass häufig auch halboffene Formate für einzelne Fragestellungen gewählt wurden. Dies suggeriert zunächst eine größere Offenheit gegenüber als richtig anzuerkennenden Antworten bzw. Lösungen, als es tatsächlich der Fall ist, wenn die Antworten die Notation der gewünschten Information aus dem Text erfordern. Auch im Zusammenhang mit halboffenen Aufgaben sind der Vielfalt möglicher Interpretationsansätze deutliche Grenzen gesetzt. Wenn beispielsweise in Aufgabe 412 mit der Aufforderung, einen Grund zu notieren, danach gefragt wird, warum Grenouille immer wieder zum Mörder werde,[441] lässt die von den Aufgabenentwicklern festgelegte Lösung keinen Spielraum. Zulässig ist ausschließlich die Antwort: „…weil er aus den Düften der Frauen das perfekte Parfum herstellen will."[442] ‚Kluge' Schülerinnen- und Schülerantworten, die eine Antwort nicht bloß dem Vortext, sondern eigentätigen Überlegungen mit Blick auf den Romanauszug entnehmen, könnten hier ebenso zu einer Antwort gelangen, welche die Motive des Protagonisten antizipiert: „…weil Grenouilles Gefühlswelt einzig durch Düfte angeregt wird, während zwischenmenschliche Emotionen ihm fremd sind. Grenouille zeigt sich in seinem Verhalten als Asozialer innerhalb der menschlichen Gesellschaft.…" Könnte eine solche Antwort – die der Intention der Aufgabenentwickler nicht fern liegt, aber doch andere Aspekte betont – vor dem Hintergrund der genannten Lösungsvorgaben ebenfalls als ‚richtig' erachtet und bewertet werden? Und darüber hinaus: Müsste eine solche Antwort nicht höher bewertet werden können, als die von den Aufgabenentwicklern vorgesehene, die rein auf die Ebene eines vermeintlich bloßzulegenden ‚Informationsgehalts' des Romans abzielt? Mit SPINNER kann hier von einem ‚Umkippen von Subjektivität' in vermeintliche Objektivität gesprochen werden, wenn zwar durchaus am Text zu belegende, aber doch den Interpretationsspielraum zu stark einschränkende Sichtweisen zu allgemein verbindlichen Vorgaben gemacht werden.[443] Jedenfalls ließe sich die Aufgabe, so wie sie gestellt wurde, auf den Romanauszug selbst, statt auf den Vortext bezogen, nicht anwenden. Denn der Romanauszug selbst schildert keinen Mord und zeigt Grenouille auch nicht als Wiederholungstäter. Gerade die durch den fehlenden Romankontext entstehenden zusätzlichen Leerstellen hätten hier für entsprechend anspruchsvollere und

---

441 Vgl. Senatsverwaltung Berlin: MSA 2007. S. 17.
442 Vgl. Senatsverwaltung Berlin: MSA 2007. Lösungen. S. 4.
443 Spinner: Der standardisierte Schüler. S. 8.

der zweiten Kompetenzstufe adäquatere Fragestellungen verwendet werden können. Hätten die Aufgabenentwickler auf einen Vortext verzichtet, ließen sich durchaus anspruchsvollere Fragen formulieren, die in Anlehnung an die Überlegungen KÖSTERS auf eine deduktive Herangehensweise zurückgreifen, aber doch einen Spielraum eröffnen würden, in dem die Schülerinnen und Schüler – zwar in einem begrenzten Rahmen, aber doch im Bereich literarischer Rezeptionskompetenzen – eigenständig tätig werden müssen. Genannt sei ein mögliches Beispiel:

> Grenouille findet die Quelle des ihn betörenden Duftes bei dem Mirabellen putzenden Mädchen. Nachdem Janine und Tim den Romanauszug gelesen haben, tauschen Sie ihre Ansichten über den Fortgang des Romans aus.
> Tim sagt: „Das ist bestimmt der Anfang einer Liebesgeschichte."
> Janine hält dagegen: „Ich glaube eher, dass er das Mädchen töten wird."
> Entscheiden Sie sich für eine der beiden Positionen und stützen Sie Ihre Entscheidung mit passenden Belegstellen aus dem Text.

Diese alternativ entwickelte Aufgabe betont im Besonderen den Interpretationsspielraum, den der Romanauszug eröffnet. Die Schülerinnen und Schüler werden aufgefordert, unterschiedliche Möglichkeiten im Geiste abzuwägen und jeweils am Text plausibel werden zu lassen. Die Aufgabenstellung bietet die Möglichkeit, die Fähigkeit zum Umgang mit der Ambiguität literarischer Texte adäquater überprüfen können, als es in den untersuchten MSA-Aufgaben der Fall ist. Denn eine Unbedachtheit in der Aufgabenentwicklung, wie mit Blick auf den dem Romanauszug voran gestellten Vortext angesprochen, bedürfte keiner weiteren Erwähnung, wenn es sich bei dem genannten Aufgabenbeispiel um ein singuläres Beispiel handeln würde. Tatsächlich findet sich dieses Vorgehen der Aufgabenentwickler aber auch an anderer Stelle wieder und betrifft gleich ¼ der zu dem Romanauszug gestellten Aufgaben.[444] Aufgrund dessen muss hier ein generelles Problem im Umgang mit den Besonderheiten literarischer Texte hinsichtlich ihrer Schwierigkeiten für den Verstehensprozess des Lesers vermutet werden: Anspruchsvolle Fragen zur adäquaten Überprüfung literarischer Rezeptionskompetenzen bedürfen eines anspruchsvollen literarischen Textes, an dem die geforderten Kompetenzen der Schülerinnen und Schüler überhaupt erst vorstellbar bzw. in Form von Ergebnissen sichtbar gemacht werden können. Der literarische Text, der hier gewählt wurde, lässt sich – ohne dies hier vertieft zu diskutieren – sicherlich als Text von literarischer Qualität bezeichnen. Diese Qualität bezieht sich auch auf die ästhetische Realisierung des Erzählten mit literarischen Mitteln, als auf den Inhalt des Erzählten selbst. Was den Romanaus-

---

444 Vgl. Aufgabe 401, 412 des Berliner Aufgabenkomplexes aus dem Jahr 2007.

zug im Grunde auszeichnet, ist viel weniger sein Inhalt, als seine Gestaltung mit stilistischen Mitteln des Erzählens. In der MSA-Prüfung aus dem Jahr 2007 wird auf die zum Verständnis eines literarischen Textes beitragende ästhetische Realisierung eines erzählten Inhalts aber in keiner Aufgabe im Bereich der ‚Lesekompetenz' rekurriert. Vorstellen ließe sich aber beispielsweise folgende Aufgabe:

> Grenouille versucht die Quelle des ihn betörenden Duftes zu finden. Dies könnte die Darstellung des Beginns einer Liebesbeziehung sein.
> Stattdessen tötet Grenouille das Mädchen im weiteren Verlauf des Romans aber, um ihren Duft als Parfum zu konservieren. Notieren Sie Belegstellen im Text, die als mögliche Vorausdeutungen auf einen Mord gelesen werden könnten.

Diese zweite alternativ entwickelte Aufgabe hebt im Besonderen auf den Gestus des Erzählens und die dadurch evozierte Stimmung des Textes, die mit Hilfe von Vorausdeutungen eine gewisse Erwartungshaltung beim Leser wecken, ab. Damit wird eine im Sinne von Textverstehensprozessen sinnvolle Verbindung zwischen Inhalt und Form des Erzählten geschaffen. Die im Zusammenhang mit der Darstellung des Erzählten zu antizipierenden Hürden für den Verstehensprozess werden in dem vorliegenden Aufgabenset der Berliner MSA-Aufgaben von 2007 aber häufig negiert, indem der Vortext – wie am Beispiel gezeigt – den Leser mit der Inhaltsangabe des Romans von allen potentiellen Schwierigkeiten befreit. Somit können die Probleme literarischer Texte, die sich aufgrund ihrer Ambiguität bzw. dem Gestus des literarischen Erzählens insgesamt für die Aufgabenstellung ergeben, von vornherein vermieden werden. Ebenso wenig können aber entsprechend anspruchsvolle Fähigkeiten der Schülerinnen und Schüler im Bereich literarischer Rezeptionskompetenzen überprüft werden. Erneut werden offenbar lediglich jene Kompetenzen überprüft, die bereits zuvor im gleichen Aufgabenset an einem Sachtext eingefordert werden, da sich die meisten Aufgaben auf eine rein inhaltliche Abfrage beschränken.

Für das auffällige Fehlen von Aufgaben zu sprachlich-stilistischen Aspekten im Rahmen des analysierten Aufgabensets muss aber auch eine Unterteilung in getrennt voneinander überprüfte Kompetenzbereiche verantwortlich gemacht werden. Grundsätzlich wird hier in die Fähigkeitsbereiche ‚Lesekompetenz', ‚Schreibkompetenz' sowie ‚Sprachwissen und Sprachbewusstsein' unterschieden.[445] So finden sich im Bereich ‚Sprachwissen und Sprachbewusstsein' ebenfalls Aufgaben zu dem Romanauszug, die allerdings von den Fragen im Bereich

---

445 Vgl. Senatsverwaltung Berlin: MSA 2007. Lösungen. S. 8.

‚Lesekompetenz' abgetrennt werden und mit diesen in keinerlei Zusammenhang stehen:[446]

> 453: Im Text werden verschiedene Formulierungen für den Vorgang des Riechens verwendet. Notieren Sie eine Formulierung.

Diese Aufgabe ist mit Blick auf den Romanauszug – auch hinsichtlich möglicher Deutungsansätze – durchaus sinnvoll konstruiert worden,[447] da sie Anschlussmöglichkeiten an Fragen der Bedeutung des im Romanauszug fast inflationären Gebrauchs von Wörtern, die olfaktorische Sinneswahrnehmungen in den Mittelpunkt stellen, bietet. Von dieser Gelegenheit wird hier jedoch kein Gebrauch gemacht; die Identifizierung verschiedener Synonyme im Text wird isoliert vom Textganzen überprüft, darüber hinaus wird die Quantität der Formulierungen gar nicht thematisiert, da letztlich nur *eine* synonyme Formulierung von den Schülerinnen und Schülern notiert werden muss. Problematisch daran ist im Besonderen, dass das Auseinanderfallen von Inhalt und Form nicht auf Mängel der Aufgabenentwicklung, sondern auf eine systematisch geplante Trennung zurückzuführen ist. Damit bricht auseinander, was unter literaturwissenschaftlichen Gesichtspunkten als unzertrennlich gilt. So wird im Bereich der Lesekompetenz eine vertiefte Auseinandersetzung mit dem Text verstellt. Gleichzeitig erscheint der bildende Wert von Wissen im Bereich der Form bzw. Gestaltung eines literarischen Textes fragwürdig: Warum sollten Schülerinnen und Schüler im Umgang mit Synonymen geschult sein, wenn dieses Wissen in Form isolierter Überprüfung zum Selbstzweck gerät, statt sinnvoll als Kompetenz Anwendung zu finden? Im Rahmen einer solchen Vorgehensweise werden Schematismen augenscheinlich – ‚Inhalt' auf der einen, ‚Form' auf der anderen Seite –, die kaum Fähigkeiten im Bereich literarischer Rezeptionskompetenzen zu erfassen vermögen.[448]

---

446 Senatsverwaltung Berlin: MSA 2007. S. 17.
447 Das ist durchaus nicht bei allen Aufgaben der Fall, fragt man beispielsweise nach dem Sinn des Wissens um Aktiv-/Passivformen des Verbs angesichts folgender Aufgabenstellung: „452: In Zeile 14-16 finden Sie mehrere Passivformen. Notieren Sie ein Beispiel." Ebd.
448 Vgl. in diesem Zusammenhang auch die Überlegungen Kämper-van den Boogarts in Bezug auf eine Analyse der Aufgabenstellungen zu einem Kästner-Gedicht, das im Jahr 2008 als Prüfgegenstand der Berliner MSA-Prüfungen diente: „Sollte diese Instrumentalisierung den Unterricht beeinflussen, liefe dies auf ein Konterkarieren eines funktionalen Sprachunterrichts hinaus, denn die Sprachwissen-Items nutzen das Gedicht lediglich als Steinbruch für Fragen, die keine Verbindung mit der poetischen Textgestaltung herstellen. Das ginge auch nicht, wären doch dann die Leistungen in den Bereichen

Deutlich wird an den gezeigten Beispielen denn auch eine grundlegende Problematik in der Handhabung empirischer Kompetenzmodelle auf bildungsadministrativer Ebene, die zum Teil auf die Kritik an den PISA-Aufgaben verweist, aber auch über die bereits benannten Kritikpunkte hinaus weist: Unter der Prämisse der Fixierung auf eindeutige Lösungsvorgaben – in der Adaption der Kodierung empirischer Testungen – sind fachdidaktische wie bildungstheoretische Überlegungen der Aufgabenentwicklung hinsichtlich Inhalten und Anforderungen der einzelnen Aufgabenstellungen teilweise aus dem Blick geraten. Dies mag einerseits der Erfahrung und fehlenden Ressourcen im Umgang mit Kompetenzmodellen und ihrer Operationalisierung geschuldet sein, wie auch anhand der zum Teil irritierenden Kompetenzzuordnungen deutlich wurde. Andererseits muss hier aber auch erneut an die Modellierungsschwierigkeiten von Kompetenzen genuin literarischen Verstehens sowie an die Probleme anspruchsvoller Operationalisierungen unter den Bedingungen empirischer Gütekriterien standardisierter Testungen (vgl. Kap. III. 2. 2) erinnert werden, die bislang keine eindeutige Orientierung ermöglichen. Umso weniger nachvollziehbar ist allerdings die Sinnhaftigkeit der Adaption empirischer Gütekriterien wie beispielsweise der ‚empirisch auswertbaren Vergleichbarkeit der Ergebnisse' für den Raum schulischer Prüfungen, wenn so viele ungeklärte Fragen und Schwierigkeiten damit verbunden sind.

Vergleicht man die illustrierten Prüfaufgaben im Bereich der Lesekompetenz zu literarischen Texten aus dem Jahr 2007 mit neueren aus dem Jahr 2009, so kann aber auch eine Weiterentwicklung im Bereich der Aufgabenentwicklung verzeichnet werden, die nicht zuletzt auf eine größere Beteiligung fachdidaktischer Überlegungen zurückzuführen sein dürfte, wie an einzelnen Aufgaben veranschaulicht werden kann. Kritische Anfragen und Reaktionen der Fachdidaktik auf die Ergebnisse der empirischen Bildungsforschung scheinen in zunehmendem Maße innerhalb eines noch recht jungen bildungspolitischen Reformprozesses die Ebene der zuständigen Bildungsadministration erreicht zu haben. Gleichwohl wird auch hier auf weiterhin bestehende Unzulänglichkeiten hinsichtlich der Erfordernisse im Umgang mit literarischen Texten hinzuweisen sein, die sich aber weniger als Konstruktionsschwächen einzelner Aufgaben, sondern als systematische Problemstellungen der Aufgabenentwicklung im Bereich literarischer Rezeptionskompetenzen in der bildungsadministrativen Adaption empirischer Gütekriterien erweisen.

„Sprachwissen" und „Lesekompetenz" nicht mehr isoliert auszuwerten. In: Kämper-van den Boogaart: Korrumpieren Testaufgaben notwendig das literarische Verstehen? S. 61.

Die Aufgaben aus dem Jahr 2009 beziehen sich auf einen Romanauszug aus Bernhard Schlinks Roman „Der Vorleser"[449]:

Der Vorleser
Bernhard Schlink

Der Roman „Der Vorleser" ist aus der Perspektive von Michael Berg geschrieben, der als 15-jähriger Junge aufgrund einer Krankheit für einige Zeit nicht zur Schule gehen kann. Während seiner Krankheit lernt er eine Frau – Hanna Schmitz – kennen, in die er sich verliebt. Diese Frau ist allerdings wesentlich älter als Michael, daher erzählt er zu Hause bei seinen Eltern und Geschwistern auch nichts von ihr.

Als ich von ihr [Hanna Schmitz] nach Hause kam, saßen meine Eltern und Geschwister schon beim Abendessen. „Warum kommst du so spät? Deine Mutter hat sich Sorgen um dich gemacht." Mein Vater klang mehr ärgerlich als besorgt. Ich sagte, ich hätte mich verirrt; ich hätte einen Spaziergang über den Ehrenfriedhof zur Molkenkur geplant, sei aber lange nirgendwo und schließlich in Nußloch angekommen. „Ich hatte kein Geld und musste von Nußloch nach Hause laufen." „Du hättest trampen können." Meine jüngere Schwester trampte manchmal, was meine Eltern nicht billigten. Mein älterer Bruder schnaubte verächtlich. „Molkenkur und Nußloch – das sind völlig verschiedene Richtungen." Meine ältere Schwester sah mich prüfend an.
„Ich gehe morgen wieder zur Schule."
„Dann pass gut auf in Geographie. Es gibt Norden und Süden, und die Sonne geht ..."
Meine Mutter unterbrach meinen Bruder. „Noch drei Wochen, hat der Arzt gesagt."
„Wenn er über den Ehrenfriedhof nach Nußloch und wieder zurück laufen kann, kann er auch in die Schule gehen. Ihm fehlt's nicht an Kraft, ihm fehlt's an Grips." Als kleine Jungen hatten mein Bruder und ich uns ständig geprügelt, später verbal bekämpft. Drei Jahre älter, war er mir im einen so überlegen wie im anderen. Irgendwann habe ich aufgehört zurückzugeben und seinen kämpferischen Einsatz ins Leere laufen lassen. Seitdem beschränkte er sich aufs Nörgeln.
„Was meinst du?" Meine Mutter wandte sich an meinen Vater. Er legte Messer und Gabel auf den Teller, lehnte sich zurück und faltete die Hände im Schoß. […] Manchmal hatte ich das Gefühl, wir, seine Familie, seien für ihn wie Haustiere. Der Hund, mit dem man spazieren geht, und die Katze, mit der man spielt, auch die Katze, die sich im Schoß kringelt und schnurrend streicheln lässt – das kann einem lieb sein, man kann es in gewisser Weise sogar brauchen, und trotzdem ist einem das Einkaufen des Futters, das Säubern des Katzenklos und der Gang zum Tierarzt eigentlich schon zu viel. Denn das Leben ist anderswo. Ich hätte gerne gehabt, dass wir, seine Familie, sein Leben gewesen wären. Manchmal hätte ich auch meinen nörgelnden Bruder und meine freche kleine Schwester lieber anders gehabt. Aber an dem Abend hatte ich sie alle plötzlich furchtbar lieb. Meine kleine Schwester. Vermutlich war es nicht leicht, das jüngste von vier Geschwistern zu sein, und konnte sie sich ohne einige Frechheit nicht behaupten. Mein großer Bruder. Wir hatten ein gemeinsames Zimmer, was für ihn sicher schwieriger war als für mich, und überdies musste er, seit ich krank war, mir das Zimmer völlig lassen und auf dem Sofa im Wohnzimmer schlafen. Wie sollte er nicht nörgeln? Mein Vater. Warum sollten wir Kinder sein Leben sein? Wir wuchsen heran und waren bald groß und aus dem Haus. Mir war, als säßen wir das letzte Mal gemeinsam

---

449 Senatsverwaltung Berlin: MSA 2009. S. 12ff.

> um den runden Tisch unter dem fünfarmigen, fünfkerzigen Leuchter aus Messing. Als äßen wir das letzte Mal von den alten Tellern mit den grünen Ranken am Rand, als redeten wir das letzte Mal so vertraut miteinander. Ich fühlte mich wie bei einem Abschied. Ich war noch da und schon weg. Ich hatte Heimweh nach Mutter und Vater und den Geschwistern, und die Sehnsucht, bei der Frau [Hanna Schmitz] zu sein.
> Mein Vater sah zu mir herüber. „Ich gehe morgen wieder zur Schule – so hast du gesagt, nicht wahr?", „Ja." Es war ihm also aufgefallen, dass ich ihn und nicht Mutter gefragt und auch nicht gesagt hatte, ich frage mich, ob ich wieder in die Schule gehen soll. Er nickte. „Lassen wir dich zur Schule gehen. Wenn es dir zu viel wird, bleibst du eben wieder zu Hause." Ich war froh. Zugleich hatte ich das Gefühl, jetzt sei der Abschied vollzogen.
> *Aus: Bernhard Schlink: Der Vorleser. Zürich, 1997. S.29-32.*

Auch hier wurde dem Text ein Vortext hinzugefügt, um die Schülerinnen und Schüler in den Kontext des Prüfgegenstands einzuführen. Zu diesem Text wurden zehn Aufgaben im Bereich der Lesekompetenz konstruiert. Gemäß der Zuordnung der Aufgabenentwickler wurden je fünf Aufgaben im Bereich des ersten und des zweiten Kompetenzbereichs generiert; Aufgaben zum dritten Kompetenzbereich ‚Reflektieren und Bewerten', sind auch hier, wie bereits in dem Aufgabenset aus dem Jahr 2007, nicht zu finden.

Auch für diesen literarischen Text wird *eine* bestimmte Sinnaussage in den Mittelpunkt gestellt, die in Form der Lösungsvorgaben festgelegt wurde. Die Textauswahl scheint hier aber mit den Lösungsvorgaben insofern abgestimmt worden zu sein, als dass der Textauszug kaum andere als die in den Lösungen genannten Deutungsweisen möglich erscheinen lässt. Somit begrenzt die Auswahl des Textauszuges den Deutungshorizont bereits in der Weise, dass es kaum zu widersprüchlichen bzw. strittigen Sinnaussagen kommen dürfte: Fokussiert wird die innere Loslösung des Protagonisten im Prozess des Heranwachsens, die der Leser anhand des gewählten Ausschnitts in einer ‚Schlüsselszene' innerhalb des Romangeschehens verfolgen kann. Die Schwierigkeit, die der Text für den Verstehensprozess der Schülerinnen und Schüler bietet, ist vor allem in der Zäsur innerhalb des Erzählgestus des Ich-Erzählers Michael zu sehen: Zu Beginn des Auszugs wird ein wenig freundliches, von Ärger und Misstrauen geprägtes Gespräch zwischen Michael und den einzelnen Familienmitgliedern dargestellt; für die nachfolgende Introspektive, den Monolog des Erzählers, könnte ein Leser somit eine entsprechend distanzierte bis ablehnende Haltung des Protagonisten erwarten. Hier jedoch findet ein doppelter Erwartungsbruch statt: Die Überlegungen der Figur sind gleichzeitig von Liebe zur Familie und Verständnis („Aber an dem Abend hatte ich sie alle plötzlich furchtbar lieb."[450]), aber auch Distanz gezeichnet („Ich fühlte mich wie bei einem Abschied. Ich war noch da und schon weg. Ich hatte Heimweh nach Mutter und Vater und den Geschwis-

---

450 Ebd.

tern..."[451]). Dieser Erwartungsbruch in Form des dargestellten Gegensatzes – das Vorhandensein von ‚Heimweh' während des Zusammenseins mit der Familie – lässt sich nur auflösen, wenn man die scheinbar widersprüchlichen Gefühle des Protagonisten im Zeichen der Loslösung von der Familie liest, die mit einem melancholischen Rückblick auf seine familiäre Bindung einerseits sowie mit einer größeren inneren Freiheit gegenüber den elterlichen Spielregeln andererseits verbunden ist.

An den Aufgaben aus dem Jahr 2009 ist positiv hervorzuheben, dass einzelne Aufgaben mehr auf die Orientierung an ebenjenen Schwierigkeiten des Textverstehens[452] in der Aufgabenentwicklung rekurrieren, als dies noch 2007 der Fall war. Dies sei an folgendem Beispiel[453] veranschaulicht:

310: In Zeile 42 verspürt Michael „Heimweh nach Mutter und Vater und den Geschwistern", obwohl er im selben Moment mit ihnen zusammen ist. Michael verspürt also Heimweh, weil…	
(a) er sich nicht vorstellen kann, ein selbständiges Leben ohne seine Familie zu führen.	☐
(b) er beschlossen hat, die Familie bald zu verlassen, um allein zu leben.	☐
(c) er spürt, dass die Zeit des reinen ‚Kindseins' vorüber ist.	☐
(d) er seine Familie in der Vergangenheit häufig vermisst hat.	☐

Der zuvor genannte Widerspruch wird hier in der Fragestellung aufgegriffen und im Aufgabenstamm als Problem, als an den Text zu richtende Frage benannt. Damit wird ein Problemhorizont eröffnet, wie KÖSTER ihn unter dem Stichwort einer ‚deduktiven' Vorgehensweise positiv an der Aufgabenstellung aus dem PISA-Test hervorgehoben hat. Es wird eine Fragestellung gefunden, die zum einen gezielt das erforderliche Verstehen der Schülerinnen und Schüler hinsichtlich der von ihnen beherrschten Kompetenzen literarischen Verstehens fokussiert und die zum anderen zu diesem Zwecke ein konkretes Problem vorgibt, das Schülerinnen und Schüler zu einer passenden Lösung motivieren könnte. Statt den Widerspruch unbearbeitet zu lassen, werden die Schülerinnen und Schüler geradezu darauf hingewiesen; dies kann zwar nicht die Fähigkeit des genauen Lesens mit Blick auf eigenständige Entdeckungen als hermeneutisches Vorgehen im und am Text überprüfen lassen, aber doch wird die Fähigkeit, Widersprüche bearbeiten zu können, überprüft. Die Fähigkeit zur eigenständigen Suche nach der ‚übertragenen Bedeutung', dem Besonderen einer eigentlich ba-

---

451 Ebd.
452 Erinnert sei hier erneut an den Begriff der „textverstehenden Operationen" bei Grzesik. Vgl. Kap. III. 2. 2.
453 Senatsverwaltung Berlin: MSA 2009. S. 14.

nalen Erzählung, in der – oberflächlich betrachtet – lediglich eine den Schülerinnen und Schülern sicherlich nicht ganz unbekannte Abendbrottischszene einer Familie wiedergegeben wird, kann damit allerdings nicht erfasst werden.[454]
Auch der verknüpfenden Betrachtung von Inhalt und Form eines Textes hinsichtlich seiner literarischen Wirkung und Deutung scheint in den Aufgaben aus dem Jahr 2009 zumindest vereinzelt Beachtung geschenkt worden zu sein, wenngleich die Trennung in die Kompetenzbereiche ‚Lesekompetenz' und ‚Sprachwissen/Sprachbewusstsein' formal weiterhin besteht. Diese Verknüpfung kann im folgenden Beispiel[455] durchaus als gelungen angesehen werden:

309: Michaels Einstellung zu den anderen Familienmitgliedern ist am Ende geprägt von: ... Kreuzen Sie an.		
	zutreffend	nicht zutreffend
(a) Verachtung	☐	☐
(b) Verständnis	☐	☐
(c) Gleichgültigkeit	☐	☐
(d) Trotz	☐	☐
(e) Zuneigung	☐	☐

Der Zusammenhang von Inhalt und Form – von dem, was, und dem, wie erzählt wird – wird hier nicht *explizit* erfragt, sondern muss eher als *impliziter* Gegenstand der Überlegungen der Schülerinnen und Schüler, um die Aufgabe zutreffend beantworten zu können, erachtet werden. Die Frage nach der Stimmung des Erzählten aus der Sicht des Erzählenden hat beides im Blick: Inhalt sowie Gestalt(-ung) des Textes, da nach der erzählerisch vermittelten Gesprächsatmosphäre gefragt wird. Die einzelnen von den Schülerinnen und Schülern vorzunehmenden Operationen zur Beantwortung der Aufgabe können selbst zwar nicht sichtbar gemacht werden. Jedoch kann das Finden der richtigen Antworten jenen Verstehensprozess widerspiegeln, der zur Lösung der Aufgabe notwendigerweise stattgefunden haben dürfte.

Es darf aber gleichzeitig nicht darüber hinweg gesehen werden, dass lediglich diese eine Aufgabe den Zusammenhang von Inhalt und Form aufnimmt. Ebenso wird die Auseinandersetzung mit den Irritationen oder Erwartungsbrü-

---

454 Wenngleich hier nicht Kritik in den Mittelpunkt gestellt, sondern die Vorzüge der Aufgabe im Sinne einer Weiterentwicklung in der Aufgabenentwicklung betont werden sollen, so müssen mit Blick auf die einzelnen Distraktoren aber doch kleinere Anmerkungen vorgenommen werden: Als richtige Antwort wird innerhalb der Lösungsvorgaben Antwortmöglichkeit (c) genannt. Allerdings würde es ebenfalls Sinn machen, Antwort (b) anzukreuzen, da das Zeitadverb ‚bald' recht großen Interpretationsspielraum zulässt.
455 Senatsverwaltung Berlin: MSA 2009. S.14.

chen im Text auch nur am Beispiel einer Aufgabe, der dargestellten Aufgabe 310, thematisiert.[456]

Darüber hinaus konnte die Problematik der mit SPINNER beschriebenen Überhöhung hinsichtlich der Kompetenzzuweisungen einzelner Aufgaben[457] gemindert werden. Die der zweiten Kompetenzstufe, ‚textbezogenes Interpretieren', zugeordneten Aufgaben scheinen zumindest den in den einzelnen Stufen festgelegten Beschreibungen zu entsprechen. Dies trifft auf die bereits dargestellten Aufgaben 309 und 310 zu, gleichermaßen aber auch auf die drei weiteren Aufgaben dieses Kompetenzbereichs.[458] Wenig nachvollziehbar erscheint aber z.t. die Zuordnung zu seinen einzelnen Stufen. Die genannten Aufgaben werden durchgängig der höchsten Kompetenzstufe des Kompetenzbereichs 2, ‚Detailverstehen bei unvertrauten Themen' (2.3), zugeordnet. Dies mag vielleicht noch auf Aufgabe 308[459] zutreffen, wenn man den Begriff ‚Detailverstehen' auf den Umgang mit einzelnen Textstellen bezieht, da hier nach einer im Text nur singulär vorzufindenden Aussage des Protagonisten Michael gefragt wird:

308: Der Erzähler zeigt durch eine Aussage (wörtliche Rede) im Text, dass er für sich selbst entscheiden will, was richtig ist. Notieren Sie diese Aussage und geben Sie die Zeile an, in der sie steht.

Die dargestellten Aufgaben 309 und 310 aber derselben Kompetenzstufe zuzuordnen, will nicht recht passend erscheinen, da im Rahmen der Lösung ein textübergreifendes Verständnis der Schülerinnen und Schüler erforderlich ist. Allerdings scheinen die sich abzeichnenden Probleme hinsichtlich der Kompetenzbezüge erneut auf die Defizite des zugrunde gelegten Modells zu verweisen.

---

456 Dabei wurden auch hier, wie bereits 2007, einige Möglichkeiten der Textinterpretation nicht genutzt. Als Beispiel sei hier auf die erste Aufgabe in diesem Bereich hingewiesen: „301 Wie alt ist Michael?" (MSA 2009. S. 13.) Die entsprechende Antwort kann dem von den Aufgabenentwicklern voran gestellten Vortext wörtlich entnommen werden. Diese Aufgabe hätte aber interpretative Fähigkeiten der Schülerinnen und Schüler überprüfen lassen können, indem man auf den Vortext verzichtet hätte. Denn der Text selbst gibt Hinweise auf das Alter oder zumindest auf seinen ‚status quo' innerhalb seines Entwicklungsprozesses: Der ersten Hälfte des Romanauszugs ist die bestehende Abhängigkeit Michaels zu seinen Eltern und seine Position innerhalb der Familie zu entnehmen; in der zweiten Hälfte wird bereits Michaels Leben als Erwachsener antizipiert; am Schluss werden Hinweise auf das Fortsetzen seines Schulbesuchs gegeben.
457 Vgl. Spinner: A. a. O.
458 Angesprochen sind hier die Aufgaben 305, 307, 308. In: MSA 2009. S. 13f.
459 Senatsverwaltung Berlin: MSA 2009. S. 14. Gesucht wird hier die Aussage in Zeile 12: „Ich gehe morgen wieder zur Schule."

Insgesamt werden auch in den Aufgaben aus dem Jahr 2009, trotz der genannten Weiterentwicklungen, zu wenig unterschiedliche Lesekompetenzen überprüft und kaum genuin literarische Rezeptionskompetenzen berührt. Auch hier fallen, wie bereits 2007, Inhalt und Form größtenteils auseinander, ausgelöst durch eine Schematismen des Textverstehens befördernde Abfrage vereinzelter Wissensbereiche, die den Wunsch nach starker Geschlossenheit der Kodierungen erkennen lässt.

Dass 2009 wie bereits 2007 Aufgaben zum dritten Kompetenzbereich gänzlich fehlen,[460] mag auf Unsicherheiten in den Kompetenzzuschreibungen der einzelnen Aufgaben zurückzuführen sein, die auf wenig voneinander abgrenzbare bzw. eindeutige Kompetenzbeschreibungen der einzelnen Stufen verweisen: Aufgabe 310 könnte eher auf der Kompetenzstufe 3.2, denn – so wie vorgenommen – auf Kompetenzstufe 2.3 angesiedelt werden. Gleichermaßen könnte aber auch argumentiert werden, dass die nur geringe Anzahl anspruchsvoller Aufgabenstellungen im Besonderen auch auf die u.a. von KÄMPER-VAN DEN BOOGAART generalisierend betonte Schwierigkeit, angemessene Aufgaben unter den Voraussetzungen psychometrischer Gütekriterien zu konstruieren (vgl. Kapitel III. 2. 2), rekurriert und als Repräsentation dessen angesehen werden könnte.

Aufgrund der zentralen Bedeutung der MSA-Abschlussprüfung für den Bildungsgang Heranwachsender sind Rückwirkungen der zentralen Prüfaufgaben auf schulisches Handeln im Rahmen von Unterricht und Prüfung zu antizipieren. Denn es ist zu erwarten, dass Unterrichtshandeln sich auch am status quo zentraler Prüfvorgaben orientieren dürfte. Nicht die Aussicht auf verstärktes ‚teaching-to-the-test' im Unterricht ist selbst schon problematisch; klare Kompetenzorientierung könnte eine positive Weiterentwicklung im Literaturunterricht bewirken, wenn bisherige Aufgaben einen angemessenen Umgang mit Literatur hinsichtlich der in Kapitel III. 1, 3 erläuterten Kriterien – dem Wissen um die subjektive Bedeutungskonstruktion auf Seiten des Lesers sowie um die textseitigen Anforderungen an den Leser geschuldet – erwarten ließen. Auch KÄMPER-VAN DEN BOOGAART konstatiert im Rahmen der Untersuchung einer Aufgabe der Berliner Abschlussprüfungen die „Marginalisierung literarischer Verstehensanforderungen"[461]:

---

460 Diesem Ergebnis ist auch aus empirischer Perspektive Recht zu geben, wie die vom Institut für Schulqualität der Länder Berlin und Brandenburg in Auftrag gegebene Expertise zu den Prüfaufgaben am Ende der 10. Klasse in Berlin und Brandenburg verdeutlicht. Vgl. Institut für Schulqualität der Länder Berlin und Brandenburg e.V.: Expertise MSA/P10. S. 54.
461 Vgl. Kämper-van den Boogaart: Korrumpieren Testaufgaben notwendig das literarische Verstehen? S. 61.

"Nehmen wir nach dieser kurzen Sichtung die Perspektive einer Lehrperson ein, die sich zum Teaching to the Test verpflichtet sieht. Was muss man können, um diesen Abschnitt des MSA-Tests zu bestehen? Ich denke, man wird sagen können, dass angesichts einer einfachen Textbasis mit geringen Polyvalenzen die entscheidende Hürde Sprachkenntnisse sein dürften. (...) Um die Aufgabe mit hoher Punktzahl zu bestehen, muss man weder über ein nennenswertes domänenspezifisches Vorwissen verfügen noch im literarischen Umgang mit Gedichten geübt sein."[462]

Angesichts der untersuchten Aufgaben erscheint es mehr als fraglich, ob aus testmetrischen Überlegungen hervorgehende Prozesse und Kriterien der Aufgabenentwicklung geeignete Formen für die Überprüfung literarischer Rezeptionskompetenzen im Raum schulischer Abschlussprüfungen darstellen.

Es muss insgesamt vor dem Hintergrund der Versprechungen bildungspolitischer Reformen hinsichtlich der Qualitätssteigerung schulischer Bildung und der damit verbundenen Einführung allgemein verbindlicher Bildungsstandards auch verwundern, dass bei den Berliner Aufgaben kaum Bezüge zu eben jenen Bildungsstandards hergestellt bzw. explizit benannt werden. Die Aufgabenentwicklung wird allein auf die Grundlage des ‚vereinfachten' PISA-Lesekompetenzmodells gestellt; dieses Modell wird als Referenz für die Bewerter – die jeweiligen Lehrerinnen und Lehrer einer Schule – auch in den Lösungsheften abgebildet. Daran scheinen sich die kritischen Befunde zu den Bildungsstandards (vgl. Kapitel IV. 1) in gewisser Weise zu bestätigen: Die Bildungsstandards tragen in ihrer unbestimmten Vielfalt offenbar eher zur Verwirrung, als zur Klärung dessen, was im Literaturunterricht gelernt und am Ende der Schullaufbahn überprüft werden soll, bei. Im Zweifel werden sie dann kaum zu Rate gezogen, wie im Kontext der Prüfungen zum Mittleren Schulabschluss in Berlin deutlich wird.

2.2 Analyse zentraler Prüfaufgaben zum Abschluss der 10. Klasse am Beispiel der Brandenburger Aufgaben zu literarischen Texten

Dass empirische Gütekriterien der Aufgabenentwicklung für standardisierte Testungen, nicht aber für Prüfaufgaben im Raum der Schule gelten müssen, zeigt eine vergleichende Betrachtung der Berliner Aufgaben mit dem in Brandenburg gewählten Aufgabenformat. Denn das in Brandenburg gewählte Aufgabenformat stellt ein weiteres Beispiel von Prüfaufgaben innerhalb der Aufgabenkultur

---

462 Vgl. Kämper-van den Boogaart: Korrumpieren Testaufgaben notwendig das literarische Verstehen? S. 59f.

nach PISA bzw. vor dem Hintergrund bildungspolitischer Reformen dar, das aber im Unterschied zu den Berliner Aufgaben eher an jene Aufgabenbeispiele, die den Bildungsstandards zur Veranschaulichung beigefügt wurden, angelehnt ist. Wie in Kapitel IV. 1 gezeigt wurde, sind diese Beispielaufgaben stärker an traditionellen Aufgabenmustern (‚Interpretieren und Analysieren Sie...') des Deutschunterrichts, als an den Testaufgaben und deren Gütekriterien orientiert. Vor diesem Hintergrund wird in den Brandenburger Prüfaufgaben nicht zwischen einzelnen Kompetenzbereichen unterschieden, da Lese- und Schreibkompetenz sowie die in Berlin als ‚Sprachwissen/Sprachbewusstsein' unterteilten Kategorien nicht in voneinander getrennten Prüfaufgaben erfasst werden.[463] Die Bildungsadministration dieses Landes hat sich somit zunächst für eine andere Umsetzung der Beschlüsse der Kultusministerkonferenz entschieden, als es in Berlin der Fall ist.[464] Zur Veranschaulichung bietet sich folgendes Beispiel:[465]

---

463 Zieht man aber die Ausführungen im Erwartungshorizont hinzu, so wird deutlich, dass zumindest Lese- und Schreibkompetenz getrennt bewertet werden – obwohl Schülerinnen und Schüler hier keine separaten, sondern hinsichtlich der Kompetenzen voneinander abhängige Leistungen erbracht haben. Vgl. Ministerium für Bildung, Jugend und Sport Land Brandenburg: Prüfungen am Ende der Jahrgangsstufe 10. 2007. Erwartungshorizont.

464 Darüber hinaus wird in Brandenburg auch im Rahmen der Prüfung im Unterschied zum Vorgehen in Berlin zwischen den verschiedenen Schulformen unterschieden, indem jeweils zu denselben Prüfgegenständen teilweise andere Aufgaben sowie entsprechend unterschiedliche Erwartungshorizonte der je gleichen Aufgaben formuliert wurden.

465 Ministerium für Bildung, Jugend und Sport Land Brandenburg: Prüfungen am Ende der Jahrgangsstufe 10. 2007. S. 2. Zu bedenken sei hier auch der Hinweis, das eine problematische Abhängigkeit zwischen Aufgabe 1 dieses Aufgabenkomplexes und der dargestellten zweiten Aufgabe besteht: „Berücksichtigen Sie auch Ihre Leseergebnisse aus Aufgabe 1." Die erste Aufgabe setzt sich aus einzelnen Aufgabenstellungen im Testaufgabenformat zusammen, die sich ebenfalls auf die Kurzgeschichte beziehen, die auch der zweiten Aufgabe als Prüfgegenstand dient, wie die folgende Aufgabe exemplarisch zeigt: „1.1 Wann steht Achim aus dem Bett auf? a) morgens; b) mittags; c) abends." (Ebd.) Die einzelnen Aufgabenstellungen in Aufgabe 1 heben sämtlich auf einen spezifischen Textsinn ab, der auch den Erwartungshorizont der Interpretationsaufgabe in Aufgabe 2 bestimmt. Die ersten Aufgaben werden offenbar als Chance gesehen, die Schülerinnen und Schüler zu der im zweiten Teil der Aufgabe geforderten Interpretation hinzuführen. Wer aber bereits die Aufgaben im ersten Teil des zweigeteilten Aufgabenkomplexes falsch beantwortet, wird erwartungsgemäß auch in der Analyse und Interpretation zu anderen als den im Erwartungshorizont formulierten Ergebnissen gelangen. Zudem wird hier der Versuch unternommen, die offen angelegte Interpretationsaufgabe aus Aufgabe 2 a priori mit Hilfe der ersten Aufgabe zu steuern und hinsichtlich verschiedener Interpretationsansätze auf den vorgesehenen zu begrenzen.

> 2. Analysieren und interpretieren Sie die Kurzgeschichte „Im Spiegel" von Margret Steenfatt.
> Berücksichtigen Sie auch Ihre Leseergebnisse aus der Aufgabe 1.
> Achten Sie auf Folgendes:
> - Untersuchen Sie ausgehend vom Text und vom Ende der Kurzgeschichte die symbolische Funktion des Spiegels.
> - Untersuchen Sie die Funktion erzählerischer Mittel für die Gestaltung der Kurzgeschichte.
>
> Schreiben Sie einen zusammenhängenden Text, in dem Sie Ihre Analyse- und Interpretationsergebnisse geordnet darstellen.

Hier werden alle in Berlin getrennt geprüften Kompetenzbereiche in gesammelter Form angesprochen: Der Auftrag ‚Analysieren und interpretieren Sie...' ist von größtmöglicher Komplexität und wird in den weiteren Ergänzungen hinsichtlich der Bereiche Lesekompetenz (‚Untersuchen Sie (...) die symbolische Funktion des Spiegels.'), Sprachbewusstsein (‚Untersuchen Sie die Funktion sprachlicher Mittel...') und Schreibkompetenz (‚Schreiben Sie einen zusammenhängenden Text...') näher ausgeführt. Die übergeordnete Aufgabenstellung ‚Analysieren und interpretieren Sie...' erinnert an traditionelle Aufgabenstellungen der Leistungsüberprüfung im Deutsch- bzw. Literaturunterricht. Unter fachdidaktischen Gesichtspunkten können die Ergänzungsfragen als Hilfestellungen für die Schülerinnen und Schüler aufgefasst werden, die sich angesichts einer rein induktiv ausgerichteten Aufgabenstellung zu großer Komplexität hinsichtlich der Anforderungen einer ‚unterdeterminierten' Aufgabenstellung ausgesetzt sehen könnten.[466] Da mit Blick auf die Kodierung der Aufgaben zu große Offenheit nicht gewünscht sein kann, wird der zugrunde liegende Arbeitsauftrag durch weitere Hinweise präzisiert bzw. begrenzt. Die beiden zusätzlich formulierten Hinweise zur Aufgabenstellung des Brandenburger Aufgabensets verweisen zum einen dezidiert auf die übertragene, non-literale Bedeutung des Textes bzw. verschiedener Textstellen, zum anderen auf die erzählerischen Mittel bzw. die erzählerische Gestaltung der Kurzgeschichte. Angesichts der Mängel einer Aufgabenentwicklung, die, wie in Berlin, an Testformate angelehnt ist – Begrenzung der Deutungsmöglichkeiten auf eine Sichtweise, Auseinanderfallen von Inhalt und Form etc. – und der daraus zu befürchtenden Schematismen, könnte die Überprüfung verschiedener Kompetenzbereiche im Zuge nur einer Aufgabe, die unterschiedliche Teilkompetenzen gleichzeitig anspricht, begrüßenswert erscheinen. Allerdings verweist auch diese Vorgehensweise bei genauerer Betrachtung auf Schwierigkeiten, die den Problematiken der Berliner Aufgaben im Ergebnis nicht unähnlich sind, wie im Folgenden deutlich wird:

---

466 Vgl. Köster: A. a. O.

Margret Steenfatt
Im Spiegel
„Du kannst nichts", sagten sie, „du machst nichts", „aus dir wird nichts." Nichts. Nichts. Nichts. Was war das für ein NICHTS, von dem sie redeten und vor dem sie offensichtlich Angst hatten, fragte sich Achim, unter Decken und Kissen vergraben. Mit lautem Knall schlug die Tür hinter ihnen zu. Achim schob sich halb aus dem Bett. Fünf nach eins. Wieder mal zu spät. Er starrte gegen die Zimmerdecke. – Weiß. Nichts. Ein unbeschriebenes Blatt Papier, ein ungemaltes Bild, eine tonlose Melodie, ein ungesagtes Wort, ungelebtes Leben. Eine halbe Körperdrehung nach rechts, ein Fingerdruck auf den Einschaltknopf seiner Anlage. Manchmal brachte Musik ihn hoch. Er robbte zur Wand, zu dem großen Spiegel, der beim Fenster aufgestellt war, kniete sich davor und betrachtete sich: lang, knochig, graue Augen im blassen Gesicht, hellbraune Haare, glanzlos. „Dead Kennedys" sangen: „Weil sie dich verplant haben, kannst du nichts anderes tun als aussteigen und nachdenken." Achim wandte sich ab, erhob sich, ging zum Fenster und schaute hinaus. Straßen, Häuser, Läden, Autos, Passanten, immer dasselbe. Zurück zum Spiegel, näher heran, so nahe, dass er glaubte, das Glas zwischen sich und seinem Spiegelbild durchdringen zu können. Er legte seine Handflächen gegen sein Gesicht im Spiegel, ließ seine Finger sanft über Wangen, Augen, Stirn und Schläfen kreisen, streichelte, fühlte nichts als Glätte und Kälte. Ihm fiel ein, dass in dem Holzkasten, wo er seinen Kram aufbewahrte, noch Schminke herumliegen musste. Er fasste unters Bett, wühlte in den Sachen im Kasten herum und zog die Pappschachtel heraus, in der sich einige zerdrückte Tuben fanden. Von der schwarzen Farbe war noch ein Rest vorhanden. Achim baute sich vor dem Spiegel auf und malte zwei dicke Striche auf das Glas, genau dahin, wo sich seine Augenbrauen im Spiegel zeigten. Weiß besaß er reichlich. Er drückte eine Tube aus, fing die weiche ölige Masse in seinen Händen auf, verteilte sie auf dem Spiegel über Kinn, Wangen und Nase und begann, sie langsam und sorgfältig zu verstreichen. Dabei durfte er sich nicht bewegen, sonst verschob sich seine Malerei. Schwarz und Weiß sehen gut aus, dachte er, fehlt noch Blau. Achim grinste seinem Bild zu, holte sich das Blau aus dem Kasten und färbte noch die Spiegelstellen über Stirn und Augenlidern. Eine Weile verharrte er vor dem bunten Gesicht, dann rückte er ein Stück zur Seite und wie ein Spuk tauchte sein farbloses Gesicht im Spiegel wieder auf, daneben eine aufgemalte Spiegelmaske. Er trat einen Schritt zurück, holte mit dem Arm weit aus und ließ seine Faust in die Spiegelscheibe krachen. Glasteile fielen herunter. Splitter verletzten ihn, seine Hand fing an zu bluten. Warm rann ihm das Blut über den Arm und tröpfelte zu Boden. Achim legte seinen Mund auf die Wunden und leckte das Blut ab. Dabei wurde sein Gesicht rotverschmiert. Der Spiegel war kaputt. Achim suchte sein Zeug zusammen und kleidete sich an. Er wollte runtergehen und irgendwo seine Leute treffen.
Quelle: Spinner, K.H. (Hrsg.): Geschichten. 9./10. Schuljahr. Frankfurt am Main 1998, S. 7-8.[467]

Der jugendliche Protagonist der Kurzgeschichte liegt im Konflikt mit von außen an ihn gestellten Anforderungen und Erwartungen. Die erzählerisch dargestellte Bearbeitung dieses Konflikts durch den Protagonisten – er betrachtet sich im Spiegel, bemalt sein Spiegelbild mit Farbe, betrachtet sein Gesicht neben dem im Spiegel aufgemalten und zerschlägt schließlich den Spiegel – lässt

---

467 Ministerium für Bildung, Jugend und Sport Land Brandenburg: Prüfungen am Ende der Jahrgangsstufe 10. 2007. S. 1.

mehrere Deutungen zu, da sich am Ende nicht eindeutig beantworten lässt, welches Gesicht er im Spiegel zerschlägt: das aufgemalte, sein eigenes oder beide? Deutungsansätze hinsichtlich seines Umgangs mit den von außen gestellten Erwartungen könnten jeweils in Analogie dazu eröffnet werden: In der Annahme, er zerschlüge am Ende das aufgemalte Gesicht, das die Erwartungen der anderen spiegeln könnte, die in ihm das Gegenteil von ‚nichts' (‚Du kannst nichts (...), du machst nichts, aus dir wird nichts.') sehen wollen, könnte ein Bruch mit den Erwartungen als adäquate Lesart argumentiert werden. Zerschlüge er dagegen sein eigenes Gesicht im Spiegel, könnte das als Bruch mit seinem bisherigen Leben gedeutet werden, als ein Aufraffen, sich den Erwartungen der anderen nicht länger zu entziehen, sondern diese als sinnvoll zu akzeptieren. Bedenkt man drittens, dass er mit dem Zerschlagen des Spiegels beide Bilder von sich zerstört, könnte man zudem durchaus plausibel den Standpunkt vertreten, dass er sich weder mit dem bisherigen, realen Bild von sich, noch mit dem, das die anderen gern sehen würden, identifiziert und sich somit einerseits jeder äußeren Zuschreibung, andererseits aber auch seinem momentanen Zustand verweigert – ohne selbst bereits eine geeignete Alternative entwerfen zu können. Mit dem zuletzt eröffneten Interpretationsansatz entsteht dann für den Leser vielmehr ein Einblick in die Schwierigkeiten des Heranwachsens hinsichtlich eigener Identifikationskrisen, als dass die Kurzgeschichte eine konstruktive Lösung dieser durchaus gängigen Adoleszenzproblematik aufzeigen würde.

Die Brandenburger Aufgabenentwickler haben sich aber offenbar für die Darstellung einer konstruktiven Bearbeitung im Sinne eines ersten Schritts zur Lösung des Konflikts des jugendlichen Protagonisten entschieden, wie die Ausführungen im Erwartungshorizont zu dieser Aufgabe zeigen:

> „Achim wird sich seiner Leere und Bedeutungslosigkeit bewusst (...), Achims Ausstieg aus der Regression beginnt mit dem Aufstehen aus dem Bett; (...), das Bemalen des Spiegelbildes (Z. 24-31) steht für einen neuen Entwurf seiner selbst, das Angrinsen des Spiegelbildes als Identifikation mit dem neuen Entwurf, der über die Erwartungen der anderen hinausgeht (Z. 30-31)."[468]

Im Widerspruch zu der von den Aufgabenentwicklern bevorzugten Lesart steht aber nicht nur der Umstand, dass der Protagonist den Spiegel, und damit beide Bilder, zerschlägt, sondern auch der Ausgang der Kurzgeschichte – der Protagonist verlässt das Elternhaus, um sich mit seinen Freunden zu treffen – sowie die im Hintergrund der Szene klingende Textzeile der Punk-Band ‚Dead Kennedys' – ‚Weil sie dich verplant haben, kannst du nichts anderes tun als aussteigen und nachdenken'. Diese Textbelege deuten auf ein weiter bestehendes Problem hin;

---

468 Ministerium für Bildung, Jugend und Sport Land Brandenburg: Prüfungen am Ende der Jahrgangsstufe 10. 2007. Erwartungshorizont. S. 2.

dem Identifikationsprozess des Protagonisten fehlt nach wie vor ein geeigneter Lebensentwurf; beschrieben wird offenbar vielmehr die Starre dieses Zustands, die zunächst nur mit einem tatenlosen Nachdenken über mögliche Selbst- und Lebensentwürfe gefüllt werden kann. Für Aufbruchsstimmung oder gar konkrete Pläne lassen sich keine Textbelege finden, das Gegenteil ist im letzten Satz der Kurzgeschichte der Fall: ‚Er wollte runtergehen und irgendwo seine Leute treffen.' Die Rede von der symbolischen Funktion des ‚Zerschlagens des Spiegels' als ‚Zerstören der Bilder von sich' im Erwartungshorizont ist durchaus nachvollziehbar; angesprochen sind hier sowohl die von außen zugeschriebenen Bilder, als auch die Abwesenheit bzw. das Nicht-Vorhandensein eigener Bilder. Wenig nachvollziehbar ist dagegen aber der daraus gezogene Schluss, dass diese Handlung einen ‚Schritt zu sich selbst' in Form eines ‚Neubeginns' kennzeichne.[469] Die Widersprüche, die sich aus diesem Interpretationsansatz mit Blick auf den Text einstellen, werden nicht benannt und aufgegriffen, sondern in die anvisierte Interpretation eingeebnet.

Nur unter der Voraussetzung dieser Annahme kann die Bedeutungskonstruktion des Satzes „Dabei wurde sein Gesicht rotverschmiert." durch die Aufgabenentwickler im Rahmen der vorgegebenen Sichtweise überhaupt verständlich werden: Der Protagonist verletzt sich beim Zerschlagen des Spiegels an der Hand und verteilt das Blut – wohl eher unbeabsichtigt – in seinem Gesicht. Auffällig ist, dass in der Kurzgeschichte nicht der gängigere Begriff ‚blutverschmiert' benutzt, sondern auf eine kreative Wortschöpfung, ‚rotverschmiert', zurückgegriffen wird. Diese Besonderheit – in Form einer sprachlichen Anomalie – wird im Erwartungshorizont der Aufgabenentwickler nicht berücksichtigt. Stattdessen wird ausdrücklich darauf verwiesen, dass es zum einen als besonders ‚hoch' zu werten sei, wenn die Schülerinnen und Schüler das Wort ‚rotverschmiert' gedanklich an das Blut aus der Wunde zurückbänden und zum anderen das Blut in ein Verhältnis zu Vorstellungen von ‚Schuld' setzten.[470] Eine Textinformation – der Protagonist verletzt sich an der Hand – einer zweiten zuzuordnen – der Protagonist verteilt das Blut aus der Wunde an der Hand aus Versehen in seinem Gesicht – und somit eine gedankliche Verknüpfung beider Informationen vorzunehmen, stellt wohl die Grundlage für jedes weitere deutende Vorgehen dar; Textbedeutung im Sinne literarischen Lesens wird damit aber noch nicht generiert. Eine Bedeutungskonstruktion im Kontext des genannten religiösen Diskurses, wie im Brandenburger Erwartungshorizont benannt, allerdings wirft berechtigte Zweifel auf. Denn in der Kurzgeschichte wird mit der Neuschöpfung ‚rotverschmiert' vielmehr auf den Aspekt der Farbe ‚rot' rekur-

---

469 Vgl. ebd.
470 Vgl. ebd.

riert, die einerseits in deutlichem Kontrast zu dem vom Protagonisten als ‚farblos' (‚...wie ein Spuk tauchte sein farbloses Gesicht im Spiegel auf...') empfundenen eigenen Gesicht steht und sich andererseits aber auch wieder in den Zusammenhang der Farben auf dem Spiegel einreiht. Somit wird dieser Satz, folgt man der Logik des Erzählten, eher an die Farben auf dem Spiegel zurück gebunden, als an religiöse Diskurse, die das Blut als symbolischen Verweis in einen Kontext von Schuld und Sühne stellen. Will man das Blut, das unbemerkt vom Protagonisten in seinem Gesicht haftet, symbolisch deuten, so könnte man es angesichts seiner roten Farbe eher als Verweis auf – bleibt man im Bild des Identifikationsprozesses – einen ebenfalls unbemerkt bzw. selbstverständlich verlaufenden Entwicklungsprozesses lesen: Der Protagonist, gerade noch als ‚farblos', nimmt bereits neue ‚Farben' an, obwohl er es selbst zunächst gar nicht bemerkt. Das mangelnde Selbstwertgefühl und die Unsicherheit des Protagonisten wären in dieser Lesart ebenso selbstverständlicher Teil des Heranwachsens, wie wohl auch der unvermeidliche Konflikt mit der Elterngeneration, der zu Beginn der Kurzgeschichte angedeutet wird. Warum die Aufgabenentwickler dieses Zerschlagen als symbolische Handlung eines ‚Neubeginns' werten, verbleibt im Unklaren, da der Text selbst keinen Hinweis auf eine solche Schlussfolgerung gibt. Die Kurzgeschichte endet mit einem hinsichtlich der Gattungsmerkmale ‚typischen' offenen Ende, das den Leser zu weiteren Antizipationen anregen kann – diese müssen aber zugleich noch vom Text ausgehend plausibel gemacht werden können. Hier liegt eher die Vermutung nahe, dass eben nicht der Text selbst, sondern vielmehr ein gewisser Duktus des Deutsch- bzw. Literaturunterrichts zum Tragen kommt: Als unzulässig bzw. unbefriedigend wird es offenbar empfunden, die Adoleszenz-Problematik als offene Frage zu hinterlassen. Dagegen wird eine im moralischen Sinne vermeintlich richtige Auflösung des Identifikationskonflikts angestrebt, indem eine konstruktive Bearbeitung dieses Konflikts in den Text interpretiert wird, die den Protagonisten im Zeichen eines ‚Neubeginns' aus der Kurzgeschichte entlässt. Stimmig ist diese Interpretation – auch wenn sie pädagogischen Erziehungshoffnungen näher zu sein scheint – deswegen aber nicht.

Die in den vorliegenden Überlegungen vorgestellten weiten bzw. differenten Deutungsmöglichkeiten jedenfalls, für die der Text Spielraum lässt, werden im Erwartungshorizont der Brandenburger Prüfaufgabe nicht aufgenommen, sondern auf eine Deutungsmöglichkeit begrenzt. Widersprüche werden eingeebnet, statt thematisiert; in der Konsequenz erweist sich die von den Aufgabenentwicklern gewählte Lesart bei näherer Betrachtung nur als teilweise zutreffend. Ersichtlich wird jedenfalls, dass hier im Zuge der Vereinheitlichung der Ergebnisse bzw. ihres Bewertungsmaßstabs eine ähnliche Verengung hinsichtlich potentieller Sinnaussagen konstatiert werden muss, wie bereits zuvor für die an Testformate angelehnten Berliner Aufgaben. Vergleicht man also die sich jeweils abzeichnende Problematik im Umgang mit der übertragenen Bedeutung, dem Symbolgehalt literarischer Texte in den je unterschiedlichen Aufgabenformaten in Berlin und Brandenburg, dann ist folgende Beobachtung augenscheinlich: Die wie in Brandenburg als (halb-) offen formulierten Aufgaben einerseits rücken die übertragene Bedeutung eines Textes zu stark in den Mittelpunkt[471] – so dass auf der Suche nach dem Symbolischen der Text selbst aus dem Blick gerät, indem eine nur teilweise plausible Deutung als einzig richtige erachtet wird. Die wie in Berlin an Testformate angelehnten Prüfaufgaben andererseits reagieren im Umgang mit der übertragenen Bedeutung eines Textes meist lediglich mit Leerstellen – so dass die übertragene Bedeutung überhaupt nicht thematisiert wird. Einzig Frage 310 im Aufgabenset ‚Der Vorleser' aus dem Jahr 2009 zeigt einen sinnvollen Umgang mit der indirekten Sinnaussage, während sich die restlichen Aufgaben meist nur auf einer recht oberflächlichen Inhaltsebene bewegen. In Frage 310 wird, wie an anderer Stelle bereits erläutert wurde, auf eine sinnvoll deduktive Fragestellung zurückgegriffen, die eine übertragene Sinnaussage fokussiert, indem eine konkrete Textanomalie zum Anlass genommen wird, einen greifbaren Problemhorizont für die Schülerinnen und Schüler zu eröffnen. Vergleicht man nur diese singulär zu findende Fragestellung mit der analysierten Aufgabenstellung des Brandenburger Sets, so wären Aufgaben, die dem Berliner Beispiel folgen, im Zweifelsfalle vorzuziehen. Da es sich bei der Aufgabe zu ‚Der Vorleser' aber eben um ein singuläres Beispiel handelt, erscheint eine Wahl zwischen beiden Aufgabenformaten in der Frage nach dem geeigneten Prüfformat im Grunde kaum möglich; beide weisen angesichts der beschriebenen Unzulänglichkeiten auf einen wenig adäquaten Umgang mit dem ‚nonliteralen', übertragenen Sinn literarischer Texte auf.

Doch nicht nur der Umgang mit der übertragenen Bedeutung, auch der Umgang mit der Verknüpfung von Inhalt und Form literarischer Texte gibt – wie auch zuvor schon in Berlin – Anlass zu kritischen Rückfragen an die Branden-

---

471 Eine der beiden zusätzlich zur übergeordneten Aufgabenstellung formulierten Untersuchungsaspekte stellt das ‚Symbolische' dezidiert in den Mittelpunkt der Überlegungen, die von den Schülerinnen und Schülern anhand der Kurzgeschichte angestellt werden sollen: „Untersuchen Sie ausgehend vom Titel und vom Ende der Kurzgeschichte die symbolische Funktion des Spiegels." Das Präpositionalobjekt, das die Aufgabenstellung um eine konkrete Zielsetzung erweitern würde, fehlt an dieser Stelle. Somit wird, gerade für leistungsschwache Schülerinnen und Schüler, kaum Hilfestellung gegeben, sondern eher zu relativ willkürlichem Rätselraten angeregt – im Wunsch, die Aufgabe im vorgegebenen Sinn zu lösen. Diese Vermutung lässt sich beispielsweise mit Rückgriff auf die Ergebnisse Kösters im Rahmen der Analyse offener Aufgabenstellungen plausibel machen. Vgl. Köster: Konstruieren statt Entdecken. S. 13ff.

burger Aufgabenentwickler. Zur Veranschaulichung bedarf im Besonderen die zweite Ergänzung zur Aufgabenstellung[472] des Brandenburger Sets einer genaueren Betrachtung: Welche Tätigkeiten der Schülerinnen und Schüler werden hier eigentlich angestoßen, welche Fähigkeiten überprüft?

> Untersuchen Sie die Funktion erzählerischer Mittel für die Gestaltung der Kurzgeschichte.

Die Aufgabenstellung soll den übergeordneten Analyse- und Interpretationsauftrag spezifizieren, dennoch verbleibt bei genauerer Betrachtung im Unklaren, welcher Auftrag hier eigentlich an die Schülerinnen und Schüler ergeht: Es leuchtet ein, die erzählerischen Mittel der Kurzgeschichte zu untersuchen. Der Zweck dieser Untersuchung wird allerdings nicht deutlich, da eine konkrete Zielsetzung fehlt. Der grammatikalische Bezugspunkt des Ausdrucks ‚erzählerische Mittel' ist das Präpositionalobjekt ‚für die Gestaltung der Kurzgeschichte'. Diese Formulierung hält aber den Sinn der Analyse denkbar offen, da mit ‚Gestaltung' wiederum nichts anderes angesprochen wird als bereits mit dem Begriff ‚erzählerische Mittel'; der Bezugspunkt scheint redundant zu sein. Auf der Suche nach einer möglichen Konkretisierung dessen, was also gemeint sein könnte, eröffnen sich höchst unterschiedliche Möglichkeiten: Die Frage könnte beispielsweise dahingehend verstanden werden, dass nach erzählerischen Mitteln gefragt wird, welche den literarischen Text dem Genre ‚Kurzgeschichte' zuordnen ließen; eine weitere Lesart der Aufgabenstellung könnte dazu neigen lassen, die erzählerischen Mittel hinsichtlich der Bedeutungskonstruktion des in der Kurzgeschichte Erzählten zu untersuchen.

Zieht man zur Klärung den Erwartungshorizont dieser Aufgabe hinzu, wird deutlich, dass die Aufgabenstellung von den Schülerinnen und Schülern allerdings kein weiteres Vorgehen fordert, als die erzählerischen Mittel zu erkennen, zu benennen und den Nachweis zu erbringen, dass es sich bei dem als Prüfgegenstand vorliegenden Text um eine Kurzgeschichte handelt. Die Anwendung der erzählerischen Mittel für die Bedeutungskonstruktion wird nicht thematisiert:

> „unvermittelter Einstieg/Beginn: Der Leser wird sofort mit Achims Situation konfrontiert (...); überschaubares Figurenensemble (...); der offene Schluss, der zum Weiterdenken auffordert; überwiegend kurze Hauptsätze (...), Aufzählungen als Mittel der schnellen Aufeinanderfolge der Beobachtungen und Gedanken; (...)."[473]

Schülerinnen und Schüler haben aber kaum Chancen, die Aufgabe im so definierten Sinn zu lösen, wenn die Aufgabenstellungen selbst bereits interpretati-

---

472 Vgl. ebd.
473 Ebd.

onsbedürftig sind. Was darüber hinaus der Nachweis, dass es sich bei dem vorliegenden Text um eine Kurzgeschichte handelt, erbringen mag, wird nicht deutlich; offenbar sehen die Aufgabenentwickler hier keine Notwendigkeit, dem abgerufenen Wissen einen Nutzen für das Verständnis der Kurzgeschichte hinzuzufügen. Der Erwartungshorizont zählt lediglich die Merkmale auf, die den Text als Kurzgeschichte ausweisen; warum diese Gestaltungsmittel aber von Bedeutung für die Interpretation sein könnten, bleibt unerwähnt. Der erzählerische Gestus wird hinsichtlich seiner Funktion für die Generierung eines Textsinns, für die Bedeutungskonstruktion durch den Leser, nicht weiter thematisiert. Somit kann diese Fähigkeit der Schülerinnen und Schüler nicht überprüft werden.

Betrachtet man vor dem Hintergrund der getrennten Analyse beider Ergänzungsfragen diese nun in gemeinsamer Perspektive, erweist sich als besonders problematisch, dass unter der übergeordneten Aufgabe ‚Analysieren und interpretieren Sie...' die jeweilig zu verknüpfenden Bestandteile, Inhalt und Form eines Textes, getrennt befragt werden. Eine der beiden Ergänzungsfragen behandelt den ‚Inhalt' in seiner übertragenen Bedeutung, eine zweite die sprachliche Gestaltung des erzählten Geschehens. Jedweder Hinweis, beides zu verbinden, fehlt in der Aufgabenstellung. Wenn sich die Schülerinnen und Schüler – zumal in einer Prüfsituation – an die vorgegebene Aufgabenstellung halten, so ist zu erwarten, dass sie sich zunächst zur übertragenen Bedeutung des Spiegels äußern und im Anschluss daran die für eine Kurzgeschichte typischen Gestaltungsmittel anhand des Textes benennen, ohne die Ergebnisse beider Teilaufgaben miteinander zu verbinden. Dieser Umgang scheint in der Tradition eines Literaturunterrichts zu stehen, der sich offenbar an der durch in Schulbüchern häufig vorgegebenen Arbeit mit ‚Checklisten' orientiert. Diese finden sich besonders im Bereich ‚typischer' Gattungsmerkmale, die im Kontext der dazu gehörenden Aufgaben meist genutzt werden, um die Zugehörigkeit eines Textes zu einer bestimmten Gattung nachzuweisen. Somit bestätigt sich die anfangs geäußerte Vermutung, dass die mit den in Berlin und Brandenburg entwickelten Aufgaben verbundenen Problemstellungen – wenngleich auf unterschiedlichem Wege – am Ende recht ähnliche sind. In beiden Fällen kann einer sinnvollen Zusammenführung von erzähltem Inhalt und den Mitteln des Erzählens nicht Rechnung getragen werden.

Abschließend sollte auch die Aufgabenanalyse KÖSTERS zu traditionellen Aufgabenmustern erneut aufgegriffen werden, um den hier vorliegenden Vergleich der Aufgabenformate zu erweitern: Wie im vorliegenden Kapitel bereits erwähnt, konnte KÖSTER am Beispiel von vor PISA gängigen Aufgabenstellungen veranschaulichen, dass Schülerinnen und Schüler, die vor ‚unterdeterminierte' Aufgaben gestellt werden, zu notwendigem Schematismus neigen, um der zu großen Komplexität der Aufgabenstellung entgegen zu wirken.[474] Insofern können Ergänzungsfragen zu einer übergeordneten Fragestellung, wie sie im Brandenburger Aufgabenset zu finden sind, durchaus als Möglichkeit ernst genommen werden, den Blick der Schülerinnen und Schüler im Verstehensprozess deduktiv zu lenken, statt rein induktiv erlangte Erkenntnisleistungen zu präferieren.[475] Allerdings dürfen dann nicht jene Fehler der Aufgabenstellungen wiederholt und vertieft werden, die zuvor auf unterdeterminierte Aufgabenstellungen und damit verbundene, die Komplexität reduzierende Reaktionen der Schülerinnen und Schüler zurückzuführen waren: Dort, wo der mit der genannten Reduktion einhergehende Schematismus, das Auseinanderfallen von Inhalt und Form, zuvor von den Schülerinnen und Schülern betrieben wurde, provoziert dies nun die Aufgabenstellung der Prüfaufgabe des Landes Brandenburg mit ihren Ergänzungsfragen explizit selbst. Durchaus sinnvolle Anregungen aus der jüngeren Diskussion um Aufgabenstellungen werden hier nicht aufgegriffen, stattdessen werden eher ‚traditionelle' Problemstellungen wiederholt.

Im weiteren Verlauf der vorliegenden Untersuchung wird zu überprüfen sein, ob auch in Schulbüchern häufig der notwendige Zusammenhang zwischen solchen die Form betreffenden Aspekten und dem zu erschließenden Inhalt literarischer Texte zu wenig in den Mittelpunkt der Überlegungen gestellt wird. Dies könnte einen immanenten Zusammenhang zwischen der Vermittlung von Kompetenzen literarischen Verstehens und deren Überprüfung nahe legen.

2.3 Resümierender Vergleich

Will man nun die anfangs genannten Fragen nach einer Beurteilung beider ‚neuen' Aufgabenformate für Prüfsituationen im Raum der Schule erneut aufgreifen, so muss die aufgestellte Hypothese bekräftigt werden: Trotz unterschiedlicher Strukturen und Verstehensanforderungen im Einzelfall literarischer Texte lassen sich im Resultat doch ähnliche Problemstellungen beider Aufgabenformate konstatieren. Dies kann vor dem Hintergrund der innerhalb des vorliegenden Kapitels erfolgten Untersuchung in folgende Punkte zusammengefasst werden:
Spezifische Kompetenzen literarischen Verstehens, die einen adäquaten Umgang mit Literatur aufwiesen, können mit beiden Prüfformaten nur in unzureichender Weise überprüft werden. Beide sind von der Problematik gekennzeichnet, dass Inhalt und Form literarischer Texte, die im Sinne ihrer Bedeu-

---
474 Köster: A. a. O.
475 Vgl. Köster: Konzeptuelle Aufgaben. S. 181f.

tungskonstruktion unabdingbar zusammen gehören, bis auf wenige Ausnahmen getrennt voneinander behandelt werden.

Besondere Schwierigkeiten bereitet es in beiden Bundesländern, eine angemessene Art und Weise im Fragen nach dem non-literalen Sinn, dem indirekten Sprachgebrauch literarischer Texte zu finden. Textanomalien, Irritationen, Widersprüche werden entweder gar nicht aufgegriffen oder in eine nur zum Teil passend erscheinende Deutungsvariante eingeebnet. Sie werden offenbar mehr als Störfaktoren des Verstehens, denn als bedeutungsgenerierende Merkmale des Verstehensprozesses gesehen. Der Umgang mit der ‚übertragenen Bedeutung' literarischer Texte zeigt sich entweder in einem Ausblenden dieser Textebene oder in einer zu starken Fixierung, die den Text selbst in den Hintergrund treten lässt. Nur wenige Ausnahmen – die sich im Bereich derjenigen Aufgaben, die an Testformate angelehnt sind, finden – zeigen, dass durchaus Wege der Aufgabenentwicklung gefunden werden können, die zumindest die hier genannten Kritikpunkte – die als zentral für einen angemessenen Umgang mit literarischen Texten angesehen werden – widerlegen.

Die Entwicklung von Aufgaben im Testformat, die über die unteren Kompetenzstufen hinaus anspruchsvolle Kompetenzen zu überprüfen fähig sind, kann im Rahmen der Berliner Prüfaufgaben nur an einigen Stellen als gelungen angesehen werden; dass die Brandenburger Aufgaben ein weiteres Kompetenzspektrum zu überprüfen vermögen, erscheint gleichermaßen fraglich. Denn ob die Schülerinnen und Schüler die ergänzenden Hinweise zur Aufgabenstellung tatsächlich als Hilfe nutzen können, sei angesichts ihrer wenig präzisen Ausführungen dahin gestellt. Vielmehr ist zu vermuten, dass die Ergänzungen, die vor allem auch der Konsistenz von Erwartungshorizonten geschuldet sind, das Problem des Schematismus von Inhalt und Form ebenso verstärken wie die Berliner Prüfaufgaben. Denn dabei werden ebenfalls nur Fähigkeiten im unteren Kompetenzbereich sichtbar, wie im Besonderen der Erwartungshorizont zur zweiten Teilaufgabe der Brandenburger Prüfaufgabe illustrieren konnte.

Trotz aller Kritik an der Begrenzung der Deutungspotentiale und der damit verbundenen Trivialisierung im Umgang mit literarischen Texten in den an Testformaten angelehnten Aufgaben erscheint ein Rückgriff auf traditionellere Aufgabenformate, wie am Beispiel der Brandenburger Aufgabe gezeigt, vor allem dann sinnlos, wenn Aufgaben, die als offene konstruiert werden, ähnlich eng begrenzte Kodierungen wie geschlossene Aufgaben erhalten. In diesen nur vermeintlich offenen Aufgabenformaten wird Offenheit suggeriert, wo diese nicht gewollt ist bzw. unter den gegebenen Voraussetzungen der Vergleichbarkeit der Ergebnisse nicht gewollt sein darf. Ohne Punkte im Bereich literarischen Verstehens gehen dann Schülerinnen und Schüler aus der Prüfung, die zu einem vielleicht klugen, aber nicht mit dem Erwartungshorizont übereinstimmenden

Analyse- und Interpretationsergebnis gelangen. Mit SPINNER ist hier die Rede davon, dass die von den Aufgabenentwicklern festgelegte, subjektive Sicht auf den Text im Kontext festgelegter Kodierungen (hier: in Form des Erwartungshorizonts) als vermeintlich objektive, da einzig gültige Sicht ausgegeben wird.[476] Am Text begründbare, je unterschiedliche Lesarten der Schülerinnen und Schüler – als Reaktion auf eine offene Fragestellung in den Brandenburger Aufgaben – sind zum Zwecke der Vergleichbarkeit der Ergebnisse nicht erwünscht. Die Verengung des Blickwinkels, die schon am Beispiel der Testaufgaben aus Längsschnittuntersuchungen kritisiert wurde, erfährt in jenen Aufgabenformaten, die wie die Brandenburger Aufgaben an die Aufgabenbeispiele in den Bildungsstandards angelehnt sind, eine weitere Zuspitzung:[477] Offenheit wird vielmehr vorgetäuscht, als dass sie ernst gemeint wäre; wer sie ernst nimmt, wird im Zuge der Punktvergabe gegebenenfalls ‚bestraft'. Als allgemeiner Maßstab dessen, was als richtig gilt, werden Textanalysen und -interpretationen gesetzt, die hinter den Möglichkeiten literarischer Texte zurückbleiben. Dadurch erhalten die Kritikpunkte der Trivialisierung und Reduktion literarischer Bildung, die bereits hinsichtlich der Formate, die an Testaufgaben angelehnt sind, benannt wurden, in dem in Brandenburg gewählten Format weitere Brisanz.[478]

Bedenkt man die möglichen Folgen eines Unterrichts, der sich hinsichtlich der zu antizipierenden Rückwirkungen von zentralen Prüfaufgaben auf den Raum der Vermittlung an einem der beiden Aufgabenformate und ihren Anforderungen orientieren würde, so läge in beiden Fällen ein im Kontext literarischer Bildung als wenig günstig zu bewertendes ‚teaching-to-the-test' vor, da die Prüfaufgaben in den genannten Punkten keinen hinreichend adäquaten Umgang mit literarischen Texten zeigen. Dies ist aber offenbar weniger auf die Aufgabenformate, als auf die unter literaturwissenschaftlichen wie -didaktischen Gesichtspunkten benannten Problemstellungen, auf die beide in geringfügigen Unterschieden verweisen, zurückzuführen. Die Qualität der einzelnen Aufgaben lässt sich nicht an ihrem Format bemessen, sondern an den literarischen Rezeptionskompetenzen, die sie jeweils zu überprüfen fähig sind. Zu kritisieren wäre ein mit den vorgestellten Aufgaben einhergehendes ‚teaching-to-the-test' also nicht allein aufgrund der Verwischung der notwendigen Unterscheidung zwischen Lern- und Leistungsaufgabe,[479] sondern vor allem aufgrund ihres unter literaturtheoretischen Gesichtspunkten unzureichenden Umgangs mit literarischen Texten und den daran überprüften Kompetenzen der Schülerinnen und

---

476 Vgl. Spinner: A. a. O.
477 Vgl. Spinner: Der standardisierte Schüler. S. 8.
478 Vgl. ebd.
479 Vgl. Köster: A. a. O.

Schüler. Was KÖSTER als Problematik der Festlegung in den Erwartungshorizonten der zentral gestellten Abituraufgaben benennt, dürfte teilweise auch auf die untersuchten Aufgaben zum Abschluss der 10. Klasse zutreffen: KÖSTER belegt am Beispiel der Abituraufgaben, dass den Festlegungen im Erwartungshorizont eine „unzureichende Gegenstandsexpertise"[480] vorausgegangen sei. Hinweise darauf sieht sie in der Formulierung sachlich falscher sowie sachlich problematischer Angaben.[481] Die Beispiele dafür lassen sich den im Rahmen der vorliegenden Untersuchung kritisierten Gesichtspunkten zuordnen: der fehlenden Verbindung von Inhalt und Form hinsichtlich der Bedeutungskonstruktion zu einem literarischen Text, dem Verzicht auf hinreichend determinierte Verstehensziele in Aufgabenstellung und Erwartungshorizont sowie der Negation des Entscheidungsspielraums literarischer Texte in der Festlegung auf nur eine Sinnaussage.[482] Angesichts dieses Untersuchungsergebnisses muss betont werden, dass das entscheidende Kriterium zur Bewertung von Prüf- und auch Lernaufgaben insbesondere in ihrem Umgang mit dem jeweiligen Gegenstand zu sehen ist. Wäre dagegen davon auszugehen, dass Prüfaufgaben – in welchem Format auch immer – fähig wären, notwendige Kompetenzen für ein angemessenes Verstehen zu skizzieren und zu überprüfen, könnte ein entsprechendes ‚teaching-to-the-test' durchaus wünschenswert sein.[483]

Vor dem Hintergrund unzureichender Gegenstandsexpertisen ist aber nicht nur nach der möglichen Rückwirkung der Prüfaufgaben auf die Unterrichtssituation zu fragen, sondern auch nach einer Wechselwirkung beider – denn die in den Prüfaufgaben zu konstatierenden Problemstellungen könnten sich ebenfalls auf einen Unterricht zurückführen lassen, der bislang keine angemessenen Wege zur Vermittlung notwendiger Kompetenzen im Bereich literarischen Verstehens

---

480 Köster: Leistung und Qualität von Korrekturanleitungen im Zentralabitur Deutsch. S. 11.
481 Ebd.
482 Köster: Leistung und Qualität von Korrekturanleitungen im Zentralabitur Deutsch. S. 12ff.
483 Vor dem Hintergrund der Kritik an der ‚Marginalisierung literarischer Verstehensanforderungen' in den Berliner Prüfaufgaben aus dem Jahr 2008 und der damit verbundenen Gefahr eines sich entsprechend negativ auswirkenden ‚teaching-to-the-test' skizziert Kämper-van den Boogaart ein unter seiner Mitwirkung am IQB in Berlin entstandenes Aufgabenbeispiel, das aufgrund seiner deutlichen Zugehörigkeit zum Bereich ‚Reflektieren und Bewerten' als durchaus anspruchsvolles Aufgabenbeispiel angesehen werden kann. Die Rückwirkungen solcher Aufgaben auf den Literaturunterricht werden im Rahmen der zu erwartenden positiven Effekte zu Recht als entsprechend positiv zu besetzendes ‚teaching to-the-test' bezeichnet: „Teaching to the test wäre in diesem Fall einfach guter Literaturunterricht." In: Kämper-van den Boogaart: Korrumpieren Testaufgaben notwendig das literarische Verstehen? S. 67.

gefunden hat, bedenkt man das Beispiel so genannter ‚Checklisten' in Schulbüchern, die entsprechende Aufgabenstellungen im Bereich schulischer Prüfsituationen begünstigen könnten. Auch die Tendenz zur positiven Moralerziehung im Rahmen der Behandlung literarischer Texte könnte eine Voraussetzung entsprechender Festlegungen im Erwartungshorizont, wie im Beispiel der Brandenburger Aufgabe, bilden. Es wird im weiteren Verlauf der vorliegenden Untersuchung anhand von Lernaufgaben in Deutschlehrwerken für die 10. Klasse auch der Frage nachzugehen sein, inwiefern sich die benannten Aspekte als genuine Probleme von Prüfformaten im Bereich des literarischen Verstehens erweisen oder (auch) als Folge unterrichtlicher Vermittlung anzusehen sind.

Die Chance, ‚traditionelle', d.h. schon vor PISA zu konstatierende Problemstellungen literarischer Vermittlung und Überprüfung – hier bezogen auf das Feld der Überprüfung –zu lösen, wurde mit den dargestellten Aufgaben im Zuge bildungspolitischer Reformen nicht genutzt.[484] Die Problemstellungen verweisen aber nicht nur auf Defizite schulischer Vermittlung und Überprüfung, sondern nicht zuletzt auch auf Unsicherheiten hinsichtlich einer klaren Benennung zum Verständnis literarischer Texte notwendiger Kompetenzen bzw. des Wissens um deren kognitive Operationen auf Seiten der zuständigen Fachdidaktik.[485]

---

484 Kämper-van den Boogaart resümiert, dass der größte Nutzen der nach PISA entstandenen Bildungsdebatte, bezogen auf das Fach Deutsch, vor allem in der Erkenntnis bisheriger „eigener Versäumnisse" liege. Vgl. Kämper-van den Boogaart: Empirische Messungen im Bereich anspruchsvollen Lesens. S. 156.

485 Auch in der Fachdidaktik gelangt man zu dem Schluss, dass „in den letzten Jahrzehnten beim literarischen Textverstehen nicht allein die ‚Sorgfalt in der Vermittlung und Bewusstmachung der fachspezifischen Zugänge' (Spinner 2004, S. 134) gefehlt haben mag, sondern auch wenig darüber gestritten wurde, was besagte Zugänge überhaupt sind." In: Ders.: Empirische Messungen im Bereich anspruchsvolleren Lesens. S. 165.

V. Literar-ästhetische Bildung im Literaturunterricht nach PISA – Untersuchung von Lehrwerken und ihren Lernaufgaben

Wenngleich die Diskussion um die Messbarkeit von Kompetenzen die Unterrichtspraxis selbst weniger berühren dürfte, ist doch zu erwarten, dass die im Zuge der PISA-Testungen eingeführten Bildungsstandards und zentralen Prüfaufgaben durchaus Implikationen für die Unterrichts- und Lernaufgabenkultur mit sich führen. Output- und Kompetenzorientierung sind somit Schlagwörter, die über den Versuch der Leistungssteuerung auch die Unterrichtspraxis betreffen.

Doch nicht allein aufgrund bildungsadministrativer Vorgaben ist von Veränderungen in der Lern- und Aufgabengabenkultur auszugehen. Vor dem Hintergrund der Einsicht in literaturdidaktische wie unterrichtspraktische Defizite auf Seiten der Fachdidaktik zeigt sich, dass der Begriff der ‚Kompetenzorientierung' trotz berechtigter Kritik an PISA sinnvoll genutzt werden kann, um die Kluft zwischen Literaturtheorie und Literaturdidaktik[486] mit Blick auf die Vermittlungsprozesse des Literaturunterrichts zu minimieren.

1. Forschungs(gegen)stand, -interesse und -methode

Forschungsinteresse und -gegenstand

Im Folgenden sollen nun exemplarisch ausgewählte Deutschlehrwerke für die 10. Klasse und ihre Lernaufgaben zu Erzähltexten analysiert werden, um im Kontext bisheriger Überlegungen Auskunft hinsichtlich der Frage zu erhalten,

---

486 Vgl. Kammler: Literaturtheorie und Literaturdidaktik. S. 230: „Betrachtet man die Fülle neuerer Literaturtheorien (...), so mag verwundern, wie wenig Resonanz ein Teil davon in der Literaturdidaktik gefunden hat. Das dürfte vor allem damit zusammenhängen, dass manche dieser Konzeptionen, so avanciert sie in theoretischer Hinsicht sein mögen, aufgrund ihres hohen Abstraktionsniveaus und vor allem wegen ihrer mangelnden Ausrichtung auf ein spezifisches Verfahren der Textinterpretation nur bedingt für den Deutschunterricht geeignet sind. (...) Grundsätzlich stellt sich die Frage, inwieweit der Literaturunterricht, der in unseren Schulen tatsächlich stattfindet, überhaupt bestimmten literaturtheoretischen Grundsätzen folgt (und andere ignoriert), inwieweit ein bestimmtes literaturtheoretisches Bewusstsein das Denken und Handeln von Lehrern und Schülern in der Unterrichtspraxis bestimmt." Vgl. auch Kämper-van den Boogaart: Zur Fachlichkeit des Literaturunterrichts. S. 30ff.

ob und welchen Veränderungen die Konzeptionen literar-ästhetischer Bildung in Lehrwerken und Lernaufgaben seit der jüngsten Bildungsreform, die nach den PISA-Testungen im Jahr 2000 durchgeführt wurde, unterliegen. Aus diesen Ergebnissen kann abgeleitet werden, welche Auswirkungen der Bildungsreform sich unter dem Schlagwort der ‚Kompetenzorientierung' auf die schulische Vermittlung von Kenntnissen und Fähigkeiten im Bereich literarischer Rezeptionskompetenzen nachzeichnen lassen. Es wird zu fragen sein, an welchen Kriterien sich die Konzeption von Lehrwerken und Lernaufgaben orientiert:

- Welchen Niederschlag findet die seit PISA und den Bildungsreformen geführte Debatte um Kompetenzorientierung zum Zwecke der Steigerung der Unterrichtsqualität bzw. der Lernergebnisse (vgl. Kap. II)?
- Welches Verständnis von Kompetenzorientierung liegt vor? Findet eine Orientierung an Lesekompetenzmodellen statt (vgl. Kapitel III. 2) oder werden fachdidaktische Überlegungen und entsprechende Konzeptionen literar-ästhetischer Bildung konstruktiv aufgegriffen (vgl. Kapitel III. 3)?
- Welche Anschlussmöglichkeiten bestehen zwischen den Lehrwerken bzw. ihren Lernaufgaben und den Bildungsstandards sowie zentralen Abschlussprüfungen (vgl. Kapitel IV)?

Die Entscheidung für die Untersuchung von Lehrwerken und ihren Lernaufgaben, statt beispielsweise von Schülerinnen- und Schülertexten oder auch der Unterrichtspraxis selbst, gründet auf dem Interesse, weniger tatsächlich vorhandene Rezeptionskompetenzen der Schülerinnen und Schüler in den Mittelpunkt stellen zu wollen, als vielmehr die Kompetenzerwartungen und das Verständnis literar-ästhetischer Bildung auf der Seite von Fachdidaktiker und Lehrenden, die zur Konzeption und Umsetzung von Lehrwerken beitragen. Von besonderem Interesse sind insgesamt jeweils auch die Handreichungen für Lehrkräfte, da diese mit ihren didaktischen Erläuterungen und Lösungserwartungen einen detaillierten Einblick in die literaturdidaktische Konzeption der Lehrwerke sowie einzelner Lernarrangements gewähren. Die Auswahl der Lehrwerke orientiert sich an ihrem Erscheinungsdatum in den Jahren nach der ersten PISA-Studie 2000 bzw. der nachfolgenden Bildungsreform 2002. Im Mittelpunkt stehen dabei von Fachdidaktikern und Unterrichtspraktikern entwickelte Lehrwerke der den Markt prägenden Schulbuchverlage wie das „Deutschbuch" von Cornelsen[487] und „deutsch.punkt" von Klett[488] sowie deren Handreichungen[489]. Die

---

487 Deutschbuch 10. Texte, Themen und Strukturen. Neue Ausgabe. Hrsg. von Bernd Schurf u. Andrea Wagener. Erarb. von Gerd Brenner u.a., unter Beratung von Karl-Heinz Fingerhut. Cornelsen: Berlin, 2009. Zu diesem wohl am häufigsten im Deutschunterricht eingesetzten Lehrwerk gibt es zahlreiche Vorläufer desselben Titels. Zum Vergleich wird hier diejenige Ausgabe der Untersuchung zugeführt, die unmittelbar vor

Auswahl dieser beiden Lehrwerke bietet sich an, da das „Deutschbuch" des Cornelsen-Verlags mit seinen vor PISA entstandenen Vorläufern verglichen werden kann, während das Lehrwerk „deutsch.punkt" gänzlich neu unter dem Schlagwort der ‚Kompetenzorientierung' konzipiert und veröffentlicht wurde. Fokussiert wird auf dieser Grundlage das auf dem Bildungsmarkt und in der Unterrichtspraxis vorhandene und dominante ‚Wissen' über Lehren und Lernen im Bereich literar-ästhetischer Bildung. Es lässt sich untersuchen, ob dieses Wissen als Ausdruck „fachdidaktischer Expertise"[490] oder als „geronnene Schulerfahrung"[491] betrachtet werden muss – im Idealfall sollten diese Möglichkeiten zusammenfallen. Im Rahmen der durchzuführenden Untersuchung lässt sich auf diese Weise das praktizierte Bildungsverständnis allgemeinbildender öffentlicher Schulen im Umgang mit sog. ‚weichen' Anteilen schulischer Bildung am Beispiel der didaktischen Zielsetzungen des Literaturunterrichts nach PISA spiegeln.[492]

Eine Entscheidung für die Analyse von Lernaufgaben in Deutschlehrwerken, statt in vielfältigen anderen publizierten Unterrichtsmaterialien, erscheint in diesem Kontext sinnvoll, da es sich bei Schulbüchern – allein vor dem Hintergrund ihrer wirtschaftlichen Rentabilität – um ein Lernmedium handelt, das auf langfristigen Planungen beruht. Um eine möglichst lange Gültigkeit und Aktualität der Lerngegenstände sowie ihrer Vermittlung in Aussicht stellen zu können,

---

der ersten PISA-Studie 2000 aktuell war: Deutschbuch. Sprach- und Lesebuch 10. Hrsg. von Heinrich Biermann u. Bernd Schurf. Erarb. von Heinrich Biermann u.a. Cornelsen: Berlin, 2000.

488 deutsch.punkt. Zugänge zur Oberstufe. Erarb. von Jutta Biesemann u.a. Hrsg. vom Ernst-Klett-Verlag. Stuttgart, Leipzig, 2009. Das Buch wurde neu konzipiert und hat keinen Vorläufer, der sich zum Vergleich anböte, wurde aber für diese Untersuchung ausgewählt, da es mit Blick auf die Käuferwirkung bereits in der Gestaltung – angefangen über das Cover bis hin zur Gesamtgestaltung des Lehrwerks – eine starke Kompetenzorientierung suggeriert. Weitere Auflagen dieses Lehrwerkes sind bis 2013 geplant.

489 Deutschbuch 10. Texte, Themen und Strukturen. Neue Ausgabe. Handreichungen für den Unterricht. Hrsg. von Bernd Schurf u. Andrea Wagener. Erarb. von Gerd Brenner u.a. Cornelsen: Berlin, 2009. / deutsch.punkt. Zugänge zur Oberstufe. Lehrerband. Erarb. von Stefan Schäfer. Hrsg. vom Ernst-Klett-Verlag, Stuttgart, Leipzig, 2009.

490 Müller: Das Lesebuch und andere printbasierte Lehr- und Lernmittel. S. 261.

491 Müller-Michaels: Konzepte und Kanon in Lesebüchern nach 1945. S. 7. Zit. nach Müller: Das Lesebuch und andere printbasierte Lehr- und Lernmittel. S. 261.

492 Gleichwohl der Deutschunterricht zu den Kernfächern gezählt wird, beziehen sich die dazu zählenden Kernkompetenzen bzw. die Modellierung von Kompetenz vor allem auf die Fähigkeiten informationsentnehmenden Lesens (vgl. Lesekompetenzmodelle, Kap. III. 2). Die Modellierung literar-ästhetischer Rezeptionskompetenz zeichnet sich durch in ‚ill-structured-knowledge-domains' zu findende Problematiken aus, so dass auch das literarische Lernen als ‚weiche' Lerndomäne bezeichnet werden kann.

ist bei den didaktischen Aufgaben in Schulbüchern – aufgrund der medialen Darbietung in der Form des gedruckten Buches – von großer Kontinuität auszugehen. Schulbücher reagieren weniger schnell, aber gleichzeitig nachhaltiger auf einschneidende Wechsel in der Bildungslandschaft, wie beispielsweise auf die Bildungsreform 2002 mit ihrem Wechsel von der input- zur outputorientierten Steuerung des Bildungssystems.[493] Aufgrund dessen lassen sich anhand der Konzeption von Lehrwerken und ihren Lernaufgaben durchaus Rückschlüsse auf den Umgang der Schulbuchverlage mit Neuerungen in der Bildungslandschaft ziehen. Insgesamt ermöglicht die Untersuchung von Lehrwerken und ihren Lernaufgaben einen Ausblick darauf, was innerhalb des schulischen Vermittlungs- und Lernprozesses im Umgang mit literarischen Texten am Ende der 10. Klasse als Kompetenz betrachtet wird.

Ob die zu erwartenden Veränderungen in Lehrwerken und ihren Lernaufgaben in der Unterrichtssituation wirkungsmächtig sind, hängt letztlich sicherlich v. a. mit dem didaktischen Handeln der Lehrkraft – sowie vielen weiteren Faktoren – zusammen. Da verschiedene Untersuchungen aber gezeigt haben, dass Lehrerinnen und Lehrer Veränderungen in Lehrplänen weniger in das eigene Unterrichtshandeln einbeziehen, als aus der eigenen Praxis gewonnene Erfahrungswerte gelingenden Unterrichts[494], ist jedoch zu vermuten, dass die Veränderungen in Lehrwerken – ebenso wie jene in den Prüfungsritualen – größeren Einfluss auf Fragen der Vermittlung der Gegenstände im Unterricht haben dürften, als neue Setzungen in Form von Bildungsstandards. Da Lehrwerke gerade in den zentralen Fächern wie Mathematik oder Deutsch nach wie vor wichtige Planungshilfen des Unterrichts darstellen, ist der grundsätzlichen Annahme, dass Lernaufgaben aus Lehrwerken den Unterricht von Grund auf strukturieren[495], auch weiterhin Recht zu geben und wird dem Untersuchungsinteresse zugrunde gelegt. KÖSTER betont darüber hinaus, dass gelungene Schulbücher als ‚Leitmedien' ihrerseits sogar Einfluss auf bildungsadministrative Setzungen haben können[496], was ihr Gewicht als Einflussfaktoren schulischer Vermittlung zu ver-

---

493 Hier muss sicherlich auf den Unterschied zwischen Schulbüchern und weiterem, von den Schulbuchverlagen publiziertem Unterrichtsmaterial verwiesen werden: Direkt in der Folge der Diskussion um die PISA-Ergebnisse deutscher Schülerinnen und Schüler wurde eine Flut von Produkten auf den Markt gebracht, die durch (vermeintlich) gezieltes teaching-to-the-test Hoffnung auf bessere Prüfergebnisse der Schülerinnen und Schüler wecken.
494 Vgl. Kämper-van den Boogaart: Schulinterner Lehrplan. S. 318.
495 Vgl. Bohl: Aufgabenkultur. S. 331. Vgl. auch Eikenbusch: Qualität im Deutschunterricht der Sekundarstufe I und II. S. 204f.
496 Vgl. Köster/ Lindauer: Zum Stand wissenschaftlicher Aufgabenreflexion aus deutschdidaktischer Perspektive. S. 151.

deutlichen vermag. Gleichwohl muss im Rahmen der Untersuchung dem Umstand Rechnung getragen werden, dass die Analyse von Lehrwerken und Aufgabenstellungen nur bedingt aussagekräftig ist bzw. im Kontext weiterer, den Vermittlungs- und Lernprozess beeinflussender Faktoren gesehen werden muss, da beide selbst als eine Größe neben anderen ebenso relevanten zu verstehen sind. BOHL führt aus, dass eine didaktisch ertragreiche Analyse der Aufgabenkultur sowohl Aufgabenmerkmale, die intendierten Anforderungen der Lehrkraft als auch die tatsächliche Realisierung im Unterricht zum Gegenstand haben sollte.[497] Nicht alle der hier genannten Aspekte – bei denen es sich nur um einige innerhalb eines zu vervollständigenden Spektrums möglicher Untersuchungsaspekte handelt – können im Rahmen der vorliegenden Arbeit untersucht werden, wenngleich weitere ergänzende Forschung wünschenswert erscheint.

Eine Begrenzung der Untersuchung auf ausgewählte Lehrwerke für die 10. Klasse an Gymnasien und Gesamtschulen bietet sich an, da auf diese Weise unmittelbare Anschlussmöglichkeiten an die zuvor im Zusammenhang mit den Bildungsstandards dargestellten Prüfaufgaben für die Abschlussprüfungen an Gymnasien und Gesamtschulen nach der 10. Klasse bestehen. Auf dieser Grundlage können Aussagen über das Verhältnis von Prüf- und Lernaufgaben bzw. die Auswirkungen outputorientierter Bildungsstandards und ihrer Zielsetzungen in Abschlussprüfungen auf die Konzeption von literarischem Lernen in Lehrwerken und Lernaufgaben getroffen werden.

Forschungsstand

Analyse und Forschung im Bereich von didaktischen Unterrichtsmaterialien wie Lehrwerken und Lernaufgaben des Literaturunterrichts selbst stellen, trotz aller Diskussion um eine ‚neue Aufgabenkultur', nach wie vor ein eher unterrepräsentiertes Gebiet deutschdidaktischer Forschung dar. Diese konzentrierte sich im Zuge der Debatte um PISA zunächst vor allem auf die Analyse von Test- und Leistungsaufgaben, beispielsweise in Form der Generierung schwierigkeitsbestimmender Merkmale von Aufgabenstellungen hinsichtlich der drei bei den PISA-Autoren ARTELT ET AL. benannten Aspekte „Entscheidungsspielraum", „Präzisionsgrad" und „Integrationsgrad"[498]. Auf diese Aspekte beruft sich KIRS-

---

497 Vgl. Bohl: Aufgabenkultur. S. 333.
498 Vgl. alle drei Begriffe in: Artelt et al.: Die PISA-Studie zur Lesekompetenz. Überblick und weiterführende Analysen. S. 139-168. Zit. nach Schweitzer: Der Schwierigkeitsgrad von Textverstehensaufgaben. S. 26; 33; 39. Der ‚Entscheidungsspielraum' bemisst sich auf der Grundlage der Offenheit oder Geschlossenheit der potentiellen Lösungsmöglichkeiten einer Aufgabe; der ‚Präzisionsgrad' fragt danach, wie genau der Wortlaut

TIN SCHWEITZER in ihrer Untersuchung der schwierigkeitsgenerierenden Merkmale von Testaufgaben zum Textverstehen.[499] Mit Hilfe von schwierigkeitsgenerierenden Merkmalen der Aufgabenstellungen können allerdings eher formale Kriterien zur Aufgabenentwicklung und -bewertung konzipiert werden. Sie leisten aber kaum einen Beitrag zur der Bewertung der fachdidaktischen Güte und inhaltlichen Qualität einer Aufgabe. Dies zeigt beispielsweise das von KERSTIN METZ ET AL. erstellte Modell zur Bewertung des kognitiven Anspruchs von Lernaufgaben im Deutschunterricht.[500] Die Festlegungen verbleiben im Rückgriff auf einen erweiterten Textbegriff zu formal und allgemein, als dass fachdidaktische Kriterien für qualitativ gute Aufgabenstellungen im Umgang mit literarischen Texten für die nachfolgende Untersuchung abgeleitet werden könnten. Hilfreicher erscheinen die bei KÖSTER zur Bewertung von Leistungsaufgaben vorgenommenen Kategorisierungen in die Begriffe „Offenheit und Komplexität"[501], da sich diese nur bedingt auf strukturelle Kriterien und Fragen des Aufgabenformats eingrenzen lassen. Fragen der Komplexität einer Aufgabe behandeln im Zuge der Benennung erforderlicher Textoperationen immer auch fachdidaktische Anforderungen hinsichtlich entsprechender Rezeptionskompetenzen und eines angemessenen Umgangs mit literarischen Texten.

Im Mittelpunkt bisheriger Forschung stehen zudem häufig expositorische Texte. JÖRG SCHLEWITT untersucht die Funktion und Struktur von Aufgabenstellungen in neueren Lesebüchern des Deutschunterrichts[502], MARTIN LEUBNER den Zusammenhang zwischen den Bildungsstandards im Fach Deutsch und den Aufgaben zu Sach- und Gebrauchstexten in aktuellen Deutschlehrbüchern.[503] Die Ergebnisse der genannten Untersuchungen sind aufgrund ihrer Gegenstände und ihrer Orientierung an Lesekompetenzen, statt literarischen Rezeptionskompetenzen, im Kontext der vorliegenden Arbeit nur bedingt bzw. kaum verwertbar.

---

einer Aufgabenstellung gelesen werden muss; der ‚Integrationsgrad' bezieht sich auf die Art und Weise bzw. Komplexität der erforderlichen Kohärenzbildung.
499 Vgl. Schweitzer: Der Schwierigkeitsgrad von Textverstehensaufgaben. Vgl. zu den schwierigkeitsbestimmenden Merkmalen von Aufgaben zu expositorischen Texten aus sprachwissenschaftlicher Sicht: Schäfers: Aufgabenstellungen im Deutschunterricht.
500 Vgl. Metz et al.: Kognitiver Anspruch von Aufgaben im Deutschunterricht. S. 75ff.
501 Köster: Konzeptuelle Aufgaben. S. 167ff.
502 Vgl. Bohl: Aufgabenkultur. S. 331. Vgl. auch Schlewitt: Funktion und Struktur von Aufgabenstellungen in Lesebüchern der neueren Generation. S. 145f.
503 Vgl. Leubner: Die neuen Bildungsstandards und die aktuellen Aufgaben in Deutschbüchern. Im Druck befindet sich derzeit auch eine Publikation von Jens Birkmeyer, die - vermittels ihres Titels – Hinweise auf Merkmale guter Lernaufgaben im Deutschunterricht erwarten lässt. Vgl. Birkmeyer: Was sind gute Lernaufgaben?

Der Mangel an Untersuchungen zu Verstehensaufgaben im Bereich literarischer Rezeptionskompetenzen dürfte auf die Schwierigkeiten und bestehenden Unsicherheiten der Modellierung genuin literar-ästhetischer Rezeptionskompetenzen zurückzuführen sein, aus der sich bislang keine verallgemeinerbaren Aussagen gelungener Lernaufgaben oder didaktischer Konzepte generieren lassen, wie auch SPINNER konstatiert:

> „Für einen kompetenzorientierten Unterricht gibt es nun allerdings noch kein ausgearbeitetes Modell, das theoretisch fundiert und empirisch gestützt eine anzustrebende Lernentwicklung für den Umgang mit Literatur beschreibt."

Vor diesem Hintergrund kann kaum auf vielfältige Untersuchungen verwiesen werden. Ein formales Modell zur Analyse und Konstruktion von Lernaufgaben im Bereich des literarischen Verstehens haben MARTIN LEUBNER und ANJA SAUPE vorgelegt. Sie beziehen sich in ihren Überlegungen auf Textverstehensaufgaben zu literarischen Texten und generieren verschiedene Kategorien innerhalb ihres „erweiterten 5-Aspekte-Modells", die bei der Analyse und Entwicklung didaktischer Aufgaben zugrunde gelegt werden können:

Tab. 14: Das erweiterte 5-Aspekte-Modell nach Anja Leubner und Martin Saupe[504]

1	Kompetenzen des Textverstehens
2	Methoden
3	Phasierung
4	Schwierigkeitsgrad
5	Format
6	Strategieerwerb
7	Begriffs-/Methodenerwerb

Die vorgenommene Modellierung der Analyse- und Bewertungskategorien ist durchweg bedenkenswert, um Lernaufgaben mit Blick auf ihre Qualität für Unterrichtszusammenhänge und -ziele möglichst umfassend untersuchen zu können, da verschiedene grundlegende Aspekte vergegenwärtigt und zueinander in Beziehung gesetzt werden. Die Anwendung der Kategorien auf Aufgabensets aus Lernsituationen erscheint bei LEUBNER/SAUPE durchweg schlüssig, wenngleich in ihrer Untersuchung zweier verschiedener Aufgabensets kaum beabsichtigt wird, verallgemeinernde Schlüsse zu ziehen. Hinsichtlich der analysierten Aufgabensets gelangen sie zu einem eher negativen Urteil:

---

504 Leubner/ Saupe: Textverstehen im Literaturunterricht und Aufgaben. S. 7.

„Das Aufgabenset ermöglicht den Schülern insgesamt kein hinreichendes Textverstehen. (...) Außerdem muss die Phasierung als problematisch gelten. (...) Zwar können die Schüler wichtige Analysekategorien erwerben, doch ist dieser Erwerb teilweise aufgrund einer falschen Definition der Kategorien problematisch."[505]

Konkrete sowie zugleich verallgemeinerbare Kriterien oder Aufgabenvorschläge zur Wahrung der inhaltlichen bzw. fachdidaktischen Güte von Lernaufgaben oder zur Konzeption sinnvoll kompetenzorientierter Aufgaben sind darüber hinaus nur vereinzelt zu finden. Die Überlegungen ZABKAS illustrieren beispielsweise sinnvolle Didaktisierungen kognitiver Textverstehensprozesse der Schülerinnen und Schüler in Form solcher Lernaufgaben, die das individuelle Vorwissen aktivieren oder die genaue Wahrnehmung literarischer Texte im Rahmen von Lesestrategien trainieren sollen.[506] KARL-HEINZ FINGERHUT stellt im Rahmen seiner Überlegungen zur Gestaltung eines kompetenzorientierten Literaturunterrichts auf der Ebene von Lehrwerken und ihrer Aufgabenkultur Fragen der Methodik in den Mittelpunkt.[507] Grundlage seiner Ausführungen ist

„das pädagogische Theorem des selbständig arbeitenden Schülers, des Lernens an Problemlösungsaufträgen bei gleichzeitigem Lernen als Erwerb von abfragbarem Wissen."[508]

Das Lehrwerk erfährt in dieser Form der Didaktisierung eine Erweiterung seiner Funktionen: Es ist nicht mehr zentrale Planungs- und Organisationsgröße des Literaturunterrichts, sondern wird als ‚Lehrerersatz' gesehen und soll dessen Funktionen – „Instruktor", „Informator", „Ratgeber", „Textanalytiker/Formalist", „Kompetenz-Trainer" und „Lernprozessbegleiter"[509] – weitgehend übernehmen. Der Lehrer tritt zunehmend als bloßer Kontrolleur des Lerngeschehens hinter das Lehrwerk zurück. Präsent ist der Lehrer dann, folgt man FINGERHUT, lediglich bzw. vor allem noch als Entwickler der in den Lehrwerken

---

505 Leubner/ Saupe: Textverstehen im Literaturunterricht und Aufgaben. S. 187.
506 Vgl. Zabka: Diskursive und poetische Aufgaben zur Texterschließung. Bedenkenswert sind auch die jeweiligen Vorschläge Spinners zu den elf Aspekten literarischen Lernens (vgl. Kap. III.3.1). Vgl. Spinner: Literaturunterricht in allen Schulstufen und -formen. S. 97ff.
507 Darüber hinaus sind Fingerhuts Vorschläge mit Blick auf die Untersuchung von Lernaufgaben innerhalb der vorliegenden Arbeit auch deshalb von gesondertem Interesse, weil seine Ausführungen Einfluss auf die Entwicklung des „Deutschbuchs" vom Cornelsen-Verlag – dessen Lernaufgaben in der vorliegenden Arbeit u. a. untersucht werden sollen – gehabt haben dürften, als dessen Berater er dort explizit ausgewiesen wird. Vgl. Deutschbuch. Texte, Themen und Strukturen. Neue Ausgabe. 10. S. 1.
508 Fingerhut: Aufgabenkultur im kompetenzorientierten Unterricht. S. 218.
509 Alle Zitate: Fingerhut: Aufgabenkultur im kompetenzorientierten Unterricht. S. 215.

abgedruckten Aufgaben.[510] Definierte man die Zielsetzungen des Literaturunterrichts beispielsweise lediglich als Erwerb von abfragbarem Wissen, erschiene ein Lehrbuch als Lehrerersatz möglicherweise hinreichend. Da aber auch FINGERHUT nicht von dieser Prämisse ausgeht[511], sind die von ihm dem Lehrwerk zugeschriebenen Funktionen wenig nachvollziehbar. Die spezifischen Anforderungen des Literaturunterrichts erfordern spezifische Lehrerkompetenzen, denen ein Lehrwerk kaum gerecht werden dürfte, wenn man die Zielsetzungen nicht auf den Erwerb abfragbaren Wissens reduzieren will: den Blick der Schülerinnen und Schüler auf die Gegenstände ihres Lernens zu fokussieren, sich über Entdeckungen im Text sowie auch deren möglicherweise unterschiedliche Deutungsweisen im Gespräch oder mit Hilfe anderer methodischer Verfahren adäquat auszutauschen etc. Benötigt wird – neben fachlicher Kompetenz – eine gesonderte Diagnose- und Gesprächskompetenz, die flexibel auf die Anregungen der Schülerinnen und Schüler in der Auseinandersetzung mit literarischen Texten zu reagieren fähig ist.

Trotz der zu fachdidaktischen und unterrichtspraktischen Defiziten vorliegenden Untersuchungsergebnisse, welche die Vermittlung zentraler Kernbereiche literarischer Rezeptionskompetenz betreffen (vgl. Kap. III.3.1), konzentriert sich FINGERHUT auf den Bereich der Methodenkompetenz zur Realisierung kompetenzorientierten Unterrichts. Die Bestrebungen einer kompetenzorientierten Ausrichtung des Literaturunterrichts zielen bei FINGERHUT offenbar vor allem auf die Förderung selbständigen Wissens- und Kompetenzerwerbs sowie methodischer Verfahrensweisen eigenständigen Arbeitens statt auf unterrichtspraktische Konsequenzen im Bereich der Kategorie ‚(Teil-)Kompetenzen des Textverstehens' (LEUBNER/ SAUPE) oder des ‚literarischen Verstehens' (SPINNER). FINGERHUTS Überlegungen unterlaufen gewissermaßen die Ergebnisse fachdidaktisch-empirischer Studien, die eine solche methodische Schwerpunktsetzung monieren, da diese den Blick zu stark von den fachlichen Inhalten des Lernens an literarischen Texten ablenken könnte.[512] Die beschriebenen Unterschiede in der Verwendung des Kompetenzbegriffs und daraus resultierender differenter Schlussfolgerungen für einen kompetenzorientierten Unterricht sind auf entsprechende Unterschiede in der fachdidaktischen Modellierung schulisch zu vermittelnder Teilkompetenzen zurückzuführen. Grundsätzlich kann die Mo-

---

510 Ebd.
511 Vgl. Fingerhut: Aufgabenkultur im kompetenzorientierten Unterricht. S. 218.
512 Vgl. Winkler: A. a. O. Es muss gleichzeitig aber darauf hingewiesen werden, dass Fingerhuts Ansatz Anschlussmöglichkeiten zu literaturdidaktischen Modellierungen beispielsweise bei Abraham enthält, die aber im Rahmen der vorliegenden Arbeit vor allem mit Blick auf ihre Defizite wahrgenommen werden. Vgl. Abraham: A. a. O. Vgl. Kapitel III.3.1 der vorliegenden Arbeit.

dellierung SPINNERS für den Bereich literarischer Rezeptionskompetenzen zwar als fachdidaktischer Konsens bezeichnet werden; hinsichtlich seiner Konzentration auf literarische Rezeptionskompetenzen kommt es im Vergleich beispielsweise mit der Modellierung ABRAHAMS aber zu Verschiebungen, da dieser auch produktive und methodische Zielsetzungen und Teilkompetenzen einbindet (vgl. Kap. III.3).[513] FINGERHUTS Kriterium der Berücksichtigung von Methodenkompetenz scheint eher an die Modellierung ABRAHAMS anschlussfähig zu sein. Wie bereits in Kapitel III.3.1 mit Blick auf ABRAHAMS Überlegungen kritisch diskutiert wurde, wird auch in FINGERHUTS Ausführungen nicht eindeutig umrissen, in welcher Weise der Begriff der ‚Methodenkompetenz' verwendet wird: ob damit beispielsweise Unterrichts-, Lern- oder Methoden der Texterschließung angesprochen werden.[514]

FINGERHUT leitet u.a. aus den hier skizzierten Prämissen Kriterien zur Entwicklung und Bewertung von kompetenzorientierten Lernaufgaben in Deutschlehrwerken ab. Diese Kriterien sind, trotz der Fragwürdigkeit ihrer Prämissen, teilweise durchaus bedenkenswert. Zum einen plädiert er für

- die Aktivierung eines „breiten Spektrum[s] an Lerneraktivitäten"[515],
- deren „interessante didaktische Inszenierungen"[516],
- „kompetenz-erwerbs-orientierte Abfolgen von Aufgabenstellungen"[517],
- eine „Generalprämisse des Integrationskonzepts"[518] sowie
- ein „Lebensbezug-Postulat"[519].

Die ersten beiden Kriterien verweisen auf anspruchsvolle Aspekte der Entwicklung und Bewertung von Lernaufgaben. Gleichzeitig verbleiben diese Kriterien aber so unspezifisch, dass kaum konkrete Hinweise abgeleitet werden können, die im Rahmen der Untersuchung der vorliegenden Arbeit verwendet werden könnten. Der „Wunsch"[520] nach einem ‚breiten Spektrum an Lerneraktivitäten' wirft vielmehr weitere Fragen erst auf: Wird dabei auf die verschiedenen Teil-

---

513 Abraham modelliert u.a. einzelne Niveaustufen für die Fähigkeit der unterschiedlich kompetenten Anwendung eines handlungsorientierten Unterrichtsverfahrens (Standbildbau). Vgl. Abraham: A. a. O.
514 Abraham subsumiert unter dem Begriff der ‚Methodenkompetenz' sowohl Unterrichtsmethoden wie handlungs- oder produktionsorientierte Verfahren, als auch analytische Interpretationsmethoden zum deutenden Umgang mit Texten, beispielsweise hinsichtlich der Einbindung von (Kon-)Textwissen. Vgl. Abraham: A. a. O. (vgl. Kap. III. 3).
515 Fingerhut: Aufgabenkultur im kompetenzorientierten Unterricht. S. 218.
516 Ebd.
517 Fingerhut: Aufgabenkultur im kompetenzorientierten Unterricht. S. 216.
518 Fingerhut: Aufgabenkultur im kompetenzorientierten Unterricht. S. 218.
519 Ebd.
520 Ebd.

kompetenzen literarischer Rezeptionskompetenz abgehoben, die an unterschiedlichen literarischen Texten gelernt werden können und sollen? Oder zielt der Begriff der ‚Lerneraktivitäten' auf abwechslungsreiche Arbeitsformen der Schülerinnen und Schüler? Wodurch wird das ‚breite Spektrum' definiert, welche ‚Aktivitäten' sind im Umgang mit Literatur jeweils angemessen, welche nicht? Dieselbe Problematik begrifflicher Unschärfe trifft auch auf FINGERHUTS Forderung nach ‚interessanten didaktischen Inszenierungen' der Lerngegenstände zu.

Die gesonderte Beachtung der Abfolge einzelner Aufgabenstellungen oder auch ganzer Aufgabensets knüpft an kognitionspsychologische Erkenntnisse zu Verstehensoperationen sowie beispielsweise auch an die Ergebnisse der Studie WINKLERS an, die den häufig fehlenden Zusammenhang zwischen einzelnen Lernaufgaben in Form einer übergeordneten Fragestellung moniert, da Schülerinnen und Schülern auf diese Weise kaum zielführendes und sinnvolles Arbeiten ermöglicht wird (vgl. Kap. III. 3).[521] Die aufeinander abgestimmte Abfolge einzelner Aufgabenstellungen setzt die genaue Analyse des Lerngegenstandes sowie der Verstehensoperationen und Arbeitsschritte der Schülerinnen und Schüler voraus und zielt insofern sinnvoll auf die Steuerung der Lernprogression. Diesem Aspekt wird in der nachfolgenden Untersuchung von Lernaufgaben in aktuellen Deutschlehrwerken Rechnung getragen werden.

Der Begriff des ‚Integrationskonzepts' greift die Verwendung von (Kon-)-Textwissen für den Verstehensprozess zu literarischen Texten auf. Er schützt vor einem mehr schematischen und bedeutungsleeren Zugriff auf (Kon-)Text- und Methodenwissen im Zusammenhang mit der Lektüre literarischer Texte und fordert stattdessen die sinnvolle Anwendung solchen Wissens für die Analyse und Interpretation. Auch FINGERHUT erinnert mit diesem Begriff zunächst daran, dass Schülerinnen und Schüler Kenntnisse und Fähigkeiten, die sie im Bereich literarischer Rezeptionskompetenz erwerben, als ‚nützlich' für das Textverstehen erfahren können müssen – wenngleich der hier benannte Nutzen nicht immer zu einer umfassenden Interpretation führen muss, sondern auch das Wissen um die potentielle Unabschließbarkeit des Sinnbildungsprozesses einschließt.

‚Das Lebensbezug-Postulat' als weiteres Kriterium fordert zunächst grundlegend zur Auswahl dem Alter der Schülerinnen und Schüler angemessener literarischer Texte auf, wenngleich zudem bedacht werden sollte, dass literarische Texte den Horizont der Schülerinnen und Schüler nicht nur abdecken, sondern vor allem erweitern sollen. Problematisch aber ist der Begriff eines ‚Lebensbezug-Postulats' im Zusammenspiel mit jenem des ‚Integrationskonzepts', die er in Abhängigkeit zueinander benennt:

---

521 Vgl. Winkler: A. a. O.

„Das heißt, die Teilkompetenzen sollen im lebensbezüglich plausiblen Verbünden erworben werden können. (...) [Dieses Konzept] unterstellt, das Kenntnisse dann erfolgreich zu gewinnen sind, wenn sie zur Lösung von Fragen beitragen, dass Methoden nachhaltig erworben werden, wenn sie einen Sachverhalt erfolgreich zu erschließen erlauben (...)."[522]

Bezogen auf die Notwendigkeit, Wissen und Deutung miteinander in Einklang bringen zu können, sind FINGERHUTS Ausführungen sicherlich zutreffend. Fraglich ist aber, welche ‚Fragen' und ‚Sachverhalte' bei ihm gemeint sind, zu deren Lösung Sach-, Fach- und Methodenwissen beitragen soll. Im Zusammenhang mit dem Postulat eines Lebensbezugs bezieht er sich offenbar weniger auf Verstehensschwierigkeiten, welchen der Text seine Leser aussetzt, als vielmehr auf die Lösung von Fragen des eigenen Lebens und Sinnbildungsprozesses. Dass solche Fragen – mit Blick auf das Wechselspiel von Text- und Selbstdeutung – im Zuge der Lektüre literarischer Texte eine große Rolle spielen, ist unbestritten. Letztlich dürfte ein solcher Zugang zu literarischen Texten die Motivationsgrundlage vor allem privater Lektüre darstellen. In der Schule jedoch – auch vor dem Hintergrund der Bewertbarkeit des Gelernten – sollten Fragen der Analyse und Interpretation des Textes selbst im Vordergrund stehen, ohne den individuell-subjektiven Zugang der Schülerinnen und Schüler negieren zu wollen. Es sollte auch nicht darüber hinweggesehen werden, dass literarische Texte ohnehin keine unmittelbaren Antworten auf Fragen, die das eigene Leben betreffen, liefern und nicht in dieser Weise instrumentalisiert werden können (vgl. Kap. III. 1).

Konkretere Vorschläge, die den genannten Prämissen und Kriterien Rechenschaft tragen sollen – und dies im Sinne der konzeptuellen Ausführungen FINGERHUTS auch tun –, sind entsprechend wenig überzeugend, da sie erneut auf die bereits diskutierten Schwierigkeiten verweisen:

„In den neuen Lehrwerken fordert das ehrgeizige Projekt einer kompetenzorientierten Integration eine Inszenierung der Lerngegenstände auf magazinmäßig layouteten Doppelseiten im Vierfarbdruck, die Kontextuierung der als Lerngegenstände eingesetzten (literarischen) Texte durch methodisch aufbereitete Paratexte (Anmoderationen, Info- und Merkkästen, Grafiken, Tabellen). Die Arbeitsanregungen beziehen sich in aller Regel auf diese didaktischen Makrotexte, nicht ausschließlich auf die literarischen Materialien. Aufgabenstellungen, die in derart präparierten Text-Kontext-Ensembles des integrierten Lernens stehen, focussieren die Eigentätigkeit des Lerners den Texten und den von diesen aufgeworfenen Problemen gegenüber. Kompetenzen werden nicht jeweils eigens genannt und als Lerngegenstand thematisiert. Man erwirbt sie sozusagen en passant und implizit (...)."[523]

---

522 Fingerhut: Aufgabenkultur im kompetenzorientierten Unterricht. S. 218.
523 Fingerhut: Aufgabenkultur im kompetenzorientierten Unterricht. S. 219.

Die Gestaltungsvorschläge FINGERHUTS passen sich offenbar Sehgewohnheiten an, die im Medium des gedruckten Buches die Bildfrequenz anderer Medien nachzuahmen versuchen. Unabhängig davon, welche Position man in dieser Debatte einnimmt, droht mit dieser Gestaltungsweise eines Lehrwerks die Gefahr, dass die literarischen Texte nicht mehr im Mittelpunkt des Lernens im Literaturunterricht stehen. Für Schülerinnen und Schüler könnte Unsicherheit hinsichtlich der Frage des Lerngegenstands herrschen, da sich die Aufgabenstellungen ebenso auf sogenannte Makro- oder Paratexte beziehen sollen wie auch auf den literarischen Text. Zwar verhindert die Vielzahl an Texten analytische und interpretatorische Beliebigkeit, da sie Aufgabenstellungen passgenau in ein solches Umfeld einbettet, innerhalb dessen die Schülerinnen und Schüler diese selbständig, weitgehend ohne eingreifendes oder lenkendes Lehrerhandeln, lösen sollen. Allerdings weisen die Vorschläge FINGERHUTS auf stark den Blickwinkel verengende Aufgabensets hin, die der individuellen Bedeutungskonstruktion durch den Leser sowie der systematischen Mehrdeutigkeit literarischer Texte voraussichtlich nicht gerecht werden können. Eine solche Verengung wäre weit weniger notwendig, wenn Teilkompetenzen nicht ‚en passant' erworben, wie von FINGERHUT gefordert, sondern hinsichtlich ihrer Anwendung reflektiert werden würden. Erst diese Reflexion des eigenen Verstehensprozesses ermöglicht die nachhaltige Sicherung einzelner Fähigkeiten und vergrößert die Möglichkeiten ihrer flexiblen Anwendung auf unterschiedliche literarische Texte.[524]

Es dürfte deutlich geworden sein, dass die Ausführungen FINGERHUTS zwar einige aufschlussreiche Untersuchungsaspekte enthalten, insgesamt aber häufig nicht mit den literaturdidaktischen Prämissen, die im Rahmen der vorliegenden Arbeit dargestellt und abgeleitet wurden, übereinstimmen. Inwieweit FINGERHUTS Überlegungen dennoch nützlich für einen gelingenden kompetenzorientierten Unterricht sein können, soll im Rahmen der Lehrwerks- wie Lernaufgabenanalyse eingehend diskutiert werden.

FINGERHUTS Überlegungen sind für die nachfolgende Untersuchung aber insofern von Interesse, da er seine Betrachtungen nicht ausschließlich auf voneinander separierte Textverstehensaufgaben oder -aufgabensets begrenzt, sondern ihre Einbettung in Lehrwerke, als prominentestem Lehr- und Lernmittel des Unterrichts, einbezieht.

Dass die PISA-Debatte starken Einfluss auf die von den Schulbuchverlagen publizierten Unterrichtsmaterialien genommen hat, wird bei einer Vielzahl von Veröffentlichungen bereits im Titel deutlich.[525] Angesichts bestehender Unsi-

---

524 Vgl. Kämper-van den Boogaart zum Aspekt der ‚Metakognition': A. a. O.
525 Vgl. a. a. O.

cherheiten im Feld der Literaturdidaktik ist daher mit Blick auf die nachfolgenden Untersuchungen zu fragen,

- welcher deutschdidaktischen Konzeption bzw. Orientierung ein Lehrbuch folgt,
- ob zwischen Lesekompetenz und literar-ästhetischer Rezeptionskompetenz unterschieden wird,
- welche Verfahrensweisen der Analyse und Interpretation angewendet werden und
- in welchem Verhältnis diese zur Vermittlung literarischer Rezeptionskompetenz stehen.

Untersuchungskriterien zur Beantwortung dieser Fragen auf der Ebene der Lehrwerkskonzeption hat u.a. KARLA MÜLLER benannt.[526] Rückschlüsse hinsichtlich der Systematik und Kompetenzorientierung eines Lehrwerks ermöglicht beispielsweise die Aufteilung und Abfolge der einzelnen Kapitel. Auf der Ebene einzelner Kapitel bietet u. a. die Analyse der Gestaltung des Zusammenspiels von Primärtexten, Instruktionstexten und Lernaufgaben einen Einblick in bestimmte fachdidaktische Schwerpunktsetzungen und Verfahrensweisen[527]. Dadurch lassen sich die punktuellen Ergebnisse zur Konzeption von Lernaufgaben zu einzelnen literarischen Texten im übergeordneten Zusammenhang der Lehrwerkskonzeption betrachten. Es ergeben sich Ausblicke auf das der Entwicklung eines Lehrwerks zugrunde liegende Verständnis schulischer Bildung im Bereich literarischer Rezeptionskompetenzen insgesamt. MÜLLER kommt in diesem Zusammenhang innerhalb ihrer Betrachtungen zu Lehrbüchern zu dem Schluss, dass

„[d]ie zur Zeit auf dem Merkt befindlichen Lesebuchreihen (…) mehrheitlich noch nicht die jüngste Diskussion um Aufgaben im Literaturunterricht und das Verhältnis von Aufgabentyp und Kompetenzerwerb [berücksichtigen]."[528]

---

526 Die Forschung zu Lehrbüchern im Lernbereich Deutsch konzentriert sich mehr auf die Analyse und Bewertung der Gesamtkonzeption von Lehrwerken, beispielsweise auf deren integrative Ausrichtung hinsichtlich der Vermittlung von Kenntnissen und Fähigkeiten im Umgang mit sowohl literarischen, als auch expositorischen Texten. Vgl. auch Fingerhut: Literarische Bildung unter den Bedingungen von Qualitätssicherung und Kompetenzerwerb in integrierten Lesebüchern für die Sekundarstufe I. Vgl. zudem: Bremerich-Vos: Nicht nur Lese- und nicht nur Sprachbuch – Anmerkungen zu einem integrativen Lehrwerk für die Sekundarstufe I.
527 Vgl. Müller: Das Lesebuch und andere printbasierte Lehr- und Lernmittel für den Lese- und Literaturunterricht. S. 248.
528 Müller: Das Lesebuch und andere printbasierte Lehr- und Lernmittel für den Lese- und Literaturunterricht. S. 247.

Methodisches Vorgehen

Aufgrund des dieser Arbeit zugrunde liegenden Kompetenzbegriffs (vgl. Kapitel III. 3. 1) sowie fehlender adäquater Konzeptionen kompetenzorientierten Literaturunterrichts gründet die nachfolgende Untersuchung auf den bei SPINNER beschriebenen elf Aspekten ‚Literarischen Lernens' und den darauf aufbauenden Überlegungen zur Systematisierung einzelner Teilkompetenzen bei KAMMLER, ZABKA oder KÄMPER-VAN DEN BOOGAART (vgl. Kap. II. 3. 1).[529] Die daraus abgeleiteten möglichen Untersuchungsaspekte zur Bewertung von Lehrwerken und Lernaufgaben hinsichtlich ihrer Kompetenzorientierung (vgl. Kap. III. 3. 2) stellen dabei den konkreten Untersuchungsrahmen dar, wenngleich vor dem Hintergrund einer notwendigen Begrenzung nicht alle Aspekte vollständig behandelt werden können. Um der Frage nachgehen zu können, welcher Begriff von ‚Kompetenzorientierung' den einzelnen Lehrwerken zugrunde liegt und um davon ausgehend auf ein entsprechend sich spiegelndes Verständnis literarästhetischer Bildung schließen zu können, erscheint eine vollständige Bearbeitung des Fragenkatalogs jedoch gar nicht notwendig. Zu diesem Zweck kann eine hinreichende wie gleichermaßen notwendige Eingrenzung der Untersuchungsaspekte auf die ersten drei der in Kapitel III.2 zusammengestellten Untersuchungsaspekte für Lernaufgaben vorgenommen werden – zumal sich alle hier aufgeführten Fragestellungen teilweise überschneiden und immer auch in ihrem Zusammenhang gesehen werden müssen:

Tab. 15: Eingrenzung der Analyseaspekte für Lernaufgaben zu literarischen Texten in den zu untersuchenden Deutschlehrwerken

Untersuchungs-aspekt	Erläuterung
(1) Fokussierung notwendiger und erforderlicher Teilkompetenzen →	Liegt eine hinreichende Gegenstandsanalyse vor, die um die Antizipation der Verstehenshürden der SuS und die notwendigen Textverstehensoperationen bemüht ist? Werden bzw. wie werden diese in die Aufgabenstellungen und ihren Zusammenhang untereinander integriert? Gibt es eine übergeordnete Fragestellung, von der aus der Text analysiert wird? Wie ist die Textauswahl zu beurteilen: Bieten die Texte anspruchsvolle Lernmöglichkeiten?
(2) genaue Text-	Werden Lesestrategien, z.B. Methoden des ‚close reading' ange-

---

[529] Die bei Spinner genannten Aspekte und darauf aufbauend diskutierten Teilkompetenzen literarischen Verstehens, welche die fachdidaktische Grundlage der Untersuchung der Lernaufgaben in Deutschlehrwerken darstellen, werden hier nicht erneut aufgeführt, da sie bereits in Kapitel III. 3 ausführlich erläutert wurden.

wahrnehmung, auch hinsichtlich seiner Unverständlichkeitsstellen →	wendet? Wie werden diese didaktisiert und in die Textarbeit integriert? Wird der Text hinsichtlich der Besonderheiten literarischen Erzählens/ seiner Literarizität wahrgenommen?
(3) angemessene Funktionalisierung von Wissen mit Blick auf Textverstehen →	Welche Funktion übernehmen verschiedene Wissensbereiche (narratives Textwissen, Gattungswissen, literaturhistorisches Wissen etc.) im Rahmen des Verstehensprozesses? Welche Funktion übernimmt Strategiewissen/syntaktisches Wissen und wie wird dieses didaktisiert? Werden verschiedene Wissensbereiche so auf die Texte bezogen und in die Textarbeit integriert, dass konkrete Verstehensprozesse initiiert werden? Wird Wissen angewendet, um Verstehenshorizonte zu eröffnen oder findet mehr schematisierendes, formelhaftes Lernen statt? Werden formale und inhaltliche Textbetrachtungen sinnvoll aufeinander bezogen?

Das Lesen und Wahrnehmen des Textes setzen den Anfangspunkt jeder Textbegegnung sowie der Textanalyse und -deutung. Ausgehend von der Annahme, dass im Besonderen auch die Unverständlichkeitsstellen eines Textes die Konstruktion von Bedeutung initiieren können, wird der Aspekt der ‚genauen Textwahrnehmung' die Untersuchung der Lernaufgaben stets begleiten.

Mit einer besonderen Konzentration auf den Aspekt der ‚Funktionalisierung von Wissen' im Rahmen von Textverstehensprozessen kann die Untersuchung sinnvoll begrenzt werden. Zugleich bietet dieser Fokus vielfältige Anschlussmöglichkeiten an alle weiteren Untersuchungsaspekte – die genannten Untersuchungsaspekte müssen, ebenso wie die einzelnen Teilkompetenzen literarischer Rezeptionskompetenz, immer in ihrem Zusammenspiel betrachtet werden. So greifen Fragen der Funktionalisierung von Wissen beispielsweise stets auch solche auf, die den Aspekt der ‚genauen Textwahrnehmung' berühren.

Im Besonderen wird innerhalb der Untersuchung neben dem Aspekt der ‚Funktionalisierung von Wissen' aber vor allem unweigerlich auf den Bereich der ‚Fokussierung notwendiger und erforderlicher Teilkompetenzen' eingegangen werden, denn

„[d]er Aspekt ‚(Teil-)Kompetenzen' ist (…) von überragender Bedeutung: Ein Aufgabenset kann nur dann gut sein, wenn es in ergiebiger Weise (Teil-) Kompetenzen des Textverstehens berücksichtigt."[530]

Entsprechende Gegenstandsanalysen der in den Lehrwerken und Lernaufgaben behandelten Erzähltexte fließen an gegebener Stelle in die Untersuchung mit ein. Diese benennen die zur Erschließung eines jeweiligen Textes erforderlichen

---

530 Leubner/ Saupe: Textverstehen im Literaturunterricht und Aufgaben. S. 5.

Verstehensoperationen und Teilkompetenzen. Methodisch findet damit eine Anlehnung an das Vorgehen KAMMLERS etc. statt (vgl. Kap. III.3.1). Erst auf dieser Basis können letztlich wertende Aussagen über den funktionalisierenden Umgang mit Wissen getroffen werden, die Rückschlüsse auf den jeweiligen Kompetenz- wie Bildungsbegriff im Bereich literar-ästhetischer Bildung zulassen. Dabei stehen somit vor allem die Kompetenzen derjenigen auf dem Prüfstand, die zur Entwicklung der jeweiligen Lehrwerke beigetragen haben: Fachdidaktiker und Lehrkräfte. Denn die Kluft zwischen Literaturtheorie und Literaturdidaktik[531] kann und muss nicht nur von Seiten der Fachdidaktik, sondern im Anschluss auch vermittels kompetenter Lehrkräfte und einer entsprechenden Realisierung erforderlicher Lehr- und Lernprozesse minimiert werden.

2. Analyse ausgewählter Deutschlehrwerke und ihrer Aufgabenstellungen im Bereich des Umgangs mit erzählender Literatur

2.1 Das Lehrwerk „deutsch.punkt"

2.1.1 Zur literaturdidaktischen Konzeption des Lehrwerks

Aufbau und literaturdidaktische Ausrichtung des Lehrwerks

Das gänzlich neu konzipierte Lehrwerk „deutsch.punkt" des Klett-Schulbuchverlags fällt mit insgesamt 223 Seiten, davon 176 Lehrbuchseiten ohne Anhang, bereits aufgrund seines im Vergleich zu anderen Deutschbüchern[532] geringen Umfangs ins Auge. Das Inhaltsverzeichnis lässt am Beispiel der Kapitelüberschriften, die vorwiegend methodisch ausgerichtete Teilkompetenzen des Deutschunterrichts repräsentieren, deutliche Outputorientierung erwarten. Auch die Kapitelaufteilung, welche die Teilkompetenzen jeweils an ein bestimmtes Thema knüpft, orientiert sich an durch die Bildungsstandards festgelegten Kompetenzen, über die Schülerinnen und Schüler am Ende der 10. Klasse verfügen können sollen.

Das Lehrwerk gliedert sich in folgende Kapitel:[533]

- Das Rätsel Sprache – Referieren und Präsentieren,

---

531 Vgl. Kammler: A. a. O.
532 Vgl. das nachfolgend für die Analyse ausgewählte Lehrwerk „Deutschbuch" (Cornelsen: 384 Seiten) oder auch das Lehrwerk „Tandem" (Schöningh: 329 Seiten).
533 deutsch.punkt. S. 2ff.

- Machen Computerspiele gewalttätig? – Argumentieren und Erörtern,
- Jung sein - erwachsen werden – Erzählende Texte untersuchen und interpretieren,
- Natur erfahren – Gedichte untersuchen und interpretieren,
- Familienbande – Szenische Texte untersuchen und interpretieren,
- Kurz nach 12? – Sachtexte analysieren und bewerten,
- Naturkatastrophen – Medientexte analysieren und bewerten,
- Humor ist… – Witz, Satire, Parodie,
- Das Vertraute und das Fremde – Grammatik und Stil,
- Reformen in der Sprache – Rechtschreibung.

Die Konzentration auf bestimmte Teilkompetenzen innerhalb des Lernbereichs Deutsch- und Literaturunterricht stellt den Versuch der Umsetzung outputorientierter Prämissen der jüngsten Bildungsreform im Sinne der Idee[534] eines von ‚überflüssigen' Inhalten befreiten und entschlackten Kerncurriculums dar. Die einzelnen Kapitel folgen alle dem gleichen Aufbau und versuchen einen Bezug zu kompetenztheoretisch orientierten Vorgaben herzustellen, wie sie sich in den Anforderungsbereichen der Bildungsstandards für das Fach Deutsch finden, indem

- in einem ersten Schritt Vorwissen aktiviert werden soll („Vorwissen aktivieren"[535]),
- in einem zweiten Schritt Kompetenzen überblickt („Kompetenzen überblicken"[536]),
- die erlernten Kompetenzen in einem dritten Schritt gefestigt („Kompetenzen festigen"[537]) und
- schließlich in einem vierten Schritt überprüft werden sollen („Kompetenzen überprüfen"[538]).

Jedes Kapitel ist mit Blick auf die Aktivierung bereits vorhandener und die Festigung neuer Wissensbestände und deren Anwendung vorrangig auf die Überprüfung des Gelernten am Ende eines jeden Kapitels ausgerichtet. Am Beispiel der Lernarrangements zur Analyse und Interpretation erzählender Texte muss untersucht werden, ob angesichts des Bestrebens deutlicher Outputorientierung

---

534 Angesichts der Umsetzung der geforderten ‚Entschlackung' der Lehrpläne – auch vor dem Hintergrund der Schulzeitverkürzung am Gymnasium – kann von einer wirklichen Minimierung des Umfangs von Lerngegenständen und -zielen kaum die Rede sein (vgl. Kap. IV.1).
535 deutsch.punkt. S. 2ff.
536 Ebd.
537 Ebd.
538 Ebd.

anspruchsvolle Rezeptionskompetenzen vermittelt und eingefordert werden sollen oder ob letztlich vor allem leicht überprüfbare Wissensformen und deren Reproduktion in den Mittelpunkt gerückt werden.

Im Rahmen der Konzeption des vorliegenden Schulbuches wird ein auf strategisches wie formales Wissen gerichteter Fokus vorgenommen. Dieser zielt augenscheinlich zum einen darauf ab, Schülerinnen und Schülern vor allem bestimmtes Textwissen zu vermitteln, das auf formale Merkmale der Texte, beispielsweise auf ihre Gattungszugehörigkeit, Bezug nimmt. Zum anderen nehmen die einzelnen Kapitel neben der Vermittlung bestimmten formalen Textwissens jeweils im Unterkapitel ‚Kompetenzen festigen' auch strategisches Wissen zur ‚Erschließung' der Texte und zur Verschriftlichung der Ergebnisse in den Blick, das transparente und mustergültige Wege zum Verständnis eines Textes sowie seiner Überprüfung aufzeigen soll. Mit der Konzentration auf wenige literarische Texte soll deren exemplarischen Charakter hinsichtlich der Vermittlung zentraler Rezeptionskompetenzen herausgestellt werden. Analog dazu ist das Lehrwerk mit seinen einzelnen „Lernvorhaben"[539] von den Entwicklern vor allem als „Selbstlernbuch"[540] ausgewiesen worden, in dem verstärkt auf Formen eigenständigen Arbeitens der Schülerinnen und Schüler gesetzt wird, welche den Lehrer hinsichtlich seiner Rolle bzw. Funktion mehr in jene des Beobachters und Kontrolleurs, denn des gestaltenden Moderators von Unterricht versetzen. Nicht nur die bisher aufgezeigte Konzeption, sondern auch das Vorwort, das sich mit der Überschrift „Was lernst du mit deutsch.punkt 6?"[541] an die Schülerinnen und Schüler richtet, illustrieren diese Ausrichtung, die auch FINGERHUT als Prämisse gelingender Kompetenzorientierung im Unterricht formuliert[542] (vgl. Kap. III. 3. 2).

Zum Umgang mit Wissen im Rahmen der Lehrwerkskonzeption

Im Zusammenhang mit einer sich abzeichnenden vorrangig auf strategisches und formales Wissen wie auf ‚eigenständige' Erarbeitungsformen gerichteten Lehrbuchkonzeption findet sich neben den eigentlichen Lehrbuchseiten denn auch ein umfangreicher Anhang, der grundlegende Strategien des verstehenden Lesens sowie unterschiedliche Verfahren zur Texterschließung zusammengefasst veranschaulicht und so das zu erlernende ‚Handwerkszeug' der Schülerinnen und Schüler repräsentiert. Dass auf diese Weise aber eher problematische Wissensbestände, statt grundlegende literar-ästhetische Kompetenzen vermittelt

---

539 deutsch.punkt. S. 2
540 deutsch.punkt. S. 9.
541 deutsch.punkt. S. 8.
542 Vgl. Fingerhut: A. a. O.

werden, kann am Beispiel der Übersicht verschiedener Lesestrategien im Anhang des Lehrwerks veranschaulicht werden:

Tab. 16: *Lesestrategien im Lehrwerk „deutsch.punkt"*[543]

Lesestrategien	
überfliegendes Lesen	sich rasch einen Überblick über den Textinhalt verschaffen, um zu erfahren, worum es im Text geht
suchendes Lesen	einzelne Zahlen, Wörter, Begriffe, Aussagen in Texten finden, nach denen man gezielt suchen kann
genaues Lesen	Einzelinformationen in Texten auffinden, ohne dass Zahlen, Wörter, Begriffe, Aussagen durch die Aufgabenstellung konkret vorgegeben sind
erschließendes Lesen	Textaussagen ermitteln, indem man mehrere Stellen im Text genauer liest und Bezüge zwischen diesen Stellen herstellt sowie Schlüsse zieht
kritisches Lesen	Textstellen genau lesen, auch verborgene Textaussagen ermitteln, indem man „zwischen den Zeilen" liest; darauf achten, ob Sachverhalte verschwiegen, einseitig oder wahrheitswidrig dargestellt werden
wertendes Lesen	den Text in Einzelheiten und in seiner Gesamtheit verstehen, sich dazu eine Meinung bilden und Position beziehen; die angetroffenen Textaussagen für die eigenen Überlegungen und das eigene Handeln – auch als Anregung für die Gestaltung eigener Texte – nutzen

So sehr das Schulbuch, wie vor allem anhand des Kapitels zur erzählenden Literatur weiter zu zeigen sein wird, auf Formen selbständigen Lernens setzt, fehlen einführende Erklärungen zur Handhabung und sinnvollen Anwendung der dargestellten ‚Lesestrategien'. Deren sinnvolle Anwendung muss ohnehin fragwürdig erscheinen, da sie kaum mit aktuellen fachdidaktischen Termini und Konzepten in Einklang zu bringen sind. Was hier beispielsweise als ‚erschließendes Lesen' bezeichnet wird, stellt lediglich *einen* Schritt innerhalb (gelingender) Leseprozesse dar. Die eigentlich als sich ergänzende Teilschritte zu verstehenden Leseprozesse werden erst auf der Ebene des ‚wertenden Lesens' zusammengeführt. Die im PISA-Lesekompetenzmodell benannten Niveaustufen werden hier offenbar im Sinne einzelner Methoden voneinander unterschieden. Dies wird auch anhand der inhaltlichen Füllung der je genannten Lesestrategien deutlich, die auf problematische literaturdidaktische Implikationen verweisen: ‚Genaues Lesen' beispielsweise lässt sich kaum mit der Beschreibung ‚Einzelin-

---

543 deutsch.punkt. S. 192.

formationen in Texten auffinden, ohne dass Zahlen, Wörter, Begriffe, Aussagen durch die Aufgabenstellung konkret vorgegeben sind' fassen. Im Unterschied dazu rückt das fachdidaktische Konzept eines sinnvoll verzögerten ‚close reading' auch solche Textpassagen in den Mittelpunkt, die nicht auf den ersten Blick auffällig, verständlich oder ad hoc zu erschließen sind.[544] Die Beschreibung im Lehrwerk lässt die Schülerinnen und Schüler zudem im Unklaren darüber, was beim ‚genauen Lesen' eigentlich von ihnen gefordert wird. Denn es wird offen gelassen, welche Einzelinformationen jeweils relevant sein könnten. Die Beschreibung des ‚genauen Lesens' als Lesestrategie liest sich somit vielmehr als Anregung zum undifferenzierten Auflisten aller möglichen Einzelinformationen eines Textes, statt konkrete Hilfsmittel zum Verständnis eines Textes bereitzustellen. Ist bereits hinsichtlich der Darstellung des ‚genauen Lesens' die Irritation größer als die Erkenntnis, müssen die Ausführungen zum ‚kritischen Lesen' umso verwunderlicher erscheinen. Auch beim ‚kritischen Lesen' soll wiederum ‚genau', gleichzeitig und darüber hinausgehend aber auch ‚zwischen den Zeilen' gelesen werden, um auf diese Weise ‚verborgene Textaussagen zu ermitteln'. Unter literaturdidaktischen Gesichtspunkten ist es überaus problematisch, von ‚verborgenen Textaussagen' zu reden, da die Textaussagen zum einen nicht ‚verborgen', sondern allenfalls nicht ad hoc verständlich sind und zum anderen das Versprechen eindeutiger Auflösbarkeit literarischer Texte, das in dieser Formulierung liegt, angesichts der Ambiguität literarischer Texte ebenso wenig erfüllt werden kann. Es zeigt sich insgesamt, dass nicht nur die vorfindlichen Festlegungen problematisch sind, sondern im Besonderen ihre ohne jeden Textbezug angestrebte Vermittlung.[545] Wenngleich die einzelnen Definitionen selbst bereits eher zur Irritation beitragen dürften, ist ohne ihre unmittelbare Anwendung auf den Leseprozess an einem Lektürebeispiel nicht zu erwarten, dass Schülerinnen und Schüler diese Lesestrategien als sinnvolle Hilfsmittel wahrnehmen und nutzen können.

Auch die Definition zu dem Stichwort „Komposition"[546] im „Handwerkszeug zum Erschließen epischer (erzählender) Texte"[547] zeigt, dass die Unabschließbarkeit und Mehrdeutigkeit literarischer Sinnbildungsprozesse der Konzentration auf kohärente Erzählzusammenhänge nachgestellt wird:

---

544 Vgl. Kämper-van den Boogaart: A. a. O.
545 Da die ‚Lesestrategien' dem Anhang des Lehrwerks „deutsch.punkt" beigeordnet wurden, finden sich zu diesen keine didaktischen Erläuterungen im Lehrerband. Eine Einbeziehung der ‚Lesestrategien' in die Lernaufgaben und ihre Anwendung an Textbeispielen fehlt im gesamten Lehrwerk.
546 deutsch.punkt. S. 179.
547 deutsch.punkt. S. 178.

Tab. 17: Definition des Begriffs ‚Komposition' im Lehrwerk „deutsch.punkt"

Begriff	Erläuterung	Beispiele
Komposition	Verknüpfung der Ereignisse zu einem sinnvollen Zusammenhang mit Anfang und Ende und sich schlüssig auseinander entwickelnden Handlungsschritten	Entfaltung des Lebens und der Taten Friedrich Mergels in sechs Schritten in Droste-Hülshoffs Novelle „Die Judenbuche"

Wenngleich – mit ECO – literarischen Texten keineswegs Kohärenz sowie Lesern nicht die Möglichkeit kohärenter Bedeutungskonstitution abgesprochen werden soll, so erscheint die hier proklamierte ‚Schlüssigkeit' als ebenso wenig zutreffend. Als Beispiel für eine solche ‚Komposition' wird auf Annette von Droste-Hülshoffs „Die Judenbuche"[548] verwiesen. Zwar untersteht diese Novelle durchaus einer stringenten Komposition, gleichwohl fehlt dieser aber, besonders auf den zweiten Blick, die angesprochene Schlüssigkeit, da die Handlung um Friedrich Mergel mehr Fragen, denn Antworten aufwirft – worin sich im Übrigen die besondere Qualität des Textes zeigt. Das an Literatur vielleicht im ersten Zugriff Unverständliche und bis zum Schluss Mehrdeutige wird bereits im Rahmen der Konzeption des Lehrwerks negiert und aus dem Vermittlungsprozess ausgeschlossen; vielleicht fehlt dem ‚Handwerkszeug' im ‚Kleinen Lexikon' auch deswegen im Bereich ‚epischer Texte' jeder Verweis auf die Bildsprache von Texten dieser Gattung, der nur im Bereich der Lyrik[549] in Bezug auf die Nennung gängiger rhetorischer wie stilistischer Mittel erfolgt. Noch irritierender – und für Schülerinnen und Schüler ungleich frustrierender – muss der Appell sein, ‚verborgene Aussagen' literarischer Texte ließen sich ‚zwischen den Zeilen' finden.[550] Dieser enthält keinen Lernhinweis für die Schülerinnen und Schüler, denn die Formulierung selbst rekurriert wiederum auf ein sprachliches Bild, das die Schülerinnen und Schüler zunächst ebenfalls zutreffend ‚übersetzen' müssen. Schließlich finden sich, auf der literalen Ebene, keine weiteren Textaussagen zwischen den Zeilen eines Textes. Schülerinnen und Schüler aber, die einen Zugang zu Texten erst noch erlernen müssen, können in diesem Hinweis nur eine leere Formel sehen. Er drückt vielmehr die Hilf- und Ratlosigkeit

---

548 deutsch.punkt. S. 179.
549 Vgl. deutsch.punkt. S. 185ff.
550 Vgl. auch die Illustration zur genannten Lesestrategie im Lehrwerk. Die Suche nach ‚verborgenen Textaussagen' ‚zwischen den Zeilen' soll mit grafischen Mitteln zusätzlich verdeutlicht werden, obschon auch dadurch kaum Erkenntnisgewinn entstehen dürfte: Der Finger des Schülers trifft zwischen den Zeilen auf Leere, nicht auf ‚verborgene Textaussagen'. deutsch.punkt: A. a. O.

der Schulbuchentwickler hinsichtlich der Frage nach der Vermittelbarkeit literarischer Rezeptionskompetenzen aus. *Wie* die Schülerinnen und Schüler im Einzelnen mit der Bildsprache literarischer Texte, mit Formen der Ironie etc. umgehen und ihrem Verständnis erschließen können, wird offen gelassen bzw. nicht thematisiert. Die Einsicht der Fachdidaktik in ihr theoretisches Defizit – mangelnde Einsichten in kognitive Prozesse im Umgang mit solchen Phänomenen – wird hier nicht zur Kenntnis genommen und im Gestus traditioneller Unterrichtspragmatik ‚gelöst', indem sie schlicht ignoriert oder nicht erkannt wird. Problemstellungen des Literaturunterrichts, die erneut anlässlich der PISA-Debatte moniert wurden, werden hier unter dem prominenten Schlagwort der ‚Kompetenzorientierung' neu zementiert.

Bestätigt wird diese Vermutung auch durch die zu Beginn des Schulbuches zu findende Darstellung literarischer Epochen und Strömungen. Solche, einem Überblick verschriebenen Darstellungen können innerhalb von Deutschlehrwerken auf eine gewisse Tradition verweisen, die allerdings auch schon immer mit Skepsis betrachtet wurde: Einerseits herrscht Konsens über die das Verstehen fördernde Funktion extratextueller Kontexte für Analyse und Interpretation eines literarischen Textes. Andererseits wird ebenfalls darauf hingewiesen, dass solche ‚Werkzeuge' vorsichtiger Handhabung bedürfen und nicht in Schematismen überführt werden dürfen. Dieser letzte Aspekt bedarf besonderer Beachtung hinsichtlich der Übersicht dienender Darstellungen in Schulbüchern. Die in „deutsch.punkt" vorzufindende Anordnung ignoriert diese Überlegungen aber, indem beispielsweise kaum auf Überschneidungen oder das Wechselspiel verschiedener Strömungen in den literarischen Epochen eingegangen wird:

Tab. 18: Auszug aus den tabellarischen Übersichten im Einband des Lehrwerks[551]

Literaturgeschichtliche Epochen und Strömungen	
Barock (1600-1720)	
➢ Zeitgleiche Ereignisse, Figuren ...: 30-jähriger Krieg (1618-48); Absolutismus; Revolution in England ➢ Themen, Motive und Tendenzen der Literatur: Gegensatz von Diesseitsgenuss und Jenseitshoffnung; „Vanitas" (Eitelkeit, Nichtigkeit); Vergänglichkeit; Tugend; Sprachreformen	➢ Bevorzugte Gattungen und Formen Roman; Lyrik ➢ Beispielhafte Verfasser und Werke Gryphius (1616-64): Gedichte Grimmelshausen (1621-76) *Simplizissimus* (Roman)
Aufklärung (1720-1800)	

---

551 deutsch.punkt. Einband.

➤ Zeitgleiche Ereignisse, Figuren ...: Erdbeben von Lissabon; Friedrich der Große (1712-86); 7-jähriger Krieg; Französische Revolution ➤ Themen, Motive und Tendenzen der Literatur: Vernunft; Aufklärung als Kritik; Mündigkeit und Autonomie; Toleranz; Erziehung und Fortschritt; Weltbürgertum	➤ Bevorzugte Gattungen und Formen Drama ➤ Beispielhafte Verfasser und Werke Kant (1724-1804): *Was ist Aufklärung?* (Philosophischer Essay) Lessing (1729-81): *Emilia Galotti* (Bürgerliches Trauerspiel); *Nathan der Weise* (Drama)

Welchen Nutzen diese Informationen haben könnten, wird nicht ersichtlich. Die Zeit der Aufklärung beispielsweise wird im Bereich ‚Ereignisse und Figuren' über die Einträge ‚Erdbeben von Lissabon' und ‚Friedrich der Große' gekennzeichnet sowie mit den Texten „Was ist Aufklärung" von Immanuel Kant und „Emilia Galotti" von Gotthold E. Lessing in der Kategorie ‚Beispielhafte Verfasser und Werke'. Warum aber gerade diese Verfasser und Werke als exemplarisch gelten, dürfte höchstens angesichts des Titels des Textes von Kant deutlich werden. In welcher Verbindung diese Werke aber zu den hier genannten Ereignissen wie dem ‚Erdbeben in Lissabon' stehen, verbleibt im Unklaren – wobei ein solcher Zusammenhang auch nicht zwangsläufig sinnvoll herzustellen wäre.

Das in Bezug auf die Vermittlung von literaturgeschichtlichem Wissen kritisierte Vorgehen findet sich ebenso im Zusammenhang des Umgangs mit Gattungswissen. Die ‚Kurzgeschichte' wird dort folgendermaßen beschrieben:

Tab. 19: Definition der Kurzgeschichte im Lehrwerk „deutsch.punkt"[552]

Kurzgeschichte	von amerik. „short story"; kurze Erzählung von nur einer oder wenigen Seiten Länge, mit Konzentration auf einen Geschehensausschnitt, mit unvermitteltem Anfang und offenem Schluss, meist in Alltagssprache geschrieben, offen in der Deutung	Borchert: „Die Küchenuhr" Jakob Hein: „Nu werdense nich noch frech"

Im Versuch der Abgrenzung einzelner Textsorten voneinander wird die ‚Erzählung' im Unterschied zur ‚Kurzgeschichte' folgendermaßen charakterisiert:

Tab. 20: Definition der Erzählung im Lehrwerk „deutsch.punkt"[553]

Erzählung	Erzählender Text von mittlerer Länge, im Vergleich zur Novelle weniger straff kom-	Kleist: „Michael Kohlhaas" Kafka: „Das Urteil", „Die

---

552 deutsch.punkt. S. 182.
553 Ebd.

	poniert, ohne die Offenheit der Kurzgeschichte	Verwandlung"

Der vorliegende Versuch der Abgrenzung der ‚Kurzgeschichte' von der ‚Erzählung' verdeutlicht erneut, dass solch verkürzte Darstellungen eher zu zweifelhaftem Erkenntnisgewinn führen. Auch hier wird der Wert dieses Wissens für die Analyse und Interpretation von Texten kaum ersichtlich; es entsteht vielmehr weiterer Klärungsbedarf. Beispielsweise wirft die Formulierung der ‚Deutungsoffenheit' der ‚Kurzgeschichte' die Frage auf, ob in anderen Textsorten eine solche Deutungsoffenheit nicht existierte – besonders dann, wenn man vergleichend die Definition der ‚Erzählung' betrachtet, der eine geringere ‚Offenheit' als der Kurzgeschichte zugeschrieben wird. Durch die im Lehrwerk gegebenen Definitionen wird trotz allem zunächst suggeriert, Texte ließen sich in dieser Weise eindeutig zuordnen. Sinnvoll angewendet wird eine solche Übersicht allerdings nur, wenn sie als Ausgangspunkt für die Vermittlung der Kenntnis bestimmter „Prototypen"[554] unterschiedlicher Gattungen und Genres herangezogen wird, auf deren Grundlage eine weitere Ausdifferenzierung jeweiliger Merkmale am Beispiel einzelner Texte erfolgen kann (vgl. Kap. III. 3). Diese differenzierte Anwendung unterschiedlicher Definitionen dürfte aber im Rahmen der methodischen Konzeption des Lehrwerks als ‚Selbstlernbuch' kaum gelingen, sondern bedarf der Didaktisierung in Form gezielten Lehrerhandelns.

Im gesamten Bereich des extratextuellen Kontextwissens, das innerhalb der Konzeption des Buches stark im Vordergrund steht, wird der Frage nach potentiellen Verwendungsweisen solchen Wissens für das Verständnis literarischer Texte kaum nachgegangen. Statt dessen werden die Schülerinnen und Schüler eher dazu angeregt, nach bestimmten, nur vermeintlich typischen Merkmalen eines Textes in Bezug auf seine Entstehungszeit oder seine Gattungszugehörigkeit sowie seine formale Zugehörigkeit zu einer bestimmten literarischen Epoche zu suchen, statt seine Wirkung beispielsweise auch in der Differenz zu solchen Merkmalen auszuloten.

Das Abheben auf formales Wissen liefert in seinen unterschiedlichen Zusammenhängen weitere Nachweise für jene bereits eingangs auf der konzeptionellen Ebene des vorliegenden Lehrwerks beschriebene Form der Kompetenz- und Outputorientierung, die mehr an der Überprüfbarkeit und transparenten Bewertbarkeit des schulisch Erlernten interessiert ist als an einer literaturwissenschaftlichen wie fachdidaktischen Angemessenheit zu vermittelnder Kenntnisse und Fähigkeiten. Sinnvolle Wege der Kompetenzorientierung werden eher verstellt, indem eine Fokussierung abfragbaren Wissens auf der Ebene der Reproduktion

---

554 Spinner: A. a. O.

vorgenommen wird, die dem Verstehen literarischer Texte wenig förderlich erscheint. Es wird am Beispiel des exemplarisch ausgewählten Kapitels zur erzählenden Literatur eingehender zu untersuchen sein, ob und wie die hier beschriebenen Unterkapitel des Anhangs in die jeweilige Textarbeit einbezogen werden bzw. welches literaturwissenschaftliche wie -didaktische Verständnis in der Behandlung literarischer Texte am Beispiel des Kapitels zum Umgang mit epischen Texten vorliegt.

2.1.2 Zur Vermittlung literarischer Rezeptionskompetenzen am Beispiel des Umgangs mit erzählender Literatur

Vor dem Hintergrund der einführenden Erläuterungen zur literaturdidaktischen Konzeption des Lehrwerks „deutsch.punkt" sollen die dort vorgenommenen Hypothesen am Beispiel des Kapitels zur erzählenden Literatur, „Lernvorhaben: Jung sein - Erwachsen werden – Erzählende Texte untersuchen und interpretieren"[555], untersucht und illustriert werden. Da angesichts der zuvor beschriebenen didaktischen Absichten mit der straffen Strukturierung der einzelnen Unterkapitel eine festgelegte Abfolge bestimmter Lernprozesse angeregt wird, werden die Aufgaben dieses Kapitels in exemplarischer Auswahl in der durch das Lehrwerk vorgegebenen Chronologie behandelt.[556]

Wie in allen Kapiteln dieses Lehrwerks findet sich auch in dem vorliegenden eine Aufteilung in die zuvor beschriebenen, stets gleich bleibenden Unterkapitel:

1. Vorwissen aktivieren (S. 44-45),
2. Kompetenzen überblicken (S. 46-48),
3. Kompetenzen festigen (49-57) und
4. Kompetenzen überprüfen (S. 58).

Im Rahmen didaktischer Aufgabenstellungen werden verschiedene Sorten von Erzähltexten thematisiert: zunächst Kurzgeschichten, dann Novellenanfänge und schließlich Romanauszüge. Das Kapitel beginnt mit Franz Kafkas Parabel „Der Aufbruch"[557]:

---

555 deutsch.punkt. S. 43-58.
556 Auch in diesem Lehrwerk können Lehrkräfte die Reihenfolge oder den Ausschnitt der zu vermittelnden Kompetenzen sicher auf den eigenen Unterricht zugeschnitten selektieren. Dies ist jedoch im Lehrwerk „deutsch.punkt" weit weniger vorgesehen als in anderen Lehrwerken, da es zum einen stark auf die sukzessive und eigenständige Erarbeitung durch die Schülerinnen und Schüler setzt sowie zum anderen aufgrund seiner Umfangsreduktion kaum Auswahlmöglichkeiten bietet.
557 deutsch.punkt. S. 43.

> *Franz Kafka (1920)*
> Der Aufbruch
> Ich befahl, mein Pferd aus dem Stall zu holen. Der Diener verstand mich nicht. Ich ging selbst in den Stall, sattelte mein Pferd und bestieg es. In der Ferne hörte ich eine Trompete blasen, ich fragte ihn, was das bedeute. Er wusste nichts und hatte nichts gehört. Beim Tore hielt er mich auf und fragte: „Wohin reitest du, Herr?" „Ich weiß es nicht", sagte ich, „nur weg von hier, nur weg von hier. Immerfort weg von hier, nur so kann ich mein Ziel erreichen." „Du kennst also dein Ziel?", fragte er. „Ja", antwortete ich, „ich sagte es doch: ‚Weg von hier', das ist mein Ziel." „Du hast keinen Essvorrat mit", sagte er. „Ich brauche keinen", sagte ich, „die Reise ist so lang, dass ich verhungern muss, wenn ich auf dem Weg nichts bekomme. Kein Essvorrat kann mich retten. Es ist ja zum Glück eine wahrhaft ungeheure Reise."

Dieser für die Schülerinnen und Schüler voraussichtlich ungewöhnliche und unverständliche Text wird keiner Bearbeitung durch zugeordnete Aufgabenstellungen zugeführt, sondern soll einem ersten Einstieg in das Kapitel dienen. Der Text wird mit der vorgegebenen thematischen Ausrichtung des Kapitels verknüpft, indem ein einleitender Text der Schulbuchautoren die Parabel in den Kontext der Themenstellung des gesamten Kapitels ‚Jung sein – erwachsen werden' rückt. Der ‚Aufbruch' zu einer ‚wahrhaft ungeheuren Reise' im Text Kafkas wird mit der Entwicklung von der Kindheit zur Adoleszenz im Umbruchalter der Pubertät gleichgesetzt. Der Text wird zur thematischen Einführung in das Kapitel genutzt und für diese Zwecke instrumentalisiert, ohne selbst Gegenstand der Betrachtung zu werden. Über die thematische Instrumentalisierung des Textes hinaus erfüllt die Parabel Kafkas mit ihrer Rätselhaftigkeit – der Reiter bricht unvorbereitet, planlos und auf ein ungewisses Ziel gerichtet auf – lediglich die Funktion, eine kurze Einführung in den fiktionalen Charakter literarischer Texte geben zu können:[558]

> Lernvorhaben: Jung sein - erwachsen werden – Erzählende Texte untersuchen und interpretieren
> Ein Aufbruch zu einer „wahrhaft ungeheure(n) Reise" – das ist für euch der Schritt vom Jungsein zum Erwachsenwerden. Von den Erfahrungen, die man dabei sammelt, kann auf vielfältige Weise erzählt werden, auch in epischer Gestaltung. Dabei führt der Autor/die Autorin einen Erzähler ein, der dem Leser die erfundene (fiktive) Welt präsentiert. Der Leser eignet sich die erzählte Welt subjektiv an, dabei kommen seine Fantasie, seine Gedanken und Gefühle ins Spiel.

Hier werden zwar durchaus notwendige Einsichten bzw. Voraussetzungen für den Umgang mit Literatur und ihren Besonderheiten, beispielsweise die Unterscheidung zwischen Autor und Erzähler, angesprochen. Auch werden subjek-

---

558 Ebd.

tive Rezeptionsbedingungen des Lesers in den Blick genommen, die im Zuge kognitionspsychologischer Überlegungen der Fachdidaktik nach PISA erneute Beachtung gefunden haben. Grundsätzlich enthalten diese Ausführungen aber vor allem problematische Implikationen, da hier die Formulierung ‚Aneignung der fiktiven Welt' zu eher willkürlichen Bedeutungszuschreibungen anregt, die vielleicht der individuellen Bedeutungskonstruktion des Lesers, nicht aber dem Wechselspiel zwischen Textwahrnehmung und subjektiver Deutung gerecht werden.

Im Anschluss an diesen Einstieg findet nun allerdings in mehrfacher Hinsicht ein Bruch mit der zuvor aufgebauten Erwartungshaltung des Lesers statt. Während der Leser des Schulbuchs – Lehrkräfte wie Schülerinnen und Schüler – nun von einer genaueren Auseinandersetzung mit dem bereits eingeführten Kafka-Text ausgehen dürften, wird ein anderer Text behandelt:[559]

Tanja Zimmermann (1984)
Eifersucht
Diese Tussi! Denkt wohl, sie wäre die Schönste. Juhu, die Dauerwelle wächst schon raus. Und diese Stiefelchen von ihr sind auch zu albern. Außerdem hat sie sowieso keine Ahnung. Von nix und wieder nix hat die 'ne Ahnung.
Immer, wenn sie ich sieht, scheißt sie die Haare zurück wie 'ne Filmdiva.
Das sieht doch ein Blinder, was die für 'ne Show abzieht. Ja, okay, sie kann ganz gut tanzen. Besser als ich. Zugegeben. Hat auch 'ne ganz gute Stimme, schöne Augen, aber dieses ständige Getue. Die geht einem ja schon nach fünf Minuten auf die Nerven.
Aber der redet mit der ... stundenlang. Extra nicht hingucken. Nee, jetzt legt er auch noch den Arm um die. Ich will hier weg! Aber aufstehen und gehen, das könnte der so passen.
Damit die ihren Triumph hat.
Auf dem Klo sehe ich in den Spiegel, finde meine Augen widerlich, und auch sonst, ich könnte kotzen. Genau, ich müsste jetzt in Ohnmacht fallen, dann wird ihm das schon leidtun, sich stundenlang mit der zu unterhalten. Als ich aus dem Klo komme, steht er da: „Sollen wir gehen?"! Ich versuche es betont gleichgültig mit einem Wenn-du-willst, kann gar nicht sagen, wie froh ich bin. An der Tür frage ich, was denn mit Kirsten ist.
„O Gott, eine Nervtante, nee, vielen Dank!"...
„Och, ich find die ganz nett, eigentlich", murmel ich.

Der Text ist aufgrund seiner stark umgangssprachlichen Prägung sowie schlüssigen inhaltlichen Darstellung des Handlungsverlaufs deutlich weniger anspruchsvoll als die Parabel Kafkas. Es muss fraglich erscheinen, ob die Schülerinnen und Schüler anhand des nun vorgelegten Textes überhaupt befähigt werden können, die auf der Einstiegsseite angesprochenen Besonderheiten literarischer Texte, beispielsweise ihren fiktionalen Gestaltungsrahmen, wahrzunehmen. Aufgrund des starken Lebensweltbezugs, nicht nur im Rahmen der All-

---

559 deutsch.punkt. S. 44.

tagssprache der Kurzgeschichte, sondern auch hinsichtlich ihres Themas, dürfte der Text den etwa 15-jährigen Schülerinnen und Schülern auf der semantischen wie sprachlichen Ebene leicht zugänglich sein. Doch gerade der hier offenbar als zentral gesehene Lebensweltbezug verstellt die Einsicht in den fiktionalen Charakter literarischer Texte, deren Horizont zuvor gerade erst eröffnet wurde. Ebenso lässt der Text sich kaum mehrdeutig lesen, weder in Anknüpfung an einen mehrere Interpretationen zulassenden Inhalt, noch in Verbindung mit dem subjektiven Vorwissen der Schülerinnen und Schüler, von dem auf der Einstiegsseite die Rede war. Denn die einzige Frage, die der Text aufwirft – welcher Grund als ursächlich für die zugleich neidischen wie feindseligen Überlegungen der Ich-Erzählerin anzusehen sei – wird gleichsam im Titel ('Eifersucht') beantwortet. Das Gefühl der Eifersucht dürfte allen Schülerinnen und Schülern in diesem Alter – wenngleich vielleicht aus unterschiedlicher Perspektive und mit verschiedenen Bezugspunkten – bekannt sein.

Die Förderung literarischer Rezeptions- im Sinne verstehensfördernder Kompetenzen steht hier aber offenbar gar nicht im Mittelpunkt. Ein leicht verständlicher Text wurde stattdessen ausgewählt, um daran bestimmtes Textwissen überprüfen oder dieses einführen zu können. Denn im Folgenden steht weniger der Text selbst zur Debatte, als vielmehr bestimmte „Bausteine"[560], die den Schülerinnen und Schülern in der ersten Lernaufgabe als Untersuchungsaspekte zur Erprobung ihres Vorwissens an die Hand gegeben werden. Nimmt man die einzelnen Bausteine ernst, wird hier an recht umfassende Kenntnisse zum Herangehen an literarische Texte in semantischer wie formaler Hinsicht angeknüpft:

Gesamtwirkung der Geschichte – Textart – Bezug zum Thema „Jung sein – erwachsen werden" – Überschrift – Aussage, „Sinn" der Geschichte – Erzähler und Erzählverhalten – Informationen zur Verfasserin und zur Entstehungszeit – Methode(n) der Untersuchung – Vergleich mit anderen motivähnlichen Geschichten

Dabei wird jedoch, außerhalb der gewählten Überschrift des Kapitels „1.1 Untersuchungs- und Interpretationsaspekte"[561], nicht deutlich, wie die einzelnen ‚Bausteine' auf den Text bezogen werden können oder welcher Nutzen sich hinsichtlich der Verstehensleistung damit verbinden lässt. Was genau die Schülerinnen und Schüler in der ersten Aufgabe[562] tun sollen, bleibt unklar:

1 Erprobe dein Vorwissen, indem du die Geschichte mithilfe der „Bausteine" untersuchst.

---

560 Ebd.
561 Ebd.
562 Ebd.

Die in chaotischer Reihung genannten ‚Bausteine' stellen durchweg unterschiedliche und verschieden komplexe Anforderungen an die Schülerinnen und Schüler: Während es sich beispielsweise bei den Stichworten ‚Textart' oder ‚Erzähler/Erzählverhalten' durchaus um einzelne ‚Bausteine' einer Textanalyse handeln mag, verweist das Stichwort ‚Gesamtwirkung der Geschichte" dagegen auf deutlich hierarchiehöhere, da komplexere kognitive Vorgänge, denn die ‚Gesamtwirkung der Geschichte' oder auch ihre ‚Aussage' kann erst mit Hilfe einer Verknüpfung der Resultate einzelner ‚Bausteine' erschlossen werden. Die Schülerinnen und Schüler können auf der Grundlage der ungenauen Aufgabenstellung und verwirrender ‚Bausteine' kaum zu detaillierten Untersuchungs- und Interpretationsergebnissen jenseits rein oberflächlicher Betrachtungen gelangen. Sie werden dazu neigen, die z.T. komplexen Begriffe hinsichtlich ihrer Bearbeitung und der Lösung der Aufgabe in ihrem Gehalt und Anspruch zu minimieren, indem sie eine mehr formale Zuordnung jeweiliger Begriffe zu Teilaspekten der Kurzgeschichte vornehmen.

Zieht man die didaktischen Absichtserläuterungen des Lehrerbandes hinzu, ist festzustellen, dass mehr, als zuletzt beschrieben, nicht erwartet wird. In der Tat zielen auch die Erläuterungen im Lehrerband auf eine oberflächliche Betrachtung des Textes mit Blick auf die Verwendung der ‚Bausteine', die didaktisch stärker ihre formale Kenntnis, denn eine genaue Analyse und plausible Interpretation des Textes in den Blick nehmen. Im Lösungsvorschlag der Handreichungen für Lehrkräfte handelt es sich um eine bloße Benennung verschiedener Textmerkmale, deren möglicher Wert für die Auseinandersetzung mit dem Text nicht thematisiert wird. So findet sich zum ‚Baustein' ‚Erzähler/Erzählverhalten' lediglich folgender Eintrag: „personale Ich-Erzählerin"[563], zum Baustein ‚Textart' „Kurz- bzw. Kürzestgeschichte"[564]. Nicht nur der Sinn dieses Wissens bleibt offen, sondern auch der Weg zur Einsicht allein in diese Ergebnisse am Beispiel des Textes. Gegenstand ist letztlich also weniger der literarische Text selbst als die beschriebenen ‚Bausteine'. Für die Schülerinnen und Schüler wird im Rahmen der Informationslage der Aufgabenstellung nicht ersichtlich, dass und wie die einzelnen Bausteine untersucht und schließlich verknüpft werden müssen, um zu begründeten Untersuchungsergebnissen und darauf gründenden Deutungshypothesen zu gelangen. Das ursprünglich vor allem auch in der Absicht eines ‚Selbstlernbuchs' konzipierte Lehrwerk bedarf vor diesem Hintergrund dringend der didaktischen Intervention der Lehrkraft, um die genannten ‚Bausteine' überhaupt erst sinnvoll am Text anschaulich werden zu lassen. Ohne diese Intervention kann kaum ein differenzierender Umgang mit den einzelnen

---

563 deutsch.punkt. Lehrerband. S. 28.
564 Ebd.

Bausteinen hinsichtlich ihres Nutzens für den Verstehensprozess vermittelt werden. Denn nicht alle der genannten Bausteine lassen sich sinnvoll auf den vorliegenden literarischen Text beziehen, wie auch der Hinweis im Lehrerhandbuch zu dem Baustein ‚Informationen zur Verfasserin und zur Entstehungszeit' kenntlich macht:

„Information zur Verfasserin und zur Entstehungszeit: In diesem Fall sind die biografischen Informationen für die Deutung der Geschichte nicht ergiebig (…), sollten aber als potenziell bedeutsamer Untersuchungsgesichtspunkt hervorgehoben werden."[565]

Eine ähnliche Problematik trifft auch auf die weiteren Aufgabenstellungen dieses Aufgabensets zu. In Aufgabe 2[566] heißt es:

2 Nenne Beispiele für die Fachbegriffe auf den Kärtchen. Ordne dann die Kärtchen den Begriffen in der Mitte zu.

Bei den ‚Begriffen in der Mitte' handelt es sich um übergeordnete Begriffe, wie beispielsweise ‚Erzählperspektive/Erzählverhalten' oder auch ‚Zeitgestaltung', denen untergeordnete Begriffe wie beispielsweise ‚personal' oder ‚zeitraffendes Erzählen' zugeordnet werden sollen:

Tab. 21: Fachbegriffe zu Aufgabe 2[567]

zeitraffendes Erzählen - personal - zeitdeckendes Erzählen - Rahmenhandlung		
indirekte Rede Er-/Sie-Erzähler Kommentar Motiv/Leitmotiv	*Erzähler/Erzählform* *Erzählperspektive/ Erzählverhalten* *Handlung und ihre Strukturierung* *Darbietungsformen/Darstellungsformen* *Zeitgestaltung*	Rückblende Ich-Erzähler direkte Rede Bericht
Beschreibung - Zeitsprung - innerer Monolog - auktorial - szenische Darstellung		

Der Text selbst ist hier längst nicht mehr Mittelpunkt der Überlegungen, sondern stattdessen das Wissen um recht beliebig zusammengestellte ‚Fachbegriffe'. Dies zeigt sich auch an dem zugehörigen Kommentar im Lehrerband:

„Die Schülerinnen und Schüler sollten sich hier in Vorbereitung auf Aufgabe 3 in Erinnerung rufen, was mit den jeweiligen Begriffen gemeint ist."[568]

---

565 Ebd.
566 deutsch.punkt. S. 45.
567 Ebd.
568 deutsch.punkt. Lehrerband. S. 28.

Im Grunde werden hier lediglich Kenntnisse abgerufen und vermittelt, die sich leicht in Multiple-Choice-Aufgaben transformieren ließen und in dieser Form wenig komplexes und aufgrund dessen leicht überprüfbares Wissen repräsentieren.

Die exemplarisch genannten Begriffe aus Aufgabe 2 sollen dann zwar in Aufgabe 3[569] auf die Kurzgeschichte von Zimmermann – sowie ohne weitere Einbindung auch plötzlich auf die zuvor unbearbeitet gelassene Parabel Kafkas – bezogen werden:

> 3 Wende die Fachbegriffe an, indem du an der Geschichte oben („Eifersucht") und/oder an der Parabel „Der Aufbruch" auf der Titelseite (Seite 43) wesentliche Erzählmöglichkeiten bestimmst und erläuterst.

Jedoch lässt auch diese Aufgabenstellung kaum tiefere Einsichten in die Texte erwarten, da lediglich Belege bzw. Beispiele für die einzelnen Begriffe im jeweiligen Text gefunden werden sollen.[570] Die ‚Anwendung' der Begriffe wird erneut nicht für den Verstehensprozess funktionalisiert, sondern auf deren Identifikation in literarischen Texten reduziert. Nicht der Text selbst, sondern die eigentlich als Hilfsmittel der Analyse und Interpretation gegebenen Fachtermini stehen im Mittelpunkt der Betrachtung; der Text wird Mittel zum Zweck. Die nachfolgenden Aufgaben des nächsten Unterkapitels „1.2 Arten von erzählenden Texten" verfahren hinsichtlich der Fokussierung formalen Wissens – nun bezogen auf Gattungsmerkmale der unterschiedlichen Textsorten Parabel, Kurzgeschichte, Novelle, Roman – ähnlich wie die bereits dargestellten Aufgaben.[571]

Unterkapitel 1.3 bedarf wiederum detaillierter Betrachtung. Hier werden nun nicht mehr formale Untersuchungsaspekte oder Textmerkmale in den Mittelpunkt gestellt, sondern Methoden „zum Erschließen von erzählenden Texten"[572]. Dieser Aspekt ist von gesondertem Interesse, da offensichtlich zentrale Rezeptionsweisen vermittelt werden sollen, welche die bisherigen Einzelteile – in Form von formalem Textwissen – zu einem Ganzen zusammenfügen könnten. Genannt werden drei Methoden: „analysierend-interpretierend, anhand bestimmter Operationen, verstehend-produktiv"[573].

Wenngleich diese Methoden weiterhin im Rahmen der Aktivierung des Vorwissens thematisiert werden, kann nicht zwangsläufig vorausgesetzt werden, dass sie allen Schülerinnen und Schülern bereits vertraut sind. Aufgrund dessen

---

569 deutsch.punkt. S. 45.
570 Vgl. deutsch.punkt. Lehrerband. S. 28f.
571 Vgl. deutsch.punkt. S. 45.
572 Ebd.
573 Ebd.

werden die meisten von ihnen lediglich mit dem Austausch unsicheren und teilweise falschen Wissens beschäftigt sein.[574] Betrachtet man die angesprochenen Erläuterungen zu den Erschließungsmethoden in Unterkapitel 2, „Was ich wissen und können muss – Kompetenzen überblicken"[575], sind die vorgenommenen Unterscheidungen zudem höchst verwirrend und aus fachwissenschaftlicher Sicht bedenklich:

Tab. 22: Übersicht der Erschließungsmethoden im Lehrwerk „deutsch.punkt"[576]

Erschließungsmethode	analysierend-interpretierend	anhand bestimmter Operationen	verstehend-produktiv
Schwerpunkt	einen Erzähltext vollständig analysieren und die Befunde zu einer ganzheitlichen Interpretation zusammenfügen („textimmanent")	einen Erzähltext nur nach bestimmten Operationen untersuchen und interpretieren (vgl. 2.6)	die Eigenart des Erzähltextes durch produktives Eingreifen erschließen (z. B. eine Kurzgeschichte weiterschreiben)
mögliche Erweiterung	Vergleich mit einem motivgleichen Text der gleichen Textart; Einbeziehung des biografischen und zeitgeschichtlichen Hintergrundes	Durchführen weiterer Operationen; Einbeziehen des biografisch-en und zeitgeschichtlichen Hintergrundes	Vergleich mit dem Ausgangs- und Bezugstext; Begründung der eigenen Gestaltungsentscheidungen

Die ‚analysierend-interpretierende' Methode wird mit textimmanenten Analyse- und Interpretationsverfahren gleichgesetzt, charakterisiert als Vorgehen, das ‚einen Erzähltext vollständig analysieren und die Befunde zu einer ganzheitlichen Interpretation zusammenfügen (‚textimmanent')' lässt. Die Kontrastierung der ‚analysierend-interpretierenden' Methode zu den anderen hier genannten Verfahren erscheint allerdings unzulässig, da letztlich jede sinnvolle Analyse und Interpretation einem solchen Vorgehen folgen muss – wenngleich nicht immer ausschließlich textimmanent. Auch ‚verstehend-produktive' Verfahren, die einem produktionsorientierten Unterricht zuzuordnen sind, verfolgen dassel-

---

574 Es ist daher verwunderlich, dass kein Verweis auf die drei Seiten später ausgeführten Erläuterungen zu diesen Methoden erfolgt.
575 deutsch.punkt. S. 46ff.
576 deutsch.punkt. S. 48. Die Unterkapitel 2.1-2.3. werden hier nicht weiter in die Darstellung der Untersuchung und ihrer Ergebnisse aufgenommen, da dort lediglich jenes Wissen vertieft wird, dass bereits als ‚Vorwissen' in Unterkapitel 1 ‚aktiviert' wurde. Im Bereich der Gattungsmerkmale der Kurzgeschichte beispielsweise werden die Merkmale nun in größerer Zahl und ausführlicher in Form von stichpunktartigen Aufzählungen behandelt. Vgl. deutsch.punkt. S. 46f.

be Ziel, wenngleich zunächst andere Wege in der Annäherung an den Text damit verbunden werden. Ebenso irritierend ist die Unterscheidung der beiden genannten Verfahrensweisen gegenüber einer dritten, dem Erschließen erzählender Texte ‚anhand bestimmter Operationen'. Diese wird gefasst als ein Verfahren, mit dem man ‚einen Erzähltext nur nach bestimmten Operationen untersuch[t] und interpretier[t].' Führt man diese ‚bestimmten Operationen', die in Unterkapitel „2.6 Operationen zum Erschließen von Erzähltexten" ausgeführt werden, einer detaillierten Betrachtung zu, wiederholt sich die Problematik, die bereits anhand der Gegenüberstellung ‚analysierend-interpretierender' wie ‚verstehend-produktiver' Verfahren aufgezeigt wurde. Im Lehrwerk findet sich folgende Bestimmung dieser Operationen:

Tab. 23: Übersicht der Operationen zum Erschließen von Erzähltexten[577]

2.6 Operationen zum Erschließen von Erzähltexten
• den Erzähltext mehrmals genau lesen • eine „Sinnvermutung" zur Aussage bzw. Wirkung des Erzähltextes formulieren • Textsignale wahrnehmen und markieren, die auf das Thema hinweisen • den Erzähltext inhaltlich zusammenfassen • die Textart anhand bestimmter Merkmale erkennen und in ihrer Bedeutung für die Textaussage erläutern • Erzählform und Erzählverhalten bestimmen, in der Funktion einschätzen • wichtige die Handlung strukturierende Elemente (z. B. ein Motiv, Leitmotiv) erkennen und erläutern • die den Erzähltext prägende(n) Darbietungsweise(n) erkennen und in ihrer Wirkung erläutern • die Art der Zeitgestaltung erläutern • auffällige, charakteristische sprachliche Mittel erkennen und in ihrer Wirkung einschätzen • wesentliche Untersuchungsergebnisse zu einer Gesamtdeutung zusammenführen • Informationen zum Autor/zur Autorin und zur Entstehungszeit/zur literarischen Epoche einholen und in die Deutung einbeziehen.

Auch in dieser Zusammenstellung werden generell zu bedenkende Untersuchungsaspekte und -schritte benannt, nicht aber Aspekte einer spezifischen, von anderen Verfahren zu separierenden Analyse- und Interpretationsmethode. Die hier vorgenommene Abgrenzung der beschriebenen ‚Methoden' steht im Widerspruch zu fachwissenschaftlichen und -didaktischen Überlegungen. Zudem werden in der Übersicht der einzelnen ‚Operationen' plötzlich Fähigkeiten benannt, die auf den vorherigen Seiten des Schulbuches nicht vorbereitet wurden. Die von den Schülerinnen und Schülern zuvor erworbenen Kenntnisse im Bereich

---

577 deutsch.punkt. S. 48.

fachwissenschaftlicher Begriffe und Untersuchungskategorien dürfte sie kaum befähigen, dieses Wissen in der nun beschriebenen Weise auf die Interpretation literarischer Texte anzuwenden. Die Schülerinnen und Schüler kennen zwar verschiedene Merkmale unterschiedlicher epischer Textarten, diese aber ‚in ihrer Bedeutung für die Textaussage zu erläutern', dürfte ihnen auf der Grundlage der bisher nur am Rande thematisierten Bedeutung der formalen Gestalt eines Textes am Beispiel der Kurzgeschichte „Eifersucht" nicht gelingen. Von ‚auffälligen, charakteristischen sprachlichen Mitteln' des Textes und ihrer ‚Wirkung' war bislang noch gar nicht die Rede, so dass den Schülerinnen und Schülern möglicherweise kaum klar sein dürfte, was gemeint sein könnte.

Während im vorliegenden Kapitel des Lehrwerks „deutsch.punkt" bislang das Kennenlernen und Erkennen bestimmten Fachwissens im Mittelpunkt der Betrachtung stand, sollen die Schülerinnen und Schüler das erlernte Wissensrepertoire nun am Beispiel weiterer Erzähltexte in Kapitel „3 Was ich anwenden und üben könnte – Kompetenzen festigen"[578] anwenden. Von den nachfolgenden Texten wurde hier der erste, die Kurzgeschichte „Eis" von Helga M. Novak[579], exemplarisch ausgewählt. Hinsichtlich der Interpretationsverfahren, welche die Schülerinnen und Schüler zuvor kennen gelernt haben, sollen sie an folgendem Text[580] das im Lehrwerk so bezeichnete Verfahren ‚verschiedene Operationen zum Erschließen der Kurzgeschichte'[581] anwenden:

Helga M. Novak
Eis
Ein junger Mann geht durch eine Grünanlage. In einer Hand trägt er ein Eis. Er lutscht. Das Eis schmilzt. Das Eis rutscht an dem Stiel hin und her. Der junge Mann lutscht heftig, er bleibt vor einer Bank stehen. Auf der Bank sitzt ein Herr und liest in einer Zeitung. Der junge Mann bleibt vor dem Herrn stehen und lutscht.
Der Herr sieht von seiner Zeitung auf. Das Eis fällt in den Sand. Der junge Mann sagt, was denken Sie jetzt von mir?
Der Herr sagt erstaunt, ich? Von Ihnen? Gar nichts.
Der junge Mann zeigt auf das Eis und sagt, mir ist doch eben das Eis runtergefallen, haben Sie da nicht gedacht, so ein Trottel?
Der Herr sagt, aber nein. Das habe ich nicht gedacht. Es kann schließlich jedem einmal das Eis runterfallen.
Der junge Mann sagt, ach so, ich tue Ihnen leid. Sie brauchen mich nicht zu trösten. Sie denken wohl, ich kann mir kein zweites Eis kaufen. Sie halten mich für einen Habenichts.
Der Herr faltet seine Zeitung zusammen. Er sagt, junger Mann, warum regen Sie sich auf? Meinetwegen können Sie so viel Eis essen, wie Sie wollen. Machen Sie überhaupt, was Sie

---

578 deutsch.punkt. S. 49ff.
579 deutsch.punkt. S. 49.
580 Ebd.
581 Vgl. ebd.

wollen. Er faltet die Zeitung wieder auseinander.
Der junge Mann tritt von einem Fuß auf den anderen. Er sagt, das ist es eben. Ich mache, was ich will. Mich nageln Sie nicht fest. Ich mache genau, was ich will. Was sagen Sie dazu?
Der Herr liest wieder in der Zeitung.
Der junge Mann sagt laut, jetzt verachten Sie mich. Bloß, weil ich mache, was ich will. Ich bin kein Duckmäuser. Was denken Sie jetzt von mir?
Der Herr ist böse.
Er sagt, lassen Sie mich in Ruhe. Gehen Sie weiter. Ihre Mutter hätte Sie öfter verhauen sollen. Das denke ich von Ihnen.
Der junge Mann lächelt. Er sagt, da haben Sie Recht.
Der Herr steht auf und geht. Der junge Mann läuft hinterher und hält ihn am Ärmel fest. Er sagt hastig, aber meine Mutter war ja viel zu weich. Glauben Sie mir, sie konnte mir nichts abschlagen. Wenn ich nach Hause kam, sagte sie zu mir, mein Prinzchen, du bist schon wieder so schmutzig. Ich sagte, die anderen haben nach mir geworfen. Darauf sie, du sollst dich deiner Haut wehren. Lass dir nicht alles gefallen. Dann ich, ich habe angefangen. Darauf sie, pfui, das hast du nicht nötig. Der Stärkere braucht nicht anzufangen. Dann ich, ich habe gar nicht angefangen. Die anderen haben gespuckt. Darauf sie, wenn du nicht lernst, dich durchzusetzen, weiß ich nicht, was aus dir werden soll. Stellen Sie sich vor, sie hat mich gefragt, was willst du denn mal werden, wenn du groß bist? Neger, habe ich gesagt. Darauf sie, wie ungezogen du wieder bist.
Der Herr hat sich losgemacht.
Der junge Mann ruft hinterher, da habe ich ihr was in den Tee getan. Was denken Sie jetzt?

Unter didaktischen Gesichtspunkten wäre zu erwarten, dass an dieser Stelle bereits in der Aufgabenstellung mit besonderer Sorgfalt auf die bisher fehlende Zusammenführung von Form und Inhalt in der Anwendung des erlernten Wissens auf einen literarischen Text geachtet werden dürfte. Es wurden folgende Aufgaben entwickelt, die im Gesamtergebnis auf eine Deutung des Textes zielen:[582]

1. Formuliere eine kurze „Sinnvermutung", in der du deinen ersten Eindruck von der Aussage der Kurzgeschichte zusammenfasst.
2. Überlege, wie du jetzt vorgehen müsstest, wenn du die Kurzgeschichte anhand der drei dir bekannten Methoden (siehe S. 48) erschließen willst.
3. Erläutere die Erzählweise der Kurzgeschichte im Verhältnis zu deren Aussage.
4. Gestalte den „offenen Schluss" der Kurzgeschichte aus. Bemühe dich, deine Deutung der Geschichte durch die Gestaltung des Schlusses zu dokumentieren.

Im Kontext des Kapitelaufbaus dürfte die geforderte Anwendung des bisher erlernten Fachwissens wenig erfolgversprechend sein, da die Schülerinnen und Schüler zwar das formale Wissen um verschiedene Vorgehensweisen kennen, nicht aber vermittels gezielter Lernaufgaben befähigt worden sind, dieses Wis-

---

582 deutsch.punkt. S. 50.

sen angemessen auf den Text zu beziehen und sinnvoll für Textverstehensprozesse zu verwenden. Irritieren muss die Schülerinnen und Schüler zudem, wie wenig systematisch die Schulbuchautoren die zuvor unterschiedenen Analyse- und Interpretationsmethoden an einem Textbeispiel anwenden. Zuvor getroffene Definitionen werden von ihren Autoren nicht umgesetzt, da alle getrennt dargestellten ‚Erschließungsmethoden' partiell auf die Analyse und Interpretation der Kurzgeschichte bezogen werden: Aufgabe 1 greift auf den ersten Leseeindruck zurück, bei dem der Leser zwangsläufig erste Vermutungen über das Erzählte anstellt; Aufgabe 2 bringt gleich alle drei genannten Erschließungsmethoden ins Spiel, ohne dass dies in der Aufgabenstellung klar benannt würde; Aufgabe 3 lässt sich sowohl der ‚analysierend-interpretierenden' Methode, als auch dem ‚Erschließen aufgrund bestimmter Operationen' zuordnen; Aufgabe 4 schließlich lässt sich als Anwendung der ‚verstehend-produktiven' Methode lesen. Die Erläuterungen im Lehrerband stützen diesen Befund und führen zuvor vorgenommene Unterscheidungen ad absurdum:

„Neben der verstehend-produktiven Erschließungsmethode (vgl. dazu Aufgabe 4) bietet sich vor allem eine Untersuchung anhand bestimmter Operationen an. Diese fällt hier weitgehend mit der analysierend-interpretierenden Methode zusammen."[583]

Die bereits angesprochenen problematischen Implikationen der fachwissenschaftlich wenig haltbaren Zusammenstellung verschiedener Erschließungsverfahren hätte mit der Formulierung dieses Eintrags im Lehrerband auch den Schulbuchentwicklern deutlich werden müssen.

Auch die anderen Aufgabenstellungen verweisen auf bedenkliche fachwissenschaftlich wie fachdidaktisch mit Skepsis zu betrachtende Lerninhalte. Illustriert werden kann dies im Besonderen auch an dem im Schulbuch vorgegebenen Lösungsansatz zu Aufgabe 3:[584]

Du kannst z.B. so beginnen:
In der Kurzgeschichte „Eis" von Helga M. Novak aus dem Jahr 1968 geht es um einen jungen Mann, der einen fremden Herrn so lange durch Fragen provoziert, bis dieser verärgert den Ort des Gesprächs verlässt ...
Der Text weist typische Merkmale einer Kurzgeschichte auf. Er ist nur ca. eine Seite lang.
Die Handlung konzentriert sich auf einen Augenblick, nämlich das Gespräch zwischen dem jungen Mann und dem Zeitung lesenden Herrn („Momentaufnahme"). Die Kurzgeschichte beginnt ohne lange Einleitung mit der Darstellung der Situation ... Sie endet mit einem „offenen Schluss": Der Leser / die Leserin weiß nicht, wie er die letzte Äußerung des jungen Mannes verstehen soll und ob bzw. wie der Herr möglicherweise reagiert ...
Die Figuren bleiben anonym ...
Die Sprache ist alltäglich und wird gemäß der Gesprächssituation durch wörtliche Rede

---

583 deutsch.punkt. Lehrerband. S. 31.
584 deutsch.punkt. S. 50.

> *bestimmt, die allerdings auffällig gestaltet ist: Es fehlt die Interpunktion ...*
> *Besonders wichtig für das Verständnis bzw. die Wirkung der Kurzgeschichte sind die Erzählform und das Erzählverhalten. Der Er-Erzähler erzählt personal: Er blickt nicht in seine Figuren hinein und erläutert auch deren Gedanken, Absichten oder Gefühle nicht. Vielmehr beschränkt er sich auf die Wiedergabe des Gesprächs, so dass der Leser nicht weiß, was mit dem jungen Mann eigentlich los ist. Mit seinen ständigen Fragen will er offenbar die Aufmerksamkeit des Herrn erregen – aber warum und wozu? Vielleicht möchte er bemitleidet, bewundert oder bestätigt werden, vielleicht auch möchte er den Herrn zu einer scharfen „erzieherischen" Reaktion provozieren, wie sie seine Mutter offensichtlich versäumt hat. Unklar bleibt auch die letzte Behauptung des jungen Mannes. Vielleicht möchte er andeuten, dass er seine Mutter vergiftet hat, oder aber ...*
> *Die Art der Darstellung zwingt den Leser bzw. die Leserin dazu, selbst eine „Deutung" der Kurzgeschichte zu finden ... Selbst die Überschrift, die dem Leser oft Verständnishilfe gibt, bleibt hier mehrdeutig ...*

Die vorgegebene Lösung zu Aufgabe 3, die von den Schülerinnen und Schülern nur marginal ergänzt werden muss – wenngleich die Aufgabe mit dem Hinweis: ‚Du kannst z.B. so beginnen' größere Freiheiten suggeriert – orientiert sich an in den ersten beiden Unterkapiteln benannten Kategorien und Aspekten formalen Wissens, wie beispielsweise dem ‚Erzählverhalten' oder den ‚Gattungsmerkmalen' eines Textes. Diese sollen nun zur Deutung der Kurzgeschichte beitragen, indem die Erzählweise des Textes im Verhältnis zu seiner Aussage erläutert werden soll. Wer nun auf eine – längst überfällige – Verbindung der äußeren Gestalt eines Textes mit seinem Inhalt hofft, wird weiterhin enttäuscht. Denn die im Lehrwerk abgedruckte Lösungsvorgabe enthält unter fachwissenschaftlich wie -didaktisch relevanten Gesichtspunkten problematische Darstellungen: Die Behandlung der einzelnen Untersuchungsaspekte erfolgt wiederum auf einer mehr oberflächlichen und formalen, statt Form und Inhalt verknüpfenden Ebene, wie folgende Passage aus dem Lösungsvorschlag im Lehrwerk zeigt:

> „Der Text weist typische Merkmale einer Kurzgeschichte auf. Er ist ca. nur eine Seite lang. Die Handlung konzentriert sich auf einen Augenblick, nämlich das Gespräch zwischen dem jungen Mann und dem Zeitung lesenden Herrn (Momentaufnahme). Die Kurzgeschichte beginnt ohne lange Einleitung mit der Darstellung der Situation..."[585]

Der Arbeitsauftrag besteht lediglich im Auffinden formaler Textmerkmale, die belegen, dass es sich bei dem vorliegenden Text um eine Kurzgeschichte handelt. Eine Funktionalisierung dieser Erkenntnisse im Sinne der Textdeutung ist nicht vorgesehen, wie auch die Ausführungen in den Lehrerhandreichungen bestätigen:

---

585 deutsch.punkt: A. a. O.

„charakteristische sprachliche Mittel: auffällig ist (…) die große Reduktion auf das Wesentliche: Anfangs finden sich nur gereihte Kurzsätze, die die notwendigsten Angaben zur Ausgangssituation enthalten. Entsprechend finden sich kaum Attribute (nur wenige Adjektive, kaum Komposita). Auch die Wortwahl selbst ist reduziert. Ein gutes Beispiel sind hier die Redeeinleitungen: Zehnmal wird das Verbum ‚sagen' verwendet (…). Insgesamt wird durch den Einsatz der sprachlichen Mittel (die Geschichte wird außerdem im Präsens erzählt) (…) die szenische Unmittelbarkeit betont bzw. diese mit erzeugt."[586]

Hier werden zwar typische Merkmale von Kurzgeschichten benannt und am Beispiel des Textes belegt. Warum in dieser Kurzgeschichte aber beispielsweise eine ‚Reduktion auf das Wesentliche' vorliegt, erschöpft sich nicht in der weitläufigen Schlussfolgerung, damit werde ‚szenische Unmittelbarkeit' erzeugt.

An die Stelle plausibler Deutungsansätze treten im Zuge der Konzentration auf die Kenntnis formalen Wissens recht spekulative Zugänge zur Interpretation eines Textes. Die Formulierungen der Schulbuchautoren im Lehrerband zeigen, dass dies leicht zu Überinterpretationen führen kann. Sie gelangen, ausgehend von einem formalen Untersuchungsaspekt, zu folgender Interpretation:

„Handlung strukturierende Elemente: Wiederkehrende Erzählelemente sind die Zeitung des Mannes (…) sowie das Eis des Titels, das zunächst Gesprächsgegenstand ist, im weiteren Verlauf aber übertragend für den Charakter bzw. die Gefühlswelt des jungen Mannes verstanden werden könnte (im Sinne von ‚eiskalt', also gefühls- und bindungslos, berechnend')."[587]

Weitere Belege für diese wenig nachvollziehbare Deutung der Gefühlswelt des ‚jungen Mannes' lassen sich im Text nicht finden. Das ‚Eis' fungiert im Text vielmehr als jener für Kurzgeschichten ‚typische' Alltagsgegenstand, durch den in die Absurdität einer nur vermeintlich alltäglichen Situation eingeführt wird, in welcher der Protagonist mit konventionellen Verhaltensnormen spielt und gewohnte Nähe-Distanz-Verhältnisse auflöst. Der Text bietet dagegen keinerlei Anlass, das ‚Eis' als symbolischen Gegenstand für die Gemütsverfassung oder gar den Charakter des Protagonisten zu betrachten.

Besonders auch die Ausführungen zur Lösung von Aufgabe 4 in den Lehrerhandreichungen können illustrieren, wie weit sich die Überlegungen der Schulbuchautoren letztlich von am Text haltbaren Deutungen entfernen. Aufgabe 4 verlangt von den Schülerinnen und Schülern die Gestaltung eines alternativen Schlusses der Kurzgeschichte auf der Grundlage ihres offenen Endes. In diesem Zusammenhang wird in den Lehrerhandreichungen folgende Lösungsvariante formuliert:

---

586 deutsch.punkt. Lehrerband. S. 31.
587 Ebd.

„Bei der Ausgestaltung des Schlusses kann es für die Schülerinnen und Schüler hilfreich sein, sich in die geschilderte Situation hinzuversetzen, d.h. sich zu fragen, wie man sich selbst (als ‚Herr') verhalten würde. Dass der Herr versucht, von dem offensichtlich verrückten jungen Mann (jedenfalls hält sich der junge Mann nicht an etablierte gesellschaftliche Konventionen) wegzukommen, ist nachvollziehbar. Genauso wahrscheinlich ist allerdings, dass der junge Mann fortfahren wird, den Herrn zu belästigen, weshalb dieser versuchen dürfte, in Sicherheit zu kommen (zum Beispiel in ein Lokal oder ein Geschäft, jedenfalls in ein Umfeld mit ‚normalen' Menschen). Auf diesem Weg könnte der junge Mann weiter auf ihn einreden und ihm schließlich direkt sagen, dass er seine Mutter getötet hat (oder nur Spaß gemacht hat/ein Schauspieler oder Verhaltensforscher ist usw.)."[588]

Einzig vielleicht der letzte Vorschlag – die Erklärung, der Protagonist sei Verhaltensforscher – könnte hier sinnvoll sein, wollte man damit die Wirkung der Verletzungen gesellschaftlicher Üblichkeiten als Thema der Kurzgeschichte herausarbeiten. Davon ausgehend aber zu dem Schluss zu gelangen, der junge Mann sei ‚verrückt', verstellt den Blick auf den Text, der im Unterschied zu dieser Deutung die Konsequenzen solchen Handelns in der Wirkung auf andere in den Blick nimmt. Im Kontext des Begriffs ‚verrückt' wird auch der Gedanke, der Protagonist könnte seine eigene Mutter getötet haben, wieder aufgenommen. Dass der junge Mann die Äußerung: „…da habe ich ihr was in den Tee getan. Was denken Sie jetzt?"[589] als weitere, gesteigerte Provokation einsetzt, wird unter dieser Voraussetzung aber nicht mehr wahrnehmbar. Die den Leser irritierenden Textstellen werden hier mit Formen der Überinterpretation geglättet, indem beispielsweise für das zunächst unerklärliche Verhalten des Protagonisten stereotype Erklärungen gefunden werden, statt sein Handeln im Kontext des gesamten Textes und seiner Kontextinformationen zu verstehen: So wird aus dem Spiel mit bestimmten Höflichkeitsformen usw. schließlich die Verhaltensweise eines pathologisch Kranken, dem der Mord an der eigenen Mutter durchaus zugetraut wird. Analog zu dieser am Text kaum haltbaren Interpretation wird die vorgeschlagene Lösung zu Aufgabe 4 als Flucht vor dem jungen Mann ausgestaltet, auch wenn der letzte Satz der Kurzgeschichte lediglich benennt, dass der Herr den Schauplatz – für den Leser nachvollziehbar – verlassen möchte. Eine bloße Fortsetzung der in der Kurzgeschichte geschilderten Situation, wie im Lehrerhandbuch vorgeschlagen wird – der junge Mann verfolgt den Herrn und belästigt ihn weiter – geht weit über den Rahmen der Kurzgeschichtenhandlung hinaus und beinhaltet keinerlei Deutungsansatz, sondern reproduziert lediglich

---

588 deutsch.punkt. Lehrerband. S. 31f.
589 deutsch.punkt. S. 49.

das bereits Erzählte.[590] Dabei wird gleichzeitig deutlich, dass es in Aufgabe 4 weniger um eine plausible Deutung des Textes in Form der Gestaltung eines möglichen Endes geht, sondern dass das Verfassen des Endes vielmehr selbst zum Gegenstand der Betrachtung bzw. zum Lernziel wird.[591]
Überinterpretation entsteht im Rahmen des Lehrwerks „deutsch.punkt" somit zum einen aufgrund defizitärer Didaktisierung der Fähigkeit Wissen gezielt für Textverstehensprozesse zu nutzen, zum anderen wird sie durch die didaktische ‚Autorität' der Schulbuchautoren legitimiert, die selbst in den Modus der Überinterpretation verfallen. Die Schwierigkeit, die Kluft zwischen Literaturtheorie und -didaktik im Rahmen der Unterrichtspraxis zu minimieren, wird mit der Konzentration auf greifbares Wissen umgangen. Es herrscht offenbar die Annahme vor, Zugänge zu Textdeutungen würden sich auf der Grundlage des erlernten Text- und Strategiewissens gleichsam nebenbei einstellen. Dass sich ein angemessener Umgang mit Texten auf diese Weise nicht herstellen lässt, dürfte innerhalb der Ausführungen deutlich geworden sein. Grundlegend fehlt diesem Lernaufgabenset in der Planungsphase die Analyse derjenigen Operationen, Teilkompetenzen und Lernschritte, die für das Verständnis der ausgewählten Texte notwendig sind. Die Bezugnahme auf die Teilkompetenz ‚Symbolverstehens' ist hier nur bedingt sinnvoll; stattdessen – auch um der aufgezeigten Gefahr der Überinterpretation zu entgehen – werden hier vielmehr Fähigkeiten der genauen Textwahrnehmung auf der literalen, also wörtlichen Ebene gefordert. Mit Hilfe genauen Lesens und der mentalen Rekonstruktion des erzählten Geschehens bzw. der Imaginationskraft können die Widersprüche des zunächst vielleicht sperrig erscheinenden Textes – Erklärungen für das Verhalten des Protagonisten bleiben im Text selbst aus – sinnvoll in eine Textdeutung eingebunden werden, die auch auf das formale Merkmal ‚Alltäglichkeit des Dargestellten' rekurriert. Geht man aber – wie im Lehrwerk – von der Kenntnis von Fachbegriffen direkt und unmittelbar zur Textdeutung über, fehlen elementare Opera-

---

590 Aber auch das Bild, das dem Text im Schulbuch hinzugefügt wurde, gibt diese Lösung von Aufgabe 4 bereits vor. Gezeigt wird nicht ein die Handlungssituation repräsentierendes Bild, sondern ein Ausblick auf den möglichen Fortgang der Geschichte, wie er im Lehrerband formuliert wird: Der Protagonist hält den Herrn, der sich den Belästigungen nicht weiter aussetzen möchte, am Arm fest, um ihn am Weggehen zu hindern.
591 Genauso wird auch mit Blick auf die Kurzgeschichte „Streuselschnecke" von Julia Franck verfahren. Dort wird ebenfalls offensichtlich, dass die Produktionsaufgabe nicht als Mittel zum Zweck der Analyse und Interpretation verstanden wird, sondern dass das Produkt zum Selbstzweck geworden ist, dessen Mittelpunkt nicht mehr die Deutung des Ausgangstextes ist. Vgl. deutsch.punkt. S. 51. Vgl. auch: deutsch.punkt. Lehrerband. S. 32.

tionen innerhalb des Verstehensprozesses, die unweigerlich zu unangemessenen Deutungen führen müssen.

2.1.3 Zusammenfassung & Fazit

Insgesamt dürfte deutlich geworden sein, dass das Lehrwerk „deutsch.punkt" im Zuge der Kompetenzdiskussion der letzten Jahre mehr auf Wissens-, denn auf Anwendungsorientierung im Sinne des in dieser Arbeit fokussierten Kompetenzbegriffs (vgl. Kap. III. 1; 3) setzt. Kompetenz wird hier offenbar vor allem als umfassendes Repertoire an formalen Kenntnissen und Reproduktionswissen verstanden. Die Gegenüberstellung, die in dem analysierten Lehrwerk zwischen Wissen und der Funktionalisierung und Anwendung von Wissensbeständen vorgenommen wird, verhindert die Vermittlung von Kenntnissen und Fähigkeiten für einen kompetenten Umgang mit Texten. Tabellarische Auflistungen verschiedener Untersuchungsaspekte auf formaler Beschreibungsebene sichern lediglich einen gewissen Wissensstand, der im Hinblick auf angemessene und gelingende Deutungen von den Schülerinnen und Schülern aber nicht sinnvoll angewendet werden soll. Dabei wird stark auf die Wiederholung von in vergangenen Jahrgangsstufen erlerntem Wissen und seine Vertiefung gesetzt, da bestimmte Wissensbestände offenbar als rudimentär für die Arbeit an Texten angesehen werden. Dies erinnert allerdings mehr an Formen des Gedächtnistrainings, als an einen den angemessenen Umgang mit literarischen Texten schulenden Literaturunterricht. Es werden zwar potentielle Hilfsmittel an die Hand gegeben, die Konzentration auf deren Kenntnis ist allerdings so stark, dass ihre in einem zweiten Schritt geforderte Anwendung nur stark schematisch erfolgen kann – wenn sie überhaupt erfolgt. Es ist den Schulbuchautoren einerseits zugute zu halten, dass das Lehrwerk im Grunde in der Absicht entwickelt wurde, literarisches Lernen für die Schülerinnen und Schüler transparent und greifbar zu machen. Der konzeptionelle Ansatz, im Literaturunterricht zu erwerbende Kompetenzen zentral und exemplarisch in einem Kapitel, statt in vielen verschiedenen zu behandeln, erscheint mit Blick auf den Erwerb eines übergeordneten Konzepts im Umgang mit literarischen Texten durchaus als konstruktiver Neuansatz zu den stärker rein thematisch ausgerichteten Gliederungen anderer Lehrwerke. In dieser ursprünglich sinnvollen Absicht wird aber auf die falschen Mittel gesetzt: Wo literarische Rezeptionskompetenzen vermittelt werden sollen, steht stattdessen bestimmtes Fachwissen im Vordergrund, das kaum in die Textdeutung integriert wird. Der eröffnete Gegensatz zwischen Wissen und Können verstellt den Blick darauf, was eigentlich mit dem Begriff der Kompetenz im Zusammenhang mit (schulischem) Lernen gemeint ist und schon immer mit dem Lernprozess verbunden wurde.[592]

Damit liegt dem Lehrwerk „deutsch.punkt" im Umgang mit literarischen Texten ein unangemessenes Verständnis des Kompetenzbegriffs zugrunde: Vordergründig wird starke Kompetenzorientierung suggeriert, tatsächlich aber das Gegenteil geleistet. In dieser Form findet eher eine Anbindung an die von Seiten der Fachdidaktik kritisierten Defizite der PISA-Testaufgaben statt. Die dort bezeichneten Kritikpunkte werden im Rahmen des Lehrwerks „deutsch.punkt" in einer unzureichenden Didaktisierung kompetenzorientierten Unterrichts fortgeführt. Es entsteht der Eindruck, das Lehrwerk sei im Resultat weniger auf literarisches Lernen, als vielmehr auf das erfolgreiche Bestehen von Prüfungen ausgerichtet, die solches Wissen erfragen – Wissen, das sich ebenso ‚leicht' vermitteln wie überprüfen lässt. Betrachtet man in diesem Zusammenhang die methodisch wenig abwechslungsreiche Gestaltung der Aufgaben sowie den Mangel an hinreichend klar und zielgerichteten Fragestellungen in den Arbeitsaufträgen, so ist davon auszugehen, dass auch für die Schülerinnen und Schüler angesichts meist recht formalisierter Textarbeit das Interesse an guten Prüfungsergebnissen wohl als hauptsächliche Motivationsförderung gesehen werden muss. Untermauert wird diese These, da sich Anschlussmöglichkeiten dieser didaktischen Aufgaben nicht nur an Testaufgaben, sondern ebenfalls an aktuelle Prüfaufgaben unterschiedlichen Formats (vgl. Kapitel IV.1) ergeben. Denn trotz unterschiedlicher Formate hat sich am Beispiel der Prüfaufgaben aus den Ländern Berlin und Brandenburg gezeigt, dass sowohl geschlossene, als auch offene Aufgabenformate – wenngleich aus unterschiedlichen Problematiken heraus – zu oberflächlicher Textbetrachtung und entsprechend trivialisierender Deutung führen. Im Falle der Lernaufgaben in „deutsch.punkt" liegt ein ähnliches Phänomen vor, denn die mehr schematische Verwendung und Konzentration auf formales Wissen wie Gattungsmerkmale oder ein bestimmtes Erzählverhalten usw. sind hier als ursächlich für einen entsprechend oberflächlichen Blick auf literarische Texte anzusehen. Wo die gefundenen Lösungen diese Betrachtungen auf der Ebene der schematischen Beschreibung und Zuordnung verlassen, neigen die Schulbuchautoren häufig zu recht spekulativen Überinterpretationen, wie es auch im Fall der Brandenburger Lösungserwartungen zu Aufgaben offenen Formats gezeigt werden konnte. Mit Blick auf die Lernaufgaben offenbart sich daran die Ratlosigkeit der Schulbuchautoren hinsichtlich einer sinnvollen Didaktisierung und Vermittlung von Rezeptionskompetenzen. Dieser Hilflosigkeit wird mit didaktischem Pragmatismus begegnet, indem weitgehend eine Konzentration auf unmittelbar greifbare Gegenstände erfolgt. Angesichts der nur proklamierten

---

592 Vgl. Kap. II. 1.

Kompetenzorientierung trifft hier das zu, was KLIEME/ HARTIG im Zusammenhang eines zu ‚breiten' Kompetenzbegriffs treffend als Problematik benannt haben:

„Die Gefahr (...) liegt darin, eine (...) Vermittlung zu suggerieren, die allenfalls als Leitvorstellung besteht. (...) Damit verbundene ‚Erlösungshoffnungen' (Geißler/Orthey 2002, S. 73) machen aber lediglich auf ungelöste Theorie- und Praxisfragen aufmerksam."[593]

Das Interesse am eigentlichen Gegenstand des Literaturunterrichts tritt hinter das Interesse an der Sicherung bestimmter Wissensbestände zurück; an welchen literarischen Texten gelernt wird, wird in zunehmendem Maße irrelevant. Literarisches Lernen kann sich aber nur am Beispiel von Texten vollziehen, die im Rahmen genauer Textarbeit Lernen und Lernprogression überhaupt erst ermöglichen. Eine genaue Untersuchung der Textauffälligkeiten und ihrer Bedeutung für die Deutung von Texten im Sinne einer sorgfältigen Gegenstandsanalyse ist dem vorliegenden Lehrwerk aber leider nur als Defizit auszuweisen: Die Textarbeit ist zu formal, an den gewählten Texten entstehen aufgrund ihres leichten Schwierigkeitsgrads kaum Fragen, bei den schwierigeren Texten findet eine Übervereinfachung in der Deutung der Textaussage statt.

2.2 Das Lehrwerk „Deutschbuch"

2.2.1 Zur literaturdidaktischen Konzeption des Lehrwerks

Anders als das Lehrwerk „deutsch.punkt", das bereits in Konzeption und Aufbau einer rein formalen Kompetenzorientierung folgt, setzt das „Deutschbuch" vom Cornelsen-Schulbuchverlag auf eine thematisch gebundene Gliederung des Lehrwerks. Dies illustrieren bereits die Überschriften jener Kapitel[594], die sich vorwiegend mit literarischen Texten beschäftigen:

- Menschentypen – Satirisches Schreiben
- Funktionen von Sprache – Kommunikation untersuchen
- Utopien – Texte im Kontext
- Die Welt als Labyrinth – Parabeln verstehen und vergleichen
- Jugend und Erwachsenwerden – Romanauszüge interpretieren
- ‚Homo faber' – Roman und Literaturverfilmung
- Das Ich als Rätsel – Gedichte verschiedener Epochen untersuchen.

---

593 Klieme/ Hartig: Kompetenzkonzepte in den Sozialwissenschaften und im erziehungswissenschaftlichen Diskurs. S. 13f.
594 Deutschbuch. S. 3ff.

Diese Konzeption unterscheidet sich deutlich von jener des Lehrwerks „deutsch.punkt", bei dem die Vermittlung bestimmter Wissensbausteine im Vordergrund steht. Wie mit der thematischen Ausrichtung im Rahmen der Analyse und Interpretation einzelner literarischer Texte umgegangen wird – ob diese zu einer unangemessenen Verengung der Sichtweise auf einzelne Texte führt –, wird am Beispiel der Analyse der Lernaufgaben zu einzelnen Texten diskutiert werden müssen.

Neben der thematischen Ausrichtung enthalten die Überschriften zudem Verweise auf zu erlernende Kenntnisse und Fähigkeiten im Umgang mit erzählender Literatur, wie beispielsweise auf der Ebene der Anwendung von Kontextwissen für die Bedeutungskonstruktion. Einzele Teilkompetenzen literarischer Rezeptionskompetenz werden im „Deutschbuch" über verschiedene Kapitel verteilt, während im Lehrwerk „deutsch.punkt" Kenntnisse und Fähigkeiten zum Umgang mit erzählender Literatur in dem bereits dargestellten Kapitel („Jung sein – erwachsen werden – Erzählende Texte untersuchen und interpretieren"[595]) zentral behandelt und exemplarisch vermittelt werden sollen. Im Rahmen des Untersuchungsinteresses der vorliegenden Arbeit findet sich geeignetes Material im Besonderen im Kapitel „Die Welt als Labyrinth – Parabeln verstehen und vergleichen"[596]. Die Untersuchung dieses Kapitels bietet sich vor allem an, um einen vertieften Einblick in den Umgang mit der Funktionalisierung von Wissen zum Zwecke der Bedeutungskonstruktion durch den Leser zu erlangen. Auf dieser Ebene lassen sich somit auch adäquate Anschlussmöglichkeiten an die Untersuchung des Lehrwerks „deutsch.punkt" finden.

Die Gliederung der einzelnen Kapitel des „Deutschbuchs" in Unterkapitel[597] erscheint ungleich sinnvoller als im Lehrwerk „deutsch.punkt":

- Hauptlernbereich: Im ersten Teil wird das Thema des Kapitels erarbeitet.
- Verknüpfung mit einem weiteren Lernbereich: Im zweiten Teil werden die erworbenen Kenntnisse und Fähigkeiten mit einem anderen Lernbereich verbunden.
- Üben und Vertiefen des Gelernten: Der dritte Teil eines jeden Kapitels enthält Übungen zur Wiederholung und zur Vertiefung des Gelernten.

Während im Lehrwerk „deutsch.punkt" Kenntnisse und Strategien zunächst isoliert bzw. ohne angemessenen Textbezug erworben werden, verbindet das „Deutschbuch" Kennen und Können im ‚Hauptlernbereich' eines jeweiligen Kapitels, dem sich dann der Transfer des Gelernten und weiteres Üben anschlie-

---

595 deutsch.punkt. A. a. O.
596 Deutschbuch. S. 175ff.
597 Deutschbuch: S. 8.

ßen sollen. Denn die ‚Erarbeitung des Themas' meint nicht nur eine rein inhaltliche Einführung in eine den nachfolgenden literarischen Texten übergeordnete Thematik, sondern beinhaltet mit dem Stichwort der ‚Integration' – im Anschluss an die Überlegungen zur Lehrwerkskonzeption FINGERHUTS (vgl. Kap. V. 1) – zugleich die zur Erschließung der Texte notwendigen Kenntnisse und Fähigkeiten, folgt man den Ausführungen in den Handreichungen für Lehrkräfte:

„Integration bedeutet im „Deutschbuch" nicht das Hintereinanderschalten von Arbeitsteilen aus den verschiedenen Sektoren des Deutschunterrichts, Integration bedeutet vielmehr, dass traditionell unterschiedlich zugeordnete *fachspezifische Tätigkeiten der Schülerinnen und Schüler im Zusammenhang einer nachvollziehbaren Lernsituation* gemeinsam entwickelt werden."[598]

Die Gliederung der einzelnen Kapitel weckt die begründete Erwartung, dass Kenntnisse und Fähigkeiten hier nicht separiert voneinander vermittelt, sondern – mit Blick auf Textverstehen und Lernprogression – sinnvoll miteinander verknüpft und eingebunden in spezifische, gegenstands- wie situationsabhängige Lehr- und Lernkontexte vermittelt werden. Im Rahmen der Ausführungen in den Handreichungen wendet man sich mit dieser didaktischen Konzeption bewusst von solchen Formen des Lernens ab, die auf den separaten und wenig situationsgebundenen Erwerb von Kenntnissen setzen. Dieser Überlegung entspricht, dass im Anhang des Lehrwerks „Deutschbuch" knapp zusammengefasst Strategie- und Textwissen dargestellt werden („Orientierungswissen"[599]), das zuvor in den einzelnen Kapiteln des Lehrwerks erarbeitet werden sollte. Insofern wird der Anhang im „Deutschbuch" als stark komprimiertes Nachschlagewerk konzipiert. Die Nachteile eines situationsunabhängigen Vorgehens, in denen Bestandteile des Anhangs ohne sinnvollen Textbezug zum Gegenstand von Lernaufgabenstellungen werden, konnten bereits im Zusammenhang der Untersuchung des Lehrwerks „deutsch.punkt" dargelegt werden.

Die didaktische Konzeption der einzelnen Kapitel zielt zudem auf ein zunehmend induktives Vorgehen der Schülerinnen und Schüler. Die Schülerinnen und Schüler sollen, folgt man den Ausführungen in den Handreichungen, schrittweise an einen eigenständigen Umgang mit Texten herangeführt werden. Um bisher Gelerntes vermehrt selbständig anwenden zu können, ist es für den Lernprozess von entscheidender Bedeutung, ob und wie die Reflexion der eigenen und erforderlichen Textverstehensoperationen in die Aufgabenstellungen integriert werden kann. In den Handreichungen zum „Deutschbuch" wird jedenfalls zu Recht betont, dass

---

598 Deutschbuch. Handreichungen für den Unterricht. S. 6.
599 Deutschbuch. S. 336ff.

„nicht nur auf der Ebene von Materialien, sondern konkret auf der Ebene der Tätigkeiten der Schülerinnen und Schüler"[600]
eine Übertragung des zuvor Gelernten erforderlich sei, um Kenntnisse und Fähigkeiten nachhaltig zu sichern.[601]

Neu hinzugefügt wurde dem „Deutschbuch" nach PISA im Vergleich zu seinen früheren Ausgaben in jedem Kapitel ein Teilbereich, der schließlich vor allem die Einübung schriftlicher Prüfungsleistungen in den Blick nimmt. Hier werden Lernaufgaben zur schrittweisen Anfertigung eines schriftlichen Interpretationsaufsatzes sowie Musterlösungen, die den Lernprozess der Schülerinnen und Schüler anleiten sollen, angeboten. Dieses Vorgehen gleicht jenem in „deutsch.punkt" und stimmt mit den meisten anderen, derzeit auf dem Markt befindlichen Schulbüchern überein.[602] Diese Erweiterung zielt deutlich auf die outputorientierten Vorgaben, die in Form von Bildungsstandards und zentralen Abschlussprüfungen vorliegen.

Eine Orientierung an den Bildungsstandards wird auch im Rahmen der einleitenden Erläuterungen in den Lehrerhandreichungen formuliert. Diese korrespondieren mit der didaktischen Ausrichtung an einem erweiterten Textbegriff, der sowohl Sach- und Gebrauchstexte als auch literarische Texte hinsichtlich ihrer Verstehensanforderungen dem Lesekompetenzmodell PISAs unterstellt.[603] Betont werden weniger die Besonderheiten literarischen Erzählens und seiner Verstehenshürden für den Leser, die spezifisch literarischer Rezeptionskompetenzen bedürfen, als vielmehr „basale Lese- und Verstehenskompetenzen"[604] im Umgang mit allen Textsorten. Das Kapitel ‚Utopien' beispielsweise führt in grundlegende Konzepte und Strategien im Umgang mit Texten ein; behandelt werden hier Sach- und literarische Texte gleichermaßen. Dies gilt den Schulbuchentwicklern als Ausweis der Einbindung

> „fachdidaktisch begründeter methodischer Neuansätze (…), die in einem aktuellen Lehrwerk wie dem „Deutschbuch" ihren Niederschlag finden."[605]

---

600 Ebd.
601 Weiter heißt es in den Handreichungen: „Anregungen zur Anwendung prozeduraler, metakognitiver und evaluierender Strategien fördern den kommunikativen Aufbau des Lernprozesses, sodass Wissen im Zusammenhang verfügbar wird und Ergebnisse nicht beziehungslos nebeneinanderstehen." Deutschbuch. Handreichungen für den Unterricht. S. 11.
602 Vgl. beispielsweise Tandem 5. Ein Schulbuch für das 9. und 10. Schuljahr. Schöningh-Verlag: Braunschweig, Paderborn, Darmstadt, 2007.
603 Deutschbuch. Handreichungen für den Unterricht. S. 10.
604 Deutschbuch. Handreichungen für den Unterricht. S. 8.
605 Ebd.

Fraglich ist aber, inwieweit bzw. ob auch kritische Anmerkungen zu PISA und neuere fachdidaktische Überlegungen im Bereich literarischen Verstehens in diese Konzeption integriert werden sollen und können. Denn beispielsweise das ‚Prinzip der Integration', das zunächst sinnvoll auf den Aspekt der ‚Funktionalisierung' verweist, kann nur dann zu einem angemessenen Verstehen sowohl von Sachtexten als auch von literarischen Texten verhelfen, wenn deren Spezifika jeweils Rechnung getragen wird. Eine entsprechende Unterscheidung wird aber in den didaktischen Erläuterungen der Handreichungen zum Lehrwerk nicht hinreichend vorgenommen. Konkrete Ausführungen finden sich nur in Bezug auf Sachtexte, bei denen ein Zusammenhang zum PISA-Lesekompetenzmodell hergestellt werden kann:

> „Sach- und Gebrauchstexte werden vorwiegend unter dem Aspekt des Lesens, der Entnahme, Verknüpfung und Auswertung von Informationen angeboten."[606]

Eine entsprechende Gegenüberstellung der zu vollziehenden Tätigkeiten und Operationen hinsichtlich der Rezeption literarischer Texte bleibt leider aus. Stattdessen wird nur insofern auf die Besonderheiten literarischen Erzählens verwiesen, als dass der Einsatz produktiv-handlungsorientierter Methoden betont wird:

> „Eine wichtige Form der Auseinandersetzung ist das *kreative und produktivgestaltende Schreiben* im Literaturunterricht. Gemeint sind unterschiedliche Formen des Wechsels der Schüler aus der Rezipienten- in die Produzentenrolle. (…) Der Sinn dieses didaktischen Ansatzes ist es, den Schülern das Recht auf subjektive Formen des Verstehens zu verschaffen und ihnen nahezubringen, dass das fantasievolle Weiterdenken und das experimentierende Eingreifen in Gegenstände der Lektüre nicht deren Zerstörung bedeutet, sondern einen Weg zu besserem Verstehen darstellen kann. Produktiv-gestaltende Arbeitsweisen beim Umgang mit Texten stellen eine wesentliche Ergänzung analytisch-hermeneutischer Verfahren dar, die selbstverständlich ihre Berechtigung erhalten."[607]

Die Benennung der im Zusammenhang mit literarischen Texten gestellten Anforderungen fehlt auch hier. Stattdessen werden zum Teil problematische literaturdidaktische Setzungen vorgenommen, wenn beispielsweise von einem ‚Recht auf subjektive Formen des Verstehens' die Rede ist. Die Erfordernisse literarischen Verstehens ergeben sich aus einem Wechselspiel zwischen den durch den Text gesetzten Anforderungen und seiner Bedeutungskonstruktion durch individuelle Leser. ‚Verstehen' lässt sich nur angemessen fassen und vermitteln, wenn beide Seiten des Prozesses in den Blick genommen werden. Die hier zutage tretenden Unsicherheiten in der Benennung letztlich der Ziele des Literaturunter-

---

606 Deutschbuch. Handreichungen für den Unterricht. S. 10.
607 Ebd.

richts korrelieren mit der defizitären und undifferenzierten Zusammenstellung der Bildungsstandards für die Beschäftigung mit literarischen Texten (vgl. Kap. IV.1). Als Referenz aufgegriffen und ausgeführt wird hier offenbar vor allem, was sich empirisch legitimieren lässt, wie die Bezugnahme auf das PISA-Lesekompetenzmodell im Zusammenhang mit der Behandlung von Sachtexten veranschaulicht. Neuere fachdidaktische Überlegungen, aus denen keine verallgemeinerungsfähigen Modelle generiert werden können, finden – jedenfalls an dieser Stelle – kaum Ausdruck.

2.2.2 Zur Funktionalisierung von Wissen für literarische Verstehensprozesse am Beispiel des Kapitels „Die Welt als Labyrinth – Parabeln verstehen und vergleichen"

Ausgewählt für die detaillierte Analyse der Funktionalisierung und Anwendung von Strategiewissen und Text- sowie Kontextwissen wurde das Kapitel „9. Die Welt als Labyrinth – Parabeln verstehen und vergleichen"[608], da hier die didaktische Aufbereitung der Schritte von der Textbeobachtung zur Textdeutung mit Hilfe der Funktionalisierung verschiedenen Wissens im Mittelpunkt steht („Vom Gesagten aufs Gemeinte schließen"[609]).

Da sich im Verlauf der Untersuchung deutliche Unterschiede zwischen den didaktischen Überlegungen in den Handreichungen für Lehrkräfte und den Lernarrangements dieses Kapitels finden, werden die in den Handreichungen zu findenden literaturdidaktischen Grundlegungen der Schulbuchautoren im Umgang mit parabolischen Texten in einem ersten Schritt separat betrachtet; die Lernarrangements werden in einem zweiten Schritt vor dem Hintergrund dieser Ergebnisse analysiert.

Literaturdidaktische Grundlegungen und Zielsetzungen in den Handreichungen für Lehrkräfte

Das Kapitel teilt sich entsprechend der Gesamtkonzeption des Lehrwerks in drei Unterkapitel:

- „9.1 Rätselhafte Welt – Parabeln verschiedener Epochen in Beziehung setzen"[610];
- „9.2 Der Nachbar" – eine schriftliche Interpretation anfertigen"[611];

---

608 Deutschbuch. S. 175-198.
609 Diese Fokussierung wird bereits auf der Ebene der Zwischenüberschriften der Unterkapitel hervorgehoben. Deutschbuch. S. 176.
610 Deutschbuch. S. 175-186.
611 Deutschbuch. S. 187-194.

- „9.3 Projekt: Parabeln umgestalten am Beispiel von ‚Gib`s auf'"[612].
Folgt man den didaktischen Erläuterungen in den Handreichungen für Lehrkräfte zur Konzeption und den Zielsetzungen dieses Kapitels, liegt der Schwerpunkt der Beschäftigung mit Parabeln auf der Vermittlung der Fähigkeit,

> „semantische Inkohärenzen (das Zufällige, Konstruierte, Unwahrscheinliche im Text) als Signale für die Bedeutungskonstruktion zu nutzen [und] Irritationsstellen des Textes als Ausgangspunkte für die Hypothesenbildung einzusetzen."[613]

Es wird dazu angeregt, Inkongruenzen des Textes konkret zu thematisieren und für den Verstehensprozess zu nutzen. Grundlegend für ein solches Vorgehen ist die Akzeptanz der Fiktionalität und Dignität des Erzählten, das in seiner vorliegenden Gestalt – also auch hinsichtlich seiner Anomalien – ernst genommen werden soll. Die Beschreibung der Teilkompetenz ‚parabolisches Verstehen' ist anschlussfähig an die literaturdidaktischen Überlegungen und das Vorgehen KAMMLERS im Zusammenhang mit der Teilkompetenz des ‚Symbolverstehens' (vgl. Kap. III.3.1). ‚Symbolverstehen' wird bei KAMMLER im Rückgriff auf die literaturwissenschaftliche Tradition als „Verstehensprozedur"[614] charakterisiert, die Leser dann anwenden, „wenn eines oder mehrere Textelemente pragmatisch keinen Sinn machen, sich also eine weitere Bedeutung aufdrängt"[615] (vgl. Kap. III.3.1). Während KAMMLER aufgrund des für seine Analysen gewählten Fokus` das ‚Symbol' als Binnenelement eines Textes von der Allegorie, die den gesamten Text mit Bild- und Sachhälfte umschließt, unterscheidet, gilt im Zusammenhang mit der Textsorte ‚Parabel' Letzteres: Die übertragene Bedeutung bezieht sich auf den gesamten Erzählzusammenhang, indem die non-literale Sachhälfte einer Parabel (vollständig) mit ihrer Bildhälfte korrespondiert. Dabei haben die Schulbuchautoren durchaus im Blick, dass sich – besonders für noch ungeübte Leser – Unverständlichkeitsstellen eines Textes nicht zwangsläufig in der Weise aufdrängen, wie KAMMLERS Definition suggerieren könnte. Da ungeübte Leser dazu neigen, über solche Textstellen hinweg zu lesen und diese im Zuge des Versuchs kohärenter Deutung zu glätten, müssen die Lesegewohnheiten der Schülerinnen und Schüler entsprechend trainiert werden. Zu diesem Zwecke leisten die Erläuterungen in den Handreichungen eine didaktische Beschreibung und Unterscheidung potentieller Transfersignale eines Textes, die als Hinweise auf eine übertragene Bedeutung des Erzählten gelesen werden können. Diese sollen im Zuge des Kapitels an verschiedenen, entsprechend ausgewählten Texten erprobt werden:

---

612 Deutschbuch. S. 195-198.
613 Deutschbuch. Handreichungen für den Unterricht. S. 201.
614 Kammler: A. a. O.
615 Ebd.

„[J]ede Parabel [weist] mindestens ein *Transfersignal* [auf], welches dem Leser indiziert, dass er das Erzählte nicht wörtlich nehmen, sondern eine zweite Bedeutung finden soll. Dieser Appell an Leser kann ein explizites Signal sein (…), es kann sich aber auch um implizite Signale handeln. (…) Oft zeigen auch einfache semantische Inkohärenzen an, dass eine angemessene Bedeutungskonstruktion nicht auf der Basis des wörtlichen Textverständnisses zu finden ist. (…) [Häufig] ist es hingegen kein direkt erkennbares Transfersignal, was vom Leser realisiert werden soll, sondern die implizite Aufforderung, den erzählten Fall exemplarisch zu nehmen."[616]

Zudem wird erläutert, welche Operationen notwendig sind, damit Leser solche Transfersignale erkennen und welche darüber hinaus hilfreich sein können, auf der Grundlage der Inkohärenzen eines Textes zu einer dennoch kohärenten Deutung eines Textes im Sinne ECOS (vgl. Kap. III.1) zu gelangen:

„Wenn in einem Kurzprosatext Dinge erzählt oder beschrieben werden, die mit unserem Weltwissen schwer zu vereinbaren sind, liegt die Vermutung nahe, dass es sich um einen parabolischen Text handelt, dessen Bedeutung nicht ‚im Text' zu finden, sondern ‚über den Text' zu konstruieren ist. Wichtig sind für diese Konstruktionsarbeit der Kontext und die Tradition, in die die Parabel gehört (z.B. historisches Orientierungswissen). (…) dabei werden Kohärenzlücken oft durch historisches Kontextwissen geschlossen."[617]

Auf dieser Grundlage bietet das Kapitel gezielte Möglichkeiten der Vermittlung einer Vielzahl von Rezeptionskompetenzen, deren Zusammenwirken erforderlich ist, um von ‚Irritationsstellen' zu angemessenen Deutungen einzelner Texte zu gelangen. Ausgangspunkt ist auf übergeordneter Ebene zunächst die Teilkompetenz des ‚parabolischen Verstehens', die weiterer Teilkompetenzen bedarf, damit Schülerinnen und Schüler adäquat und zunehmend selbständig auf non-literale Textbedeutungen schließen und diese am Text selbst plausibel machen können. Im Bewusstsein darum, dass das textsortenspezifische Wissen zu Parabeln allein – die Kenntnis von Transfersignalen sowie das Wissen um die mit der Bildhälfte korrespondierende Sachhälfte des Erzählten – nicht dazu verhilft, sollen im Verlauf des ersten Unterkapitels (‚Hauptlernbereich') unterschiedliche Strategien didaktisch aufbereitet werden, die als ‚Werkzeuge' des Textverstehens im Sinne der Konstruktion kohärenter Textbedeutung genutzt werden können. Dies betrifft sowohl grundlegende Möglichkeiten der Funktionalisierung von gattungsspezifischem Textsortenwissen im Zusammenhang mit der Fähigkeit zum parabolischen Verstehen als auch von unterschiedlichem Kontextwissen.

In diesem Zusammenhang erheben die Schulbuchautoren zumindest teilweise zu Recht den Anspruch, mit ihren Erläuterungen an aktuelle literaturdidakti-

---
616 Deutschbuch. Handreichungen für den Unterricht. S. 200.
617 Ebd.

sche Erkenntnisse anzuknüpfen. Die Überlegung, dass erst über die genaue Lektüre und Wahrnehmung des Textes im Abgleich beispielsweise mit vorhandenem Weltwissen ein Bewusstsein für mögliche Inkohärenzen eines Textes entstehen kann, lässt an die Ausführungen von KÄMPER-VAN DEN BOOGAART/ PIEPER im Bereich des ‚literarischen Lesens' (vgl. Kap. III. 2. 2; 3. 1) anknüpfen. Damit wenden sich die Schulbuchautoren deutlich gegen eine Unterrichtspraxis, die im Zuge der PISA-Debatte von Seiten der Fachdidaktik dafür kritisiert wurde, dass Unbestimmtheitsstellen und Textanomalien in der Konzentration auf das zunächst Verständliche häufig eher ignoriert wurden.

Gleichzeitig werden aber auch Schwächen des Konzepts deutlich. So sinnvoll die Ausführungen der Schulbuchautoren einerseits sind, führen sie aufgrund mangelnder Differenzierung der didaktischen Prämissen doch auch zugleich zu fehlerhaften Konzeptualisierungen im Bereich der Bildsprache. Denn nicht jede Textanomalie kann als Transfersignal gelesen werden, das auf eine übertragene Bedeutung des Erzählten hinweist oder diese rechtfertigen würde. Und auch im Text als Symbole zu deutende Inkongruenzen weisen nicht zwangsläufig auf eine parabolische Bedeutung des gesamten Textes hin; nicht jedes im Text enthaltene Symbol macht einen Kurzprosatext gleich zu einer Parabel. Was den Überlegungen im Lehrwerk nicht zuletzt fehlt, ist die u.a. bei KAMMLER vorgenommene Differenzierung zwischen einzelnen Formen bildhafter Sprache in literarischen Texten, die im Lehrwerk stattdessen alle unter den Begriff ‚parabolische Texte' subsumiert werden.[618] Den meisten kürzeren Texten kann ein solches Begriffsverständnis mit seinen Konsequenzen für die Deutung des gesamten Textes nicht gerecht werden. Kurzgeschichten können zwar Symbolismen enthalten, die über lokale Textstellen hinausweisen und sich auf das Erzählte als Ganzes beziehen können.[619] Gleichwohl wird eine ‚Kurzgeschichte' im Zuge dessen nicht zur ‚Parabel'. Schließlich muss sich auf der Ebene des Umgangs mit den einzelnen, höchst unterschiedlichen Texten des Kapitels, die nicht alle unbestritten der Textsorte ‚Parabel' zuzuordnen sind, erweisen lassen, ob die z.T. durchaus gelungenen Ausführungen der Schulbuchautoren in den Lernaufgaben differenziert zur Anwendung gebracht werden. Andernfalls besteht die Gefahr der Überinterpretation vieler Texte, indem jeder Unverständlichkeit eine übertragene Bedeutung und jedem Text insgesamt eine zweite Handlungsebene unterstellt würde.

---

618 Ob beispielsweise der Text „Mann über Bord" von Günter Kunert als Parabel gelesen werden kann, erscheint durchaus strittig. Von den Schulbuchautoren wird dieser Text aber recht unkritisch beispielsweise mit Lessings „Die Parabel" in eine Reihe gestellt. Vgl. Deutschbuch. S. 184f.
619 Vgl. Kammler: A. a. O.

Ein höherer Differenzierungs- und Reflexionsgrad wäre nicht nur hinsichtlich der Funktionalisierung textsortenspezifischen Wissens auf der Ebene textimmanenter Beobachtungen, sondern auch hinsichtlich der Funktionalisierung weiteren extratextuellen Kontextwissens wünschenswert. Grundlegend ist den Ausführungen der Schulbuchautoren zwar beizupflichten, dass Kontextwissen geeignetes ‚Werkzeug' zur Deutung des Textes bieten kann. In diesem Zusammenhang wäre der hier fehlende, aber relevante Hinweis zu vermerken, dass Formen der Funktionalisierung von Kontextwissen vor dem Hintergrund der systematischen Mehrdeutigkeit literarischer Texte und der potentiellen Unabschließbarkeit ihrer Sinnbildungsprozesse an deutliche Grenzen stoßen, die im Unterricht thematisiert werden müssen. Kontexte können Denkanstöße liefern, nicht aber jede Inkohärenz eines Textes erklären und nicht jede Leerstelle füllen. Bleibt dieser Verweis aus, befördern potentiell dienliche ‚Textwerkzeuge' vielmehr stereotype Interpretationsweisen, als angemessene Textzugriffe.

Genauere Einblicke in die sich auf der Ebene der Konzeption dieses Unterkapitels ergebenden Fragehorizonte ermöglicht die Analyse der Lernarrangements zu ausgewählten literarischen Texten. Hier wird sich zeigen, ob die in weiten Teilen durchaus gelungenen Anmerkungen in den Handreichungen so in Lernaufgaben transferiert werden können, dass die benannten Gefahren in den Hintergrund treten. Von besonderem Interesse ist in diesem Zusammenhang nachfolgend das Unterkapitel „9.1 Rätselhafte Welt – Parabeln verschiedener Epochen in Beziehung setzen"[620], in dem in seiner Funktion als ‚Hauptlernbereich' alle als erforderlich angesehenen Teilkompetenzen vermittelt werden sollen.

Funktionalisierung von Wissen zur Bedeutungskonstruktion literarischer Texte am Beispiel einzelner Lernarrangements

Anhand der Lernarrangements zu einzelnen Textbeispielen soll nun überprüft werden, inwieweit die teilweise durchaus sinnvollen didaktischen Zielsetzungen, die in den Handreichungen zur Konzeption des Kapitels benannt wurden, in Lernaufgabensets transferiert bzw. integriert werden können. Mit den einzelnen Lernaufgabensets dieses Unterkapitels, das den ‚Hauptlernbereich' des Gesamtkapitels darstellt, wird – folgt man dem didaktischen Kommentar[621] – eine sukzessive, kompetenzorientierte Lernprogression angestrebt, die über die Textauswahl und die zunehmende Komplexität und Offenheit der Aufgabenstellungen gesteuert werden soll: Kenntnisse und vor allem Fähigkeiten im Bereich des kompetenten Umgangs mit parabolischen Texten, die an einem ersten

---

620 Deutschbuch: A. a. O.
621 Vgl. Deutschbuch. Handreichungen für den Unterricht. S. 200.

Textbeispiel, Kafkas „Eine kaiserliche Botschaft", mit eher enger Führung kleinschrittig vermittelt und erprobt werden, sollen im Anschluss mit zunehmend größerer Eigenständigkeit zur Erschließung weiterer Texte – von Lessings „Die Parabel" über Texte von Bertolt Brecht, Martin Buber oder Günter Kunert – angewendet werden. Die Untersuchung folgt hier – wie bereits bei der Analyse eines ausgewählten Kapitels des Lehrwerks „deutsch.punkt" – weitgehend der Chronologie des Kapitels bzw. der Abfolge der Lernaufgabensets und begrenzt sich zugleich auf die beiden ersten Texte, Franz Kafkas „Eine kaiserliche Botschaft" sowie Gotthold E. Lessings „Die Parabel".

Das erste Aufgabenset zu Kafkas Parabel „Eine kaiserliche Botschaft"[622] (Aufgabe 1-5), das exemplarisch in den Umgang mit parabolischen Texten einführen soll, fokussiert – folgt man den didaktischen Erläuterungen in den Handreichungen – im Zusammenhang mit der Bedeutungskonstruktion durch den Leser vor allem die „spezifischen Textsortenmerkmale der Parabel"[623] sowie dafür erforderliche Operationen und ‚Werkzeuge' des Textverstehens.

Franz Kafka
Eine kaiserliche Botschaft (1919)
Der Kaiser – so heißt es – hat Dir, dem Einzelnen, dem jämmerlichen Untertanen, dem winzig vor der kaiserlichen Sonne in die fernste Ferne geflüchteten Schatten, gerade Dir hat der Kaiser von seinem Sterbebett aus eine Botschaft gesendet. Den Boten hat er beim Bett niederknien lassen und ihm die Botschaft ins Ohr zugeflüstert; so sehr war ihm an ihr gelegen, dass er sie sich noch ins Ohr wiedersagen ließ. Durch Kopfnicken hat er die Richtigkeit des Gesagten bestätigt. Und vor der ganzen Zuschauerschaft seines Todes – alle hindernde Wände werden niedergebrochen und auf den weit und hoch sich schwingenden Freitreppen stehen im Ring die Großen des Reichs – vor allen diesen hat er den Boten abgefertigt. Der Bote hat sich gleich auf den Weg gemacht; ein kräftiger, ein unermüdlicher Mann; einmal diesen, einmal jenen Arm vorstreckend schafft er sich Bahn durch die Menge; findet er Widerstand, zeigt er auf die Brust, wo das Zeichen der Sonne ist; er kommt auch leicht vorwärts, wie kein anderer. Aber die Menge ist so groß; ihre Wohnstätten nehmen kein Ende. Öffnete sich freies Feld, wie würde er fliegen und bald wohl hörtest Du das herrliche Schlagen seiner Fäuste an Deiner Tür. Aber stattdessen, wie nutzlos müht er sich ab; immer noch zwängt er sich durch die Gemächer des innersten Palastes, niemals wird er sie überwinden; gelänge ihm dies, nichts wäre gewonnen; die Höfe wären zu durchmessen; und nach den Höfen der zweite umschließende Palast; und wieder Treppen und Höfe; und wieder ein Palast; und wieder Treppen und Höfe; und wieder ein Palast; und so weiter durch Jahrtausende; und stürzte er endlich aus dem äußersten Tor – aber niemals, niemals kann es geschehen – liegt erst die Residenzstadt vor ihm, die Mitte der Welt, hochgeschüttet voll ihres Bodensatzes. Niemand dringt hier durch und gar mit der Botschaft eines Toten. – Du aber sitzt an Deinem Fenster und erträumst sie dir, wenn der Abend kommt.

---

622 Deutschbuch. S. 176.
623 Deutschbuch. Handreichungen. S. 200.

Aufgabe 1[624] regt dazu an, sich im Anschlussgespräch nach der ersten Lektüre über den Inhalt des Gelesenen auszutauschen, der sicherlich Anlass für unterschiedliche Sichtweisen auf den Text und für die Diskussion entstandener Fragen bietet:

> 1 Sammelt in einem Brainstorming Ideen zur Deutung der rätselhaften Geschichte. Konzentriert euch dabei vor allem auf den letzten Satz.

Allein die Beantwortung der Frage, worum es in der Erzählung geht, dürfte den Schülerinnen und Schülern zunächst schwer fallen. Diese Schwierigkeiten ergeben sich mit Blick auf Fragen nach dem Adressaten, seiner Beziehung zum kaiserlichen Sender der geheimnisvollen Botschaft, als auch hinsichtlich der Betonung der Unmöglichkeit, die Botschaft überbringen zu können. Vor allem der Abgleich mit dem eigenen Weltwissen muss den Leser, der sich mit dem Personalpronomen „Du" potentiell angesprochen fühlen könnte, zu der Annahme führen, dass es sich bei dem im Text genannten „Du" um eine besonders wichtige Person handeln muss – die Schülerinnen und Schüler dürften im Rahmen eigener Lebenserfahrung schnell realisieren, dass ihnen keine ‚kaiserlichen' Botschaften zuteil werden.[625] Diese Irritationen und Leerstellen des Textes müssen auf der Grundlage genauer Textwahrnehmung vom Leser in der Auseinandersetzung mit dem Text geklärt und gefüllt werden, um eine angemessene Bedeutungskonstruktion vornehmen zu können. Die hier getroffene Textauswahl entspricht somit den didaktischen Erläuterungen in den Handreichungen für Lehrkräfte, in denen die Fähigkeit zur Bedeutungskonstruktion auf der Basis der ‚Inkohärenzen' eines Textes als grundlegende Fähigkeit zur Rezeption parabolischer Texte beschrieben wird.

Fraglich ist aber, ob diese Absicht mit der Formulierung der ersten Aufgabenstellung noch verfolgt wird bzw. angemessen in eine Lernaufgabe transferiert werden konnte. Positiv ist zwar hervorzuheben, dass der Aufforderung zur Sammlung von ‚Ideen zur Deutung' nach der ersten Lektüre der Hinweis beigegeben wurde, sich vor allem auf den letzten Satz des Textes zu konzentrieren und von diesem auszugehen. Die große Offenheit der Aufgabe wird durch diesen Hinweis sinnvoll begrenzt. Auf diese Weise wird die Aufmerksamkeit der Schülerinnen und Schüler so gelenkt, dass die z.B. bei KÖSTER angeführten Monita zu offener Aufgabenstellungen, die häufig zur Überforderungen der Schülerinnen und Schüler und einer wenig brauchbaren Sammlung von Textbeobach-

---
624 Ebd.
625 Vgl. Deutschbuch. Handreichungen für den Unterricht. S. 203.

tungen führen[626], ausgeräumt werden können. Vom letzten Satz und den damit aufgeworfenen Fragen ausgehend – wer ist „Du", in welcher Beziehung steht dieser Adressat zum Kaiser und warum erträumt dieses „Du" die Botschaft? – wird der Blick der Schülerinnen und Schüler sinnvoll zurück zum vorausgegangenen Text wandern müssen, um dort nach Antworten auf diese Fragen zu suchen. Auch die dort zu findenden ‚Informationen' führen zu weiteren Fragen, statt Antworten bieten zu können: Warum kann die Botschaft – da sie doch so wichtig ist, dass sie vom Sterbebett aus noch überbracht werden soll – ihren Empfänger nicht erreichen? Warum wird die Unmöglichkeit dieses Vorgangs derart betont? Der Text Kafkas dürfte die Schülerinnen und Schüler zu einigen Fragen anregen, die als Ausgangspunkte für eine weitere Auseinandersetzung mit dem Text dienlich sein könnten. Die Aufgabenstellung regt allerdings nicht dazu an, diese Fragen zu formulieren und auf ihrer Grundlage eine übergeordnete Problemfrage zu entwickeln, an der sich die weitere Textarbeit orientieren könnte. In der Aufgabenstellung wird nicht zum Nachdenken über die auf der Grundlage der semantischen Inkohärenzen des Textes aufgeworfenen Fragen angeregt, sondern stattdessen bereits zur Sammlung von ‚Ideen zur Deutung' des Textes. Damit wird der Blick der Schülerinnen und Schüler nicht auf die genannten Inkohärenzen, sondern auf die Herstellung kohärenter Sinn- und Deutungszusammenhänge gelenkt. Literarische Sozialisation im schulischen Umfeld, die häufig auf die Herstellung von Kohärenz zielt (vgl. Kap. III.3.1), dürfte diese Problematik zudem befördern: Welcher Schüler gibt dann schon gern zu, etwas nicht ‚verstanden' zu haben? Auch die Ausführungen in den Lehrerhandreichungen zur ersten Aufgabe übergehen die eigentlich in einem ersten Schritt erforderliche Operation, die semantischen Unverständlichkeiten des Textes herauszuarbeiten. Statt zunächst eine übergeordnete Problemfrage für die weitere Textarbeit zu entwickeln, werden bereits Lösungen bzw. Deutungsansätze benannt:

„Zwischen dem Kaiser und dem Untertan gibt es mehr Beziehungen, als die Geschichte behandelt: Der „jämmerliche" Untertan stand dem Kaiser nahe, er ist vor dessen Licht geflohen und lebt im Schatten. Die Entfernung ist unendlich, aber der Traum verbindet sie: Die Botschaft kann erträumt werden.
Der Bote wird sich anstrengen, er ist für seine Arbeit bestens ausgerüstet, aber er wird dennoch nicht ankommen („Niemand dringt hier durch.", Z. 42). Warum die übermäßige Betonung dieser Unmöglichkeit? Sie erinnert an die hundert Prinzen, die in der Hecke des Dornröschenschlosses umkamen. Am Ende gibt es aber doch einen Auserwählten, dem das Unerwartete gelingt."[627]

---

626 Köster: A. a. O.
627 Deutschbuch. Handreichungen für den Unterricht. S. 203.

Diese Erläuterungen liefern bereits mögliche Erklärungsansätze, während die diesen Ansätzen zugrunde liegende(n) Problemfrage(n) nicht gesondert herausgestellt werden. Die Beschreibung bzw. Herleitung des zentralen ‚Problems', das auf der Grundlage der Signalfunktion semantischer Anomalien parabolische Verstehensprozesse auslösen kann, wird in den Handreichungen im Vortext zu den Lösungsvorschlägen der einzelnen Lernaufgaben dieses Sets leider mehr beiläufig benannt:

> „Die semantische Inkohärenz basiert auf elementarem Weltwissen: Ein Kaiser hat in seiner Sterbestunde anderes zu regulieren als sein Verhältnis zu dem vor seinem Licht ins Dunkel geflüchteten Untertan. Und doch steckt in diesem Kontrast eine mögliche Botschaft."[628]

Obwohl es sich bei der Entwicklung der Problemfrage um das konstituierende Moment des gesamten Aufgabensets handelt und bisherige Forschungsergebnisse ihr Fehlen häufig als gängige Praxis in bisherigen Lehrwerken für den Deutschunterricht moniert haben (vgl. Kap. III.3.1), wird diese viel zu wenig herausgestellt.

Zur Entwicklung einer Problemfrage müsste vor allem das Wissen um die Anforderungen der Teilkompetenz ‚parabolisches Verstehen' in den Unterrichtszusammenhang einfließen. Während in den Handreichungen zur Konzeption des Gesamtkapitels deutlich hervorgehoben wird, dass ‚Irritationsstellen des Textes als Ausgangspunkte für die Hypothesenbildung' eingesetzt werden sollen, da parabolisches Verstehen durch bestimmte Textsignale eingeleitet werde, finden sich diese Prämissen in den Lernaufgaben nicht wieder und werden nicht thematisiert. Um der im Kontext parabolischen Verstehens sinnvollen literaturdidaktischen Zielsetzung in den Handreichungen gerecht werden zu können, erschiene es sinnvoller, diesem Aufgabenset eine Lernaufgabe voranzustellen, die zunächst unmittelbar auf die durch den Text aufgeworfenen Fragen abzielt. Dies könnte mit der Aufforderung an die Schülerinnen und Schüler einhergehen, konkrete Fragen an den Text zu formulieren und diese, je nach Möglichkeit, zu beantworten oder auch offen zu lassen. Auf dieser Grundlage könnte eine übergeordnete Problemfrage entwickelt werden, die es im Zuge der weiteren Auseinandersetzung mit dem Text zu klären gälte.

Dieses Vorgehen würde auch die in der zweiten Aufgabe[629] angestrebte Verfahrensweise zielgerichteter vorbereiten, in der nun ‚wichtige Schlüsselbegriffe' notiert werden sollen, um diese in einem weiteren Schritt mit möglichen Deutungsansätzen zu verbinden:

---

628 Deutschbuch. Handreichungen für den Unterricht. S. 203.
629 Deutschbuch. S. 176.

2 a) Sucht in Partnerarbeit Textstellen, die für euch wichtige Schlüsselbegriffe enthalten. Notiert sie – in eigenen Worten formuliert – auf Karteikarten.
2 b) Überlegt, welche Bedeutung diese Textstellen haben könnten, und haltet sie ebenfalls auf Karten fest. Hier ist ein Anfang gemacht. *Schlüsselbegriffe* stehen auf blauen Karten, mögliche *Deutungen* auf roten.

Da die Entwicklung einer übergeordneten Problemfrage nicht geleistet, sondern in Aufgabe 1 unmittelbar auf mögliche Deutungsansätze abgehoben wurde, dürfte auch in Aufgabe 2 die Aufmerksamkeit der Schülerinnen und Schüler – im Kontrast zu den didaktischen Zielsetzungen – erneut auf das Verständliche, nicht aber die Unverständlichkeitsstellen des Textes gelenkt werden. Damit werden als ‚Schlüsselbegriffe' weiterhin nur solche Textbeobachtungen aufgegriffen, die für die Herstellung kohärenter Sinnzusammenhänge genutzt werden können. Wäre aber auf der Grundlage von Aufgabe 1 stattdessen im Kontext ‚parabolischen Verstehens' eine übergeordnete Problemfrage entwickelt worden, könnten die geforderten ‚Schlüsselbegriffe' mit den in den Handreichungen zum Gesamtkapitel angesprochenen ‚Textsignalen' in Beziehung gesetzt werden, die auf eine non-literale Bedeutungsebene des Textes hinweisen. Diese wurden dort ausführlich erläutert, werden aber in der Planung konkreter Unterrichtszusammenhänge im Lehrwerk nicht mehr aufgegriffen. Da ein Bezug zu den genannten Textsignalen nicht hergestellt wird, erscheint die Auswahl der ‚Schlüsselbegriffe' recht beliebig. Diese könnte im Zugriff auf das Wissen um Textsignale, die eine übertragene Bedeutung indizieren, bei der Re-Lektüre des Textes sehr viel gezielter erfolgen.

Spätestens aber mit Aufgabe 2 b) muss von einer fehlenden Vermittlung textsortenspezifischen Wissens im Bereich ‚parabolischen Erzählens' sowie dessen Funktionalisierung für das Textverstehen in Form notwendiger Operationen gesprochen werden. Lässt sich dies bereits als zentrale Problematik der ersten beiden Aufgaben, 1 und 2 a), benennen, so wird dieses Defizit in der Konzentration auf ‚Deutungen', die den Schlüsselbegriffen zugeordnet werden sollen, zunehmend verstärkt. Die notwendige Thematisierung ‚parabolischen Verstehens' hinsichtlich seiner Anforderungen und Operationen findet weiterhin nicht statt. Aufgrund dessen fehlt die adäquate und für die Schülerinnen und Schüler nachvollziehbare Didaktisierung des Arbeitsschritts vom „Gesagten aufs Gemeinte"[630] zu schließen. Die im Lehrwerk illustrierte und in einem ‚Merkkasten' hervorgehobene Definition ‚parabolischen Erzählens'[631] enthält weder den Hinweis, dass es bestimmte Textsignale gibt, die auf eine mögliche übertragene Bedeutung des Erzählten verweisen, noch die Erklärung, dass vor allem auch Inkohä-

---
630 Deutschbuch: A. a. O.
631 Deutschbuch. S. 177.

renzen zur Bedeutungskonstruktion genutzt werden können. Im Lehrbuch ist – analog zum undifferenzierten Umgang mit dem Ausdruck ‚Schlüsselbegriffe' – lediglich von „Stellen, die aufgespürt werden [müssen]"[632], die Rede:

Bildteil	Sachteil	Eine erzählte Parabel hat – wie eine mathematische Parabel – zwei einander symmetrische Hälften. Dem Erzählten (Bildteil) auf der einen entspricht ein Gemeintes (Sachteil) auf der anderen Seite. In dem Erzählten müssen Stellen aufgespürt werden, von denen aus man auf die Bedeutung der Parabelerzählung schließen kann.
Gesagtes *(die erzählte Geschichte)* ⇔	Gemeintes *(die erschlossene Bedeutung)*	
Text	Sinn	
Parabel und parabolisches Erzählen		

Zudem wird dieser ‚Merkkasten' zum ‚parabolischen Erzählen' in keiner Weise in den Lehrerhandreichungen thematisiert; seine Anbindung an die Lernaufgaben und Eingliederung in den Unterrichtsprozess erfolgt nicht.

Die Aufgabenstellungen sind zu Beginn des Sets insgesamt nicht nur hinsichtlich ihrer wenig präzisen Formulierung, sondern auch mit Blick auf die von den Schülerinnen und Schülern zu leistenden Arbeitsschritte zu wenig zielführend. Die didaktischen Zielsetzungen, die in den Handreichungen hinsichtlich der Konzeption des Kapitels zutreffend benannt wurden, können zumindest am Beginn des Aufgabensets, dem hinsichtlich jeder weiteren Textarbeit entscheidende Bedeutung zukommt, nicht entsprechend in die Aufgabenstellungen integriert werden. Schwächen zeigen sich hier nicht nur auf der Ebene der Aufgabenstellungen, sondern auch in der Planung der einzelnen Arbeitsschritte der Schülerinnen und Schüler in den Handreichungen zu den Lernaufgaben, die den Zusammenhang der einzelnen Operationen untereinander weitgehend außer Acht lassen; so beispielsweise den Umstand, dass Deutungsansätzen im Unterricht zunächst die Formulierung eines motivierenden Problems vorausgehen sollte. Auf dieser Grundlage können Schülerinnen und Schüler die nachfolgende Textarbeit nicht nur als motivierend, sondern auch als nutzbringend wahrnehmen.

In den in Aufgabe 3[633] vorgegebenen ‚Schlüsselbegriffen' und ‚Deutungen' findet vor diesem Hintergrund keine Unterscheidung zwischen den vom Text aufgeworfenen Fragen und den in ihm zu findenden Antworten statt:

3 Ordnet eure Karten nach folgendem Muster an der Wand. Orientiert euch an der unten stehenden Information.

---

632 Ebd.
633 Deutschbuch. S. 177.

Schlüsselbegriff (Bildteil)	Mögliche Deutungen (Sachteil)
Palast und Stadt haben eine labyrinthische Struktur. Der Bote müht sich, aber sein Weg ist unendlich. Er tritt auf der Stelle.	Es gibt Probleme, die überwunden werden/ nicht zu überwinden sind, und die mit der labyrinthischen Struktur zu tun haben.
...	Mit dem Palast ist möglicherweise die Welt/ das Sinngefüge der Welt gemeint.
Eine Botschaft wird gesendet.	Meine Schullaufbahn kommt mir manchmal so vor wie der Weg durch diesen unendlichen Palast.
	...

Vergleicht man die beiden vorgegebenen Einträge auf der Seite der ‚Schlüsselbegriffe', wird diese Inkonsistenz anschaulich. Während die erste Beobachtung zumindest implizit auf eine Unverständlichkeit des Textes verweist („Warum kann der kaiserliche Bote die Botschaft nicht überbringen?"), benennt die zweite Karteikarte eine im Text gegebene Information („Eine Botschaft wird gesendet."). Besser wäre es, wenn auch die zweite Karteikarte die mit dieser Textbeobachtung verbundene Problemstellung benennen würde, beispielsweise im Rahmen der Formulierung: ‚Eine Botschaft des sterbenden Kaisers wird an einen unbedeutenden Untertan versendet.' Da die Schulbuchautoren in den didaktischen Erläuterungen zur Parabel Kafkas darauf hinweisen, dass es sich bei der Frage nach der Beziehung zwischen Kaiser und Untertan um die ‚zentrale Inkohärenz' des Textes handle, ist es verwunderlich, wie wenig die zugrunde gelegten Erläuterungen in die Entwicklung konkreter Lernarrangements einfließen.

Anhand der vorgegebenen Beispiel-Karteikarten sollen die Schülerinnen und Schüler mit Hilfe von – recht willkürlich gewählten – Schlüsselbegriffen weitere Deutungsansätze entwickeln. Die potentielle Mehrdeutigkeit literarischer Texte wird hier sinnvoll in die Aufgabenstellung integriert, indem (zunächst) nicht *eine* als richtig anzusehende Interpretation fokussiert wird. Bislang wurden in Aufgabe 2 und 3 von den Schulbuchautoren im Lehrwerk folgende Deutungsansätze vorgegeben, die nun erweitert werden sollen:

- die Unüberwindbarkeit des Labyrinths wird mit unüberwindbaren Problemen in bestimmten Lebenssituationen gleichgesetzt;
- der Palast wird mit dem ‚Sinngefüge der Welt' konnotiert;
- der Weg durch das Labyrinth wird mit der Schullaufbahn verglichen.

Zieht man des weiteren die Handreichungen hinsichtlich der von den Schulbuchautoren erwarteten Schülerergebnisse hinzu, finden sich Deutungsansätze, die vor allem eine religiöse Sichtweise und einen intertextuellen Deutungsansatz mit Bezug auf die Textsorte ‚Märchen' betonen:[634]

Schlüsselbegriffe (Bildteil)	mögliche Deutungen (Sachteil)
Kaiser	unnahbare Hoheit, abgehoben und fern der Lebenswirklichkeit, Bild für Gott?
(...)	(...)
Die Nutzlosigkeit der Bemühungen und die unendliche Vielzahl der Hindernisse hindern nicht die Hoffnung.	Die gesteigerte Abfolge von Schwierigkeiten erinnert an die Folge der Prüfungen, denen sich ein Märchenheld unterziehen muss. Hier ist von keiner Märchenlösung die Rede, aber die Strukturähnlichkeit lässt Märchenhoffnungen aufsteigen.
(...)	(...)

Während bislang aber nur Textbeobachtungen und Deutungen auf textimmanenter Ebene thematisiert wurden, bedürfen die in den Handreichungen skizzierten Deutungsansätze des Rückgriffs auf extratextuelle Kontexte im Bereich religiösen Grundwissens und textsortenspezifischen Wissens zum ‚Märchen'. Dies wird in den Handreichungen nicht gesondert erläutert. Textsortenspezifisches Wissen zu den Merkmalen eines Märchens können vielleicht noch vorausgesetzt werden, da es sich hierbei um einen gängigen Lerngegenstand der Unterstufe handelt, wenngleich trotzdem fraglich ist, ob Schülerinnen und Schüler ohne weiteren Hinweis der Lehrkraft zu einer solchen Verbindung tendieren werden – zumal nicht deutlich wird, inwiefern diese Überlegung der Bedeutungskonstruktion zuträglich sein könnte. Noch weniger aber ist anzunehmen, dass die Schülerinnen und Schüler aus ihrem eigenen Vorwissen heraus religiöse Implikationen benennen werden. Deswegen wird der nachfolgenden Aufgabe 4 a) eine Erweiterung des Merkkastens[635] zum parabolischen Erzählen voran gestellt, mit dem der Fokus der Deutung auf solche religiösen Bezüge gelenkt wird, wenngleich auch dies in den Handreichungen nicht gesondert erläutert wird:

(...) Das ist manchmal sehr einfach, weil der Erzähler einen Vergleich zwischen dem, was er vorträgt, und dem, was er meint, anbietet: „Das Himmelreich ist gleich ..." beginnen die Gleichnisse des Lukas-Evangeliums (z.B. das vom „verlorenen Sohn"). In modernen Parabeln fehlen oft solche klaren Angaben. Sie müssen vom Leser durch eigenes Nachdenken gefunden werden.

---

634 Deutschbuch. Handreichungen für den Unterricht. S. 203f.
635 Deutschbuch. S. 178.

Indem Merkmale der Textsorte ‚Parabel' in ihrer Verwandtschaft zum Gleichnis erläutert werden, wird suggeriert, Parabeln unterschieden sich nur in Bezug auf die fehlende Nennung des Vergleichspunktes von Gleichnissen, glichen sich aber hinsichtlich der Behandlung religiöser Themen. Dies könnte Schülerinnen und Schüler zu der nur vermeintlich richtigen Schlussfolgerung verleiten, alle Parabeln zielten auf religiöse Vergleichspunkte. Eine solche Sichtweise mag vor dem Hintergrund jüdisch-christlicher Traditionen im Kontext des Kafka-Textes durchaus zulässig sein; gleichwohl ist dies sicherlich nicht die einzig mögliche Sichtweise auf den Text. Zudem dürfte diese Konzeptualisierung dessen, was eine Parabel sei, spätestens bei der Behandlung der Kurzgeschichte „Mann über Bord" von Günter Kunert, die wenige Seiten später im Lehrbuch folgt[636], an ihre Grenzen stoßen.

Besonders problematisch erscheint im Zusammenhang der zuvor diskutierten defizitären Didaktisierung vom ‚Gesagten zum Gemeinten' aber, dass der Merkkasten zu den möglichen Textsignalen der ‚Parabel', die auf ihre übertragene Bedeutung hinweisen können, weit früher hätte eingeführt werden müssen. Denn im Grunde handelt es sich bei den im zweiten Teil des Merkkastens bereitgestellten Informationen zunächst um Wissen zum Nachweis der Textsorte Parabel, die den Vergleichspunkt zwischen Bild- und Sachhälfte im Unterschied zum Gleichnis nicht offensichtlich benennt, sondern durch Signale auf semantischer Ebene lediglich eröffnet. Darauf bezogene Ausführungen finden sich zwar in der didaktischen Analyse des Lerngegenstandes, die den Erläuterungen zu den Lernaufgaben voran gestellt wurden, fehlen aber gänzlich in den Erläuterungen zu den Lernaufgaben selbst:

> „Bereits der einleitende Satz des Textes lässt keinen Zweifel daran, dass es sich hier um keine Erzählung handelt, um kein Ereignis, das Gegenstand der literarischen Darstellung werden könnte (wie etwa in einer Erzählung oder einer Kalendergeschichte), sondern dass es sich um eine Überlieferung, eine Gleichniserzählung oder eben eine Parabel handeln muss. Denn die Versicherung in der Parenthese „so heißt es" spielt an auf einen Vorgang, der nicht mit irgendeiner Wirklichkeit übereinstimmen kann."[637]

Dieser Nachweis bietet begründeten Anlass, einen als Parabel identifizierten Text auf seine parabolische bzw. übertragene Bedeutung hin zu untersuchen. Der auf der Ebene intratextueller Kotexte zu findende Hinweis „so heißt es" hätte somit bereits im Zusammenhang mit den Deutungsaufträgen in Aufgabe 1, spätestens aber in Aufgabe 2 und 3 in das Aufgabenset integriert werden müs-

---

636 Vgl. Deutschbuch. S. 184f. Vgl. den Primärtext im Anhang der vorliegenden Arbeit, Text 12.
637 Deutschbuch. Handreichungen für den Unterricht. S. 203.

sen, um auf der Ebene textimmanenter Analyse und Interpretation Signalwirkung für den Leser haben zu können. Erst vor diesem Hintergrund erscheint die Einführung des Wissens um einen Vergleichspunkt zwischen Bild- und Sachhälfte sinnvoll, da vor allem der genannte Nachweis den Schülerinnen und Schülern anschaulich werden lassen kann, warum begründet über eine übertragene Bedeutung des Textes nachgedacht werden kann. In diesem Zusammenhang könnte dann auch angesprochen werden, dass nicht jede Inkohärenz gleich auf übertragene Textbedeutungen hinweisen muss, sondern diese mit Hilfe weiterer Textsignale legitimiert werden müssen. Dieser Schritt – der Nachweis der Zulässigkeit parabolischer Deutung – fehlt zu Beginn des Aufgabensets ebenso wie auch die bereits genannten Aspekte der Thematisierung der Inkohärenzen des Textes und der Entwicklung einer darauf bezogenen Problemfrage. Primärtext, Lernaufgaben, Paratexte und didaktische Erläuterungen in den Handreichungen werden nicht in ein sinnvolles Verhältnis gesetzt; die zur Erschließung des Textes notwendigen Operationen werden zwar in den Handreichungen erläutert, spiegeln sich in diesem Lernarrangement aber nicht wieder. Der zweite Teil des Merkkastens dient nicht der möglichen Funktionalisierung textsortenspezifischen Wissens, sondern dem Hinweis zur Erweiterung bisheriger Deutungsansätze um die insgesamt forcierte theologische Sichtweise auf den Text. Auf den intertextuellen Vergleich mit der Textsorte ‚Märchen' oder die Parallele zur eigenen Lebenswelt bezogene Deutungsansätze, die zu Beginn der Arbeit mit dem Text eingebracht wurden, werden nicht weiter verfolgt. So werden in Aufgabe 4 a)[638] thematisch eng begrenzte Ergebnisse der Schülerinnen und Schüler erwartet, obschon das Aufgabenformat größere Offenheit vortäuscht:

---

4 a) Prüft, ob ihr alle wichtigen Aspekte des Bildteils erfasst und die zugehörigen Deutungsmöglichkeiten entwickelt habt.

Auf diese Weise zielt Aufgabe 4 a) in Verbindung mit dem zweiten Teil des Merkkastens lediglich darauf ab, dass die Schülerinnen und Schüler bisherige Deutungsansätze um religiöse ergänzen.

Folgt man der Chronologie der Lernaufgaben im Lehrwerk, soll in Aufgabe 4 b)[639] eine Entscheidung für einen der möglichen Deutungsansätze getroffen und dieser zu einer umfassenden Interpretation ausgebaut werden:[640]

---

638 Deutschbuch. S. 178.
639 Ebd.
640 Ob den Schülerinnen und Schülern auf begrifflicher Ebene der Aufgabenformulierung klar sein dürfte, inwiefern hier zwischen ‚Deutung' und ‚Interpretation' unterschieden wird, ist fraglich, soll aber an dieser Stelle nicht weiter diskutiert werden, da auf fehlende Präzision in der Aufgabenformulierung bereits hingewiesen wurde.

| 4 b) Entscheidet euch für eine Deutung und baut diese zu einer Interpretation aus. |

Diese Entscheidung soll hier offenbar noch auf der Ebene textimmanenter Untersuchungsergebnisse vorgenommen werden, wenngleich fraglich ist, ob sich die Schülerinnen und Schüler textimmanent begründet für einen der Deutungsansätze entscheiden können. Denn bisher wurden weder richtungsweisende übergeordnete Problemfragen, noch weitere Kriterien auf textimmanenter Ebene erarbeitet, die eine solche Entscheidung begründbar zuließen. Erneut wird zudem sichtbar, wie stark der sinnvolle oder weniger sinnvolle Einsatz der Lernaufgaben vom jeweiligen Unterrichtshandeln einer Lehrkraft abhängt: Nimmt man Aufgabe 4 b) wörtlich, sehen sich die Schülerinnen und Schüler vor die wenig lehrreiche Aufgabe gestellt, eine Entscheidung für einen Deutungsansatz auf rein subjektiver Ebene, ohne weitere plausible Kriterien, vorzunehmen. Die Entscheidung für einen Deutungsansatz darf unter didaktischen Gesichtspunkten der Thematisierung der Frage, nach welchen Kriterien eine solche Entscheidung vorgenommen werden kann, nicht vorangestellt werden. Nimmt eine Lehrkraft Aufgabe 4 b) allerdings vielmehr zum Anlass, über Kriterien für eine solche Entscheidung nachzudenken, kann dies als didaktisch sinnvoller Schritt gewertet werden, um zur Beschäftigung mit Kontextwissen aus den Bereichen Autor- und Diskurswissen überzuleiten: Wenn textimmanente Untersuchungsergebnisse keine ausreichenden Anhaltspunkte liefern, bieten sich möglicherweise extratextuelle Kontexte zur Stützung eines gefundenen Deutungsansatzes oder auch zur Erweiterung bisheriger Ideen an: Die Handreichungen bieten in dieser Frage aber keine Klärungsmöglichkeiten. Während dort Schülerergebnisse, die Kontextwissen voraussetzen, bereits für die in Aufgabe 4 b) zu erwartenden Lösungen thematisiert werden[641], wird im Lehrwerk die Überleitung zu extratextuellem Kontextwissen erst mit Aufgabe 5[642] angestrebt, die wiederum in den Handreichungen gar nicht erwähnt wird:

| 5 Welcher der genannten Schlüssel scheint euch für eine Deutung der Parabel (S. 176) passend? Wählt aus und begründet. Geht dabei auf möglichst viele Einzelheiten der Erzählung ein. |

Diese Inkonsistenzen zwischen Lernaufgaben und didaktischen Erläuterungen sind auf Unsicherheiten hinsichtlich der zur Erarbeitung notwendigen Schrittfolge in den Lernaufgaben zurückzuführen, die besonders auch schon zu Beginn des Aufgabensets (Aufgabe 1-3) moniert werden mussten. In diesem Zu-

---

641 Vgl. Deutschbuch. Handreichungen für den Unterricht. S. 204.
642 Deutschbuch. S. 179.

sammenhang würde es sich stattdessen anbieten, Aufgabe 4 b) und 5 zu einer Aufgabenformulierung zusammenzufassen, die zur Frage nach kontextuellen Bezügen als mögliche Kriterien für die Bedeutungskonstruktion überleitet und sogleich auf die Auseinandersetzung mit diesen Kontexten abhebt.

Der Einsatz von Kontextwissen aus den Bereichen Autor- und Diskurswissen wird im Weiteren – im Unterschied zum Umgang mit textsortenspezifischem Wissen – allerdings dennoch in sinnvoller Weise didaktisiert und zur Bedeutungsgenerierung genutzt. Es gelingt den Schulbuchautoren hier in der Kombination von Paratexten und Lernaufgaben, Kontextwissen zur Bedeutungskonstruktion auf für die Schülerinnen und Schüler nachvollziehbare Weise zu funktionalisieren. Der „Tipp"[643], mit dem zur Beschäftigung mit Kontexten übergeleitet wird, basiert auf der Annahme der Mehrdeutigkeit literarischer Texte. Dass die Auseinandersetzung mit literarischen Texten zu unterschiedlichen Deutungsansätzen führen kann, wurde zumindest zu Beginn der Beschäftigung mit dem Kafka-Text – wenngleich defizitär – herausgestellt. In diesem Zusammenhang können Schülerinnen und Schüler Kontextwissen als nutzbringendes Instrument zur Klärung entstandener Fragen sowie letztlich zur Generierung kohärenter Bedeutungszusammenhänge kennen lernen:

TIPP

Wenn man sieht, dass der Text mehrere Möglichkeiten bietet, eine Bedeutung zu finden, sucht man nach einem *Schlüssel*, der vielleicht außerhalb des Textes versteckt ist. Er kann in der Erfahrungswelt des Autors gesucht werden. Man fragt, ob es unter den Deutungsansätzen Themen gibt, die der Autor Franz Kafka immer wieder aufgreift.

Im Unterschied zum Vorgehen im Lehrwerk „deutsch.punkt" wird Kontextwissen hier nicht als ‚träges' Wissen vermittelt, sondern im Abgleich mit den Textbeobachtungen für den Verstehens- und Sinnbildungsprozess eingesetzt. Zudem werden – zunächst – unzulässige Begrenzungen des Deutungsspielraums vermieden, indem im Lehrwerk verschiedene Kontexte angeboten werden, die jeweils unterschiedliche Lesarten des Primärtextes eröffnen:[644]

Franz Kafka (1883-1924) zählt zu den großen Repräsentanten der deutschsprachigen Literatur des 20. Jahrhunderts, seine rätselhaften Erzählungen provozieren sehr unterschiedliche Deutungen.
- Die einen finden in ihnen Hinweise auf moderne Lebenserfahrungen wie Verunsicherung und Fremdheitsgefühle in einer unübersichtlichen Welt. Sie erkennen in Kafka einen Autor, der genau die seelischen Erschütterungen der Moderne (moderne Arbeitswelt, vereinzelte Individuen, Einsamkeit) aufzeichnete.

---

643 Deutschbuch. S. 178.
644 Ebd.

- Andere sehen in seinen Erzählungen Dokumente der *Auseinandersetzung* eines jüdischen Autors *mit der religiösen Tradition* (Frage nach der Gerechtigkeit der Weltordnung, nach dem Sinn des Lebens).
- Wieder andere sehen in Kafkas Texten *Spiegelungen seiner Erfahrungen in Familie* (Vater-Sohn-Konflikt, Autorität des Vaters, unerfüllte Erwartungen an den Sohn) *und Freundschaft* (problematische Liebesbeziehungen).

Einig ist man sich aber darüber, dass ein Leser Kafkas sich immer die Frage stellen muss, was seine Geschichten unter der Erzähloberfläche an Überraschungen bereithalten. Alles Befremdliche hat einen Sinn. Einen Einstieg in eine Deutung findet man fast immer, wenn man Muster wiedererkennen kann. Zum Beispiel das Muster: Kaiser = Gott/Vater/höchste Autorität, Untertan = Mensch/Ich/Einzelner/Unbedeutender.

Auch in den Handreichungen werden unterschiedliche Deutungsansätze ausgeführt, die gleichberechtigt mehrere Sichtweisen auf den Text Kafkas nebeneinander stellen. Unter Gesichtspunkten der Unterrichtsplanung dürfte es für Lehrkräfte allerdings irritierend sein, dass die über eine religiöse Deutung hinaus im Lehrbuch genannten Kontexte in den Handreichungen nicht aufgegriffen werden, sondern stattdessen zusätzlich auf intertextuelles Wissen zum Gesamtwerk Kafkas verwiesen wird:

„Eine existenzialistische Deutung, die das Verhältnis von Kaiser zu Untertan als Bild des Verhältnisses zwischen Gott und Menschen sieht, wird möglicherweise einigen Schülerinnen und Schülern als zu simpel, zu leicht theologisch auflösbar erscheinen. Daher ist es wichtig, eine ganz andere Reflexion anzustoßen. Sie geht aus von dem apodiktischen Urteil des Kafka'schen Romanhelden Josef K. aus dem Roman „Der Prozess". Dieser Josef K. wird verhaftet und am Ende getötet, ohne das er je den Grund dafür erführe. Er urteilt: „Die Lüge wird zur Weltordnung gemacht." Von dieser Beobachtung aus kann die Parabel auch anders gelesen werden: Alle sind in irgendeiner Weise Betrogene und an einem Betrug Beteiligte. Der Kaiser muss wissen, dass seine Botschaft nicht ankommen wird, trotzdem flüstert er sie dem Boten ins Ohr; der Bote muss wissen, dass er die Hindernisse nicht überwinden wird, trotzdem läuft er los; der Untertan weiß, dass ihn die Botschaft nie erreichen wird, trotzdem erträumt er sie. Die Aussage der Parabel wäre nicht nur die Vergeblichkeit aller Bemühungen, das Ende aller Hoffnungen, sondern auch die je eigene Verstrickung in das Lügensystem, das diesen aussichtslosen Kampf gegen die Windmühlenflügel der Verhältnisse unterhält."[645]

Diese durchaus gelungene Interpretation hätte aber zunächst auch an den Kontext ‚moderne Lebenserfahrung', der im Lehrwerk neben anderen eingeführt wurde, geknüpft werden können, um eine größere Kongruenz zwischen den einzelnen Lernaufgaben bzw. Schritten des Verstehensprozesses und den didaktischen Erläuterungen in den Handreichungen herzustellen.

---

645 Deutschbuch. Handreichungen für den Unterricht. S. 204.

In jedem Fall aber dürfte für die Schülerinnen und Schüler vor dem Hintergrund der unterschiedlichen Kontexte nachvollziehbar werden, was auch in den Handreichungen – wenngleich zur Verwunderung des Lesers nicht in diesem Zusammenhang, sondern bereits im Rahmen von Aufgabe 3 – zutreffend formuliert wird:

> „Die Aufstellung zeigt, wie sehr Deutungen abhängig sind von den Kontexten, in die man die Textbeobachtungen stellen kann."[646]

Mehr Vorsicht würde man aber bei der sich anschließenden Bemerkung als wünschenswert erachten:

> „Die Deutung einer Parabel ist in erster Linie die Bereitstellung von Kontexten, in denen ihre Botschaft einen Sinn machen könnte."[647]

Diese Überlegung ist insofern kritisch zu betrachten, als dass Parabeln nicht nur mit Hilfe von Kontextwissen erschlossen und gedeutet werden können, sondern auch vermittels aufmerksamer und detaillierter Wahrnehmung des Textes auf semantischer wie syntaktischer Ebene – wenngleich dies im Rahmen textimmanenter Betrachtung in der ersten Hälfte des Aufgabensets (Aufgabe 1-4) nicht hinreichend geleistet werden konnte. Erzählende Literatur bietet im Grunde immer, nicht nur im Falle der Textsorte ‚Parabel', Leerstellen, welche die Imaginationskraft des Lesers anregen können und die im Zuge des Verstehensprozesses in einer dem Text angemessenen Weise mit Bedeutung gefüllt werden müssen. Der Begriff ‚Kontexte' scheint an dieser Stelle in den Handreichungen schlecht gewählt; im Zuge dieser verallgemeinernden Aussage sollte vielmehr darauf hingewiesen werden, dass Sinnbildung immer auf der äußeren Zuschreibung von Bedeutung durch individuelle Leser beruht. Diese Zuschreibungen können sowohl auf der Grundlage textimmanenter Betrachtungen, als auch im Zugriff auf extratextuelle Kontexte erfolgen. Die Förderung der dazu notwendigen und vermittels genauer Textwahrnehmung zu initiierenden Imaginationskraft der Schülerinnen und Schüler sollte nicht dadurch aus dem Blick geraten, dass gegen Ende des ersten Aufgabensets der kontextabhängige als der (scheinbar) einzig legitime Zugriff herausgestellt wird. Jede Auseinandersetzung mit einem literarischen Text – gleich, ob es sich um eine Kurzgeschichte oder eine Parabel etc. handelt – sollte auf der gründlichen Untersuchung des Ausgangstextes fußen, die zunächst auf ein Verstehen auf literaler Ebene abzielt. Erst in einem zweiten Schritt kann, sollte dies förderlich sein, über seine übertragene Bedeutung nachgedacht werden. Denn es hat eben nicht „[a]lles Befremdliche [...] ei-

---

646 Ebd.
647 Ebd.

nen Sinn"[648], wenngleich dies von den Schulbuchautoren im Lehrwerk so formuliert wird. Die hier genannten Überlegungen der Lehrbuchentwickler lassen schnell in Vergessenheit geraten, dass kohärente Sinnbildung möglich, aber nicht zwangsläufig herstellbar ist. Kontexte können Anregungen und Denkansätze bieten, nicht aber ‚Schlüssel' zur vollständigen ‚Lösung' eines Textes.

Dass den Schulbuchautoren die didaktische Umsetzung einer auf den Text gerichteten Funktionalisierung von Autor- und Diskurswissen im Rahmen kontextabhängiger Interpretationsverfahren insgesamt aber offensichtlich leichter fällt als die Anwendung textsortenspezifischen Wissens zur textimmanenten Untersuchung und Interpretation, dürfte dem Umstand zuzuschreiben sein, dass es sich mit den durch Autor- und Diskurswissen eröffneten Lesarten um konkret greifbare Deutungshorizonte handelt, die deduktiv vorgegeben werden können. Defizite finden sich vor allem im Bereich textimmanenter Operationen und Untersuchungsschritte. Das Wissen um die textsortenspezifischen Merkmale parabolischer Texte, das in den Handreichungen durchaus benannt wird, hätte für eine zielgerichtete Textarbeit stärker in die Aufgabenkonstruktion einfließen müssen. Die auf der Grundlage einer gelungenen Gegenstandsanalyse der Parabel Kafkas formulierten didaktischen Zielsetzungen werden aber nicht entsprechend in die Aufgabenstellungen integriert.

An die erste Erprobung des Umgangs mit parabolischen Texten schließt sich die Beschäftigung mit Lessings „Die Parabel"[649] an:

Gotthold Ephraim Lessing
Die Parabel (1778)
Ein weiser, tätiger König eines großen, großen Reiches hatte in seiner Hauptstadt einen Palast von ganz unermesslichem Umfange, von ganz besonderer Architektur. [...]
Der ganze Palast stand nach vielen, vielen Jahren noch in eben der Reinlichkeit und Vollständigkeit da, mit welcher die Baumeister die letzte Hand angelegt hatten; von außen ein wenig unverständlich, von innen überall Licht und Zusammenhang.
Was Kenner von Architektur sein wollte, ward besonders durch die Außenseiten beleidigt, welche mit wenig hin und her zerstreuten, von großen und kleinen, runden und viereckigen Fenstern unterbrochen waren, dafür aber desto mehr Türen und Tore von mancherlei Form und Größe hatten.
Man begriff nicht, wie durch so wenige Fenster in so viele Gemächer Licht kommen könne. Denn dass die vornehmsten derselben ihr Licht von oben empfingen, wollte den wenigsten zu Sinne. [...] Und so entstand unter den vermeinten Kennern mancherlei Streit, den gemeiniglich diejenigen am hitzigsten führten, die von dem Innern des Palastes viel zu sehen die wenigste Gelegenheit gehabt hatten.
Auch war da etwas, wovon man bei dem ersten Anblicke geglaubt hätte, dass es den Streit notwendig und sehr leicht und kurz machen müsse, was ihn gerade aber am meisten verwi-

---

648 Deutschbuch: A. a. O.
649 Deutschbuch. S. 179f.

ckelte, was ihm gerade zur hartnäckigsten Fortsetzung die reichste Nahrung verschaffte. Man glaubte nämlich, verschiedne alte Grundrisse zu haben, die sich von den ersten Baumeistern des Palastes herschreiben sollten, und diese Grundrisse fanden sich mit Worten und Zeichen bemerkt, deren Sprache und Charakteristik so gut als verloren war.
Ein jeder erklärte sich diese Worte und Zeichen nach eignem Gefallen. Ein jeder setzte sich daher aus diesen alten Grundrissen einen beliebigen neuen zusammen, für welchen neuen nicht selten dieser und jener sich so hinreißen ließ, dass er nicht allein selbst darauf schwor, sondern auch andere darauf zu schwören bald beredete, bald zwang.
Nur wenige sagten: „Was gehen uns eure Grundrisse an? Dieser oder ein andrer, sie sind uns alle gleich. Genug, dass wir jeden Augenblick erfahren, dass die gütigste Weisheit den ganzen Palast erfüllet, und dass sich aus ihm nichts als Schönheit und Ordnung und Wohlgefallen auf das ganze Land verbreitet."
Sie kamen oft schlecht an, diese wenigen! Denn wenn sie lachenden Muts manchmal einen von den besondern Grundrissen ein wenig näher beleuchteten, so wurden sie von denen, welche auf diesen Grundriss geschworen hatten, für Mordbrenner des Palastes selbst ausgeschrien.
Aber sie kehrten sich daran nicht und wurden gerade dadurch am geschicktesten, denjenigen zugesellet zu werden, die innerhalb des Palastes arbeiteten und weder Zeit noch Lust hatten, sich in Streitigkeiten zu mengen, die für sie keine waren.
Einstmals, als der Streit über die Grundrisse nicht sowohl beigelegt als eingeschlummert war, – einstmals um Mitternacht erscholl plötzlich die Stimme der Wächter: „Feuer! Feuer in dem Palaste!"
Und was geschah? Da fuhr jeder von seinem Lager auf, und jeder, als wäre das Feuer nicht in dem Palaste, sondern in seinem eignen Hause, lief nach dem Kostbarsten, was er zu haben glaubte – nach seinem Grundrisse. „Lasst uns *den* nur retten!", dachte er; „der Palast kann dort nicht eigentlicher verbrennen, als er hier stehet!"
Und so lief ein jeder mit seinem Grundrisse auf die Straße, wo, anstatt dem Palaste zu Hilfe zu eilen, einer dem andern es vorher in seinem Grundrisse zeigen wollte, wo der Palast vermutlich brenne. „Sieh, Nachbar! Hier brennt er! Hier ist dem Feuer am besten beizukommen." – „Oder hier vielmehr, Nachbar, hier!" – „Wo denkt ihr beide hin? Er brennt hier" – „Was hätt' es für Not, wenn er da brennte? Aber er brennt gewiss hier!" – „Lösch' ihn hier, wer da will. Ich lösch' ihn hier nicht." – „Und ich hier nicht!" – „Und ich hier nicht!"
Über diese geschäftigen Zänker hätte er denn auch wirklich abbrennen können, der Palast, wenn er gebrannt hätte. – Aber die erschrockenen Wächter hatten ein Nordlicht für eine Feuersbrunst gehalten.

Die Schülerinnen und Schülern erhalten die Gelegenheit zur Anwendung des bisher Gelernten und seiner Vertiefung an einem weiteren Textbeispiel. Gleichzeitig sollen aber auch intertextuelle Betrachtungen als weiteres Hilfsmittel zur Bedeutungskonstruktion eingeführt werden, wie die Überleitung[650] zur Beschäftigung mit Lessings Parabel zeigt:

Der Palast als Labyrinth – Die Bedeutung durch Textvergleiche erschließen
Bei der Suche nach einer Bedeutung kann man auch in der Tradition der Textsorte „Parabel"

---

650 Deutschbuch. S. 179.

fündig werden. Man geht intertextuell vor, d. h., man sucht Bezüge zu anderen Texten: Gibt es ähnliche Parabeln bereits in früheren Zeiten, deren Bedeutung leichter zu entschlüsseln ist? Auch die folgende Parabel zielt auf eine theologische Bedeutung. Und sie spricht, wie die Kafkas, von einem unübersichtlichen, labyrinthischen Palast.

Intertextuelle Betrachtungen können sich als weiteres Instrument der Bedeutungsgenerierung durchaus anbieten und aufschlussreich sein, wenn Texte zeitlich nah beieinander liegen, ähnliche Diskurse aufgegriffen werden oder ein Autor in seinem Gesamtwerk immer wieder ähnliche Themen und Fragestellungen aufnimmt etc. Intertextuelles Wissen kann die Bedeutungskonstruktion befördern, wenn solche Bezüge zwischen einzelnen Texten konkret hergestellt und diese unter einem bestimmten Gesichtspunkt befragt werden können. Im Umgang mit intertextuellem Wissen kann aber – ebenso wenig wie auch mit Blick auf alle anderen Teilkompetenzen literarischen Verstehens – ein generalisierbares Vorgehen formuliert werden: Nicht immer muss bzw. kann intertextuelles Wissen förderlich für den Verstehensprozess sein, sondern kann diesen ebenso verhindern oder zumindest negativ beeinflussen. Mit Blick auf den vorzunehmenden Textvergleich zwischen den Parabeln Kafkas und Lessings erscheint es fraglich, ob die Auseinandersetzung mit Lessings „Die Parabel" den Schülerinnen und Schülern zu einem vertieften Verständnis des Kafka-Textes verhelfen kann. Die Einführung des Umgangs mit Intertextualität erscheint am Beispiel des gewählten Textvergleichs wenig vielversprechend, da Schülerinnen und Schüler die Funktionalisierung intertextuellen Wissens hier kaum als sinnvoll und hilfreich erfahren können: Lessings „Die Parabel" könnte in einem engen Zusammenhang mit der theologischen Thematik der Ringparabel in seinem Drama „Nathan der Weise" – der Frage nach der Vorrangstellung der Weltreligionen – gesehen werden. In beiden Texten steht nicht die Antwort auf diese Frage, sondern der Streit darum im Mittelpunkt der Erzählung. Will man „Die Parabel" nicht zwangsläufig theologisch deuten – wenngleich weiteres Kontextwissen aus den Bereichen Autor- und Diskurswissen diesen Ansatz recht plausibel erscheinen lässt – bietet sich mindestens eine weitere Lesart an, die eine ‚allgemeinere Wahrheit' in den Blick nimmt: Der Blick auf die Wirklichkeit fällt unterschiedlich aus, je nachdem, wessen Standpunkt eingenommen wird; die Betrachtung ein- und desselben Gegenstandes führt häufig zu unterschiedlichen und wenig auflösbaren Sichtweisen, die der Subjektivität des Betrachters, seinen Interessen und Wünschen, geschuldet sind. Betrachtet man nun die bisher benannten Deutungsansätze zu Kafkas „Eine kaiserliche Botschaft", so findet sich ein potentieller Aspekt für einen intertextuellen Vergleich mit Lessings „Die Parabel" aber lediglich unter dem Gesichtspunkt der theologischen Deutung. Dem Anspruch, mit Hilfe des Textvergleichs ein vertieftes Verständnis des Kafka-Textes zu eröffnen, können die Schulbuchautoren damit jedoch nicht gerecht werden. Denn die theologischen Fragestellungen, die in Lessings Parabel behandelt werden, sind gänzlich andere als jene, die mit einer theologischen Deutung des Textes von Kafka einhergehen. Während in religiöser Lesart in Kafkas Parabel die Frage nach dem Verhältnis zwischen Gott und dem einzelnen Menschen in den Mittelpunkt gestellt werden kann, fragt Lessings Text nach dem Verhältnis und Geltungsanspruch der Weltreligionen; Lessings Parabel bietet keinen weiteren Aufschluss hinsichtlich der genaueren Bestimmung des Verhältnisses zwischen Gott und dem Einzelnen. Sie vermag auch nicht zu erklären, warum der Bote den labyrinthischen Palast nicht überwinden kann, um die Botschaft zu überbringen, denn die Unüberschaubarkeit des Palastes bezieht sich in Lessings Text auf Fragen seiner Bauweise und seines Grundrisses, die keine Rückschlüsse auf sein Inneres zulassen. Aufgabe 5[651] des Lernaufgabensets kann somit von den Schülerinnen und Schülern kaum bzw. nur separat für jeden der beiden Texte, nicht aber mit Hilfe intertextuellen Wissens ermittelten Erkenntnissen, beantwortet werden:

> 5 Vergleicht die beiden Palast-Parabeln von Kafka und Lessing. Wählt dazu den Aspekt der theologischen Deutung.
> • Die göttliche Ordnung in der Welt: Wie sieht sie Lessing, wie Kafka?
> • Die Beziehung des einzelnen Menschen zu Gott: Was ist Lessings Meinung, wie denkt Kafka?

Die zu erwartenden Ergebnisse der Schülerinnen und Schüler sind hier aber auf die Analyse und Interpretation jedes einzelnen Textes, nicht auf aus dem intertextuellen Vergleich zu ziehende Erkenntnisse zurückzuführen. Dies hätte für die Schulbuchautoren spätestens bei der Formulierung der Handreichungen ersichtlich werden müssen:

„Die Beziehung des einzelnen Menschen zu Gott wird in Lessings Parabel nicht direkt angesprochen. Sie muss aus der Tatsache erschlossen werden, dass der „weise, tätige König", der den Palast hat aufbauen lassen, zulässt, dass sein Gebäude von vielen inkompetenten Betrachtern fehlgedeutet und missverstanden wird. Es geht Lessing um die Gruppen der Rechthaber, der Pläneerklärer und der wenigen, die sich um die Pläne nicht kümmern. Bei Kafka hingegen steht das Kommunikationsproblem im Zentrum: eine entscheidende Botschaft, die nicht ankommt. Lessing stellt in seiner Parabel eine eher soziale Frage (die nach dem Zusammenleben welt-

---

651 Deutschbuch. S. 181. Dass es unter literaturwissenschaftlichen Gesichtspunkten zudem unzulässig erscheint, die ‚Meinung' des Autors eines literarischen Textes zu erörtern und somit die Instanzen ‚Autor' und ‚Erzähler' gleichzusetzen, soll hier lediglich angemerkt, innerhalb des vorliegenden Untersuchungskontextes aber nicht weiter diskutiert werden.

anschaulich unterschiedlich geprägter Gruppen), Kafka eine eher theologische (wie ist es um die Beziehung des Einzelnen zur göttlichen Botschaft bestellt?)."[652]

Auch weitere Bezugspunkte, die einen intertextuellen Vergleich als Instrument der Bedeutungskonstruktion rechtfertigen würden, ergeben sich mit Blick auf die Texte Lessings und Kafkas kaum: Während Lessings Text der Aufklärungstradition zuzuordnen ist, ist der Text Kafkas in der Moderne zu verorten. Die Konsequenzen dieser unterschiedlichen historischen und literaturgeschichtlichen Zuordnung werden in den Handreichungen zutreffend benannt, aber wiederum nicht ausreichend hinsichtlich der Auswahl der zu vergleichenden Texte bedacht:

> „Während Kafkas Parabeln auf die Rätselhaftigkeit und Undurchschaubarkeit der Welt abzielen, also auf Paradoxien und Widersprüchen aufbauen, geht es den Parabeln der Aufklärungstradition um bildhafte, anschauliche Wahrheiten, die auch begrifflich zu formulieren wären. Denen, die nicht immer genügend Verstand besitzen, soll die Wahrheit durch eine Geschichte, durch ein Bild gesagt werden. Der Gestus des Parabelerzählers ist der des Belehrens."[653]

Die Erläuterungen, die in den Handreichungen genannt werden, hätten die Schulbuchenwickler vielmehr zu der Überlegung führen müssen, dass sich die gewählten Texte kaum für intertextuelle Betrachtungen zur Bedeutungsgenerierung der Parabel Kafkas oder auch beider Texte anbieten.

Zudem steht die Verengung des interpretatorischen Spielraums auf den Aspekt der theologischen Deutung, der den Schülerinnen und Schülern einleitend von den Schulbuchautoren vorgegeben wird, in einem deutlichen Widerspruch zu dem zunächst formulierten Anliegen, mit Hilfe des Textvergleichs der Frage nach der Plausibilität bisheriger oder weiterer Deutungsansätze zur Parabel Kafkas nachgehen zu wollen. Diese Form der deduktiven Lenkung erweist sich an dieser Stelle nicht nur als inhaltlich falsch und wenig zielführend, sondern auch als zu eng mit Blick auf die im ersten Aufgabenset herausgestellte Mehrdeutigkeit der Parabel Kafkas. Während unterschiedliche Deutungsansätze bislang gleichberechtigt nebeneinander standen, wird nun im Vergleich mit der Parabel Lessings einzig auf den theologischen Deutungskontext abgehoben. Dabei wird die Antwort auf die Frage, die es auf der Grundlage intertextueller Bezüge erst zu klären gälte – Welcher Deutungsansatz ergibt sich aus dem Textvergleich, lassen sich damit bisherige Deutungsansätze bestätigen, widerlegen oder erweitern? –, bereits vorweggenommen.

Dieser sowohl mit Blick auf die Deutung der Parabel Kafkas als auch hinsichtlich der nachfolgenden Beschäftigung mit der Parabel Lessings unpassende

---

652 Deutschbuch. Handreichungen für den Unterricht. S. 206.
653 Deutschbuch. Handreichungen für den Unterricht. S. 205.

intertextuelle Rahmen dürfte auf den Umstand zurückzuführen sein, dass die Schulbuchentwickler nicht ausreichend zwischen unterschiedlichen Lernanforderungen bzw. zu vermittelnden Fähigkeiten unterschieden haben: Die Überleitung vom Kafka- zum Lessing-Text suggeriert die Einführung eines weiteren Hilfsmittels – des Umgangs mit intertextuellen Bezügen – zur Bedeutungskonstruktion, nachdem die Schülerinnen und Schüler zuvor im Umgang mit extratextuellen Kontexten aus den Bereichen Autor- und Diskurswissen geschult worden sind. Im Zentrum des Lernens steht im Grunde dann aber – wie die vorherigen Ausführungen gezeigt haben - nicht der kompetente Umgang mit intertextuellem Wissen zur Generierung von Textbedeutung – da es die dafür notwendigen Bezugspunkte nicht gibt –, sondern der intertextuelle Vergleich zweier Texte, wie er in schriftlichen Interpretationsaufträgen zur Leistungsüberprüfung häufig gefordert wird. Die Schulbuchautoren unterscheiden somit nicht zwischen einer Teilkompetenz literarischen Verstehens – der Funktionalisierung intertextuellen Wissens zur Bedeutungskonstruktion – und dem Analyse- und Interpretationsauftrag, Gemeinsamkeiten und Unterschiede zweier Texte in Form eines Vergleichs zu erarbeiten.

Um Intertextualität als potentielles Hilfsmittel der Texterschließung einzuführen – wie ursprünglich von den Schulbuchautoren formuliert wurde – hätte es sich stattdessen vielmehr angeboten, auf Texte aus dem Gesamtwerk eines jeweiligen Autors zurückzugreifen. Wie in dem Paratext, der dem Lernaufgabenset zum Lessing-Text beigegeben wurde, formuliert wird, kann Lessings „Die Parabel" in einem engen Zusammenhang mit der „Ringparabel" im Drama „Nathan der Weise" gesehen werden. Die ähnliche Thematik beider Texte bietet sinnvolle Erschließungshinweise. Ähnlich hätte ebenso am Beispiel des Kafka-Textes verfahren werden können. Beispielsweise der kurze Text „Der Aufbruch", der im Rahmen der Untersuchung des Lehrwerks „deutsch.punkt" thematisiert wurde[654], greift ebenfalls das Motiv eines rätselhaften Wegs auf.

Die Auseinandersetzung mit dem Lessing-Text selbst beherbergt – vor allem hinsichtlich der Funktionalisierung textsortenspezifischen Wissens zur Bedeutungskonstruktion auf textimmanenter Ebene – ähnliche Problematiken, wie sie im Rahmen der Lernaufgaben zum Text Kafkas illustriert wurden. Auch beim Text Lessings erscheint der bewusste Einsatz textsortenspezifischen Wissens hilfreich, um im Zuge genauer Textwahrnehmung Inkohärenzen als Transfersignale parabolischer Texte erarbeiten zu können. Doch auch die Lernaufgaben zur Parabel Lessings erscheinen wenig geeignet, die dazu erforderlichen Operationen adäquat anzuregen. Die in den Handreichungen allgemein mit Blick auf die Teilkompetenz ‚parabolisches Verstehen' gerichteten Ausführungen zu notwen-

---

654 Vgl. deutsch.punkt. A. a. O.

digen Arbeitsschritten[655] finden sich auch in diesen Lernaufgaben nicht wieder – wenngleich diese in der Gegenstandsanalyse im Rahmen der Handreichungen zur Parabel Lessings durchaus aufgegriffen werden:

„Es gibt zahlreiche Einzelheiten des Erzähltextes, die ihren „Sinn" erst durch Entsprechungen auf der Sachseite erhalten. „Von außen ein wenig unverständlich" (Z. 8f.) („mit wenig hin und her zerstreuten, großen und kleinen, runden und viereckigen Fenstern", Z. 13ff.), „von innen überall Licht und Zusammenhang" (Z. 9f.) – das ist eine Aussage, die weniger auf ein barockes oder klassizistisches Schloss zutrifft, dessen Fassade klar strukturiert und proportioniert ist (...). Diese Inkongruenzen sind Signale für den Transfer auf die Bedeutungsebene. Der Leserappell zur „Übersetzung" des Gesagten ins Gemeinte kulminiert in der Aussage, dass der Palast in der Wirklichkeit „nicht eigentlicher verbrennen" könne, als er in seinen Plänen stehe (Z. 78-80). Auf der Ebene realer Gebäude ergibt der Satz keinen Sinn, er muss also parabolisch gelesen werden (...)."[656]

Inkongruenzen auf semantischer Ebene, die im Abgleich mit dem Weltwissen der Schülerinnen und Schüler entstehen, werden auch hier in sinnvoller Weise als Ausgangspunkte zur Bedeutungskonstruktion innerhalb des Verstehensprozesses benannt. Wenngleich davon auszugehen ist, dass Schülerinnen und Schüler keine Unterscheidung zwischen einem ‚barocken' oder ‚klassizistischen' Schloss vornehmen können, ist doch zu erwarten, dass der bei Lessing beschriebene Palast nicht mit ihren mentalen Repräsentationen realer Schlösser oder Paläste übereinstimmt.

Doch auch diese – für geübte Leser sicherlich offensichtlichen Inkongruenzen – können von den Schülerinnen und Schülern nur dann wahrgenommen und vor allem auch benannt werden, wenn in der Unterrichtspraxis eine Lesehaltung kultiviert wurde bzw. wird, die nicht nur auf das Verständliche zielt, sondern im Besonderen auch die im Text enthaltenen Leerstellen und Irritationen in den Blick nimmt. Die Rätselhaftigkeit der Erzählung Kafkas wurde zwar thematisiert, die Benennung der durch die Lektüre des Textes aufgeworfenen Fragen wurde aber auf der Ebene der Lernaufgaben nicht ins Zentrum des Interesses gestellt.

Und auch die zur textimmanenten Untersuchung entwickelte Lernaufgabe 1[657] zu Lessings „Die Parabel", mit deren Hilfe ein erster Einstieg in den Text gefunden werden soll, hebt erneut vielmehr auf mögliche Kohärenzen, statt Inkohärenzen des Textes – wie auch des Verstehensprozesses – ab:

---

655 Vgl. Deutschbuch. Handreichungen für den Unterricht. S. 200.
656 Deutschbuch. Handreichungen für den Unterricht. S. 205.
657 Deutschbuch. S. 180.

1 Lest die Parabel sorgfältig zwei Mal durch und schreibt dann aus dem Gedächtnis eine möglichst genaue Zusammenfassung. Jede Einzelheit der Erzählung kann wichtig sein und Hinweise auf die Bedeutung enthalten.

Die Aufforderung, ‚aus dem Gedächtnis eine möglichst genaue Zusammenfassung' zu schreiben, die auf möglichst viele ‚Einzelheiten der Erzählung' rekurrieren soll, ist wenig schlüssig und zielführend. Wenn hier genaue Textwahrnehmung und -arbeit fokussiert werden sollen, erscheint der Arbeitsauftrag aus dem Gedächtnis heraus zu schreiben kaum förderlich – zumal Schülerinnen und Schüler aus der Erinnerung heraus eher dazu neigen werden, eine möglichst stimmige und ‚sinnvolle' Wiedergabe des Gelesenen zu präsentieren. Es besteht gleichzeitig die Gefahr, das Erinnerungslücken recht beliebig gefüllt werden, zumal auch die benannten ‚Einzelheiten', welche Hinweise auf die Bedeutungskonstruktion liefern könnten, nicht näher definiert werden. Aufgrund dessen ist nicht zu erwarten, dass die Schülerinnen und Schüler jene notwendigen Fragen und Textbeobachtungen benennen werden, die vor allem auf die Inkongruenzen des Textes abzielen – wenngleich diese in den Handreichungen durchaus zutreffend formuliert wurden. Die Funktionalisierung textsortenspezifischen Wissens wurde zwar auch hier auf fachdidaktischer Ebene bedacht, aber nicht angemessen in die Entwicklung der Lernaufgaben integriert, so dass die Verstehenshürden der Schülerinnen und Schüler sich im Lernprozess selbst nicht wiederfinden.

Sinnvoll kann diese Lernaufgabe nur dann genutzt werden, wenn sie hinsichtlich der Schülerergebnisse nicht auf eine stimmige, sondern eine solche Wiedergabe des Gelesenen zielen würde, die im Besonderen auf die ‚Unstimmigkeiten' innerhalb der Handlungslogik zielte. Denn aufgrund der Textirritationen ist es überaus wahrscheinlich, dass Schülerinnen und Schüler nach zweimaligem Lesen nicht zu einer Wiedergabe in der Lage sind, die mit dem Ausgangstext in Einklang zu bringen wäre; zudem ist mit Unterschieden zwischen einzelnen Schülerergebnissen zu rechnen. Wollte man diese Irritationen als Ausgangspunkt für die weitere Textarbeit heranziehen, erscheint es sinnvoller, die im Lehrwerk abgedruckte Lernaufgabe in folgender Weise zu modifizieren:

Lest die Parabel sorgfältig zweimal durch. Versucht die Erzählung dann aus dem Gedächtnis heraus schriftlich wiederzugeben.
Tauscht euer Ergebnis mit eurem Tischnachbarn aus. Achtet beim Lesen der Textwiedergabe auf Gemeinsamkeiten und Unterschiede zwischen eurer eigenen, der Fassung eures Partners und dem Ausgangstext.

Das Bemühen der Schulbuchautoren, die Schülerinnen und Schüler mit der Aufgabenstellung zu einer genauen Lektüre des Textes anzuregen, wird hier wieder aufgenommen. Gleichzeitig soll vermittels einer deutlich vorsichtigeren Aufgabenformulierung der Erwartung eines möglichst stimmigen Ergebnisses vorgebeugt werden. Diese alternative Aufgabenformulierung bezieht sich vor allem aber – im Gegensatz zu der im Lehrwerk vorfindlichen – auf die Verstehenshürden der Schülerinnen und Schüler und die auf dieser Basis einzuleitenden Operationen innerhalb des Verstehensprozesses. Die zu erwartenden Unterschiede zwischen den einzelnen Schülertexten und dem Ausgangstext können dann genutzt werden, um die Inkohärenzen des Textes thematisieren zu können; zudem lassen sich auf dieser Grundlage eine oder auch mehr Problemfrage(n) entwickeln, die zu einer vertieften Auseinandersetzung mit dem Text im Zuge einer dritten Lektüre, die mit der alternativ gestellten Aufgabe bereits vorbereitet würde, führen könnte. Dieses Vorgehen hätte den Vorteil, dass nicht nur die Lernschritte für Schülerinnen und Schüler transparenter würden, sondern zugleich eine zielgerichtete und somit viel stärker motivierende Beschäftigung mit dem Text indiziert würde.

Verwunderlich erscheint angesichts des gewählten Vorgehens der Schulbuchautoren vor allem auch, dass sich im dritten Teilbereich des neunten Kapitels „Die Welt als Labyrinth – Parabeln verstehen und vergleichen"[658] –, in dem zuvor Gelerntes selbständig zur Anwendung gebracht werden soll, ein Lernarrangement[659] findet, das weit besser bereits im Zusammenhang mit der Parabel Lessings hätte Verwendung finden können. Die Lernaufgabe bezieht sich auf Kafkas kurzen Text „Gib`s auf!"[660] und führt erst im dritten Teilbereich des Kapitels ein, was längst zuvor hätte thematisiert werden müssen:

- Eine Schülerin oder ein Schüler liest die Parabel ausdrucksvoll vor. Nach zweimaligem Anhören schreiben alle möglichst wörtlich auf, was sie vom Text behalten haben.
- Aus dem Unterschied zwischen Original und Nachschrift soll dann ermittelt werden, wie das Gehörte im Kopf angekommen ist. Was war so wichtig, dass es wörtlich wiederkehrt, was wird nur zusammenfassend resümiert, wo werden eigene Wörter hinzuerfunden – und warum?

---

658 Deutschbuch. A. a. O.
659 Ebd.
660 Deutschbuch. S. 195. Der Text wird hier nicht gesondert wiedergegeben, da das Untersuchungsinteresse in diesem Kontext einzig der nachfolgenden Lernaufgabe gilt, die zu diesem Text gestellt wurde, aber auch – wie die sich anschließenden Ausführungen zeigen – in weiteren Verwendungszusammenhängen denkbar ist.

Die Bedeutungskonstruktion der Parabel Lessings wird auch hier – wie zuvor im Falle des Kafka-Textes – vor allem kontextabhängig erzeugt und erst auf diese Weise für die Schülerinnen und Schüler transparent. Auf der Grundlage der ersten Lernaufgabe dieses Sets ist keine – wie zuvor gezeigt wurde – adäquate Textarbeit bzw. Auseinandersetzung mit dem Text geleistet worden, die eine vertiefte Beschäftigung und Deutung des Textes vorbereitet hätte. Im Grunde wird die Einbindung von Kontextwissen der Untersuchung des Textes selbst vorangestellt, wie sich in diesem Zusammenhang an der nachfolgenden Lernaufgabe samt des dazu gehörigen Paratextes[661] zeigen lässt:

---

2 Den Schlüssel zu finden wird euch leichter fallen, wenn ihr wisst, welche Umstände den Autor veranlasst haben, seine Parabel zu schreiben. Informiert euch in den nachstehenden biografischen Angaben über Lessings Streit mit dem Hamburger Pastor.

Der Pfarrersohn Gotthold Ephraim Lessing (1729 - 1781), in Kamenz geboren, studierte in Leipzig, begann bald fürs Theater und als Literaturkritiker zu schreiben. Er wäre gern königlicher Bibliothekar geworden, aber Friedrich II. zog ihm Voltaire als Gesprächspartner vor. In Berlin lernte er den jüdischen Philosophen Moses Mendelssohn und auch seinen späteren Verleger Nicolai kennen. Mit diesen beiden bildete er den wichtigsten Kern der Aufklärung in Deutschland. Eine dauerhafte, aber wenig befriedigende Beschäftigung fand er endlich an der herzoglichen Bibliothek in Wolfenbüttel. Dort gab er philosophische Abhandlungen heraus, die den Zorn des Hamburger Hauptpastors Götze erregten. Lessings Frage, ob denn der christlichen Religion ein Vorrang gegenüber den anderen Weltreligionen gebühre, wurde überall in Deutschland diskutiert.

Als Lessing von seinem Herzog Publikationsverbot in Sachen des Glaubens und der Religion erhielt, verfasste er „Nathan der Weise". Das Zentralstück dieses Dramas, die „Ringparabel", enthält eine ähnliche Botschaft wie die Parabel vom Palast des Königs und den Rechthabern, die ihn beinahe hätten verbrennen lassen.

Während Kenntnisse aus den Bereichen Autor- und Diskurs- bzw. historisches Wissen im Rahmen kontextabhängiger Deutungsverfahren in der Beschäftigung mit dem Kafka-Text als *mögliche*, nicht aber ausschließliche Werkzeuge eingeführt wurden, präferiert und fokussiert die Arbeit an der Parabel Lessings diesen Zugang nun von vornherein. Die Erschließung des Sachteils der Parabel, ausgehend von ihrer Bildhälfte, wird von den Schulbuchautoren als reine ‚Übersetzungsarbeit' verstanden, die eines externen ‚Schlüssels' bedarf:

> „Der Text ist von Lessing so konzipiert, dass die Maskerade der Beispielerzählung leicht zu durchschauen ist. Die „Deutungsarbeit" ist eine reine Übersetzungsarbeit."[662]

Dieser ‚Schlüssel' wird den Schülerinnen und Schülern auf zwei Weisen an die Hand gegeben. Zum einen wird direkt zu Beginn des Lernarrangements die

---

661 Deutschbuch. S. 180f.
662 Deutschbuch. Handreichungen für den Unterricht. S. 205.

‚theologische Bedeutung' als Vergleichsaspekt zur Parabel Kafkas eingeführt. Damit wird der Analyse- und Interpretationsauftrag für die Auseinandersetzung mit dem Text Lessings bereits formuliert, deduktiv in das Lernarrangement integriert und den Lernaufgaben vorangestellt. Zum anderen verhindert der beigegebene Paratext eigenständige Entdeckungen im und Reflexionen über den Text, da dieser bereits alle notwendigen Informationen zur Beantwortung der Frage nach einem ‚Schlüssel' sowie der hier angestrebten Deutung der Parabel Lessings enthält (‚*Lessings Frage, ob denn der christlichen Religion ein Vorrang gegenüber den anderen Weltreligionen gebühre*'; ‚*eine ähnliche Botschaft* wie die Parabel vom Palast des Königs und *den Rechthabern, die ihn beinahe hätten verbrennen lassen*'; Herv. d. Verf.). Schülerinnen und Schüler müssen vielmehr ihre Lesekompetenz mit Blick auf die Informationsentnahme aus dem Paratext unter Beweis stellen als ihre literarische Rezeptionskompetenz. Zudem findet sich als weiterer „Tipp" in einem gesondert hervorgehobenen Merkkasten die Anleitung zur ‚Übersetzung' der Bildhälfte der Parabel:

> „'König', ‚Palast', ‚Bauplan' sind Bildbestandteile, die in Parabeln immer wieder eingesetzt werden, um die Ordnung der Religion, die Ordnung des Staates oder die göttliche Ordnung der Welt darzustellen. (...)"[663]

Es ist zu erwarten, dass auf der Grundlage von Lernaufgabe 2 auch in Aufgabe 3 keine adäquate Textarbeit geleistet werden wird – die offen ist für Entdeckungen im und am Text –, da Lernaufgabe 3[664] so konzipiert wurde, dass während der Re-Lektüre des Textes lediglich nach Beweisstücken für die bereits vorgegebene Sichtweise gesucht werden soll – zudem auch bereits richtungsweisende Vorarbeiten im Lehrbuch vorgenommen wurden:

3 Stellt den einzelnen Aussagen des Textes als Elemente die entsprechenden Bedeutungen des Sachteils gegenüber. Vervollständigt die Tabelle:

Bildteil (Das Erzählte)	Sachteil (die Bedeutung)
Der große König lässt einen großen Palast bauen.	Gott inspiriert die Menschen, ein riesiges und komplexes Gedankengebäude (die Religion) aufzubauen.
Der Palast steht nach vielen Jahren noch ganz so da, wie die ersten Baumeister ihn entworfen haben.	Die Bibel, der Koran, die heiligen Schriften sind seid über tausend Jahren noch immer ganz so, wie sie zuerst geschrieben worden sind.
Vielen gefiel die Fassade nicht, aber alles war weise eingerichtet, alle Zimmer empfingen Licht.	Es gibt Kritiker an den Schriften der Religion, aber sie stammen zumeist von Leuten, die nicht erkennen, dass alles weise angeordnet ist, sodass überall hin

---

663 Deutschbuch. S. 181.
664 Deutschbuch. S. 181.

	„Licht" fällt.
...	...

Die hier vorgenommene deduktive Führung der Schülerinnen und Schüler mit über den Primärtext hinausweisenden Informationsquellen kann als zu eng betrachtet werden. Die Vorgabe eines konkreten Untersuchungsaspekts bzw. einer genauen Fragestellung kann durchaus zielführend und auch motivierend sein; fehl schlägt diese Verfahrensweise allerdings, wenn zugleich alle Antworten gegeben werden, da Schülerinnen und Schüler unter diesen Umständen kaum zu eigenständigen Entdeckungen befähigt werden. Es ist zu bezweifeln, dass auf dieser Grundlage eine Reflexion einzelner Arbeitsschritte stattfindet, die von nachhaltigem Wert für die kompetente Auseinandersetzung mit anderen literarischen Texten wäre.

Zudem zeigt der in Ansätzen vorgenommene Versuch einer Deutung des Lessing-Textes durch die Schulbuchautoren, dass auch ‚eindeutig auflösbare' Texte nicht ‚leicht' zu interpretieren sind. Denn der von ihnen gewählte ‚Kontextschlüssel' wird nur wenig differenziert auf den Text angewendet. Das kompetente In-Beziehung-Setzen von Text und Kontext erfordert Sachverstand einerseits für die durch den Text ausgelösten Verstehensprozesse sowie für den ausgewählten Kontext andererseits. Diesem Kriterium kann die im Lehrwerk skizzierte Interpretation kaum gerecht werden, wenn der ‚Palast' mit den Glaubensbüchern der einzelnen Weltreligionen gleichgesetzt wird, um nur ein Beispiel zu nennen.

Insgesamt ist den Schulbuchautoren allerdings zuzustimmen, dass die Parabel Lessings weitaus stärker im Gestus des Belehrens auf die Erschließung des Bildteils hin ausgelegt ist, als dies auf den Kafka-Text zuträfe – wenngleich die im Lehrwerk formulierten Schematismen sicherlich auch für den Lessing-Text zu weit greifen. Umso weniger verständlich ist die im Lehrwerk gewählte Abfolge der Aufgabensets. SPINNER plädiert für die Einübung in den kompetenten Umgang mit Gattungswissen an zunächst prototypischen Texten (vgl. Kap. III. 3. 1).[665] Im Wissen um typische Merkmale einer Textgattung bzw. eines -genres können in der Auseinandersetzung mit weiteren Texten Unterschiede und Gemeinsamkeiten zum Prototypen wahrgenommen werden, die für den Verstehensprozess fruchtbar gemacht werden können. Entsprechend ließen sich bereits einige der im Rahmen der Beschäftigung mit den Texten Kafkas und Lessings illustrierten Probleme beheben, indem eine andere Reihenfolge der Lernabfolge gewählt würde: Sinnvoller wäre es gewesen, zuerst eine Auseinandersetzung mit dem Text Lessings anzuregen, um auf dieser Grundlage gattungsspezifische Kri-

---

665 Vgl. Spinner: A. a. O.

terien der Textsorte Parabel zu erarbeiten und zusammenzustellen, die Hinweise für die Bedeutungskonstruktion liefern können. Dass nicht alle und vor allem spätere Parabeln auf eine vollständige Erschließung hin angelegt sind, hätte dann am Beispiel des Kafka-Textes thematisiert werden können. Auf der Grundlage eine solchen Abfolge hätte auch die Vorgabe des theologischen Untersuchungsaspekts keine zu enge Führung dargestellt, sondern einen Ausgangspunkt für die Diskussion weiterer, davon abweichender Deutungsansätze. Statt den Deutungshorizont des Kafka-Textes auf eine theologische Sichtweise zu begrenzen, hätte dann eine Reflexion der Unabschließbarkeit des Sinnbildungsprozesses stattfinden können, indem verschiedene Deutungsansätze gleichberechtigt nebeneinander gestellt worden wären.

2.2.3 Resümierendes Fazit

In der Analyse des Umgangs mit erzählenden Texten im „Deutschbuch" lassen sich deutliche Unterschiede zwischen den literaturdidaktischen Erläuterungen in den Handreichungen, die als Planungshilfe zur Unterrichtsvorbereitung entwickelt wurden, und der Gestaltung der Lernarrangements im Lehrwerk selbst herausstellen.

Auf der Ebene der Handreichungen für Lehrkräfte werden durchaus sinnvolle Prämissen der Unterrichtsgestaltung mit Blick auf literarische Verstehensprozesse benannt, die mit neueren, kompetenzorientierten Überlegungen der Fachdidaktik kongruieren. Der literaturtheoretische wie -didaktische Überbau des Lehrwerks sowie die Gegenstandsanalysen zu einzelnen Texten fokussieren und benennen die zum Verständnis eines Textes notwendigen Teilkompetenzen und reflektieren ihr Zusammenwirken. Hier bestehen Anschlussmöglichkeiten an die Arbeiten GRZESIKS zu einzelnen Textoperationen sowie an die Analysen einzelner Texte bei KAMMLER, ZABKA, KÄMPER-VAN DEN BOOGAART etc. (vgl. Kap. III). Erfordernisse des Textes werden im Wechselspiel mit den Voraussetzungen der Schülerinnen und Schüler gesehen, indem einzelne Arbeitsschritte und Operationen formuliert werden. Im Rahmen der Erfordernisse parabolischen Verstehens und daraus abgeleiteter Verstehenshürden bei der Lektüre werden im Besonderen die Inkongruenzen eines literarischen Textes im Zuge genauer Textwahrnehmung in den Blick genommen und Werkzeuge der Texterschließung erprobt.

Gleichzeitig lassen aber bereits die Ausführungen in den Handreichungen befürchten, dass in Anlehnung an die outputorientierten Bildungsstandards eine zu starke Fokussierung leicht lehr-, lern- und überprüfbarer Wissensbestände und einzelner Teilkompetenzen vorgenommen wird, die lediglich untere Anforderungsniveaus abdecken und dem Anspruch der Vermittlung literar-ästhetischer Rezeptionskompetenz nicht gerecht werden können. Wenngleich beispielsweise im Rahmen der Beschäftigung mit dem Kafka-Text zunächst noch unterschiedliche Deutungsansätze benannt werden, tritt die Prämisse der Unabschließbarkeit literarischer Sinnbildungsprozesse doch zunehmend in den Hintergrund und kulminiert in der Aussage, die Erschließung von Parabeln sei eine ‚reine Übersetzungsarbeit', die durch die Wahl des Kontexts, in den man sie stelle, geleitet werde.[666] Damit wird nicht nur die Gefahr eines mehr schematischen Zugriffs auf literarische Texte mit Hilfe jeweiliger Kontexte, sondern auch jene der eher spekulativen Überinterpretation ersichtlich. Inkohärenzen verweisen nicht immer auf eine non-literale, übertragene Bedeutung literarischer Texte im Allgemeinen, wenngleich die Handreichungen angesichts weniger kritischer Anmerkungen zur Handhabung einzelner Teilkompetenzen im Umgang mit Kontextwissen im Besonderen dies suggerieren könnten.

Auf der Ebene der Lernaufgaben im Lehrwerk zeigt sich, dass die gelungenen fachdidaktischen Überlegungen in den Handreichungen nicht hinreichend in Lernaufgaben transferiert werden konnten. Die mit den Lernaufgaben antizipierte Unterrichtspraxis korreliert vor allem mit den zuvor beschriebenen problematischen Setzungen, die mit den literaturdidaktischen Erläuterungen der Schulbuchautoren einhergehen: Genaue Textwahrnehmung auf der Ebene textimmanenter Beobachtung und Deutung werden nur unzureichend geleistet, notwendiges bzw. für den Verstehensprozess förderliches Wissen beispielsweise im Bereich textsortenspezifischen Wissens wird nicht eingebunden. Transparent wird der Schritt vom ‚Gesagten zum Gemeinten' erst mit Hilfe kontextbezogener Verfahrensweisen, die zunächst für die Schülerinnen und Schüler nachvollziehbar als Werkzeug des Textverstehens eingeführt, dann aber zunehmend schematisch und in der Konzentration auf biografisches Autorwissen für die Interpretation instrumentalisiert werden. Insgesamt zeigen sich im Rahmen der Analyse der Lernaufgaben bzw. der gesamten Aufgabensets Unsicherheiten hinsichtlich einer angemessenen Integration einzelner Teilkompetenzen literarischen Verstehens sowie der Funktionalisierung von syntaktischem als auch semantischem Wissen, wie sich insbesondere auch am Beispiel des Umgangs mit intertextuellen Bezügen zeigen lassen konnte.

Besonders im Vergleich zu früheren Ausgaben des „Deutschbuchs" vom Cornelsen-Schulbuchverlag – gedacht wird hier an den Vergleich zur letzten vor den PISA-Testungen im Jahr 2000 publizierten Ausgabe – können aber positive Veränderungen in der Konzeption und Gestaltung des Lehrwerks vermerkt werden. Zu nennen ist hier vor allem der Versuch, größere Anschaulichkeit und Transparenz hinsichtlich der Didaktisierung des Schritts vom ‚Gesagten zum

---

666 Vgl. Deutschbuch. Handreichungen für den Unterricht. A. a. O.

Gemeinten' einzuführen. Dies konnte sich zum einen am Beispiel der durchaus angemessen kleinschrittigen Aufgabenabfolgen besonders im Aufgabenset zum Kafka-Text illustrieren lassen. Zum anderen wird Text- wie Kontextwissen zum Zwecke der Textdeutung für die Schülerinnen und Schüler in einen nachvollziehbaren Zusammenhang mit dem Primärtext gestellt und entsprechend für die Textanalyse und -interpretation funktionalisiert. Insgesamt werden vermehrt auch deduktive Aufgabenstellungen in die Lernarrangements integriert, gleichwohl deren Einsatz unter didaktischen Gesichtspunkten (noch) nicht immer gleichermaßen zielführend erscheint. Während die oft induktiven und häufig sehr offenen Aufgabenstellungen der Vorläufer des „Deutschbuchs" eher auf eine Didaktik des ‚Zwischen-den-Zeilen-Lesens' zu setzen scheinen, soll dieser Verstehens- und Erkenntnisprozess nun zunehmend in lehr- und lernbaren Arbeitsschritten formuliert und in Lernaufgaben übersetzt werden. Sinnvoll vermieden wird somit zugleich eine Konzentration auf die Vermittlung reinen Reproduktionswissens, das von den Schülerinnen und Schülern nicht konkret an Textbeispielen erprobt werden kann – wenngleich hinsichtlich aller hier genannter Aspekte der zuvor beschriebene Optimierungsbedarf im Rahmen der Lernaufgaben besteht.

Die – wenngleich nicht immer, aber häufig doch auch gelungene – Funktionalisierung von Text- und Kontextwissen für die Bedeutungskonstruktion in den Lernaufgabenarrangements des „Deutschbuches" markiert den prägnantesten Unterschied zur Konzeption und Gestaltung des Lehrwerks „deutsch.punkt" des Klett-Schulbuchverlags. Gerade der Vergleich beider Lehrwerke bestätigt die bereits dargestellte These, dass eine Trennung von Wissen und dessen potentieller Funktionalisierung für den Verstehensprozess, wie in „deutsch.punkt" vorgenommen, dem Lernfortschritt der Schülerinnen und Schüler kaum förderlich sein dürfte. Wenngleich also durchaus Mängel in der Ausführung auch des „Deutschbuchs" bestehen, so lässt sich dieses doch als ausbaufähiger Versuch gezielter Kompetenzorientierung in der Praxis des Literaturunterrichts lesen, die sich durchaus kritisch von einem oberflächlichen ‚teaching-to-the-test' distanziert und neuere fachdidaktische Erkenntnisse bemüht ist in sinnvoller Weise aufzunehmen.

VI. Fazit und Ausblick

Die zurückliegende Untersuchung befasste sich in einem *ersten Teil* mit der im Anschluss an die PISA-Testungen 2000 entstandenen Debatte um die Chancen und Grenzen schulischer Bildung im Literaturunterricht sowie die Möglichkeiten der empirischen Erfassung der Wirksamkeit damit verbundener schulischer Lernprozesse. Der Wechsel von Konzepten der Allgemein- zu Grundbildung, von der Input- zur Outputorientierung mit der Einführung von Bildungsstandards nach PISA und der zunehmende Einfluss der empirischen Bildungsforschung wurden von den Kritikern der Reform als Abkehr von traditionellen Allgemeinbildungszielen, von ihren Vertretern gleichsam als Lösung aller bisherigen Defizite schulischer Vermittlung und der Überprüfung der realen Qualität schulischer Bildung betrachtet.

Die Entwicklung der in den letzten zehn Jahren geführten Debatte wurde in der vorliegenden Arbeit zum Anlass genommen, Fragen nach den Möglichkeiten und Zielsetzungen literarischer Bildung an öffentlichen Schulen detailliert nachzugehen. Zudem sollte ein Einblick gewonnen werden, welchen zu antizipierenden Veränderungen die Schulrealität angesichts einer veränderten Bildungslandschaft hinsichtlich zu vermittelnder Bildungsziele unterliegt. Zu diesem Zweck wurde ein interdisziplinärer Ansatz gewählt, der ausgehend von der bildungstheoretisch-erziehungswissenschaftlichen Diskussion[667] die dort vorfindlichen Positionierungen am Beispiel der literaturdidaktischen Debatte[668] zu exemplifizieren sucht. Die Problemstellungen einer empirisch ausgewiesenen Modellierung und Operationalisierung schulischer Bildung in Form von ‚Kompetenzen' werden unter fachdidaktischen Gesichtspunkten am Beispiel des Literaturunterrichts exemplarisch widergespiegelt. Sowohl in bildungstheoretischer als auch fachdidaktischer Hinsicht wird das Verhältnis von ‚Bildung' und ‚Kompetenz' eingehend beleuchtet und in seinen Potentialen und Gefahren benannt. Es hat sich nachzeichnen lassen, dass die zunehmend konstruktive Auseinandersetzung mit der Kritik der empirischen Bildungsforschung bzw. der Bildungstheoretiker und Fachdidaktiker zur Einsicht in je eigene Defizite der Disziplinen geführt hat. Weder der traditionelle Allgemeinbildungsbegriff, noch Konzepte von Grundbildung konnten sich ungebrochen durchsetzen. Die PISA-Debatte hat berechtigte Anfragen an den Allgemeinbildungsbegriff stellen lassen: Warum kann in Testungen das von Bildungstheoretikern als Minimum Kritisierte vor dem Hintergrund eines Unterrichts, der sich an maximalen Bildungsvorstellungen aus-

---

667 Vgl. Kap. II.
668 Vgl. Kap. III.

richtet, nicht erfüllt werden? Allgemeinbildungsvorstellungen wiederum erinnern im Gegenzug daran, dass eine Orientierung am Output nur dann sinnvoll erscheint, wenn sie nicht zu einer Marginalisierung des Inputs, sondern zu gezieltem Nachdenken über die Gegenstände eines Lernens führt, das auf eine unbestimmte Zukunft, nicht auf unmittelbaren Alltagsnutzen hin konzipiert werden muss. Die empirische Bildungsforschung musste erkennen, dass kaum gelingende Modellierungen und Operationalisierungen ohne bildungstheoretische sowie besonders auch fachdidaktische Konzeptualisierungen generiert werden konnten.[669] Bildungstheoretiker und Fachdidaktiker mussten ihrerseits zugestehen, dass sie kaum zu greifbaren Aussagen über jeweilige Bildungsziele und deren tatsächliche schulische Lehr- und Lernbarkeit fähig waren.[670] Auf dieser Basis hat sich eine verstärkte Zusammenarbeit von Vertretern der Bildungsforschung und der Bildungstheorie bzw. der zuständigen Fachdidaktik ergeben: Fachdidaktische Expertise wurde vermehrt in Prozesse quantitativer Forschung eingebunden, Bildungstheorie und Fachdidaktik wiederum haben zunehmend qualitative wie auch quantitative empirische Verfahren zur Erforschung der eigenen Disziplin eingesetzt.[671]

Diese im Sinne ihrer ‚Verwissenschaftlichung' praktizierten Veränderungen innerhalb der Disziplinen haben aber bislang nur zu vereinzelten theoretischen Legitimationsversuchen des damit eingeleiteten Bildungsverständnisses im Spannungsfeld der Begriffe ‚Bildung' und ‚Kompetenz' geführt. Eine positive wie konstruktive Bestimmung des Verhältnisses von ‚Bildung' und ‚Kompetenz' wurde im Bereich der Bildungstheorie zuerst von DIETRICH BENNER aufgegriffen[672], für die Literaturdidaktik hat sich im Besonderen KASPAR SPINNER um die Systematisierung dieses Verhältnisses in der Beschreibung einzelner Teilkompetenzen literarischen Verstehens bemüht.[673] Eine grundlegende Anforderung der vorgelegten Untersuchung bestand somit zunächst darin, auf der Folie der zu Beginn der Debatte konträr gehandelten Begriffe ‚Bildung' auf der einen und ‚Kompetenz' auf der anderen Seite einen für allgemeinbildende, öffentliche Schulen tragfähigen Begriff schulischer Bildung zu konstituieren, der sich auch auf das Feld des literar-ästhetischen Lernens anwenden und für dieses auslegen lässt. Auf der Ebene bildungstheoretisch-erziehungswissenschaftlicher Betrachtung konnte der Begriff der ‚Kompetenz' konstruktiv genutzt werden, um traditionelle Allgemeinbildungsvorstellungen von kaum explizierten ‚Wünschbarkeiten' der Persönlichkeitsbildung zu befreien, ohne jedoch ‚Bil-

---
669 Vgl. Kap. II. 1; 2.
670 Vgl. Kap. III. 1.
671 Vgl. Kap. II. 3; 4; III. 2. 2; 3.
672 Vgl. Kap. II. 1.
673 Vgl. Kap. III. 3. 1.

dung' einem funktionalistisch-pragmatischem Alltagsnutzen anheim zu stellen. Die Verbindung von ‚Bildung' und ‚Kompetenz' hat, dies zeigen die Ergebnisse (fach-) wissenschaftlicher Forschung[674], vielmehr zu einer Konkretisierung schulisch realisierbarer Bildungsziele geführt, die aber gleichwohl eine Einführung in zukunftsoffene Applikationsfelder vielfältiger Lernprozesse im Blick behält.[675] In der Anwendung dieses Kompetenzbegriffs auf die Ebene der Literaturdidaktik galt es entsprechend, in der Konzentration auf Fachlichkeit und die Beschreibung einzelner Teilkompetenzen literarischer Rezeptionsfähigkeiten solche eher traditionellen und ebenfalls wenig lehr- und lernbaren Zielsetzungen abzugrenzen, die mehr auf Charakter- und Gesinnungsbildung, denn auf eine kognitive Auseinandersetzung mit literarischen Texten setzen.[676]

Das Untersuchungsinteresse der vorgelegten Arbeit begrenzte sich zugleich nicht darauf, die bildungstheoretische wie literaturdidaktische Entwicklung in der Auseinandersetzung mit Konzepten der empirischen Bildungsforschung darzulegen und die Notwendigkeit bildungstheoretischer wie fachdidaktischer Konzeptualisierungen schulischer Bildung nachzuweisen: Die Begriffsbestimmungen des Verhältnisses von ‚Bildung' und ‚Kompetenz' aus bildungstheoretischer sowie literaturdidaktischer Perspektive boten die Grundlage, in einem *zweiten Teil* der Arbeit vor allem auch nach den schulischen Auswirkungen dieser Entwicklungen – mit Blick auf die Einführung von Bildungsstandards, zentralen Abschlussprüfungen und hinsichtlich der Gestaltung literarischer Lernprozesse in Deutschlehrwerken – fragen zu können.

Eine unmittelbare erste Reaktion auf PISA außerhalb der Ebene der rein wissenschaftlichen Debatte erfolgte in Form der bildungspolitischen Einführung von Bildungsstandards und zentralen Abschlussprüfungen, die als Mittel der Qualitätssteigerung und -sicherung auch des Deutsch- und Literaturunterricht gesehen werden.[677] Ohne diese bildungspolitischen Steuerungsmaßnahmen wäre es zweifelsohne fraglich, ob die bezeichneten Veränderungen im Feld (fach-)wissenschaftlicher Erforschung überhaupt Auswirkungen auf den Deutsch- und Literaturunterricht nach sich ziehen könnten.[678] Deswegen galt es zunächst, die Bildungsstandards in ihrer Anlehnung an Konzepte der PISA-Forscher einer detaillierten Analyse zu unterziehen. Mit dieser ging eine Bewertung der dort vorgenommenen Konzeptualisierung literarischen Lernens vor dem Hintergrund der

---

674 Vgl. Kap. II. 3; 4; III. 3.
675 Vgl. Kap. II. 1.
676 Vgl. Kap. III. 3.
677 Vgl. Kap. II. 2.
678 Vgl. Kap. II. 3.

Adaption der Schlagworte ‚Kompetenz'- und ‚Outputorientierung' einher:[679] Es ließ sich zeigen, dass in den Bildungsstandards eine recht unreflektierte Anlehnung an Konzepte der empirischen Bildungsforschung stattgefunden hat, während gleichzeitig auch an Bildungszielen im Bereich schulisch wenig vermittelbarer ‚Wünschbarkeiten' festgehalten wurde. Eine Begrenzung auf lehr- und lernbare sowie zugleich anspruchsvolle Rezeptionskompetenzen konnte nicht durchgeführt werden. In diesem Sinne können die – vorschnell – eingeführten Reformen kaum als Orientierungen schulischen Lernens betrachtet werden.

Aufgrund dieses Ergebnisses musste der Frage nachgegangen werden, an welchen Konzepten literarischer Bildung die Überprüfung des Gelernten in zentralen Abschlussprüfungen dann überhaupt anknüpfen und sich orientieren kann. Mit Blick auf die Prüfaufgaben der zentralen Abschlussprüfungen der Länder Berlin und Brandenburg zu literarischen Texten konnten darauf zurückzuführende Unsicherheiten kenntlich gemacht werden.[680] Beide Formen der Überprüfung des schulisch Gelernten weisen darauf hin, dass bereits vor PISA zu konstatierende Mängel der Konzeptualisierung literarischer Bildung im Raum der Schule nicht behoben, sondern mit der Einführung von Bildungsstandards und zentralen Abschlusstests zusätzlich manifestiert werden. Die je unterschiedlichen Aufgabenformate, die in den Ländern gewählt wurden (vgl. Kap. IV. 2), sind als exemplarisch zu betrachten: Auf der Folie der Berliner Aufgaben lässt sich beobachten, dass die Zurückstellung fachdidaktischer hinter psychometrische Gütekriterien zu einer unangemessenen Fokussierung leicht testbaren Reproduktionswissens und zu einer nur oberflächlichen Auseinandersetzung mit – zum Teil wenig anspruchsvollen – literarischen Texten führt.[681] Die Brandenburger Prüfsets halten dagegen zwar an eher traditionell offenen Aufgabenformaten fest[682], an denen sich aber eine den geschlossenen Berliner Aufgabenformaten ähnliche Problematik eröffnet. Denn auch die Brandenburger Prüfaufgaben zielen vornehmlich auf eine mehr schematisierte Benennung von Wissen, als auf seine Anwendung zur Bedeutungskonstruktion; es können kaum angemessenere Interpretationen vorgenommen werden als in den Berliner Aufgaben.[683] Diese Ergebnisse waren somit weniger dem Einfluss des Formats einer Aufgabe zuzuschreiben, als fehlenden oder falschen Konzeptualisierungen lite-

---

679 Vgl. Kap. IV. 1.
680 Vgl. Kap. IV. 2.
681 Vgl. Kap. IV. 2. 1.
682 Dies ist richtig in Bezug auf die in dieser Arbeit untersuchten Aufgabenbeispiele. Seit 2010 arbeiten die zuständigen Berliner und Brandenburger Gremien gemeinsam an einem Aufgabenset für beide Länder, das sich an den Vorgaben der Berliner Aufgaben orientiert und offene Aufsatz-Formate vermeidet.
683 Vgl. Kap. IV. 2. 2.

rarischer Bildung auf Seiten der Lehrkräfte, die diese Aufgaben auf bildungsadministrativer Ebene entwickelt haben. Diese Mängel im Bereich adäquater Lehrerkompetenzen wurden als Analogien zu den zuvor beschriebenen Theoriedefiziten der zuständigen Literaturdidaktik begriffen.

Im Mittelpunkt der Untersuchung standen somit im Weiteren vor allem – mit Blick auf die unterrichtsrelevanten Auswirkungen literaturdidaktischer Entwicklungen – Konzepte und Kompetenzen von Deutschlehrkräften, die sich auf der Grundlage der Aufgabenanalyse rekonstruieren ließen. Lehrkräfte sind ebenso beteiligt an der Entwicklung zentraler Prüfaufgaben wie auch von Deutschlehrwerken. Beide, zentrale Prüfaufgaben wie Lernarrangements in Deutschlehrwerken, sind mit Blick auf Output und Input als den Unterricht prägende Faktoren zu betrachten. Besonders die Untersuchung der Deutschlehrwerke in ihrem Umgang mit literarischen Texten ist – vor dem Hintergrund der Analyse der Prüfaufgaben – prädestiniert für Rückschlüsse auf eine veränderte Unterrichtswirklichkeit. Bislang lagen – trotz aller Diskussion um eine ‚neue Aufgabenkultur', die sich im Besonderen auf Test- und Prüfaufgaben konzentriert hat[684] – aber kaum Ergebnisse im Bereich der Erforschung von Lernaufgaben vor.[685] Ebenso wenig konnte im Rahmen der vorgelegten Untersuchung auf bereits bestehende Kriterien gelungener Lernaufgaben zurückgegriffen werden, um deren fachdidaktische Güte beurteilen zu können.[686] Insofern bestand eines der Hauptanliegen der Untersuchung vor allem auch in der weiteren Ausdifferenzierung vorliegender fachdidaktischer Überlegungen zu literarischen Rezeptionskompetenzen,[687] um auf dieser Grundlage konkrete Kriterien für die Analyse und Beurteilung der Lernaufgaben zu literarischen Texten in Deutschehrwerken gewinnen zu können, die sowohl die Fachlichkeit wie auch die Gegenstandsangemessenheit literarischen Lernens bereits in der Phase der Konzeption von Literaturunterricht in den Blick nehmen lassen.[688]

Anhand dieser Kriterien konnte – vor dem Hintergrund der Annahme, dass sich Veränderungen benennen lassen – eine Einschätzung vorgenommen werden, welcher Konzeptualisierung literarischer Bildung beide für die Untersuchung ausgewählten Lehrwerke folgen. Dabei hat sich herausgestellt, dass die Konzeption und Gestaltung literarischer Lernprozesse große Unsicherheiten hinsichtlich der Integration veränderter bildungspolitischer und fachdidaktischer Vorgaben bzw. Anregungen aufweist.

---

684 Vgl. Kap. II. 4; III. 2.
685 Vgl. Kap. V. 1. Positiv hervorzuheben sind allerdings die Untersuchungen von Iris Winkler. Vgl.: Dies.: A. a. O.
686 Vgl. Kap. III. 3. 2.
687 Vgl. Kap. III. 3. 1.
688 Vgl. Kap. III. 3. 2.

Im Zusammenhang mit dem Lehrwerk „deutsch-punkt" (Klett-Schulbuchverlag), das nach PISA gänzlich neu herausgegeben wurde, werden diese Unsicherheiten besonders deutlich: ‚Kompetenzorientierung' wird hier offenbar fälschlich als Konzentration auf greifbares und in diesem Sinne leicht vermittel- und überprüfbares Wissen verstanden,[689] so wie dies bereits den Berliner Prüfaufgaben zu konstatieren war.[690] Denn es wird ein starker Fokus auf die Vermittlung isolierten Fachwissens gesetzt, das nicht verstehensfördernd verwendet wird und somit als ‚träges' Wissen verbleibt. Nicht die literarischen Texte selbst stehen im Mittelpunkt der konzipierten Unterrichtsprozesse, stattdessen avancieren verschiedene Wissensbestände zum Gegenstand des Lernens.[691] In der Folge entstehen in der Form der Zuordnung formaler Merkmale und mehr spekulativer Interpretationen eher oberflächliche Zugriffe auf die Texte.[692] Der Vermittlungsprozess ist, auch hinsichtlich der didaktischen Erläuterungen in den Handreichungen für Lehrkräfte, als eine wenig transparente ‚Didaktik-des-zwischen-den-Zeilen-Lesens' zu charakterisieren. Es fehlen grundlegende Gegenstandsanalysen, die das Zusammenspiel der für das Verständnis eines literarischen Textes erforderlichen Teilkompetenzen beschreiben, als unterschiedliche Operationen benennen und entsprechend in der Form einzelner Arbeitsschritte in Lernaufgaben transferieren lassen. Stattdessen wird im Besonderen der Wunsch nach verifizierbaren Lernergebnissen bedient, der unmittelbar im Anschluss an die ersten PISA-Testungen besonders laut wurde. Die übermäßige Fokussierung eines Outputs, wie er beispielsweise auch in den Berliner Prüfaufgaben vorgegeben wird, führt, wie insbesondere am Lehrwerk „deutsch.punkt" gezeigt werden konnte, zu einer inadäquaten Marginalisierung des Inputs schulischer Lehr-/ Lernprozesse.

Anhand der didaktischen Konzeption des Lehrwerks „Deutschbuch" (Cornelsen-Schulbuchverlag) konnte dagegen herausgestellt werden, dass diese Form des ‚teaching-to-the-test' nicht überall adaptiert, sondern auch kritische Anmerkungen und aktuelle Entwicklungen fachdidaktischer Forschung in die Lehrbuchentwicklung aufgenommen wurden.[693] In den Handreichungen für Lehrkräfte ließen sich vielfältige Anschlussmöglichkeiten an aktuelle fachdidaktische, kompetenzorientierte Modellierungen literarischen Lernens herausarbeiten.[694] Die in den Handreichungen häufig zutreffend vorgenommenen Gegenstandsanalysen einzelner Texte bedenken die notwendigen Operationen und zu antizipie-

---

689 Vgl. Kap. V. 2. 1.
690 Vgl. Kap. IV. 2.1.
691 Vgl. Kap. V. 2. 1. 1.
692 Vgl. Kap. V. 2. 1. 2.
693 Vgl. Kap. V. 2. 2.
694 Vgl. Kap. V. 2. 2. 1; 2.

renden Verstehenshürden der Schülerinnen und Schüler in angemessener Weise. Dafür wird sowohl spezifisches und auf den Gegenstand bezogenes Text- wie Kontextwissen gezielt für die Bedeutungskonstruktion angewendet. Problematischer aber muss die Umsetzung dieser didaktischen Erläuterungen auf der Ebene der Lernarrangements und einzelnen Lernaufgaben des Lehrwerks bewertet werden. Am Beispiel ausgewählter Lernarrangements konnte veranschaulicht werden, dass die in den Handreichungen benannten Operationen dort meist nicht in entsprechende Arbeitsschritte transferiert werden konnten. Einzig die Funktionalisierung extratextuellen Kontextwissens wurde nachvollziehbar für die Bedeutungskonstruktion eingesetzt. Die deutliche Bevorzugung kontextabhängiger Interpretationsverfahren hat aber gleichzeitig die Aufmerksamkeit vom Text selbst abgelenkt, da eine genaue Wahrnehmung des Textes selbst sowie die Anwendung von Wissen auf der Ebene textimmanenter Analyse- und Interpretationsverfahren in Folge dessen häufig vorschnell übergangen wurden.[695] Im Lehrwerk „Deutschbuch" wird der durchaus verständliche und im Sinne gelingender Kompetenzorientierung sinnvolle Wunsch erkennbar, die Unterrichtspraxis auf schulisch Lehr- und Lernbares zu konzentrieren. Im Zuge dessen wird im „Deutschbuch" aber eine zu starke Fokussierung der Funktionalisierung von Kontextwissen vorgenommen, während die Didaktisierung von Verstehensprozessen auf der Ebene der Auseinandersetzung mit dem Text selbst nicht immer recht zu gelingen vermag.

Diese Ergebnislage verweist auf dringenden Forschungsbedarf hinsichtlich der Konzeption unterrichtspraktischer Umsetzungen von fachdidaktischen Modellierungen für einen sinnvoll kompetenzorientierten Literaturunterricht. Während die Kluft zwischen Literaturtheorie und Literaturdidaktik mit der Benennung notwendiger wie lehr- und lernbarer Teilkompetenzen literarischen Verstehens im Rahmen der fachwissenschaftlichen Debatte teilweise geschlossen werden konnte, muss die unterrichtsrelevante Didaktisierung literarischer Lernprozesse mit Blick auf das Verhältnis von Literaturdidaktik und Literaturunterricht verstärkt erforscht werden. Wenngleich sich sicher kein generalisierbares Konzept vom Umgang mit literarischen Texten im Unterricht entwickeln lässt[696], sollte die Fachdidaktik als zuständige Disziplin doch fähig sein, weiterführende Ansätze zur Umsetzung benannter Bildungsziele auszuweisen. Nur auf diese Weise können die sinnvollen Entwicklungen eines konstruktiven Zugriffs auf Kompetenzorientierung im Rahmen schulischer Bildungsprozesse innerhalb der Fachwissenschaften auch in die Unterrichtswirklichkeit weitergetragen werden. Mit der vorgelegten Analyse von Lehrwerken und ihren Lernaufgaben im Bereich

---

695 Vgl. Kap. V. 2. 2. 2.
696 Vgl. Kap. III. 2; 3.

literarischer Rezeptionskompetenzen, einzelnen Optimierungsvorschlägen sowie im Besonderen der Zusammenstellung grundlegender Kriterien nicht nur zur Bewertung, sondern gleichwohl zur Entwicklung von Lernaufgaben und Lernarrangements wurde der Versuch unternommen, dazu einen – wenngleich sicher noch erweiterungsfähigen – Beitrag zu leisten.

Literatur

ABRAHAM, ULF: Wie standardisierbar ist Methodenkompetenz im Umgang mit Lyrik? Zu Bertolt Brecht „Der Steinfischer" (9./10. Schuljahr). Kammler, Clemens (Hrsg.): Literarische Kompetenzen – Kompetenzen im Literaturunterricht. Modelle für die Primar- und Sekundarstufe. Seelze, 2006. S. 118-133.

DERS.: Kompetenzmodelle – überfällige Professionalisierung des Faches oder Familienaufstellung in der Deutschdidaktik? In: Didaktik Deutsch. 13. Jg. H. 22. Baltmannsweiler, 2007. S. 10-13.

DERS.: Lesekompetenz, literarische Kompetenz, poetische Kompetenz. Fachdidaktische Aufgaben in einer Medienkultur. In: Rösch, Heidi (Hrsg.): Kompetenzen im Deutschunterricht. Beiträge zur Literatur-, Sprach- und Mediendidaktik. 2. überarb. und erw. Aufl. Frankfurt a. M., 2008. S. 13-26.

DERS.: P/poetisches V/verstehen. Zur Eingemeindung einer anthropologischen Erfahrung in den kompetenzorientierten Unterricht. In: Winkler, Iris/ Masanek, Nicole/ Abraham, Ulf (Hrsg.): Poetisches Verstehen. Literaturdidaktische Positionen – empirische Forschung - Projekte aus dem Deutschunterricht. Baltmannsweiler, 2010. S. 9-22.

ABRAHAM, ULF/ KEPSER, MATTHIAS: Literaturdidaktik Deutsch. Eine Einführung. Berlin, 2006.

ARNOLD, KARL-HEINZ: Validität als übergreifendes Qualitätskriterium für Schulleistungsmessungen. In: Weinert, Franz E. (Hrsg.): Leistungsmessungen in Schulen. Weinheim, Basel, 2001. S. 118-130.

ARISTOTELES: Politik. Zitiert nach der Übersetzung von Eugen Rolfes. In: Aristoteles: Philosophische Schriften. Bd. 4. Darmstadt: Wissenschaftliche Buchgesellschaft 1995.

ARTELT, CORDULA: Zur Bedeutung von Lernstrategien beim Textverstehen. In: Köster, Juliane / Lütgert, Will / Creutzburg, Jürgen (Hrsg.): Aufgabenkultur und Lesekompetenz. Deutschdidaktische Positionen. Frankfurt a. M., 2004. S. 61-76.

ARTELT, CORDULA/ STANAT, PETRA/ SCHNEIDER, WOLFGANG/ SCHIEFELE, ULRICH: Lesekompetenz: Testkonzeption und Ergebnisse. In: Deutsches PISA-Konsortium (Hrsg.): PISA 2000. Basiskompetenzen von Schülerinnen und Schülern im internationalen Vergleich. Opladen, 2004. S. 69-137.

ARTELT, Cordula/ SCHLAGMÜLLER, Matthias: Der Umgang mit literarischen Texten als Teilkompetenz im Lesen? Dimensionsanalysen und Ländervergleiche. In: Schiefele, Ulrich/ Artelt, Cordula/ Schneider, Wolfgang/

Stanat, Petra (Hrsg.): Struktur, Entwicklung und Förderung von Lesekompetenz. Vertiefende Analysen im Rahmen von PISA 2000. Wiesbaden, 2004. S. 169-196.

ARTELT, CORDULA/ STANAT, PETRA/ SCHNEIDER, WOLFGANG/ SCHIEFELE, ULRICH/ LEHMANN, RAINER: Die PISA-Studie zur Lesekompetenz: Überblick und weiterführende Analysen. In: Schiefele, Ulrich/ Artelt, Cordula/ Schneider, Wolfgang/ Stanat, Petra (Hrsg.): Struktur, Entwicklung und Förderung von Lesekompetenz. Vertiefende Analysen im Rahmen von PISA 2000. Wiesbaden, 2004. S. 139-168.

BACHOR, NICOLE: Fazit. Literarische Bildung im kompetenzorientierten Unterricht – ein Fazit. In: Rösch, Heidi (Hrsg.): Literarische Bildung im kompetenzorientierten Unterricht. Freiburg i. Br., 2010. S. 245-259.

BAUMERT, JÜRGEN/ STANAT, PETRA/ DEMMRICH, ANKE: PISA 2000: Untersuchungsgegenstand, theoretische Grundlagen und Durchführung der Studie. In: Baumert, Jürgen/ Klieme, Eckhard/ Neubrand, Michael/ Prenzel, Manfred/ Schiefele, Ulrich/ Schneider, Wolfgang/ Stanat, Petra; Tillmann, Klaus-Jürgen/ Weiß, Manfred (Hrsg.): PISA 2000. Basiskompetenzen von Schülerinnen und Schülern im internationalen Vergleich. Opladen, 2001. S. 15-68.

BAUMERT, JÜRGEN/ KLIEME, ECKHARD/ NEUBRAND, MICHAEL/ PRENZEL, MANFRED/ SCHIEFELE, ULRICH/ SCHNEIDER, WOLFGANG/ TILLMANN, KLAUS-JÜRGEN/ WEIß, MANFRED: Internationales und nationales Rahmenkonzept für die Erfassung von Lesekompetenz in PISA. Berlin, 2001.

BAUMERT, JÜRGEN: PISA 2000. Die Studie im Überblick. Grundlagen, Methoden, Ergebnisse. In: Politische Studien. 54. Jg. Sonderheft 3, 2003. S. 8-35.

BECK, BÄRBEL/ KLIEME, ECKHARD: Sprachliche Kompetenzen. Konzepte und Messung. Weinheim, 2007.

BEISBART, ORTWIN/ MARENBACH, DIETER: Bausteine der Deutschdidaktik. Ein Studienbuch. Donauwörth, 2006.

BELLMANN, JOHANNES: „The very speedy solution" – Neue Erziehung und Steuerung im Zeichen von Social Efficiency. In: Zeitschrift für Pädagogik. Jg. 58. H. 2. S. 143-158.

BELGRAD, JÜRGEN: Lesekompetenzschwächen: Versäumnisse des Deutschunterrichts. In: Kämper-van den Boogart, Michael (Hrsg.): Deutschunterricht nach der PISA-Studie. Reaktionen der Deutschdidaktik. Frankfurt a. M., 2004. S. 37-58.

BENNER, DIETRICH: Allgemeine Menschenbildung und schulische Allgemeinbildung: ein spannungsreiches Verhältnis. Reflexionen zur Unentbehrlichkeit, Notwendigkeit und Aporetik in öffentlichen Bildungssystemen. Fest-

schrift für Gerhart Neuner zum 75. Geburtstag. In: Hoffmann, Dietrich/ Kirchhöfer, Dieter (Hrsg.): Allgemeinbildung in der Gegenwart. Sitzungsberichte der Leibniz-Sozietät. 73. Jg. 2004. S. 21-35.
DERS.: Die Struktur der Allgemeinbildung im Kerncurriculum moderner Bildungssysteme. Ein Vorschlag zur bildungstheoretischen Rahmung von PISA. In: Zeitschrift für Pädagogik. 48. Jg. H. 1, 2002. S. 68-90.
DERS.: Schulische Allgemeinbildung versus allgemeine Menschenbildung? In: Zeitschrift für Erziehungswissenschaft. 8. Jg. H. 4, 2005. S. 563-575.
DERS.: Unterricht – Wissen – Kompetenz. Zur Differenz zwischen didaktischen Aufgaben und Testaufgaben. In: Ders. (Hrsg.): Bildungsstandards. Instrumente zur Qualitätssicherung im Bildungswesen. Chancen und Grenzen – Beispiele und Perspektiven. Paderborn, 2007. S. 123-138.
DERS. Moralische Erziehung und Bildung der Moral. In: Anton A. Bucher (Hrsg.): Moral, Religion, Politik: Psychologisch-pädagogische Zugänge. Festschrift für Fritz Oser. Berlin, Wien, 2007. S. 169-184.
DERS.: Jenseits des Duals von Input und Output. Über vergessene und neue Zusammenhänge von Erfahrung, Lernen und Lehren. In: Vierteljahrsschrift für wissenschaftliche Pädagogik. 84. Jg. H. 4, 2008. S. 414-435.
DERS.: Bildung – Wissenschaft – Kompetenz. Über vergessene und neue Zusammenhänge zwischen Lehren und Lernen und ihre Bedeutung für die Oberstufe. In: Keuffer, Josef/ Kublitz Kramer, Maria (Hrsg.): Was braucht die Oberstufe? Weinheim, Basel, 2008. S. 47-64.
DERS.: Schule und Bildung – Widerspruch oder Entsprechung? In: Handbuch der Erziehungswissenschaft. Hrsg. von Stephanie Hellekamps, Wilfried Plöger und Wilhelm Wittenbruch. Bd. 2.1. Paderborn, 2009. S. 9-30.
BENNER, DIETRICH/ BRÜGGEN, FRIEDHELM: Bildung – Theorie der Menschenbildung. In: Handbuch der Erziehungswissenschaft. Im Auftrag der Görres-Gesellschaft hrsg. von Gerhard Mertens, Ursula Frost, Winfried Böhm und Volker Ladenthin. Bd. 1. Paderborn, 2006. S. 209-226.
BENNER, DIETRICH/ HEYNITZ, MARTINA VON/ IVANOV, STANISLAV/ NIKOLOVA, ROUMIANA/ POHLMANN, CLAUDIA/ REMUS, CLAUDIA: Ethikunterricht und moralische Kompetenz jenseits von Werte- und Tugenderziehung. Zeitschrift für die Didaktik der Philosophie und Ethik. 34. Jg. H. 4, 2010. S. 304-312.
BERTSCHI-KAUFMANN, ANDREA: Leseverhalten beobachten – Lesen und Schreiben in der Verbindung. In: Bertschi-Kaufmann, Andrea (Hrsg.): Lesekompetenz, Leseleistung, Leseförderung. Grundlagen, Modelle und Materialien. Seelze, 2007. S. 96-108.
DIES.: „...über und über beschneit vom Gelesenen". Ein Plädoyer für die Vermittlung literarischer Erfahrung und dafür, dass sie mit Forschung evident

gemacht wird. Vortrag anlässlich des Symposions Deutschdidaktik am 19. September 2008 in Köln. Abrufbar unter: http://www.uni-koeln.de/SDD2008/Bertschi-Kaufmann_Vortrag

DIES.: Literarisches Lesen. Beobachtungen zu Lernprozessen in der Schule. In: Rösch, Heidi (Hrsg.): Literarische Bildung im kompetenzorientierten Deutschunterricht. Freiburg i. Br., 2010. S. 229-244.

BIRKMEYER, JENS: Was sind gute Lernaufgaben? In: Frederking, Volker/ Huneke, Hans-Werner/Krommer, Axel/ Meier, Christel (Hrsg.): Taschenbuch des Deutschunterrichts. Bd. 1: Sprache und Medien; Bd. 2 Literatur und Medien. Baltmannsweiler: Schneider (im Druck).

BLÖMEKE, SIGRID: Allgemeine Didaktik ohne empirische Lernforschung? – Perspektiven einer reflexiven Bildungsforschung. In: Arnold, Karl-Heinz/ Blömeke, Sigrid/ Messner, Rudolf/ Schlömerkemper, Jörg (Hrsg.): Allgemeine Didaktik und Lehr- Lernforschung. Kontroversen und Entwicklungsperspektiven einer Wissenschaft vom Unterricht. Bad Heilbrunn, 2009. S. 13-26.

BOHL, THORSTEN/KLEINKNECHT, MARC: Aufgabenkultur. In: Blömeke, Sigrid/ Bohl, Thorsten/ Haag, Ludwig/ Lang-Wojtasik, Gregor/ Sacher, Werner (Hrsg.): Handbuch Schule. Theorie – Organisation – Entwicklung. Bad Heilbrunn, 2009. S. 331-334.

DIES.: Weiterentwicklung der Allgemeinen Didaktik – Theoretische und empirische Impulse aus einer Aufgabenkulturanalyse. In: Arnold, Karl-Heinz/ Blömeke, Sigrid/ Messner, Rudolf/ Schlömerkemper, Jörg (Hrsg.): Allgemeine Didaktik und Lehr- Lernforschung. Kontroversen und Entwicklungsperspektiven einer Wissenschaft vom Unterricht. Bad Heilbrunn, 2009. S. 145-158.

BREMERICH-VOS, ALBERT: Empirisches Arbeiten in der Deutschdidaktik. In: Kammler, Clemens/ Knapp, Werner (Hrsg.): Empirische Unterrichtsforschung und Deutschdidaktik. Hohengehren, 2002. S. 16-29.

DERS.: Nicht nur Lese- und nicht nur Sprachbuch – Anmerkungen zu einem integrativen Lehrwerk für die Sekundarstufe I. In: Ehlers, Swantje (Hrsg.): Das Lesebuch: Zur Theorie und Praxis des Lesebuchs im Deutschunterricht. Baltmannsweiler, 2003. S. 163-180.

BREMERICH-VOS, ALBERT/ WIELER, PETRA: Zur Einführung. In: Abraham, Ulf/ Bremerich-Vos, Albert/ Frederking, Volker/ Wieler, Petra (Hrsg.): Deutschdidaktik und Deutschunterricht nach PISA. Freiburg i. Br., 2003. S. 13-25.

BREZINSKA, WOLFGANG: Über den Wissenschaftsbegriff der Erziehungswissenschaft und die Einwände einer weltanschaulichen Pädagogik. In: Zeitschrift für Pädagogik. 13 Jg. H. 2, 1967. S. 135-168.

BORCHERT, WOLFGANG: Nachts schlafen die Ratten doch. In: Ders.: Das Gesamtwerk. Einmalige Sonderausgabe. Hamburg, 2004. S. 216-219.
BOS, WILFRIED/ LANKES, EVA-MARIA/ SCHWIPPERT, KNUT/ VALTIN, RENATE/ VOSS, ANDREAS/ BADEL, ISOLDE/ PLAßMEIER, NIKE (Hrsg.): Lesekompetenzen deutscher Grundschülerinnen und Grundschüler am Ende der vierten Jahrgangsstufe im internationalen Vergleich. In: Bos, Wilfried/ Lankes, Eva-Maria/ Prenzel, Manfred/ Schwippert, Knut/ Walther, Gerd/ Valtin, Renate (Hrsg.): Erste Ergebnisse aus IGLU. Münster, 2003. S. 69-142.
CRIBLEZ, LUCIEN: Lehrpläne und Bildungsstandards: Was Schülerinnen und Schüler lernen sollen. In: Criblez, Lucien / Gautschi, Peter / Hirt Monico, Pia / Messner, Helmut (Hrsg.): Lehrpläne und Bildungsstandards. Was Schülerinnen und Schüler lernen sollen. Festschrift zum 65. Geburtstag von Prof. Dr. Rudolf Künzli. Bern, 2006. S. 9-14.
DEUTSCHBUCH 10. Texte, Themen und Strukturen. Neue Ausgabe. Hrsg. von Bernd Schurf u. Andrea Wagener. Erarb. von Gerd Brenner u.a., unter Beratung von Karl-Heinz Fingerhut. Cornelsen: Berlin, 2009.
DEUTSCHBUCH 10. Texte, Themen und Strukturen. Neue Ausgabe. Hrsg. von Bernd Schurf u. Andrea Wagener. Erarb. von Gerd Brenner u.a. Cornelsen: Berlin, 2009.
DEUTSCHBUCH. Sprach- und Lesebuch 10. Hrsg. von Heinrich Biermann u. Bernd Schurf. Erarb. von Heinrich Biermann u.a. Cornelsen: Berlin, 2000.
DEUTSCH.PUNKT. Zugänge zur Oberstufe. Erarb. von Jutta Biesemann u.a. Hrsg. vom Ernst-Klett-Verlag. Stuttgart, Leipzig, 2009.
DEUTSCH.PUNKT. Zugänge zur Oberstufe. Lehrerband. Erarb. von Stefan Schäfer. Hrsg. vom Ernst-Klett-Verlag, Stuttgart, Leipzig, 2009.
DE WAAL, ANASTASIA: Fast Track To Slow Progress. Civitas-Report 2008. www.nationschool.gov.uk/policyhub/news_item/sats_progress_civitas08. asp.
ECO, UMBERTO: Die Grenzen der Interpretation. 3. Aufl. München, 2004.
EDELSTEIN, WOLFGANG: Das „Projekt Schulleistung" im Institut für Bildungsforschung der Max-Planck-Gesellschaft. In: Zeitschrift für Pädagogik. 16. Jg. H. 4, 1970. S. 517-529.
EHLERS, SWANTJE: Der Umgang mit dem Lesebuch. Analysen – Kategorien – Arbeitsstrategien. Baltmannsweiler, 2003.
EHRENSPECK, YVONNE: Stichwort Ästhetik und Bildung. Abrufbar unter: http://home.arcor.de/zf/zfkm/ehrenspeck1.pdf (Oder in: Zeitschrift für Erziehungswissenschaft. 4. Jg. H. 1, 2001. S. 5-21.)
EIKENBUSCH, GERHARD: Qualität im Deutschunterricht der Sekundarstufe I und II. Berlin, 2001.

FELTES, TORSTEN / PAYSEN, MARC: Nationale Bildungsstandards. Von der Bildungs- zur Leistungspolitik. Hamburg, 2005.

FINGERHUT, KARLHEINZ: Literarische Bildung unter den Bedingungen von Qualitätssicherung und Kompetenzerwerb in integrierten Lesebüchern für die Sekundarstufe I. In: Ehlers, Swantje (Hrsg.): Das Lesebuch: Zur Theorie und Praxis des Lesebuchs im Deutschunterricht. Baltmannsweiler, 2003. S. 74-100.

DERS: Integrierte Unterrichtseinheiten als Kompetenzmodelle. In: Kämper-van den Boogart, Michael (Hrsg.): Deutschunterricht nach der PISA-Studie. Reaktionen der Deutschdidaktik. Frankfurt a. M., 2004. S. 117-142.

DERS.: Literaturunterricht über Kompetenzmodelle organisieren? Zu Gedichten von Schiller und Eichendorff (9./10. Schuljahr). In: Kammler, Clemens (Hrsg.): Literarische Kompetenzen – Kompetenzen im Literaturunterricht. Modelle für die Primar- und Sekundarstufe. Seelze, 2006. S. 134-157.

DERS.: Aufgabenkultur im kompetenzorientierten Unterricht. In: Rösch, Heidi (Hrsg.): Literarische Bildung im kompetenzorientierten Unterricht. Freiburg i. Br., 2010. S. 215-228.

FINGERHUT, KARL-HEINZ/ KÖSTER, JULIANE: Lehr-Lernwerke und Bildungsstandards als Steuerungsinstrumente im Deutschunterricht. Bericht über eine Workshop-Sektion. In: Stückrath, Jörn/ Strobel, Ricarda (Hrsg.): Deutschunterricht empirisch. Beiträge zur Überprüfbarkeit von Lernfortschritten im Sprach-, Literatur- und Medienunterricht. Baltmannsweiler, 2005. S. 197-211.

FUHRMANN, MANFRED: Bildung und PISA. In: Latein und Griechisch in Baden-Württemberg. Mitteilungen des Altphilologenverbandes, Landesverband Baden-Württemberg. 30. Jg. H. 1, 2002. S 15- 25.

FREDERKING, VOLKER/ MEIER, CHRISTEL/ ROICK, THORSTEN/ STEINHAUER, LYDIA/ STANAT, PETRA/ DICKHÄUSER, OLIVER: Literarästhetische Urteilskompetenz erfassen. In: Bertschi-Kaufman, Andrea/ Rosebrock, Cornelia: Literalität. Bildungsaufgabe und Forschungsfeld. Weinheim, München, 2009. S. 165-180.

FREDERKING, VOLKER/ MEIER, CHRISTEL/ STEINHAUER, LYDIA/ STANAT, PETRA/ ROICK, THORSTEN/ DICKHÄUSER, OLIVER: Literarästhetische Urteilskompetenz. Vortrag anlässlich der GfD-Tagung 2009 in Berlin. Programmheft zur Tagung, S. 10-12. Abrufbar unter: http://gfd.physik.rub.de/

FREDERKING, VOLKER/ MEIER, CHRISTEL/ STANAT, PETRA/ DICKHÄUSER, OLIVER: Ein Modell literarästhetischer Urteilskompetenz. In: Didaktik Deutsch. 14. Jg. H. 25, 2008. S. 11-31.

FREDERKING, VOLKER: Schwer messbare Kompetenzen – Herausforderungen für die empirische Fachdidaktik. In: Ders.: Schwer messbare Kompetenzen.

Herausforderungen für die empirische Fachdidaktik. Baltmannsweiler, 2008. S. 5-10.

DERS.: Literarische bzw. (literar)ästhetische Kompetenz. Möglichkeiten und Probleme der empirischen Erhebung eines Kernbereichs des Deutschunterrichts. In: Ders.: Schwer messbare Kompetenzen. Herausforderungen für die empirische Fachdidaktik. Baltmannsweiler, 2008. S. 36-64.

DERS.: Modellierung literarischer Rezeptionskompetenz. In: Ulrich, Winfried (Hrsg.): Deutschunterricht in Theorie und Praxis. Bd. 1-3: Lese- und Literaturunterricht. Hrsg. von Michael Kämper-van den Boogaart und Kaspar Spinner. Baltmannsweiler, 2010. S. 324-380.

GRANZER; DIETLINDE/ BÖHME, KATRIN/ KÖLLER, OLAF: Kompetenzmodelle und Aufgabenentwicklung für die standardisierte Leistungsmessung im Fach Deutsch. In: Bremerich-Vos, Albert/ Granzer, Dietlinde/ Köller, Olaf (Hrsg.): Lernstandsbestimmungen im Fach Deutsch. Gute Aufgaben für den Unterricht. Weinheim, Basel, 2008. S. 10-28.

GERIGK, HORST-JÜRGEN: Gibt es unverständliche Dichtung? In: Neue Rundschau. 116. Jg. H. 3, Frankfurt a. M., 2005. S. 149-159.

GROEBEN, NORBERT: Auf dem Weg zu einer deutschdidaktischen Unterrichtsforschung? In: Stückrath, Jörn/ Ströbel, Ricarda (Hrsg.): Deutschunterricht empirisch. Beiträge zur Überprüfbarkeit von Lernfortschritten im Sprach-, Literatur- und Medienunterricht. Baltmannsweiler, 2005. S. 7-33.

GRUBER, HANS/ RENKL, ALEXANDER: Die Kluft zwischen Wissen und Handeln: Das Problem des trägen Wissens. In: Neuweg, Georg Hans (Hrsg.): Wissen – Können – Reflexion. Ausgewählte Verhältnisbestimmungen. Innsbruck, Wien, München, 2000. S. 155-174.

GRZESIK, JÜRGEN: Was testet der PISA-Test des Lesens? In: Abraham, Ulf / Bremerich-Vos, Albert/ Frederking, Volker/ Wieler, Petra (Hrsg.): Deutschdidaktik und Deutschunterricht nach PISA. Freiburg i. Br., 2003. S. 135-164.

DERS. : Texte verstehen lernen. Münster, 2005.

HEID, HELMUT: Was vermag die Standardisierung wünschenswerter Lernoutputs zur Qualitätsverbesserung des Bildungswesens beizutragen? In: Benner, Dietrich (Hrsg.): Bildungsstandards. Instrumente zur Qualitätssicherung im Bildungswesen. Chancen und Grenzen – Beispiele und Perspektiven. Paderborn, 2007. S. 29-48.

DERS.: Ist die Verwertbarkeit des Gelernten ein Qualitätskriterium der Bildung? In: Heid, Helmut / Harteis, Christian (Hrsg.): Verwertbarkeit. Ein Qualitätskriterium (erziehungs-) wissenschaftlichen Wissens? Wiesbaden, 2005. S. 95-118.

HEINRICH-BÖLL-STIFTUNG: Von Schlüsselkompetenzen zum Curriculum. Lernkonzepte für eine zukunftsfähige Schule. 5. Empfehlung der Heinrich-Böll-Stiftung. Berlin, 2003.

HELLEKAMPS, STEPHANIE: Ästhetisches und praktisches Subjekt. Zum Problem intersubjektiver Differenzerfahrung. In: Müller-Drawe, Käthe/ Peukert, Helmut/ Ruhloff, Jörg (Hrsg.): Pädagogik und Ethik. Beiträge zu einer zweiten Reflexion. 2. Aufl., Weinheim, 1996. S. 137-150.

DIES.: Perspektivenwechsel. Überlegungen zum Verhältnis von Bildung und Roman. In: Dies. (Hrsg.): Ästhetik und Bildung. Das Selbst im Medium von Musik, Bildender Kunst, Literatur und Fotografie. Weinheim, 1998.

DIES.: Literaturunterricht und die „Ästhetik der pädagogischen Kommunikation". Klaus Mollenhauers Frage nach der ästhetischen Bildung und die neuere literaturdidaktische Diskussion. In: Zeitschrift für Erziehungswissenschaft. 4. Jg. H. 1, 2001. S. 23-38.

DIES.: Allgemeinbildung – Bildungstheorie – Wissenschaftstheorie. (Editorial). In: Pädagogische Rundschau, 57. Jg. H. 6, 2003. S. 613-615.

HENTIG, HARTMUT VON: Die vermessene Bildung. Die ungewollten Folgen von TIMSS und PISA. In: Neue Sammlung. 43. Jg. H. 2, 2003. S. 211-233.

HERBART, JOHANN FRIEDRICH: Allgemeine Pädagogik aus dem Zweck der Erziehung abgeleitet. Göttingen, 1806.

DERS.: Über die ästhetische Darstellung der Welt als Hauptgeschäft der Erziehung. Aus Herbarts Jugendschriften. Kleine Pädagogische Texte 22. Weinheim, 1962.

DERS.: Allgemeine Pädagogik. In: Ders.: Pädagogische Schriften, Bd. 2. Hrsg. von Walter Asmus. Düsseldorf, 1965.

HERICKS, UWE: Grundbildung, Allgemeinbildung und Fachunterricht. Zeitschrift für Erziehungswissenschaft, 7. Jg. H. 2, 2004. S. 192-206.

HERRMANN, ULRICH: „Bildungsstandards" – Erwartungen und Bedingungen, Grenzen und Chancen. In: Zeitschrift für Pädagogik. 49. Jg. H. 5, 2003. S. 625-639.

HEYNITZ, MARTINA VON/ KRAUSE, SABINE/ REMUS, CLAUDIA/ SWIDERSKI, JANA/ WEIß, THOMAS: Die Entwicklung von Testaufgaben zur Erfassung moralischer Kompetenz im Projekt ETiK. Vierteljahrsschrift für wissenschaftliche Pädagogik. 85. Jg. H. 4, 2009. S. 516-530.

HUBER, LUDWIG: Standards auch für die „weichen" Fächer? Das Beispiel „Gedichte im Deutschunterricht". In: Friedrich Jahresheft 2005. S. 105-107.

HUBER, LUDWIG/ STÜCKRATH, JÖRN: Was können Eingangsdiagnosen im Deutschstudium leisten? Zum Symbolverstehen von Studienanfängern am Beispiel von Wolfgang Borcherts „Nachts schlafen die Ratten doch". In: Gailberger, Steffen/ Krelle, Michael (Hrsg.): Wissen und Kompetenz.

Entwicklungslinien und Kontinuitäten in Deutschdidaktik und Deutschunterricht. Baltmannsweiler, 2007. S. 74-96.

HURRELMANN, BETTINA: Modelle und Merkmale der Lesekompetenz. In: Bertschi-Kaufmann, Andrea (Hrsg.): Lesekompetenz, Leseleistung, Leseförderung. Grundlagen, Modelle und Materialien. Seelze, 2007. S. 18-28.

INGARDEN, ROMAN: Vom Erkennen des literarischen Kunstwerks. Darmstadt, 1968.

ISER, WOLFGANG: Der implizite Leser. München, 1972.

INSTITUT FÜR SCHULQUALITÄT DER LÄNDER BERLIN UND BRANDENBURG E.V. (Hrsg.): Expertise MSA / P10 Deutsch. Bezug der Prüfungsaufgaben in Berlin und Brandenburg 2006/07 zu den kompetenzorientierten Anforderungen der länderübergreifenden Bildungsstandards für das Fach Deutsch. Erstellt von Katrin Böhme und Albert Bremerich-Vos. Berlin 2008. www.isq-bb.de/uploads/media/ISQ_Expertise__Deutsch_MSA_P10.pdf

KAMMLER, CLEMENS/ KNAPP, WERNER: Empirische Unterrichtsforschung als Aufgabe der Deutschdidaktik. In: Kammler, Clemens/ Knapp, Werner (Hrsg.): Empirische Unterrichtsforschung und Deutschdidaktik. Hohengehren, 2002. S. 2-14.

KAMMLER, CLEMENS: Anmerkungen zum Stellenwert des Literaturunterrichts nach PISA. In: Kämper-van den Boogart, Michael (Hrsg.): Deutschunterricht nach der PISA-Studie. Reaktionen der Deutschdidaktik. Frankfurt a. M., 2004. S. 235-244.

DERS.: Vorwort des Herausgebers. In: Ders. (Hrsg.): Literarische Kompetenzen – Kompetenzen im Literaturunterricht. Modelle für die Primar- und Sekundarstufe. Seelze, 2006. S. 5-6.

DERS.: Literarische Kompetenzen – Standards im Literaturunterricht. Anmerkungen zum Diskussionsstand. In: Kammler, Clemens (Hrsg.): Literarische Kompetenzen – Standards im Literaturunterricht. Modelle für die Primar- und Sekundarstufe. Seelze, 2006. S. 7-23.

DERS.: Symbolverstehen als literarische Rezeptionskompetenz. Zu Uwe Timm „Am Beispiel meines Bruders" (Jahrgangsstufe 11-13). In: Ders. (Hrsg.): Literarische Kompetenzen – Kompetenzen im Literaturunterricht. Modelle für die Primar- und Sekundarstufe. Seelze, 2006. S. 196-213.

DERS.: Literaturtheorie und Literaturdidaktik. In: Ulrich, Winfried (Hrsg.): Deutschunterricht in Theorie und Praxis. Bd. 1-3: Lese- und Literaturunterricht. Hrsg. von Michael Kämper-van den Boogart und Kaspar Spinner. Baltmannsweiler, 2010. S. 201-237.

DERS.: Literarische Kompetenzen beschreiben, beurteilen und fördern. In: Rösch, Heidi (Hrsg.): Literarische Bildung im kompetenzorientierten Unterricht. Freiburg i.Br., 2010. S. 197-214.

KÄMPER-VAN DEN BOOGAART, MICHAEL/ PIEPER, IRENE: Literarisches Lesen. In: Didaktik Deutsch. Sonderheft: Beiträge zum 16. Symposion Deutschdidaktik. 14. Jg. Baltmannsweiler, 2008. S. 46-65.

KÄMPER-VAN DEN BOOGAART, MICHAEL: Lesekompetenzen – Hauptsache flexibel. Zu einer Parallele zwischen Literaturdidaktik und empirischer Lesepsychologie. In: Abraham, Ulf/ Bremerich-Vos, Albert/ Frederking, Volker/ Wieler, Petra (Hrsg.): Deutschdidaktik und Deutschunterricht nach PISA. Freiburg i. Br., 2003. S. 26-46.

DERS.: PISA und die Interpretationsrituale des Deutschunterrichts. In: Kämper-van den Boogart, Michael (Hrsg.): Deutschunterricht nach der PISA-Studie. Reaktionen der Deutschdidaktik. Frankfurt a. M., 2004. S. 59-82.

DERS.: Kleinschrittiges Lesen als Kompetenz. Zu Johann Wolfgang Goethe „Das Göttliche" (Jahrgangsstufe 11-13). In: Kammler, Clemens (Hrsg.): Literarische Kompetenzen – Kompetenzen im Literaturunterricht. Modelle für die Primar- und Sekundarstufe. Seelze, 2006. S. 158-175.

DERS.: Lässt sich normieren, was als literarische Bildung gelten soll? Eine Problemskizze am Beispiel von Brechts Erzählung *Der hilflose Knabe*. In: Rösch, Heidi (Hrsg.): Kompetenzen im Deutschunterricht. Beiträge zur Literatur-, Sprach- und Mediendidaktik. 2. überarb. und erw. Aufl. Frankfurt a. M., 2008. S. 27-50.

DERS.: Staatliche Steuerung von Deutschunterricht. In: Kämper-van den Boogart, Michael (Hrsg.): Deutschdidaktik. Leitfaden für die Sekundarstufe I und II. 1. neu überarb. Aufl. Berlin, 2008. S. 12-45.

DERS.: Korrumpieren Testaufgaben notwendig das literarische Verstehen? Vortrag anlässlich des Symposions Deutschdidaktik in Köln, 2008. http://www.deutschdidaktik.ewf.uni-erlangen.de/home/index,id,798.html

DERS.: Empirische Messungen im Bereich anspruchsvolleren Lesens. Lernprozesse für die Literaturdidaktik im Kontakt mit der Psychometrik. In: Hochreiter, Susanne/ Klingenböck, Ursula/ Stuck, Elisabeth/ Thielking, Sigrid/ Wintersteiner, Werner (Hrsg.): Schnittstellen. Aspekte der Literaturlehr- und -lernforschung. Innsbruck, Wien, Bozen, 2009. S. 155-171.

DERS.: Schulinterner Lehrplan. Lehrerübergreifende Vereinbarungen zu Ressourcennutzung, Stoffverteilung und Leistungsüberprüfung. In: Blömeke, Sigrid/ Bohl, Thorsten/ Haag, Ludwig/ Lang-Wojtasik, Gregor/ Sacher, Werner (Hrsg.): Handbuch Schule. Theorie – Organisation – Entwicklung. Bad Heilbrunn, 2009. S. 317-322.

DERS.: Lehrerkonzepte und Lehrerkompetenzen für den Lese- und Literaturunterricht. In: Ulrich, Winfried (Hrsg.): Deutschunterricht in Theorie und Praxis. Bd. 1-3: Lese- und Literaturunterricht. Hrsg. von Michael Käm-

per-van den Boogaart und Kaspar Spinner. Baltmannsweiler, 2010. S. 104-138.
DERS.: Zur Fachlichkeit des Literaturunterrichts. In: Didaktik Deutsch. 17. Jg. H. 30, 2011. S. 22-39.
KANT, IMMANUEL: Über Pädagogik. In: Ders.: Werke in 6 Bänden, Bd. 6. Hrsg. von Wilhelm Weischedel. Darmstadt, 1975.
DERS.: Kritik der Urteilskraft. Werkausgabe. Bd. X. Hrsg. von Wilhelm Weischedel. Frankfurt a.M., 1974.
KARG, INA: ... the ability to read between the lines ... (OECD, 2002, S. 11). Einige Anmerkungen zum Leseverstehenstest der PISA-Studie. In: Abraham, Ulf/ Bremerich-Vos, Albert/ Frederking, Volker/ Wieler, Petra (Hrsg.): Deutschdidaktik und Deutschunterricht nach PISA. Freiburg i. Br., 2003. S. 106-120.
DIES.: Mythos PISA. Vermeintliche Vergleichbarkeit und die Wirklichkeit eines Vergleichs. Göttingen, 2005.
KLEINKNECHT, MARC: Lernumgebung und Aufgabenkultur reflektieren und weiterentwickeln. In: Knapp, Werner/ Rösch, Heidi: Sprachliche Lernumgebungen gestalten. Freiburg i. Br., 2010. S. 13-24.
KLIEME, ECKHARD: Bildungsstandards: Ihr Beitrag zur Qualitätsentwicklung im Schulsystem. In: Die deutsche Schule. Zeitschrift für Erziehungswissenschaften, Bildungspolitik und pädagogische Praxis. 95. Jg. H. 1, 2003. S. 10-16.
DERS.: Bildungsqualität und Standards. Anmerkungen zu einem umstrittenen Begriffspaar. In: Friedrich Jahresheft 2005. S. 6-7.
DERS.: Empirische Unterrichtsforschung und Fachdidaktik. Outcome-orientierte Messung und Prozessqualität des Unterrichts. In: Zeitschrift für Pädagogik. Jg. 54, H. 2, 2008. S. 222-237.
KLIEME, ECKHARD/ AVENARIUS, HERRMANN/ BLUM, WERNER/ DÖBRICH, PETER/ GRUBER, HANS/ PRENZEL, MANFRED/ REISS, KRISTINA/ RIQUARTS, KURT/ ROST, JÜRGEN/ TENORTH, HEINZ-ELMAR/ VOLLMER, HELMUT J.: Zur Entwicklung nationaler Bildungsstandards. Eine Expertise. Hrsg. vom BMBF. Bonn, Berlin 2003.
KLIEME, ECKHARD/ HARTIG, JOHANNES: Kompetenzkonzepte in den Sozialwissenschaften und im erziehungswissenschaftlichen Diskurs. In: Zeitschrift für Erziehungswissenschaft. Sonderheft 8, 10. Jg. 2007. S. 11-29.
KLIEME, ECKHARD/ LEUTNER, DETLEV: Kompetenzmodelle zur Erfassung individueller Lernergebnisse und zur Bilanzierung von Bildungsprozessen. Beschreibung eines neu eingerichteten Schwerpunktprogramms der DFG. In: Zeitschrift für Pädagogik. 52. Jg. H. 6, 2006. S. 876-903.

KNOPF, JULIA: Literaturbegegnung in der Schule. Eine kritisch-empirische Studie zu literarisch-ästhetischen Rezeptionsweisen in Kindergarten, Grundschule und Gymnasium. Bayreuth, 2008.

KOCH, LUTZ: Einleitende Bemerkungen zum Thema „Pädagogik und Ästhetik". In: Koch, Lutz/ Marotzki, Winfried/ Peukert, Helmut (Hrsg.): Pädagogik und Ästhetik. Weinheim, 1994. S. 8-21.

DERS.: Allgemeinbildung und Grundbildung, Identität oder Alternative? In: Zeitschrift für Erziehungswissenschaft. 7. Jg. H. 2, 2004. S.183-191.

DERS.: Allgemeinbildung zwischen Selbstwert und Funktion. In: Pädagogische Rundschau, 57. Jg. H. 6, 2003. S.617-629.

KÖLLER, OLAF: Bildungsstandards – Verfahren und Kriterien bei der Entwicklung von Messinstrumenten. In: Zeitschrift für Pädagogik. 54. Jg. H. 2, 2008. S. 163-173.

DERS.: Bildungsstandards, einheitliche Prüfungsanforderungen und Qualitätssicherung in der Sekundarstufe II. In: Benner, Dietrich (Hrsg.): Bildungsstandards. Instrumente zur Qualitätssicherung im Bildungswesen. Chancen und Grenzen – Beispiele und Perspektiven. Paderborn, 2007. S. 13-28.

KÖSTER, JULIANE/ LINDAUER, THOMAS: Zum Stand wissenschaftlicher Aufgabenreflexion aus deutschdidaktischer Perspektive. S. 148-161. In: Didaktik Deutsch. Sonderheft 2: Beiträge zum 16. Symposion Deutschdidaktik. 14. Jg. Baltmannsweiler, 2008. S. 148-161.

KÖSTER, JULIANE: PISA-Aufgaben sind anders. Ein Vergleich mit deutschen Prüfungsaufgaben und eine Anregung für den Unterricht. In: Praxis Deutsch 176, 2002. www.praxis-deutsch.de

DIES.: Die Bedeutung des Vorwissens für die Lesekompetenz. In: Abraham, Ulf/ Bremerich-Vos, Albert/ Frederking, Volker/ Wieler, Petra (Hrsg.): Deutschdidaktik und Deutschunterricht nach PISA. Freiburg i. Br., 2003. S. 90-105.

DIES.: Konstruieren statt Entdecken – Impulse aus der PISA-Studie für die deutsche Aufgabenkultur. In: Didaktik Deutsch. 8. Jg. H. 14, 2003. S. 4-20.

DIES.: Kompetenzorientierung im Deutschunterricht und die Konsequenzen für die Qualitätssicherung. In: Kämper-van den Boogart, Michael (Hrsg.): Deutschunterricht nach der PISA-Studie. Reaktionen der Deutschdidaktik. Frankfurt a. M., 2004. S. 99-116.

DIES.: Konzeptuelle Aufgaben – Jenseits von Orientierungslosigkeit und Gängelei. In: Köster, Juliane/ Lüttgert, Will/ Creutzburg, Jürgen (Hrsg.): Aufgabenkultur und Lesekompetenz. Deutschdidaktische Positionen. Frankfurt a. M., 2004. S. 165-184.

DIES.: Unterschiedliche Prüfungsmuster im deutschen Schulwesen. In: Der geprüfte Mensch. Sinn und Unsinn des Prüfungswesens. Hrsg. von Klaus M. Kodalle. Kritisches Jahrbuch für Philosophie. Beiheft 6, 2005. S. 25-35.

DIES.: Bildungsstandards – Eine Zwischenbilanz. In: Deutschunterricht. 58. Jg. H. 5, 2005. S. 28-29.

DIES.: Stellungnahme zu den Aufgabenbeispielen als Teil der „Bildungsstandards Deutsch für den Mittleren Schulabschluss". Abrufbar unter: http://www.didaktikdeutsch.de/vortraege/Gutachten%20Alkoholaufgaben.pdf.

DIES.: Wodurch wird ein Text schwierig? – Ein Test für die Fachkonferenz. In: Deutschunterricht, 58. Jg. H. 5, 2005. S. 34-39.

DIES.: Von der Lebenswelt zur Literatur. Zu Erich Kästner „Fauler Zauber" (4. Schuljahr). In: Kammler, Clemens (Hrsg.): Literarische Kompetenzen – Standards im Literaturunterricht. Modelle für die Primar- und Sekundarstufe. Seelze, 2006. S. 50-64.

DIES.: Was leistet das Ossner-Modell? In: Didaktik Deutsch. 12. Jg. H. 22, 2007. S. 22-24.

DIES.: Evaluation von Kompetenzen im Deutschunterricht – neues Etikett oder bildungspolitische Wende? In: Rösch, Heidi (Hrsg.): Kompetenzen im Deutschunterricht. Beiträge zur Literatur-, Sprach- und Mediendidaktik. 2. überarb. und erw. Aufl. Frankfurt a. M., 2008. S. 175-194.

DIES.: Lern- und Leistungsaufgaben im Deutschunterricht. In: Deutschunterricht. H. 5, 2008. S. 4-10.

DIES.: Leistung und Qualität von Korrekturanleitungen im Zentralabitur Deutsch. Vortrag anlässlich des Symposions Deutschdidaktik in Köln, 2008. Abrufbar unter: http://www.deutschdidaktik.ewf.uni-erlangen.de/home/index,id,798.html

DIES.: Aufgabentypen für Erfolgskontrollen und Leistungsmessung im Literaturunterricht. In: Ulrich, Winfried (Hrsg.): Deutschunterricht in Theorie und Praxis. Bd. 1-3: Lese- und Literaturunterricht. Hrsg. von Michael Kämper-van den Boogaart und Kaspar Spinner. Baltmannsweiler, 2010. S. 3-26.

KRAUSE, SABINE/ NIKOLOVA, ROUMIANA/ SCHLUß, HENNING/ WEIß, THOMAS/ WILLEMS, JOACHIM: Kompetenzerwerb im evangelischen Religionsunterricht. Ergebnisse der Konstruktvalidierungsstudie der DFG-Projekte RUBi-Qua/ KERK. In: Zeitschrift für Pädagogik. 54. Jg. H. 2, 2008. S. 174-188.

KULTUSMINISTERKONFERENZ: OECD-Veröffentlichung „Bildung auf einen Blick". Wesentliche Aussagen der OECD zur Ausgabe 2002. http://www.kmk.org/intang/eag.pdf.

KULTUSMINISTERKONFERENZ: Einheitliche Prüfungsanforderungen in der Abiturprüfung Deutsch. Beschlüsse der Kultusministerkonferenz vom 01.12.1989 in der Fassung vom 24.05.2002. http://www.kmk.org/ fileadmin/veroeffentlichungen_beschluesse/1989/1989_12_01-EPADeutsch.pdf

KULTUSMINISTERKONFERENZ: Bildungsstandards im Fach Deutsch für den Mittleren Schulabschluss. Beschluss vom 4.12.2003. München, 2004.

KULTUSMINISTERKONFERENZ: Bildungsstandards der Kultusministerkonferenz. Erläuterungen zur Konzeption und Entwicklung. München, Neuwied, 2005.

LADENTHIN, VOLKER.: PISA – Recht und Grenzen einer globalen empirischen Studie. Eine bildungstheoretische Betrachtung. In: Vierteljahrsschrift für wissenschaftliche Pädagogik. 79. Jg. H. 3, 2003. S. 354-375.

DERS.: Bildung als Aufgabe der Gesellschaft. Prinzipien der Bildungsplanung nach PISA. In: Bergsdorf, W. u.a. (Hrsg.): Herausforderungen der Bildungsgesellschaft. 15 Vorlesungen. Weimar, 2002. S. 331-344.

LANDESINSTITUT FÜR LEHRERFORTBILDUNG, LEHRERWEITERBILDUNG UND UNTERRICHTSFORSCHUNG VON SACHSEN-ANHALT (LISA): Niveaubestimmende Aufgaben für den Deutschunterricht. Schuljahrgang 8. http://www.rahmenrichtlinien.bildung-lsa.de/forum/niveau/nivdeu8.pdf.

LESEKOMPETENZTEST PISA 2000: Beispielaufgaben Deutsch. http://www.mpibberlin.mpg.de/PIsa/Beispielaufgaben_Lesen.PDF.

LESEKOMPETENZTEST PISA 2000: Beispielaufgaben Deutsch – Lösungen. Abrufbar unter: http://www.mpibberlin.mpg.de/PIsa/Loesungen_Lesen.PDF.

LEUBNER, MARTIN: Die neuen Bildungsstandards und die aktuellen Aufgaben in Deutschbüchern. In: Stückrath, Jörn/ Ströbel, Ricarda (Hrsg.): Deutschunterricht empirisch. Beiträge zur Überprüfbarkeit von Lernfortschritten im Sprach-, Literatur- und Medienunterricht. Baltmannsweiler, 2005. S. 162-176.

LEUBNER, MARTIN / SAUPE, ANJA: Textverstehen im Literaturunterricht und Aufgaben. Baltmannsweiler 2008.

LEUTNER, DETLEV: Metamorphose eines Forschungsprojekts. Ein Kommentar zum Beitrag von Krause et al. über den „Kompetenzerwerb im evangelischen Religionsunterricht – Ergebnisse der Konstruktionsvalidierungsstudie der DFG-Projekte RU-Bi-Qua/ KERK. In: Zeitschrift für Pädagogik. Jg. 54. H. 2, 2008. S. 189-193.

LINDAUER, THOMAS / SCHNEIDER, HANSJAKOB: Lesekompetenz ermitteln: Aufgaben im Unterricht. In: Bertschi-Kaufmann, Andrea (Hrsg.): Lesekompetenz, Leseleistung, Leseförderung. Grundlagen, Modelle und Materialien. Seelze, 2007. S. 109-125.

LUHMANN, NIKLAS: Das Erziehungssystem der Gesellschaft. Frankfurt a. M., 2002.
LÜHMANN, HINRICH: Pro Domo. Festrede zur Hundertjahrfeier der Humboldtschule am 23. Mai 2003 im Ernst-Reuther-Saal des Rathauses Reinickendorf. http://www.be.schule.de/schulen/humboldt/pdf/
MAIER, UWE: Effekte testbasierter Rechenschaftslegung auf Schule und Unterricht. Ist die internationale Befundlage auf Vergleichsarbeiten im deutschsprachigen Raum übertragbar? In: Zeitschrift für Pädagogik. 56. Jg. H. 1, Weinheim, Basel, 2010. S. 112-128.
MAIWALD, KLAUS: Kompetenzen und Unterrichtsziele im Lese- und Literaturunterricht der Sekundarstufe I. In: Ulrich, Winfried (Hrsg.): Deutschunterricht in Theorie und Praxis. Bd. 1-3: Lese- und Literaturunterricht. Hrsg. von Michael Kämper-van den Boogaart und Kaspar Spinner. Baltmannsweiler, 2010. S. 49-78.
MEIER, CHRISTEL/ KROMMER, AXEL/ STEINHAUER, LYDIA: Testaufgabenkonstruktion zur „Literarästhetischen Urteilskompetenz". Bericht aus dem laufenden DFG-Projekt. Vortrag anlässlich des SDD 2008 in Köln. http://www.deutschdidaktik.ewf.uni-erlangen.de/home/index,id,798.html
MERKENS, HANS: Rückmeldungen von Schülerleistungen als Instrument der Schulentwicklung und Unterrichtsverbesserung. In: Benner, Dietrich (Hrsg.): Bildungsstandards. Instrumente zur Qualitätssicherung im Bildungswesen. Chancen und Grenzen – Beispiele und Perspektiven. Paderborn, 2007. S. 73-102.
MESSNER, RUDOLF: PISA und Allgemeinbildung. In: Zeitschrift für Pädagogik. 49. Jg. H. 3, S. 400-412. 2003.
DERS.: Was Bildung von Produktion unterscheidet – oder die Spannung von Freiheit und Objektivierung und das Projekt der Bildungsstandards. In: Die Deutsche Schule. 96. Jg. Beiheft 8, 2004. S. 26-47.
DERS.: Selbstständiges Lernen und PISA. Formen einer neuen Aufgabenkultur. In: Bosse, Dorit (Hrsg.): Unterricht, der Schülerinnen und Schüler herausfordert. Rieden, 2004. S. 29-48.
METZ, KERSTIN/ MAIER, UWE: Auswirkungen der Bildungsplanreform 2004 in Baden-Württemberg auf die schriftliche Leistungsmessung im Fach Deutsch. In: Didaktik Deutsch. 13. Jg. H. 23, 2007. S. 55-66.
METZ, KERSTIN/ MAIER, UWE/ KLEINKNECHT, MARC: Kognitiver Anspruch von Aufgaben im Deutschunterricht. In: Informationen zur Deutschdidaktik. Zeitschrift für den Deutschunterricht in Wissenschaft und Schule. 33. Jg. H. 3, 2009. S. 74-87.
MINISTERIUM FÜR BILDUNG, JUGEND UND SPORT DES LANDES BRANDENBURG: Prüfungen am Ende der Jahrgangsstufe 10. Gymnasium. Deutsch. 2007.

DASS.: Prüfungen am Ende der Jahrgangstufe 10. Gymnasium. Deutsch. Erwartungshorizont. 2007.

MUSOLFF, HANS-ULRICH/ HELLEKAMPS, STEPHANIE: Die Bildung und die Sachen. Zur Hermeneutik der modernen Schule und ihrer Didaktik. Frankfurt a.M., Berlin, Bruxelles, New York, Oxford, Wien, 2003.

DIES.: Geschichte des pädagogischen Denkens. München, 2006.

MÜLLER, KARLA: Das Lesebuch und andere printbasierte Medien für den Lese- und Literaturunterricht. In: Ulrich, Winfried (Hrsg.): Deutschunterricht in Theorie und Praxis. Bd. 1-3: Lese- und Literaturunterricht. Hrsg. von Michael Kämper-van den Boogaart und Kaspar Spinner. Baltmannsweiler, 2010. S. 243-272.

MÜLLER-MICHAELS, HARRO: Kanon und Kompetenzen – Über inhaltliche und methodische Bildung im Deutschunterricht. In: Kämper-van den Boogart, Michael (Hrsg.): Deutschunterricht nach der PISA-Studie. Reaktionen der Deutschdidaktik. Frankfurt a. M., 2004. S. 223-234.

NAUMANN, JOHANNES / ARTELT, CORDULA/ SCHNEIDER, WOLFGANG / STANAT, PETRA: Lesekompetenz von PISA 2000 bis PISA 2009. In: Klieme, Eckhard / Artelt, Cordula / Hartig, Johannes / Jude, Nina / Köller, Olaf / Prenzel, Manfred / Schneider, Wolfgang / Stanat, Petra: PISA 2009. Bilanz nach einem Jahrzehnt. Münster, 2010. S. 23-71.

NICKEL-BACON, IRMGARD: Kurzprosagattungen und literarische Lesekompetenz. Überlegungen zur Proceduralisierung des Gattungswissens. In: Didaktik Deutsch. Sonderheft: Beiträge zum 16. Symposion Deutschdidaktik. 14. Jg. Baltmannsweiler, 2008. S. 66-77.

NIKOLOVA, ROUMIANA / SCHLUß, HENNING / WEIß, THOMAS / WILLEMS, JOACHIM: Das Berliner Modell religiöser Kompetenz. Fachspezifisch – testbar – anschlussfähig. www.theo-web.de 2/2007. S. 67-87. Abrufbar unter: http://www. theo-web.de/zeitschrift/ausgabe-2007-02/12.pdf

OECD (Eds.): DeSeCo Strategy Paper – An overarching Frame of Reference for a Coherent Assessment and Research Program on Key Competencies. 2002.

OECD/PISA (Hrsg.): Lese-Kompetenz. Sammlung aller bei PISA freigegebenen Aufgaben der Haupttests 2000, 2003, 2006 und 2009. Charakteristika, Lösungen und Bewertungsrichtlinien. Abrufbar unter: images.derstandard. at/2010/12/07/pisa-lesen.pdf.

OELKERS, JÜRGEN: Von Zielen zu Standards. Ein Fortschritt? In: Friedrich Jahresheft 2005. S. 18-19.

OSSNER, JAKOB: Kompetenzen und Kompetenzmodelle im Deutschunterricht. In: Didaktik Deutsch. 12. Jg. H. 21, 2006 S. 5-19.

PEEK, RAINER: Kompetenzen und Kompetenzmessung im Kontext von Fachdidaktik, Psychometrie und Unterrichtsentwicklung. In: Didaktik Deutsch. Sonderheft 2: Beiträge zum 16. Symposion Deutschdidaktik. 14. Jg. Baltmannsweiler, 2008. S. 162-172.

PEUKERT, HELMUT: Zur Neubestimmung des Bildungsbegriffs. In: Meyer, Meinert/ Reinartz, Andrea (Hrsg.): Bildungsgangdidaktik. Denkanstöße für pädagogische Forschung und schulische Praxis. Opladen, 1998. S. 17-29.

PIEPER, IRENE: Lese- und literarische Sozialisation. In: Ulrich, Winfried (Hrsg.): Deutschunterricht in Theorie und Praxis. Bd. 1-3: Lese- und Literaturunterricht. Hrsg. von Michael Kämper-van den Boogaart und Kaspar Spinner. Baltmannsweiler, 2010.S. 87-147.

PISA-KONSORTIUM DEUTSCHLAND (Hrsg.): PISA 2000. Beispielaufgaben aus dem Lesekompetenztest. www.mpib-berlin.mpg.de/pisa/Beispielaufgaben_Lesen.pdf.

PLATON: Der Staat. Bd. 4. Bearbeitet von Dietrich Kurz. Darmstadt, 1990.

PRENZEL, MANFRED/ BAUMERT, JÜRGEN/ BLUM, WERNER/ LEHMANN, RAINER/ LEUTNER, DETLEV/ NEUBRAND, MICHAEL/ PEKRUN, REINHARD/ ROLFF, H.-G./ ROST, JÜRGEN/ SCHIEFELE, ULRICH (Hrsg.): PISA 2003. Der Bildungsstand der Jugendlichen in Deutschland – Ergebnisse des zweiten internationalen Vergleichs. Münster, 2004.

REGENBRECHT, ALOYSIUS: Reflektierende Urteilskraft als Kriterium moralischer Erziehung im Unterricht. In: Rekus, Jürgen (Hrsg.): Grundfragen des Unterrichts. Bildung und Erziehung in der Schule der Zukunft. Weinheim und München, 1998. S. 95-114.

ROBINSOHN, SAUL B.: Bildungsreform als Revision des Curriculum. Neuwied, 1971.

ROICK, THORSTEN: Aspekte ästhetischer Texturteile: Erste Ergebnisse aus dem DFG-Projekt ‚Literarästhetische Urteilskompetenz'. Vortrag anlässlich des SDD 2008 in Köln. http://www.deutschdidaktik.ewf.uni-erlangen.de/home/index,id,798.html.

ROSEBROCK, CORNELIA: Anforderungen von Sach- und Informationstexten; Anforderungen literarischer Texte. In: Bertschi-Kaufmann, Andrea (Hrsg.): Lesekompetenz, Leseleistung, Leseförderung. Grundlagen, Modelle und Materialien. Seelze, 2007. S. 50-65.

ROTHGANGEL, MARTIN: Bildungsstandards für den Religionsunterricht. Zur fachdidaktischen Konsistenz des Berliner Forschungsprojekts. In: Zeitschrift für Pädagogik. 54. Jg. H. 2, 2008. S. 194-197.

RÖSCH, HEIDI / WIESER, DOROTHEE: Die Kompetenzdebatte als Fokus der Deutschdidaktik. In: Rösch, Heidi (Hrsg.): Kompetenzen im Deutschunterricht. Beiträge zur Literatur-, Sprach- und Mediendidaktik. 2. überarb. und erw. Aufl. Frankfurt a. M., 2008. S. 219-228.

RUHLOFF, JÖRG: Grenzen der Standardisierung im pädagogischen Kontext. In: Benner, Dietrich (Hrsg.): Bildungsstandards. Instrumente zur Qualitätssicherung im Bildungswesen. Chancen und Grenzen – Beispiele und Perspektiven. Paderborn, 2007. S. 49-59.

SAUER, MICHAEL: Historisches Denken und Geschichtsunterricht. Ein Kommentar zum Beitrag von Waltraud Schreiber. In: Zeitschrift für Pädagogik. 54. Jg. H. 2, 2008. S. 213-217.

SAUMERT, CHRISTINE: Orientierungsarbeiten in Deutsch. Ein Erfahrungsbericht. In: Friedrich Jahresheft 2005. S. 58-62.

SCHÄFERS, STEFANIE: Aufgabenstellungen im Deutschunterricht. Eine Anleitung zur Formulierung verständlicher Aufgaben in der gymnasialen Oberstufe aus Sicht der Sprachwissenschaften. Münster, 2006.

SCHENK, ANFRIED: Elternwille: Fehlanzeige. Jedes Jahr die gleiche Tortur: Wie Bayerns Viertklässler für den Übertritt ins Gymnasium kämpfen müssen. In: DIE ZEIT. Nr. 31. 29. 07. 2010. S. 63.

SCHLEWITT, JÖRG: Funktion und Struktur von Aufgabenstellungen in Lesebüchern der neueren Generation. In: Ehlers, Swantje (Hrsg.): Das Lesebuch: Zur Theorie und Praxis des Lesebuchs im Deutschunterricht. Baltmannsweiler, 2003. S. 145-162.

SCHLÖMERKEMPER, JÖRG (Hrsg.): Bildung und Standards. Zur Kritik der „Instandardsetzung" des deutschen Bildungswesens. Die Deutsche Schule. Zeitschrift für Erziehungswissenschaft, Bildungspolitik und pädagogische Praxis. 96. Jg. 8. Beiheft, 2004.

SCHNEIDER, HANSJAKOB / LINDAUER, THOMAS: Lesekompetenz ermitteln: Tests. In: Bertschi-Kaufmann, Andrea (Hrsg.): Lesekompetenz, Leseleistung, Leseförderung. Grundlagen, Modelle und Materialien. Seelze, 2007. S. 126-139.

SCHÖNEMANN, BERND: Bildungsstandards und Geschichtsunterricht. Ein Kommentar zum Beitrag von Waltraud Schreiber und Michael Sauer. In: Zeitschrift für Pädagogik. 54. Jg. H. 2, 2008. S. 218-221.

SCHREIBER, WALTRAUD: Ein Kompetenz-Strukturmodell historischen Denkens. In: Zeitschrift für Pädagogik. 54. Jg. H. 2, 2008. S. 198-212.

SCHUSTER, KARL: Einführung in die Fachdidaktik Deutsch. 5. Aufl., Baltmannsweiler, 1995.

SCHWANTNER, URSULA/ SCHREINER, CLAUDIA: PISA 2009. Internationaler Vergleich von Schülerleistungen. Die Studie im Überblick. Graz, 2010. Abrufbar unter: https://www.bifie.at/buch/1279.

SCHWEITZER, KIRSTIN: Der Schwierigkeitsgrad von Textverstehensaufgaben. Ein Beitrag zur Differenzierung und Präzisierung von Aufgabenbeschreibungen. Frankfurt a. M. u.a., 2007.

SENATSVERWALTUNG FÜR BILDUNG, WISSENSCHAFT UND FORSCHUNG DES LANDES BERLIN: Schriftliche Prüfungsarbeit zum mittleren Schulabschluss 2007 im Fach Deutsch. Berlin, 2007.

DIES.: Schriftliche Prüfungsarbeit zum mittleren Schulabschluss 2007 im Fach Deutsch. Lösungen. Berlin, 2007.

DIES.: Schriftliche Prüfungsarbeit zum mittleren Schulabschluss 2009 im Fach Deutsch. Berlin, 2009.

DIES.: Schriftliche Prüfungsarbeit zum mittleren Schulabschluss 2007 im Fach Deutsch. Lösungen. Berlin, 2009.

STANAT, PETRA/ KUNERT, MAREIKE: Kooperation und Kommunikation. In: Deutsches PISA-Konsortium (Hrsg.): PISA 2000. Opladen, 2001. S. 299-321.

STANZEL, FRANZ K. : Theorie des Erzählens. 8. Aufl. München, 2009.

SPINNER, KASPAR H.: Der Beitrag des Deutschunterrichts. In: Wiater, Werner (Hrsg.): Kompetenzerwerb in der Schule von morgen. Fachdidaktische und erziehungswissenschaftliche Aspekte eines nachhaltigen Lernens. Donauwörth, 2001. S. 23-31.

DERS.: Über PISA-Aufgaben nachdenken. In: Praxis Deutsch. H. 176. 2002. S. 100-107.

DERS.: Lesekompetenz nach PISA und Literaturunterricht. In: Abraham, Ulf/ Bremerich-Vos, Albert/ Frederking, Volker/ Wieler, Petra (Hrsg.): Deutschdidaktik und Deutschunterricht nach PISA. Freiburg i. Br., 2003. S. 238-248.

DERS.: Werteorientierung im literarisch-ästhetischen Unterricht. In: Matthes, Eva (Hrsg.): Werteorientierter Unterricht – eine Herausforderung für die Schulfächer. Donauwörth, 2004. S. 102-113.

DERS.: Der standardisierte Schüler. Wider den Wunsch, Heterogenität überwinden zu wollen. In: Friedrich Jahresheft, 2005. S. 88-91.

DERS.: Lesen als ästhetische Bildung. In: Bertschi-Kaufmann, Andrea (Hrsg.): Lesekompetenz, Leseleistung, Leseförderung. Grundlagen, Modelle und Materialien. Seelze, 2007. S. 83-94.

DERS.: Literarisches Lernen. In: Praxis Deutsch. Sonderheft: Lesen nach PISA. Seelze, 2007. S. 4-14.

DERS.: Bildungsstandards und Literaturunterricht. In: Perspektiven der Deutschdidaktik. Zeitschrift für Erziehungswissenschaft. Sonderheft 9, 10. Jg. 2008. S. 313-323.

DERS.: Literaturunterricht in allen Schulstufen und -formen: Gemeinsamkeiten und Besonderheiten. In: Rösch, Heidi (Hrsg.): Literarische Bildung im kompetenzorientierten Deutschunterricht. Freiburg i. Br., 2010. S. 93-112.

SPIRO, RAND J./ FELTOVICH, PAUL J./ JACOBSON, MICHAEL I./ COULSON, RICHARD L.: Cognitive flexibility, constructivism and hypertext: Random access instruction for advanced knowledge acquisition in ill-structured domains. In: Educational Technology. 31. Jg. H. 5, 1991. S. 24-33.

STAIGER, EMIL: Die Kunst der Interpretation. Studien zur deutschen Literaturgeschichte. 5., unv. Aufl. Zürich, 1967.

STROBEL-EISELE, GABRIELE/ PRANGE, KLAUS: Vom Kanon zum Kerncurriculum. Anmerkungen zu einer Neufassung des Begriffs der Grundbildung. In: Pädagogische Rundschau, 57. Jg. H. 6, 2003. S.631-641.

TANDEM 5. Ein Deutschbuch für das 9. und 10. Schuljahr. Hrsg. von Jakob Ossner. Erarb. von Rita Bartmann u.a. Schöningh: Paderborn, 2007.

TANDEM. Ein Deutschbuch für die Jahrgangsstufe 10. Hrsg. von Jakob Ossner. Erarb. von Helmut Alle u.a. Schöningh: Paderborn, 1999.

TENORTH, HEINZ-ELMAR: Alle Alles zu lehren. Möglichkeiten und Perspektiven allgemeiner Bildung. Darmstadt, 1994.

DERS.: Wie ist Bildung möglich? In: Zeitschrift für Pädagogik, 49. Jg. H. 3, 2003. S. 422-430.

DERS.: Grundbildung – Allgemeinbildung: Basiskompetenzen und Steigerungsformen. In: Sitzungsberichte der Leibniz-Sozietät. 73. Jg. 2004. S. 87-98.

DERS.: Bildungsstandards und Kerncurriculum. Systematischer Kontext, bildungstheoretische Probleme. In: Zeitschrift für Pädagogik, 50. Jg. H. 5, 2004. S. 650-661.

DERS.: Stichwort „Grundbildung" und „Basiskompetenzen". Herkunft, Bedeutung und Probleme im Kontext allgemeiner Bildung. In: Zeitschrift für Erziehungswissenschaft, 7. Jg. H. 2, 2004. S. 169-182.

DERS.: Bildungsstandards und ihre Überprüfung. In: Der geprüfte Mensch. Über Sinn und Unsinn des Prüfungswesens. Kritisches Jahrbuch der Philosophie. Hrsg. von Klaus-M. Kodalle. Beiheft 6, 2005. S. 13-24.

DERS.: Auch eine Konvention bedarf der Rechtfertigung. Legitimationsprobleme bei Bildungsstandards. In: Friedrich Jahresheft 2005. S. 30-31.

DERS.: Bildungsstandards außerhalb der Kernfächer. Herausforderungen für den Unterricht und die fachdidaktische Forschung. Zur Einleitung in den Thementeil. In: Zeitschrift für Pädagogik. 54. Jg. H. 2, 2008. S. 159-162.

DERS.: Bildungstheorie angesichts von Basiskompetenzen. Über die Ignoranz gegenüber dem Selbstverständlichen im Prozess des Aufwachsens. In: Zeitschrift für pädagogische Historiographie. 14. Jg. H. 1, 2008. S. 26-31.

TERHART, EWALD: Wie können die Ergebnisse von vergleichenden Leistungsstudien systematisch zur Qualitätsverbesserung in Schulen genutzt werden? In: Zeitschrift für Pädagogik, 48. Jg. H. 1, 2002. S. 91-110.

THIELKING, SIGRID: Turmgesellschafter und Kompetenzvermittler: Konturen des Literaturunterrichts nach der PISA-Studie. In: Abraham, Ulf/ Bremerich-Vos, Albert/ Frederking, Volker/ Wieler, Petra (Hrsg.): Deutschdidaktik und Deutschunterricht nach PISA. Freiburg i. Br., 2003. S. 121-134.

TRÖHLER, DANIEL/ OELKERS, JÜRGEN: Historische Lehrmittelforschung und Steuerung des Schulsystems. In: Matthes, Eva/ Heinze, Carsten (Hrsg.): Das Schulbuch zwischen Lehrplan und Unterrichtspraxis. Bad Heilbrunn, 2005. S. 95-108.

VOGT, JÜRGEN: Allgemeine Pädagogik, ästhetische Erfahrung und das gute Leben. Ein Rückblick auf die Benner-Mollenhauer-Kontroverse. In: Zeitschrift für kritische Musikpädagogik. Sonderedition 1. Bochum, 2002. S. 73-93. Abrufbar unter: http://home.arcor.de/zf/zfkm/vogt2.pdf.

WAGENER, ANDREA / SCHURF, BERND (Hrsg.): Deutschbuch 8. Klassenarbeiten, Lernstandstests. Trainingsheft. Cornelsen: Berlin, 2007.

WALDMANN, GÜNTER: Theorie und Didaktik der Trivialliteratur. Modellanalysen – Didaktikdiskussion – literarische Wertung. München, 1973.

DERS.: Grundzüge von Theorie und Praxis eines produktionsorientierten Literaturunterrichts. In: Hopster, Norbert (Hrsg.): Handbuch „Deutsch" für Schule und Hochschule. Paderborn, 1984. S. 98-141.

DERS.: Produktiver Umgang mit dem Drama. Eine systematische Einführung in das produktive Verstehen traditioneller und moderner Dramenformen und das Schreiben in ihnen. Baltmannsweiler, 1999.

WALDOW, FLORIAN: Taylorismus im Klassenzimmer: John Bobbitts Vorschläge zur *standards-based reform*. In: Zeitschrift für Pädagogik. Jg. 58. H. 2. S. 159-175.

WEINERT, FRANZ-EMANUEL: Concepts of competence (Contribution within the OECD project Definition and selection of competencies: Theoretical and conceptual foundations (DeSeCo)). Neuchâtel, 2001.

WIATER, WERNER: Lehrplan und Schulbuch – Reflexionen über zwei Instrumente des Staates zur Steuerung des Bildungswesens. In: Matthes, Eva/ Heinze, Carsten (Hrsg.): Das Schulbuch zwischen Lehrplan und Unterrichtspraxis. Bad Heilbrunn, 2005. S. 41-64.

DERS.: Das Schulbuch als Gegenstand pädagogischer Forschung. In: Ders. (Hrsg.): Schulbuchforschung in Europa – Bestandsaufnahme und Zukunftsperspektive. Rieden, 2003. S. 11-22.

WIELER, PETRA: Varianten des Literacy-Konzepts und ihre Bedeutung für die Deutschdidaktik. In: Abraham, Ulf/ Bremerich-Vos, Albert/ Frederking,

Volker/ Wieler, Petra (Hrsg.): Deutschdidaktik und Deutschunterricht nach PISA. Freiburg i. Br., 2003. S. 47-68.

WIESER, DOROTHEE: Literaturunterricht aus Sicht der Lehrenden. Eine qualitative Interviewstudie. Wiesbaden, 2008.

DIES.: Gegenwärtiger Stand der empirischen Unterrichtsforschung zum Literaturunterricht. In: Ulrich, Winfried (Hrsg.): Deutschunterricht in Theorie und Praxis. Bd. 1-3: Lese- und Literaturunterricht. Hrsg. von Michael Kämper-van den Boogaart und Kaspar Spinner. Baltmannsweiler, 2010. S. 329-360.

WILLENBERG, HEINER: Eine bundesweite Vergleichsuntersuchung zum Leistungsstand Deutsch. Was kann die Didaktik dazu beitragen und wird sie darunter leiden? In: Kammler, Clemens/ Knapp, Werner (Hrsg.): Empirische Unterrichtsforschung und Deutschdidaktik. Hohengehren, 2002. S. 215-332.

DERS.: Das Forschungsprojekt DESI als Beispiel für die Kombination von Didaktik und Empirie. In: Stückrath, Jörn/ Strobel, Ricarda (Hrsg.): Deutschunterricht empirisch. Beiträge zur Überprüfbarkeit von Lernfortschritten im Sprach-, Literatur- und Medienunterricht. Baltmannsweiler, 2005. S. 34-48.

DERS.: Lesekompetenzen bei DESI. Ein Spannungsfeld von Leseforschung, Empirie und Unterricht. Vortrag anlässlich des Workshops des Symposions Deutschdidaktik 2006 in Weingarten. Abrufbar unter: http://www.symposion-deutschdidaktik.de/index.php?id=8.

DERS.: Der Lehrer als Meisterleser. In: Willenberg, Heiner (Hrsg.): Kompetenzhandbuch für den Deutschunterricht. 2. unv. Aufl. Baltmannsweiler, 2010. S. 181-187.

WINKLER, IRIS/ MASANEK, NICOLE/ ABRAHAM, ULF (HRSG.): Poetisches Verstehen. Literaturdidaktische Positionen – empirische Forschung – Projekte aus dem Deutschunterricht. Baltmannsweiler, 2010.

WINKLER, IRIS: „Im Allgemeinen hat die Kurzgeschichte ein offenes Ende…" Zum Umgang mit literarischem Gattungswissen in aktuellen Lehrwerken für den Deutschunterricht. In: Matthes, Eva/ Heinze, Carsten (Hrsg.): Elementarisierung im Schulbuch. Bad Heilbrunn, 2007. S. 267-292.

DIES.: Welches Wissen fördert das Verstehen literarischer Texte? Zur Frage der Modellierung literarischen Wissens für den Deutschunterricht. In: Didaktik Deutsch. 13. Jg. H. 22, 2007. S. 71-88.

DIES.: Textwerkstatt: Alternative Aufgabentypen entwickeln. In: Deutschunterricht. 58. Jg. H. 5, 2005. S. 40-45.

DIES.: Zur Beziehung von Unterrichtsmaterial, -gestaltung und -erfolg: Drei Aufgaben zu Georg Brittings „Brudermord im Altwasser" im Praxistest.

In: Stückrath, Jörn/ Strobel, Ricarda (Hrsg.): Deutschunterricht empirisch. Beiträge zur Überprüfbarkeit von Lernfortschritten im Sprach-, Literatur- und Medienunterricht. Baltmannsweiler, 2005. S. 177-196.

DIES.: Aufgabenstellungen und ihre Bedeutung für die Ausbildung von Textverstehensstrategien. In: Köster, Juliane/ Lüttgert, Will/ Creutzburg, Jürgen (Hrsg.): Aufgabenkultur und Lesekompetenz. Deutschdidaktische Positionen. Frankfurt a. M., 2004. S. 81-90.

WINTERSTEINER, WERNER: Alte Meister – Über die Paradoxien literarischer Bildung. In: Didaktik Deutsch. 17. Jg. H. 30, 2011. S. 5-21.

ZABKA, THOMAS: Subjektive und objektive Bedeutungen. Vorschläge zur Vermeidung eines konstruktivistischen Dilemmas. In: Didaktik Deutsch. 4. Jg. H. 7, Baltmannsweiler, 1999. S. 4-23.

DERS.: Interpretationskompetenz als Ziel der ästhetischen Bildung. In: Didaktik Deutsch. 9. Jg. H. 15, 2003. S. 18-32.

DERS.: Literarisches Verstehen durch Inhaltsangaben? Anmerkungen zu einer umstrittenen Form des Umgangs mit narrativen Texten. In: Kämper-van den Boogart, Michael (Hrsg.): Deutschunterricht nach der PISA-Studie. Reaktionen der Deutschdidaktik. Frankfurt a. M., 2004. S. 201-222.

DERS.: Zur Entwicklung der ästhetischen Rationalität – Überlegungen anlässlich des Symbolverstehens im Literaturunterricht. In: Lecke, Bodo (Hrsg.): Fazit Deutsch 2000 – Ästhetische Bildung, moralische Entwicklung, kritische Aufklärung? Frankfurt a. M., 2004. S. 247-262.

DERS.: Typische Operationen literarischen Verstehens. Zu Martin Luther „Vom Raben und Fuchs" (5./6. Schuljahr). In: Kammler, Clemens (Hrsg.): Literarische Kompetenzen – Standards im Literaturunterricht. Modelle für die Primar- und Sekundarstufe. Seelze, 2006. S. 80-101.

DERS.: Diskursive und poetische Aufgaben zur Texterschließung. In: Willenberg, Heiner (Hrsg.): Kompetenzhandbuch für den Deutschunterricht. 2. unv. Aufl. Baltmannsweiler, 2010. S. 199-209.

DERS.: Texte über Texte als Formate schriftlicher Leistungsüberprüfung: Nacherzählung, Inhaltsangabe, Analyse, Interpretation und benachbarte Aufgaben. In: Ulrich, Winfried (Hrsg.): Deutschunterricht in Theorie und Praxis. Bd. 1-3: Lese- und Literaturunterricht. Hrsg. von Michael Kämper-van den Boogaart und Kaspar Spinner. Baltmannsweiler, 2010. S. 60-88.

ZEDLER, PETER: Vernachlässigte Dimensionen der Qualitätsentwicklung und Qualitätssicherung von Unterricht und Schule, Erziehung und Bildung. In: Benner, Dietrich (Hrsg.): Bildungsstandards. Instrumente zur Qualitätssicherung im Bildungswesen. Chancen und Grenzen – Beispiele und Perspektiven. Paderborn, 2007. S. 61-72.

Anhang

Text 1[697]

Jean Anouihl

Amanda und die Herzogin

Zusammenfassung: Seit Léocadias Tod ist der Prinz, der in sie verliebt war, untröstlich. In einem Geschäft mit Namen Réséda Soeurs ist die Herzogin, die die Tante des Prinzen ist, auf eine junge Verkäuferin namens Amanda gestoßen, die Léocadia verblüffend ähnlich sieht. Die Herzogin will, dass Amanda ihr hilft, den Prinzen von seinen quälenden Erinnerungen zu befreien.
Eine Wegkreuzung im Schlosspark, eine runde Bank um einen kleinen Obelisken herum ... es wird Nacht ...
AMANDA Ich verstehe noch immer nicht. Was könnte ich für ihn tun, Madame? Ich kann nicht glauben, dass Sie wirklich dachten ... Und warum ich? Ich bin nicht besonders hübsch. Und selbst wenn jemand sehr hübsch wäre – wer könnte sich so einfach unvermittelt zwischen ihn und seine Erinnerungen drängen?
DIE HERZOGIN Niemand anders als du.
AMANDA, *ehrlich überrascht* Ich?
DIE HERZOGIN Die Welt ist so töricht, mein Kind. Sie sieht nur Paraden, Gesten, Rangabzeichen ... wahrscheinlich hat man es dir deshalb nie gesagt. Doch mein Herz hat mich nicht getäuscht – ich musste einen Aufschrei unterdrücken, als ich dich in Réséda Soeurs zum ersten Mal sah. Für jemanden, der mehr von ihr kannte als nur ihre öffentliche Erscheinung, bist du Léocadias lebendes Abbild.
Stille. Die Abendvögel lösen nun die vom Nachmittag in ihrem Gesang ab. Der Park ist angefüllt von Schatten und Gezwitscher.
AMANDA, *sehr sanft* Ich glaube wirklich nicht, dass ich es kann, Madame. Ich habe nichts, ich bin nichts, und jene Liebenden ... das war mein Traum, verstehen Sie?
Sie steht auf. Sie nimmt ihren kleinen Koffer, als wolle sie gehen.
DIE HERZOGIN, *auch sanft und sehr müde* Natürlich, meine Liebe. Ich bitte um Verzeihung.
Sie steht nun auch auf, mühsam wie eine alte Frau. Man hört eine Fahrradklingel in der Abendluft; sie schrickt zusammen.

---

697 Zit. nach: PISA-Konsortium Deutschland: PISA 2000. S. 36ff.

Hörst du? ... Das ist er! Du sollst dich ihm nur zeigen, an diesen kleinen Obelisken gelehnt, wo er sie zum ersten Mal traf. Lass ihn dich sehen, auch wenn es nur dieses eine Mal ist, lass ihn irgendetwas ausrufen, sich plötzlich interessieren für diese Ähnlichkeit, diese List, die ich ihm morgen gestehen werde und für die er mich hassen wird – alles, nur nicht dieses tote Mädchen, das ihn mir eines schönen Tages fort nehmen wird, da bin ich sicher ... *(sie hält sie am Arm fest).* Du tust das doch für mich? Ich bitte dich inständig, Mädchen. *(Sie sieht sie flehend an und fügt rasch hinzu:)* Und immerhin siehst du ihn so auch. Und ... ich spüre, dass ich schon wieder rot werde, wie ich dies zu dir sage – das Leben ist einfach verrückt! Das ist das dritte Mal in sechzig Jahren und das zweite Mal in zehn Minuten, dass ich rot werde – du siehst ihn, und wenn er je (warum nicht er, denn er sieht gut aus und hat Charme, und er wäre nicht der erste ...?) wenn er je das Glück haben sollte, für sich und für mich, für einen Augenblick dein Traum zu sein ... *Die Klingel ertönt erneut aus dem Schatten, nun aber sehr nahe.*

AMANDA, *flüsternd* Was soll ich zu ihm sagen?

DIE HERZOGIN, *fasst sie am Arm* Sage einfach: „Verzeihen Sie, mein Herr, können Sie mir den Weg zum Meer zeigen?"

Sie verbirgt sich im tiefen Schatten der Bäume. Gerade noch rechtzeitig. Eine fahle, nebelhafte Erscheinung. Es ist der Prinz auf seinem Fahrrad. Er fährt sehr nahe an die fahle, nebelhafte Erscheinung Amandas am Obelisken heran. Sie spricht leise.

AMANDA Verzeihen Sie, mein Herr, ... *Er hält an, steigt vom Fahrrad, nimmt seinen Hut ab und sieht sie an.*

DER PRINZ Ja?

AMANDA Können Sie mir den Weg zum Meer zeigen?

DER PRINZ Die zweite Straße links.

Er verbeugt sich, traurig und höflich, steigt wieder auf sein Fahrrad und fährt davon. Die Klingel ertönt erneut in der Ferne. Die Herzogin tritt aus dem Schatten, sie wirkt nun sehr alt.

AMANDA, *sanft, nach einer Weile* Er hat mich nicht erkannt.

Text 2[698]

Sarah Kirsch

Meine Worte gehorchen mir nicht

Meine Worte gehorchen mir nicht
Kaum hör ich sie wieder mein Himmel
Dehnt sich will deinen erreichen
Bald wird er zerspringen ich atme
Schon kleine Züge mein Herzschlag
Ist siebenfach geworden schickt unaufhörlich
Und kaum verschlüsselte Botschaften aus

Text 3[699]

Das Geschenk

Wie viele Tage, fragte sie sich, hatte sie wohl so dagesessen und dem kalten braunen Wasser zugesehen, das das Ufer Zentimeter um Zentimeter verschlang. Sie konnte sich nur schwach an den Beginn des Regens erinnern, der durch den Sumpf vom Süden her kam und gegen die Außenschale ihres Hauses peitschte. Dann begann der Fluss selbst langsam zu steigen, stoppte endlich, nur um noch stärker anzusteigen. Stunde um Stunde füllte er Buchten und Gräben und ergoss sich in tiefer gelegene Stellen. In der Nacht, während sie schlief, bemächtigte er sich der Straße und umzingelte sie, so dass sie allein dasaß: Ihr Boot war verschwunden, das Haus lag wie ein Stück Treibholz auf dem Steilufer. Jetzt leckten die Wassermassen bereits an den geteerten Planken der Stützpfeiler. Und noch immer stiegen sie.

So weit sie blicken konnte, bis zu den Baumkronen, wo das andere Ufer gewesen war, war der Sumpf nur noch eine leere, regenverschleierte See, in deren Weite sich der Fluss irgendwo verlor. Ihr Haus war mit seinem schiffsähnlichen Unterbau eigens gebaut worden, um einer solchen Flut standzuhalten, falls je eine käme, doch jetzt war es alt. Vielleicht waren die unteren Planken teilweise vermodert. Möglicherweise würde das Tau, mit dem das Haus an der großen

---

698 Sarah Kirsch: Rückenwind. Ebenhausen, 1977.
699 Im PISA-Aufgabenset bleibt die Benennung der Verfasser der literarischen Texte aus. Zit. nach: PISA-Konsortium Deutschland: PISA 2000. S. 29ff.

immergrünen Eiche festgemacht war, reißen und sie stromabwärts schießen lassen, wohin bereits ihr Boot verschwunden war.

Niemand konnte jetzt noch kommen. Sie könnte schreien, aber es wäre sinnlos, niemand würde sie hören. In der Weite des Sumpfes kämpften andere um das wenige, was zu retten war, vielleicht sogar um ihr Leben. Sie hatte ein ganzes Haus vorbeitreiben sehen, so still, dass sie an eine Begräbnisfeier erinnert wurde. Als sie es sah, glaubte sie zu wissen, wessen Haus es war. Es war schmerzlich, es treiben zu sehen, doch seine Besitzer hatten sich wohl an einen höher gelegenen Ort gerettet. Später, als der Regen und die Dunkelheit stärker wurden, hatte sie flussaufwärts einen Panther brüllen gehört.

Plötzlich schien das Haus um sie herum wie ein lebendiges Wesen zu erzittern. Sie griff nach einer Lampe, um sie aufzufangen, als sie von dem Tisch neben ihrem Bett glitt, und stellte sie zwischen ihre Füße, um sie aufrecht zu halten. Dann, knarrend und ächzend vor Anstrengung, kämpfte sich das Haus vom Lehm frei, bewegte sich schwimmend, tanzte wie ein Korken auf und ab und wurde langsam von der Strömung des Flusses erfasst. Sie klammerte sich an die Bettkante. Hin und her schwankend bewegte sich das Haus bis zur vollen Länge seiner Vertäuung. Es gab einen Ruck, dann einen Klagelaut des alten Holzes und schließlich ein Innehalten. Langsam gab die Strömung es frei und ließ es zurückschaukeln und über seinen alten Ruheplatz schleifen. Sie hielt den Atem an und saß lange Zeit still und fühlte die langsamen, pendelartigen Schwingungen. Die Dunkelheit durchdrang den unaufhörlichen Regen, und mit dem Kopf auf dem Arm und sich an der Bettkante festhaltend, schlief sie ein.

Irgendwann in der Nacht weckte sie der Schrei, ein Laut so qualvoll, dass sie auf den Beinen war, noch bevor sie wach war. In der Dunkelheit stolperte sie gegen das Bett. Er kam von dort draußen, vom Fluss. Sie konnte hören, wie sich etwas bewegte, etwas Großes, das ein kratzendes, streichendes Geräusch machte. Vielleicht war es ein anderes Haus. Dann stieß es an, nicht frontal, sondern längsseits streifend und gleitend. Es war ein Baum. Sie lauschte, wie die Äste und Blätter freikamen und weiter stromabwärts trieben, so dass nur noch der Regen und das Schwappen der Flut zurückblieben, ein so beständiges Geräusch, dass es Teil der Stille zu sein schien. Zusammengekauert auf dem Bett war sie fast wieder eingeschlafen, als ein weiterer Schrei ertönte, diesmal so nah, dass es im Zimmer hätte sein können. Sie starrte in die Dunkelheit und bewegte sich vorsichtig auf ihrem Bett nach hinten, bis ihre Hand die kalte Form des Gewehres ergriff. Sie kauerte auf dem Kissen und hielt das Gewehr auf ihren Knien.

„Wer ist da?" rief sie.

Die Antwort war ein neuerlicher Schrei, doch dieses Mal weniger gellend, eher müde klingend, dann brach wieder leere Stille herein. Sie wich auf dem Bett weiter zurück. Was immer dort war, sie konnte hören, wie es sich auf der

Veranda bewegte. Planken knarrten, und sie konnte Geräusche von umfallenden Gegenständen ausmachen. Da war ein Kratzen an der Wand, als ob es sich hereinscharren wollte. Jetzt wusste sie, was es war, eine große Katze, die der entwurzelte Baum, der vorbeigetrieben war, hier abgesetzt hatte. Sie war mit der Flut gekommen – ein Geschenk.

Unbewusst presste sie ihre Hand an das Gesicht und an ihren zugeschnürten Hals. Das Gewehr schaukelte auf ihren Knien. Sie hatte noch nie in ihrem Leben einen Panther gesehen. Man hatte ihr von Panthern erzählt, und sie hatte ihre klagenden Schreie in der Ferne gehört. Die Katze kratzte wieder an der Wand und rüttelte am Fenster neben der Tür. Solange sie das Fenster bewachte und die Katze zwischen Wand und Wasser eingeschlossen war, wie in einem Käfig, brauchte sie sich keine Sorgen zu machen. Draußen verharrte das Tier, um dann mit seinen Krallen über das verrostete Fliegengitter zu kratzen. Ab und zu wimmerte und knurrte es.

Als endlich das Licht durchdrang, gefiltert durch den Regen wie eine andere Art Dunkelheit, saß sie noch immer steif und durchfroren auf dem Bett. Ihre Arme, die an das Rudern auf dem Fluss gewöhnt waren, schmerzten vom bewegungslosen Festhalten des Gewehres. Aus Angst, irgendein Laut könnte der Katze Kraft verleihen, hatte sie sich kaum zu rühren gewagt. Starr dasitzend, schwankte sie mit den Bewegungen des Hauses. Es regnete noch immer, als wollte es nie aufhören. Durch das graue Licht konnte sie schließlich die von Regentropfen gezeichnete Flut und in weiter Ferne die nebelhafte Form überfluteter Baumkronen erkennen. Die Katze bewegte sich jetzt nicht. Vielleicht war sie gar nicht mehr da. Sie legte das Gewehr beiseite, glitt vom Bett und bewegte sich lautlos zum Fenster. Die Katze war noch immer dort, lag zusammengekauert am Rand der Veranda und starrte zur Eiche hinauf, an der das Haus vertäut war, als ob sie ihre Chancen abwägen wollte, auf einen herabhängenden Ast zu springen. Sie wirkte nun nicht mehr so angsteinflößend, da sie zu erkennen war mit ihrem rauen, stachelig verklebten Fell, ihren eingefallenen Flanken und den hervortretenden Rippen. Sie wäre leicht zu erschießen, wie sie dort saß mit ihrem langen Schwanz, der hin und her wedelte. Die Frau wollte gerade zurückgehen, um das Gewehr zu holen, als die Katze sich umwandte. Ohne Warnung, ohne sich zu ducken oder die Muskeln anzuspannen, sprang sie gegen das Fenster und zerschmetterte eine Scheibe. Die Frau schreckte zurück, unterdrückte einen Schrei, nahm das Gewehr auf und feuerte durch das Fenster. Sie konnte den Panther jetzt nicht sehen, aber sie hatte ihn verfehlt. Er begann wieder umherzulaufen. Sie konnte seinen Kopf und die Rundung seines Rückens erkennen, wenn er am Fenster vorbeikam.

Zitternd zog sie sich auf das Bett zurück und legte sich hin. Das stetige einschläfernde Geräusch des Flusses und des Regens, die durchdringende Kälte ließen ihre Entschlossenheit schwinden. Sie beobachtete das Fenster und hielt das Gewehr bereit. Nach langem Warten bewegte sie sich wieder, um nachzusehen. Der Panther war eingeschlafen, mit dem Kopf auf den Tatzen, wie eine Hauskatze. Zum ersten Mal seit der Regen begonnen hatte, wollte sie weinen, um sich selbst, um all die Menschen, um alles, was in der Flut versunken war. Sie ließ sich auf das Bett gleiten und zog die Decke um ihre Schultern. Sie hätte weggehen sollen, als sie noch konnte, als die Straßen noch offen waren oder bevor ihr Boot fortgeschwemmt wurde. Während sie sich so mit dem Schaukeln des Hauses hin und her wiegte, erinnerte sie ein stechender Schmerz in ihrem Magen daran, dass sie nichts gegessen hatte. Sie wusste nicht, wie lange schon. Sie war genauso ausgehungert wie die Katze. Sie bewegte sich vorsichtig in die Küche und machte mit den übrig gebliebenen Holzscheiten Feuer. Wenn die Flut anhielt, würde sie den Stuhl und vielleicht sogar den Tisch verbrennen müssen. Sie nahm den Rest eines geräucherten Schinkens von der Decke, schnitt dicke Scheiben von dem rötlich- braunen Fleisch ab und legte sie in eine Bratpfanne. Der Geruch des gebratenen Fleisches machte sie benommen. Es waren noch trockene Brötchen da vom letzten Mal, als sie gekocht hatte, und sie konnte sich Kaffee machen. Wasser gab es ja reichlich.

Während sie ihr Essen zubereitete, vergaß sie die Katze beinahe, bis diese wimmerte. Sie war ebenfalls hungrig. „Lass mich essen," rief die Frau, „und dann kümmere ich mich um *dich*". Und sie lachte leise. Als sie den Rest des Schinkens wieder an den Nagel hängte, gab die Katze ein tiefes, kehliges Knurren von sich, das ihre Hand erzittern ließ.

Nachdem sie gegessen hatte, ging sie wieder zum Bett und nahm das Gewehr in die Hand. Das Haus war mittlerweile so hoch gestiegen, dass es nicht mehr über das Steilufer schrammte, wenn es vom Fluss weg trieb. Vom Essen war ihr warm geworden. Sie könnte die Katze loswerden, solange noch etwas Licht durch den Regen kam. Sie kroch langsam zum Fenster. Die Katze war noch dort, miaute und begann, auf der Veranda umherzulaufen. Die Frau starrte sie lange Zeit furchtlos an. Dann, ohne zu überlegen, was sie da tat, legte sie das Gewehr beiseite und ging um die Bettkante herum zur Küche. Hinter ihr bewegte sich die Katze gereizt auf und ab. Sie nahm den restlichen Schinken herunter, bewegte sich über den schwankenden Boden zurück zum Fenster und schob das Fleisch durch die zerbrochene Scheibe. Auf der anderen Seite ertönte ein hungriges Knurren, und eine Art Schockwelle übertrug sich von dem Tier auf sie. Verblüfft über ihr Tun, zog sie sich zum Bett zurück. Sie konnte hören, wie der Panther das Fleisch zerriss. Das Haus schaukelte um sie herum.

Als sie das nächste Mal erwachte, wusste sie sofort, dass alles anders war. Der Regen hatte aufgehört. Sie versuchte, die Bewegung des Hauses zu spüren, aber es schwankte nicht mehr auf der Flut. Als sie die Tür aufzog, sah sie durch das zerfetzte Fliegengitter eine veränderte Welt. Das Haus ruhte auf dem Steilufer, auf dem es immer gestanden hatte. Unter ihr toste der Fluss noch immer als reißender Strom, aber er bedeckte nicht mehr die wenigen Meter zwischen dem Haus und der Eiche. Die Katze war verschwunden. Von der Veranda zu der Eiche und zweifellos in den Sumpf hinein führten Spuren, undeutlich und bereits im weichen Schlamm verschwindend. Und dort auf der Veranda lag, weißgenagt, was von dem Schinken übrig war.

Text 4[700]

Ferenc Molnar

Das Schauspiel sei das Werkzeug (Textauszug)

Spielt in einem Schloss nahe an einem Strand in Italien
Erster Akt
Ein reich verziertes Gästezimmer in einem sehr schönen Schloss in Strandnähe. Türen rechts und links. Das Wohnzimmer befindet sich in der Mitte der Bühne: Sofa, Tisch, zwei Stühle. Im Hintergrund große Fenster. Sternklare Nacht. Die Bühne liegt im Dunkeln. Als der Vorhang aufgeht, hört man Männer, die sich hinter der linken Tür lautstark unterhalten. Die Tür geht auf und drei Herren im Smoking treten auf. Einer schaltet sofort das Licht ein. Sie gehen schweigend in die Mitte und stehen um den Tisch herum. Sie setzen sich alle drei gleichzeitig, Gál auf den Stuhl links, Turai in den auf der rechten Seite, Ádám auf das Sofa in der Mitte. Sehr langes, fast unangenehmes Schweigen. Ein gemächliches sich Strecken. Stille. Dann:
GÁL Warum bist du so in Gedanken versunken?
TURAI Ich denke darüber nach, wie schwierig es ist, ein Theaterstück zu beginnen. Die Hauptfiguren am Anfang vorzustellen, wenn das alles beginnt.
ÁDÁM Ich nehme an, dass das schwierig ist.
TURAI Es ist – teuflisch schwer. Das Theaterstück beginnt. Das Publikum wird ruhig. Die Schauspielerinnen und Schauspieler betreten die Bühne und die Qual beginnt. Es vergeht eine Ewigkeit, manchmal eine ganze Viertelstunde, bis die Zuschauerinnen und Zuschauer herausfinden, wer wer ist und wer was im Schilde führt.
GÁL Ein recht eigenartiges Gehirn hast du schon. Kannst du deinen Beruf nicht für eine einzige Minute vergessen?
TURAI Das ist unmöglich.

---

700 Zit. nach: Naumann et al.: Lesekompetenz von PISA 2000 bis PISA 2009. S. 30f.

GÁL Es vergeht keine halbe Stunde, ohne dass du über das Theater, die Schauspielerinnen und Schauspieler oder die Theaterstücke diskutieren möchtest. Es gibt andere Dinge auf dieser Welt.
TURAI Die gibt es nicht. Ich bin ein Dramatiker. Das ist mein Fluch.
GÁL Du solltest nicht Sklave deiner Arbeit werden.
TURAI Wenn du sie nicht beherrschst, bist du ihr Sklave. Es gibt nichts dazwischen. Glaub mir, es ist kein Spaß, einen guten Anfang für ein Theaterstück zu finden. Es ist eines der schwierigsten Probleme des Theaterhandwerks. Alle Figuren umgehend vorzustellen. Schauen wir uns diese Szene an – uns drei. Drei Herren im Smoking. Nehmen wir an, sie betreten nicht einen Raum in diesem edlen Schloss, sondern eine Bühne, genau am Anfang eines Theaterstückes. Sie müssten über viele uninteressante Dinge sprechen, bis es herauskommen würde, wer wir sind. Wäre es nicht viel einfacher, damit zu beginnen, dass alle aufstehen und sich selber vorstellen? *Er steht auf.* Guten Abend. Wir drei sind Gäste auf diesem Schloss. Wir kommen eben aus dem Speisezimmer, wo wir ein ausgezeichnetes Essen zu uns genommen und zwei Flaschen Champagner getrunken haben. Mein Name ist Sandor Turai, ich bin ein Stückeschreiber, ich habe während der letzten dreißig Jahre Theaterstücke geschrieben, das ist mein Beruf. Punkt. Du bist an der Reihe.
GÁL *Steht auf.* Mein Name ist Gál, ich bin auch ein Stückeschreiber. Ich schreibe auch Theaterstücke, alle in Gesellschaft mit diesem Herrn hier. Wir sind ein berühmtes Dramatiker-Duo. Auf allen Programmheften guter Komödien oder Operetten steht „geschrieben von Gál und Turai". Natürlich ist das auch mein Beruf.
GÁL und TURAI *Zusammen.* Und dieser junge Mann ...
ÁDÁM *Steht auf.* Dieser junge Mann ist, wenn Sie mir erlauben, Albert Ádám, fünfundzwanzig Jahre alt, Komponist. Ich habe die Musik für die letzte Operette dieser zwei liebenswürdigen Herren geschrieben. Das ist mein erstes Werk für die Bühne. Diese zwei älteren Engel haben mich entdeckt und jetzt würde ich gern mit ihrer Hilfe berühmt werden. Sie haben mich in dieses Schloss eingeladen. Sie haben mir einen Frack und einen Smoking schneidern lassen. Mit anderen Worten, ich bin noch arm und unbekannt. Darüber hinaus bin ich Waise und wurde von meiner Großmutter großgezogen. Meine Großmutter ist gestorben. Ich bin ganz allein auf dieser Welt. Ich habe keinen Namen, ich habe kein Geld.
TURAI Aber du bist jung.
GÁL Und talentiert.
ÁDÁM Und ich bin in die Solistin verliebt.
TURAI Das hättest du nicht hinzufügen sollen. Alle im Publikum würden das sowieso merken.
Sie setzen sich alle.

TURAI Also, wäre das nicht die einfachste Art, ein Theaterstück zu beginnen?
GÁL Wenn wir das dürften, wäre es einfach, Theaterstücke zu schreiben.
TURAI Glaub mir, so schwer ist es nicht. Sieh das Ganze einfach einmal an als...
GÁL Schon gut, schon gut, schon gut, fang nicht schon wieder damit an, übers Theater zu sprechen. Ich habe genug davon. Morgen sprechen wir weiter, wenn du möchtest.

Text 5[701]

Wolfgang Borchert
Nachts schlafen die Ratten doch

Das hohle Fenster in der vereinsamten Mauer gähnte blaurot voll früher Abendsonne. Staubgewölke flimmerten zwischen den steilgereckten Schornsteinresten. Die Schuttwüste döste.
    Er hatte die Augen zu. Mit einmal wurde es noch dunkler. Er merkte, dass jemand gekommen war und nun vor ihm stand, dunkel, leise. „Jetzt haben sie mich!", dachte er. Aber als er ein bisschen blinzelte, sah er nur zwei etwas ärmlich behoste Beine. Die standen ziemlich krumm vor ihm, dass er zwischen ihnen hindurchsehen konnte. Er riskierte ein kleines Geblinzel an den Hosenbeinen hoch und erkannte einen älteren Mann. Der hatte ein Messer und einen Korb in der Hand. Und etwas Erde an den Fingerspitzen.
    „Du schläfst hier wohl, was?", fragte der Mann und sah von oben auf das Haargestrüpp herunter. Jürgen blinzelte zwischen den Beinen des Mannes hindurch in die Sonne und sagte: „Nein, ich schlafe nicht. Ich muss hier aufpassen." Der Mann nickte: „So, dafür hast du wohl den großen Stock da?"
    „Ja", antwortete Jürgen mutig und hielt den Stock fest.
    „Worauf passt du denn auf?"
    „Das kann ich nicht sagen." Er hielt die Hände fest um den Stock.
    „Wohl auf Geld, was?" Der Mann setzte den Korb ab und wischte das Messer an seinen Hosenbeinen hin und her.
    „Nein, auf Geld überhaupt nicht", sagte Jürgen verächtlich. „Auf ganz etwas anderes." „Na, was denn?"
    „Ich kann es nicht sagen. Was anderes eben."
    „Na, denn nicht. Dann sage ich dir natürlich auch nicht, was ich hier im Korb habe." Der Mann stieß mit dem Fuß an den Korb und klappte das Messer zu.

---
701 Aus: Wolfgang Borchert: Das Gesamtwerk. Einmalige Sonderausgabe. Hamburg, 2004.

„Pah, kann mir denken, was in dem Korb ist", meinte Jürgen geringschätzig, „Kaninchenfutter."

„Donnerwetter, ja!", sagte der Mann verwundert, „bist ja ein fixer Kerl. Wie alt bist du denn?"

„Neun." „Oha, denk mal an, neun also. Dann weißt du ja auch, wie viel drei mal neun sind, wie?"

„Klar", sagte Jürgen, und um Zeit zu gewinnen, sagte er noch: „Das ist ja ganz leicht." Und er sah durch die Beine des Mannes hindurch. „Dreimal neun, nicht?", fragte er noch einmal, „siebenundzwanzig. Das wusste ich gleich."

„Stimmt", sagte der Mann, „und genau soviel Kaninchen habe ich." Jürgen machte einen runden Mund: „Siebenundzwanzig?"

„Du kannst sie sehen. Viele sind noch ganz jung. Willst du?"

„Ich kann doch nicht. Ich muss doch aufpassen", sagte Jürgen unsicher.

„Immerzu?", fragte der Mann, „nachts auch?"

„Nachts auch. Immerzu. Immer." Jürgen sah an den krummen Beinen hoch. „Seit Sonnabend schon", flüsterte er.

„Aber gehst du denn gar nicht nach Hause? Du musst doch essen."

Jürgen hob einen Stein hoch. Da lagen ein halbes Brot und eine Blechschachtel. „Du rauchst?", fragte der Mann, „hast du denn eine Pfeife?"

Jürgen fasste seinen Stock fest an und sagte zaghaft: „Ich drehe. Pfeife mag ich nicht."

„Schade", der Mann bückte sich zu seinem Korb, „die Kaninchen hättest du ruhig mal ansehen können. Vor allem die Jungen. Vielleicht hättest du dir eines ausgesucht. Aber du kannst hier ja nicht weg."

„Nein", sagte Jürgen traurig, „nein, nein."

Der Mann nahm den Korb hoch und richtete sich auf. „Na ja, wenn du hierbleiben musst - schade." Und er drehte sich um.

„Wenn du mich nicht verrätst", sagte Jürgen da schnell, „es ist wegen den Ratten." Die krummen Beine kamen einen Schritt zurück: „Wegen den Ratten?"

„Ja, die essen doch von Toten. Von Menschen. Da leben sie doch von."

„Wer sagt das?"

„Unser Lehrer."

„Und du passt nun auf die Ratten auf?" fragte der Mann.

„Auf die doch nicht!" Und dann sagte er ganz leise: „Mein Bruder, der liegt nämlich da unten. Da." Jürgen zeigte mit dem Stock auf die zusammengesackten Mauern. „Unser Haus kriegte eine Bombe. Mit einmal war das Licht weg im Keller. Und er auch. Wir haben noch gerufen. Er war viel kleiner als ich. Erst vier. Er muss hier ja noch sein. Er ist doch viel kleiner als ich."

Der Mann sah von oben auf das Haargestrüpp. Aber dann sagte er plötzlich: „Ja, hat euer Lehrer euch denn nicht gesagt, dass die Ratten nachts schlafen?"

„Nein", flüsterte Jürgen und sah mit einmal ganz müde aus, „das hat er nicht gesagt." „Na", sagte der Mann, „das ist aber ein Lehrer, wenn er das nicht mal weiß. Nachts schlafen die Ratten doch. Nachts kannst du ruhig nach Hause gehen. Nachts schlafen sie immer. Wenn es dunkel wird, schon."

Jürgen machte mit seinem Stock kleine Kuhlen in den Schutt. „Lauter kleine Betten sind das", dachte er, „alles kleine Betten."

Da sagte der Mann (und seine krummen Beine waren ganz unruhig dabei): „Weißt du was? Jetzt füttere ich schnell meine Kaninchen und wenn es dunkel wird, hole ich dich ab. Vielleicht kann ich eins mitbringen. Ein kleines oder, was meinst du?" Jürgen machte kleine Kuhlen in den Schutt. „Lauter kleine Kaninchen. Weiße, graue, weißgraue." „Ich weiß nicht", sagte er leise und sah auf die krummen Beine, „wenn sie wirklich nachts schlafen."

Der Mann stieg über die Mauerreste weg auf die Straße. „Natürlich", sagte er von da, „euer Lehrer soll einpacken, wenn er das nicht mal weiß."

Da stand Jürgen auf und fragte: „Wenn ich eins kriegen kann? Ein weißes vielleicht?"

„Ich will mal versuchen", rief der Mann schon im Weggehen, „aber du musst hier solange warten. Ich gehe dann mit dir nach Hause, weißt du? Ich muss deinem Vater doch sagen, wie so ein Kaninchenstall gebaut wird. Denn das müsst ihr ja wissen." „Ja", rief Jürgen, „ich warte. Ich muss ja noch aufpassen, bis es dunkel wird. Ich warte bestimmt." Und er rief: „Wir haben auch noch Bretter zu Hause. Kistenbretter", rief er.

Aber das hörte der Mann schon nicht mehr. Er lief mit seinen krummen Beinen auf die Sonne zu. Die war schon rot vom Abend, und Jürgen konnte sehen, wie sie durch die Beine hindurch schien, so krumm waren sie. Und der Korb schwenkte aufgeregt hin und her. Kaninchenfutter war da drin. Grünes Kaninchenfutter, das war etwas grau vom Schutt.

Text 6[702]

Max Frisch

Vorkommnis

Kein Grund zur Panik. Eigentlich kann gar nichts passieren. Der Lift hängt zwischen dem 37. und 38. Stockwerk. Alles schon vorgekommen. Kein Zweifel, daß der elektrische Strom jeden Augenblick wieder kommen wird. Humor der ersten Minute, später Beschwerden über die Hausverwaltung allgemein. Jemand macht kurzes Licht mit seinem Feuerzeug, vielleicht um zu sehen, wer in der finsteren Kabine steht. Eine Dame mit Lebensmitteltaschen auf beiden Armen hat Mühe zu verstehen, daß es nichts nützt, wenn man auf den Alarm-Knopf drückt. Man rät ihr vergeblich, ihre Lebensmitteltaschen auf den Boden der Kabine zu stellen; es wäre Platz genug. Kein Grund zur Hysterie; man wird in der Kabine nicht ersticken, und die Vorstellung, daß die Kabine plötzlich in den Schacht hinunter saust, bleibt unausgesprochen; das ist technisch wohl nicht möglich. Einer sagt überhaupt nichts. Vielleicht hat das ganze Viertel keinen elektrischen Strom, was ein Trost wäre; dann kümmern sich jetzt viele, nicht bloß der Hauswart unten in der Halle, der vielleicht noch gar nichts bemerkt hat. Draußen ist Tag, sogar sonnig. Nach einer Viertelstunde ist es mehr als ärgerlich, es ist zum Verzagen langweilig. Zwei Meter nach oben oder zwei Meter nach unten, und man wäre bei einer Türe, die sich allerdings ohne Strom auch nicht öffnen ließe; eigentlich eine verrückte Konstruktion. Rufen hilft auch nichts, im Gegenteil, nachher kommt man sich verlassen vor. Sicher wird irgendwo alles unternommen, um die Panne zu beheben; dazu verpflichtet ist der Hauswart, die Hausverwaltung, die Behörde, die Zivilisation. Der Scherz, schließlich werde man nicht verhungern mit den Lebensmitteltaschen der Dame, kommt zu spät; es lacht niemand. Nach einer halben Stunde versucht ein jüngeres Paar sich zu unterhalten, so weit das unter fremden Zuhörern möglich ist, halblaut über Alltägliches. Dann wieder Stille; manchmal seufzt jemand, die Art von betontem Seufzer, der Vorwurf und Unwillen bekundet, nichts weiter. Der Strom, wie gesagt, muß jeden Augenblick wieder kommen. Was sich zu dem Vorkommnis sagen läßt, ist schon mehrmals gesagt. Daß der Stromausfall zwei Stunden dauert, sei schon vorgekommen, sagt jemand. Zum Glück ist der Jüngling mit Hund vorher ausgestiegen; ein winselnder Hund in der finsteren Kabine hätte noch gefehlt. Der Eine, der überhaupt nichts sagt, ist vielleicht ein Fremder, der nicht genug Englisch versteht. Die Dame hat ihre Lebensmitteltaschen

---

702 Aus: Max Frisch, Tagebuch 1966–1971, Frankfurt am Main: Suhrkamp 1972, S. 366f. Zit. nach: Kultusministerkonferenz: Bildungsstandards Deutsch für den Mittleren Schulabschluss. S. 28.

inzwischen auf den Boden gestellt. Ihre Sorge, daß Tiefkühlwaren tauen, findet wenig Teilnahme. Jemand anders vielleicht müßte auf die Toilette. Später, nach zwei Stunden, gibt es keine Empörung mehr, auch keine Gespräche, da der elektrische Strom jeden Augenblick kommen muß; man weiß: So hört die Welt nicht auf. Nach drei Stunden und elf Minuten (laut späteren Berichten in Presse und Fernsehen) ist der Strom wieder da: Licht im ganzen Viertel, wo es inzwischen Abend geworden ist, Licht in der Kabine, und schon genügt ein Druck auf die Taste, damit der Lift steigt wie üblich, wie üblich auch das langsame Aufgehen der Türe. Gott sei Dank! Es ist nicht einmal so, daß jetzt alle beim ersten Halt sofort hinaus stürzen; jedermann wählt wie üblich sein Stockwerk –

Text 7[703]

Joe Lederer

Die Kupfermünze

Einmal habe ich eine Zeit lang in China gelebt. Ich war im Frühling in Shanghai angekommen, und die Hitze war mörderisch. Die Kanäle stanken zum Himmel, und immer war der ranzige, üble Geruch von Sojabohnenöl in der Luft. Ich konnte und konnte mich nicht eingewöhnen. Neben Wolkenkratzern lagen Lehmhütten, vor denen nackte Kinder im Schmutz spielten. Nachts zirpten die Zikaden im Garten und ließen mich nicht schlafen. Im Herbst kam der Taifun, und der Regen stand wie eine gläserne Wand vor den Fenstern. Ich hatte Heimweh nach Europa. Da war niemand, mit dem ich befreundet war und der sich darum kümmerte, wie mir zumute war. Ich kam mir ganz verloren vor in diesem Meer von fremden Gesichtern.

    Und dann kam Weihnachten. Ich wohnte bei Europäern, die chinesische Diener hatten. Der oberste von ihnen war der Koch; Tatsefu, der große Herr der Küche. Er radebrechte deutsch und war der Dolmetscher zwischen mir und dem Zimmer-Kuli, dem Ofen-Kuli, dem Wäsche-Kuli und was es da sonst noch an Dienerschaft im Haus gab. Am Heiligen Abend, und ich saß wieder einmal verheult in meinem Zimmer, überreichte mir Tatsefu ein Geschenk. Es war eine chinesische Kupfermünze mit einem Loch in der Mitte, und durch das Loch waren viele bunte Wollfäden gezogen und dann zu einem Zopf zusammengeflochten. „Ein sehr altes Münze", sagte der Koch feierlich. „Und die Wollfäden gehört auch dir. Wollfäden sind von mir und mein Frau und von Zimmer-Kuli und sein Schwestern und von Eltern und Brüder von Ofen-Kuli – von uns allen sind

---

703 Aus: Joe Lederer: Von der Freundlichkeit der Menschen. München, 1964. Zit. nach:

die Wollfäden." Ich bedankte mich sehr. Es war ein merkwürdiges Geschenk – und noch viel merkwürdiger, als ich zuerst dachte. Denn als ich die Münze mit ihrem bunten Wollzopf einem Bekannten zeigte, der seit Jahrzehnten in China lebte, erklärte er mir, was es damit für eine Bewandtnis hatte:

Jeder Wollfaden war eine Stunde des Glücks. Der Koch war zu seinen Freunden gegangen und hatte sie gefragt: „Willst du von dem Glück, das dir für dein Leben vorausbestimmt ist, eine Stunde des Glücks abtreten?" Und Ofen-Kuli und Zimmer-Kuli und Wäsche-Kuli und ihre Verwandten hatten für mich, für die fremde Europäerin, einen Wollfaden gegeben als Zeichen, dass sie mir von ihrem eigenen Glück eine Stunde des Glücks schenkten. Es war ein großes Opfer, das sie brachten. Denn wenn sie auch bereit waren, auf eine Stunde ihres Glücks zu meinen Gunsten zu verzichten – es lag nicht in ihrer Macht, zu bestimmen, welche Stunde aus ihrem Leben es sein würde. Das Schicksal würde entscheiden, ob sie die Glücksstunde abtraten, in der ihnen ein reicher Verwandter sein Hab und Gut verschrieben hätte, oder ob es nur eine der vielen Stunden sein würde, in der sie glücklich beim Reiswein saßen; ob sie die Glücksstunde wegschenkten, in der das Auto, das sie sonst überfahren hätte, noch rechtzeitig bremste, oder die Stunde, in der das junge Mädchen vermählt worden wäre. Blindlings und doch mit weit offenen Augen machten sie mir, der Fremden, einen Teil ihres Lebens zum Geschenk.

Nun ja – viele Chinesen sind abergläubisch. Aber ich habe nie wieder ein Weihnachtsgeschenk bekommen, das sich mit diesem hätte vergleichen lassen. Von diesem Tag an habe ich mich in China zu Hause gefühlt. Und die Münze mit dem bunten Wollzopf hat mich jahrelang begleitet. Ich habe sie nicht mehr. Eines Tages lernte ich jemanden kennen, der war noch übler dran als ich damals in Shanghai. Und da habe ich einen Wollfaden genommen, ihn zu den anderen Fäden dazugeknüpft – und habe die Münze weitergegeben.

Text 8[704]

Dagmar Nick

Hybris

Wir sind nicht mehr die gleichen.
Uns ätzte das Leben leer.
Es gibt keine mystischen Zeichen,
es gibt kein Geheimnis mehr.

Wir treiben durch luftlose Räume
Erloschenen Angesichts.
Die Nächte verweigern uns Träume,
die Sterne sagen uns nichts.

Wir haben den Himmel zertrümmert.
Das Weltall umklammert uns kalt.
Der Tod lässt uns unbekümmert.
Wir haben Gewalt.

Text 9[705]

Georg Britting

Brudermord im Altwasser

Das sind grünschwarze Tümpel, von Weiden überhangen, von Wasserjungfern übersurrt, das heißt: wie Tümpel und kleine Weiher, und auch große Weiher ist es anzusehen, und es ist doch nur Donauwasser, durch Steindämme abgesondert vom großen, grünen Strom, Altwasser, wie man es nennt. Fische gibt es im Altwasser, viele; Fischkönig ist der Bürstling, ein Raubtier mit zackiger, kratzender Rückenflosse, mit bösen Augen, einem gefräßigen Maul, grünschwarz schillernd wie das Wasser, darin er jagt. Und wie heiß es hier im Sommer ist! Die Weiden schlucken den Wind, der draußen über dem Strom immer geht. Und aus dem Schlamm steigt ein Geruch wie Fäulnis und Kot und Tod. Kein besserer Ort ist zu finden für Knabenspiele als dieses gründämmernde Gebiet. Und hier geschah, was ich jetzt erzähle. Die drei Hofberger Buben, elfjährig, zwölfjährig, dreizehn-

---

704 Aus: Nick, Dagmar: Hybris. In: Dies.: In den Ellipsen des Mondes. Gedichte. Aachen: Rimbaud 1994, 29. Zit. nach: Kämper-van den Boogaart, Michael: Korrumpieren Testaufgaben notwendig das literarische Verstehen? S. 65.
705 Aus: Georg Britting: Sämtliche Werke. Band 3/2. S. 10ff.

jährig, waren damals im August jeden Tag auf den heißen Steindämmen, hockten unter den Weiden, waren Indianer im Dickicht und Wurzelgeflecht, pflückten Brombeeren, die schwarzfeucht, stachlig geschützt glänzten, schlichen durch das Schilf, das in hohen Stangen wuchs, schnitten sich Weidenruten, rauften, schlugen auch wohl einmal den Jüngsten, den Elfjährigen, eine tiefe Schramme, daß sein Gesicht rot beschmiert war wie eine Menschenfressermaske, brachen wie Hirsche und schreiend durch Buschwerk und Graben zur breitfließenden Donau vor, wuschen den blutigen Kopf, und die Haare deckten die Wunde dann, und waren gleich wieder versöhnt. Die Eltern durften natürlich nichts erfahren von solchen Streichen, und sie lachten alle drei und vereinbarten wie immer: „Zu Hause sagen wir aber nichts davon!"

Die Altwässer ziehen sich stundenweit der Donau entlang. Bei einem Streifzug einmal waren die drei tief in die grüne Wildnis vorgedrungen, tiefer als je zuvor, bis zu einem Weiher, größer, als sie je einen gesehen hatten, schwarz der Wasserspiegel, und am Ufer lag ein Fischerboot angekettet. Den Pfahl, an dem die Kette hing, rissen sie aus dem schlammigen Boden, warfen Kette und Pfahl ins Boot, stiegen ein, ein Ruder lag auch dabei, und ruderten in die Mitte des Weihers hinaus. Nun waren sie Seeräuber und träumten und brüteten wilde Pläne. Die Sonne schien auf ihre bloßen Köpfe, das Boot lag unbeweglich, unbeweglich stand das Schilf am jenseitigen Ufer, Staunzen fuhren leise summend durch die dicke Luft, kleine Blutsauger, aber die abgehärteten Knaben spürten die Stiche nicht mehr.

Der Dreizehnjährige begann das Boot leicht zu schaukeln. Gleich wiegten sich die beiden anderen mit, auf und nieder, Wasserringe liefen über den Weiher, Wellen schlugen platschend ans Ufer, die Binsen schwankten und wackelten. Die Knaben schaukelten heftiger, daß der Bootsrand bis zum Wasserspiegel sich neigte und das aufgeregte Wasser ins Boot hineinschwappte. Der kleinste, der Elfjährige, hatte einen Fuß auf den Bootsrand gesetzt und tat jauchzend seine Schaukelarbeit. Da gab der Älteste dem Zwölfjährigen ein Zeichen, den Kleinen zu schrecken, und plötzlich warfen sie sich beide auf die Bootsseite, wo der Kleine stand, und das Boot neigte sich tief, und dann lag der Jüngste im Wasser und schrie, und ging unter und schlug von unten gegen das Boot, und schrie nicht mehr und pochte nicht mehr und kam auch nicht mehr unter dem Boot hervor, unter dem Boot nicht mehr hervor, nie mehr.

Die beiden Brüder saßen stumm und käsegelb auf den Ruderbänken in der prallen Sonne, ein Fisch schnappte und sprang über das Wasser heraus. Die Wasserringe hatten sich verlaufen, die Binsen standen wieder unbeweglich, die Staunzen summten bös und stachen, Die Brüder ruderten das Boot wieder ans Ufer, trieben den Pfahl mit der Kette wieder in den Uferschlamm, stiegen aus, trabten auf dem langen Steindamm dahin, trabten stadtwärts, wagten nicht, sich anzusehen, liefen hintereinander, achteten der Weiden nicht, die ihnen ins Gesicht schlugen, nicht der Brombeersträucherstacheln, die an ihnen rissen, stolperten über Wurzelschlangen, liefen, liefen und liefen. Die Altwässer blieben zurück, die grüne Donau kam, breit und behäbig, rauschte der Stadt zu, die ersten Häuser sahen sie, sie sahen den Dom, sie sahen das Dach des Vaterhauses.

Sie hielten, schweißüberronnen, zitterten verstört, die Knaben, die Mörder, und dann sagte der Ältere wie immer nach einem Streich: „Zu Hause sagen wir aber nichts davon!" Der andere nickte, von wilder Hoffnung überwuchert, und sie gingen, entschlossen, ewig zu schweigen, auf die Haustüre zu, die sie wie ein schwarzes Loch verschluckte.

Text 10[706]

Bertold Brecht
Die unwürdige Greisin

Meine Großmutter war zweiundsiebzig Jahre alt, als mein Großvater starb. Er hatte eine kleine Lithographenanstalt in einem badischen Städtchen und arbeitete darin mit zwei, drei Gehilfen bis zu seinem Tod. Meine Großmutter besorgte ohne Magd den Haushalt, betreute das alte, wacklige Haus und kochte für die Mannsleute und Kinder.

Sie war eine kleine, magere Frau mit lebhaften Eidechsenaugen, aber langsamer Sprechweise. Mit recht kärglichen Mitteln hatte sie fünf Kinder großgezogen von den sieben, die sie geboren hatte. Davon war sie mit den Jahren kleiner geworden.

Von den Kindern gingen die zwei Mädchen nach Amerika und zwei Söhne zogen ebenfalls weg. Nur der Jüngste, der eine schwache Gesundheit hatte, blieb im Städtchen. Er wurde Buchdrucker und legte sich eine viel zu große Familie zu. So war sie allein im Haus, als mein Großvater gestorben war.

Die Kinder schrieben sich Briefe über das Problem, was mit ihr zu geschehen hätte. Einer konnte ihr bei sich ein Heim anbieten, und der Buchdrucker wollte mit den Seinen zu ihr ins Raus ziehen. Aber die Greisin verhielt sich abweisend zu den Vorschlägen und wollte nur von jedem ihrer Kinder, das dazu imstande war, eine kleine geldliche Unterstützung annehmen. Die Lithographenanstalt, längst veraltet, brachte fast nichts beim Verkauf, und es waren auch Schulden da. Die Kinder schrieb ihr; sie könne doch nicht ganz allein leben, aber als sie darauf überhaupt nicht einging, gaben sie nach und schickten ihr

---

706 Aus: Bertold Brecht: Gesammelte Werke. Frankfurt 1967. Bd. 11 S. 315ff.

monatlich ein bißchen Geld. Schließlich, dachten sie, war ja der Buchdrucker im Städtchen geblieben.

Der Buchdrucker übernahm es auch, seinen Geschwistern mitunter über die Mutter zu berichten. Seine Briefe an meinen Vater und was dieser bei einem Besuch und nach dem Begräbnis meiner Großmutter zwei Jahre später erfuhr, geben mir ein Bild von dem, was in diesen zwei Jahren geschah.

Es scheint, daß der Buchdrucker von Anfang an enttäuscht war, daß meine Großmutter sich weigerte, ihn in das ziemlich große und nun leerstehende Haus aufzunehmen. Er wohnte mit vier Kindern in drei Zimmern. Aber die Greisin hielt überhaupt nur eine sehr lose Verbindung mit ihm aufrecht. Sie lud die Kinder jeden Sonntagnachmittag zum Kaffee, das war eigentlich alles. Sie besuchte ihren Sohn ein oder zweimal in einem Vierteljahr und half der Schwiegertochter beim Beereneinkochen. Die junge Frau entnahm einigen ihrer Äußerungen, daß es ihr in der kleinen Wohnung des Buchdruckers zu eng war. Dieser konnte sich nicht enthalten, in seinem Bericht darüber ein Ausrufezeichen anzubringen.

Auf eine schriftliche Anfrage meines Vaters, was die alte Frau denn jetzt so mache, antwortete er ziemlich kurz, sie besuche das Kino. Man muß verstehen, daß das nichts Gewöhnliches war, jedenfalls nicht in den Augen ihrer Kinder. Das Kino war vor dreißig Jahren noch nicht, was es heute ist. Es handelte sich um elende, schlecht gelüftete Lokale, oft in alten Kegelbahnen eingerichtet, mit schreienden Plakaten vor dem Eingang, auf denen Morde und Tragödien der Leidenschaft angezeigt waren. Eigentlich gingen nur Halbwüchsige hin oder, des Dunkels wegen, Liebespaare. Eine einzelne alte Frau mußte dort sicher auffallen.

Und so war noch eine andere Seite dieses Kinobesuchs zu bedenken. Der Eintritt war gewiß billig, da aber das Vergnügen ungefähr unter den Schleckereien rangierte, bedeutete es »hinausgeworfenes Geld«. Und Geld hinauswerfen war nicht respektabel.

Dazu kam, daß meine Großmutter nicht nur mit ihrem Sohn am Ort keinen regelmäßigen Verkehr pflegte, sondern auch sonst niemanden von ihren Bekannten besuchte oder einlud. Sie ging niemals zu den Kaffeegesellschaften des Städtchens. Dafür besuchte sie häufig die Werkstatt eines Flickschusters in einem armen und sogar etwas verrufenen Gäßchen, in der, besonders nachmittags, allerlei nicht besonders respektable Existenzen herumsaßen, stellungslose Kellnerinnen und Handwerksburschen. Der Flickschuster war ein Mann in mittleren Jahren, der in der ganzen Welt herumgekommen war, ohne es zu etwas gebracht zu haben. Es hieß auch, daß er trank. Er war jedenfalls kein Verkehr für meine Großmutter. Der Buchdrucker deutete in einem Brief an, daß er seine Mutter darauf hingewiesen, aber einen recht kühlen Bescheid bekommen habe. „Er hat etwas gesehen", war ihre Antwort, und das Gespräch war damit zu Ende. Es war nicht leicht, mit meiner Großmutter über Dinge zu reden, die sie nicht bereden wollte.

Etwa ein halbes Jahr nach dem Tod des Großvaters schrieb der Buchdrucker meinem Vater, daß die Mutter jetzt jeden zweiten Tag im Gasthof esse. Was für eine Nachricht! Großmutter, die zeit ihres Lebens für ein Dutzend Menschen gekocht und immer nur die Reste aufgegessen hatte, aß jetzt im Gasthof! Was war in sie gefahren?

Bald darauf führte meinen Vater eine Geschäftsreise in die Nähe, und er besuchte seine Mutter. Er traf sie im Begriffe, auszugehen. Sie nahm den Hut wieder ab und setzte ihm ein Glas Rotwein mit Zwieback vor. Sie schien ganz ausgeglichener Stimmung zu sein, weder besonders aufgekratzt noch besonders schweigsam. Sie erkundigte sich nach uns, allerdings nicht sehr eingehend, und wollte hauptsächlich wissen, ob es für die Kinder auch Kirschen gäbe. Da war sie ganz wie immer. Die Stube war natürlich peinlich sauber, und sie sah gesund aus.

Das einzige, was auf ihr neues Leben hindeutete, war, daß sie nicht mit meinem Vater auf den Gottesacker gehen wollte, das Grab ihres Mannes zu besuchen. „Du kannst allein hingehen", sagte sie beiläufig, „es ist das dritte von links in der elften Reihe. Ich muß noch wohin."

Der Buchdrucker erklärte nachher, daß sie wahrscheinlich zu ihrem Flickschuster mußte. Er klagte sehr. „Ich sitze hier in diesen Löchern mit den Meinen und habe nur noch fünf Stunden Arbeit und schlecht bezahlte, dazu macht mir mein Asthma wieder zu schaffen, und das Haus in der Hauptstraße steht leer."

Mein Vater hatte im Gasthof ein Zimmer genommen, aber erwartet, daß er zum Wohnen doch von seiner Mutter eingeladen werden würde, wenigstens pro forma, aber sie sprach nicht davon. Und sogar als das Haus voll gewesen war, hatte sie immer etwas dagegen gehabt, daß er nicht bei ihnen wohnte und dazu das Geld für das Hotel ausgab!

Aber sie schien mit ihrem Familienleben abgeschlossen zu haben und neue Wege zu gehen, jetzt, wo ihr Leben sich neigte. Mein Vater, der eine gute Portion Humor besaß, fand sie »ganz munter« und sagte meinem Onkel, er solle die alte Frau machen lassen, was sie wolle. Aber was wollte sie?

Das nächste, was berichtet wurde, war, daß sie eine Bregg bestellt hatte und nach einem Ausflugsort gefahren war, an einem gewöhnlichen Donnerstag. Eine Bregg war ein großes, hochrädriges Pferdegefährt mit Plätzen für ganze Familien. Einige wenige Male, wenn wir Enkelkinder zu Besuch gekommen waren, hatte Großvater die Bregg gemietet. Großmutter war immer zu Hause geblieben. Sie hatte es mit einer wegwerfenden Handbewegung abgelehnt, mitzukommen.

Und nach der Bregg kam die Reise nach K., einer größeren Stadt, etwa zwei Eisenbahnstunden entfernt. Dort war ein Pferderennen, und zu dem Pferderennen fuhr meine Großmutter. Der Buchdrucker war jetzt durch und durch alarmiert. Er wollte einen Arzt hinzugezogen haben. Mein Vater schüttelte den Kopf, als er den Brief las, lehnte aber die Hinzuziehung eines Arztes ab.

Nach K. war meine Großmutter nicht allein gefahren. Sie hatte ein junges Mädchen mitgenommen, eine halb Schwachsinnige, wie der Buchdrucker schrieb, das Küchenmädchen des Gasthofs, in dem die Greisin jeden zweiten Tag speiste.

Dieser »Krüppel« spielte von jetzt an eine Rolle. Meine Großmutter schien einen Narren an ihr gefressen zu haben. Sie nahm sie mit ins Kino und zum Flickschuster, der sich übrigens als Sozialdemokrat herausgestellt hatte, und es ging das Gerücht, daß die beiden Frauen bei einem Glas Rotwein in der Küche Karten spielten. „Sie hat dem Krüppel jetzt einen Hut gekauft mit Rosen drauf", schrieb der Buchdrucker verzweifelt. „Und unsere Anna hat kein Kommunionskleid!"

Die Briefe meines Onkels wurden ganz hysterisch, handelten nur von der »unwürdigen Aufführung unserer lieben Mutter« und gaben sonst nichts mehr her. Das Weitere habe ich von meinem Vater. Der Gastwirt hatte ihm mit Augenzwinkern zugeraunt: „Frau B. amüsiert sich ja jetzt, wie man hört."

In Wirklichkeit lebte meine Großmutter auch diese letzten Jahre keinesfalls üppig. Wenn sie nicht im Gasthof aß, nahm sie meist nur ein wenig Eierspeise zu sich, etwas Kaffee und vor allem ihren geliebten Zwieback. Dafür leistete sie sich einen billigen Rotwein, von dem sie zu allen Mahlzeiten ein kleines Glas trank. Das Haus hielt sie sehr rein, und nicht nur die Schlafstube und die Küche, die sie benutzte. Jedoch nahm sie darauf ohne Wissen ihrer Kinder eine Hypothek auf. Es kam niemals heraus, was sie mit dem Geld machte. Sie scheint es dem Flickschuster gegeben zu haben. Er zog nach ihrem Tod in eine andere Stadt und soll dort ein größeres Geschäft für Maßschuhe eröffnet haben. Genau betrachtet, lebte sie hintereinander zwei Leben. Das eine, erste, als Tochter, als Frau und als Mutter und das zweite einfach als Frau B., eine alleinstehende Person ohne Verpflichtungen und mit bescheidenen, aber ausreichenden Mitteln. Das erste Leben dauerte etwa sechs Jahrzehnte, das zweite nicht mehr als zwei Jahre.

Mein Vater brachte in Erfahrung, daß sie im letzten halben Jahr sich gewisse Freiheiten gestattete, die normale Leute gar nicht kennen. So konnte sie im Sommer früh um drei Uhr aufstehen und durch die leeren Straßen des Städtchens spazieren, das sie so für sich ganz allein hatte. Und den Pfarrei, der sie besuchen kam, um der alten Frau in ihrer Vereinsamung Gesellschaft zu leisten, lud sie, wie allgemein behauptet wurde, ins Kino ein!

Sie war keineswegs vereinsamt. Bei dem Flickschuster verkehrten anscheinend lauter lustige Leute, und es wurde viel erzählt. Sie hatte dort immer eine

Flasche ihres eigenen Rotweins stehen, und daraus trank sie ihr Gläschen, während die anderen erzählten und über die würdigen Autoritäten der Stadt loszogen. Dieser Rotwein blieb für sie reserviert, jedoch brachte sie mitunter der Gesellschaft stärkere Getränke mit. Sie starb ganz unvermittelt, an einem Herbstnachmittag in ihrem Schlafzimmer, aber nicht im Bett, sondern auf dem Holzstuhl am Fenster. Sie hatte den »Krüppel« für den Abend ins Kino eingeladen, und so war das Mädchen bei ihr, als sie starb. Sie war vierundsiebzig Jahre alt.

Ich habe eine Photographie von ihr gesehen, die sie auf dem Totenbett zeigt und die für die Kinder angefertigt worden war. Man sieht ein winziges Gesichtchen mit vielen Falten und einen schmallippigen, aber breiten Mund. Viel Kleines, aber nichts Kleinliches. Sie hatte die langen Jahre der Knechtschaft und die kurzen Jahre der Freiheit ausgekostet und das Brot des Lebens aufgezehrt bis auf den letzten Brotsamen.

Text 11[707]

Julia Franck

Streuselschnecke

Der Anruf kam, als ich vierzehn war. Ich wohnte seit einem Jahr nicht mehr bei meiner Mutter und meinen Schwestern, sondern bei Freunden in Berlin. Eine fremde Stimme meldete sich, der Mann nannte seinen Namen, sagte mir, er lebe in Berlin, und fragte, ob ich ihn kennen lernen wolle. Ich zögerte, ich war mir nicht sicher. Zwar hatte ich schon viel über solche Treffen gehört und mir oft vorgestellt, wie so etwas wäre, aber als es so weit war, empfand ich eher Unbehagen. Wir verabredeten uns. Er trug Jeans, Jacke und Hose. Ich hatte mich geschminkt. Er führte mich ins Cafe Richter am Hindemithplatz und wir gingen ins Kino, ein Film von Rohmer. Unsympathisch war er nicht, eher schüchtern. Er nahm mich mit ins Restaurant und stellte mich seinen Freunden vor. Ein feines, ironisches Lächeln zog er zwischen sich und die anderen Menschen. Ich ahnte, was das Lächeln verriet. Einige Male durfte ich ihn bei seiner Arbeit besuchen. Er schrieb Drehbücher und führte Regie bei Filmen. Ich fragte mich, ob er mir Geld geben würde, wenn wir uns treffen, aber er gab mir keins, und ich traute mich nicht, danach zu fragen. Schlimm war das nicht, schließlich kannte ich ihn kaum, was sollte ich da schon verlangen. Außerdem konnte ich für mich selbst sorgen, ich ging zur Schule und putzen und arbeitete als Kindermädchen. Bald würde ich alt genug sein, um als Kellnerin zu arbeiten und vielleicht wurde

---

[707] Aus: Julia Franck: Bauchlandung. Geschichten zum Anfassen. Köln, 2000.

ja auch eines Tages etwas Richtiges aus mir. Zwei Jahre später, der Mann und ich waren uns noch immer etwas fremd, sagte er mir, er sei krank. Er starb ein Jahr lang, ich besuchte ihn im Krankenhaus und fragte, was er sich wünsche. Er sagte mir, er habe Angst vor dem Tod und wolle es so schnell wie möglich hinter sich bringen. Er fragte mich, ob ich ihm Morphium besorgen könne. Ich dachte nach, ich hatte einige Freunde, die Drogen nahmen, aber keinen, der sich mit Morphium auskannte. Auch war ich mir nicht sicher, ob die im Krankenhaus herausfinden wollten und würden, woher es kam. Ich vergaß seine Bitte. Manchmal brachte ich ihm Blumen. Er fragte nach dem Morphium und ich fragte ihn, ob er sich Kuchen wünsche, schließlich wusste ich, wie gerne er Torte aß. Er sagte, die einfachen Dinge seien ihm jetzt die liebsten – er wolle nur Streuselschnecken, zwei Bleche voll. Sie waren noch warm, als ich sie ins Krankenhaus brachte. Er sagte, er hätte gerne mit mir gelebt, es zumindest gern versucht, er habe immer gedacht, dafür sei noch Zeit, eines Tages – aber jetzt sei es zu spät. Kurz nach meinem siebzehnten Geburtstag war er tot. Meine kleine Schwester kam nach Berlin, wir gingen gemeinsam zur Beerdigung. Meine Mutter kam nicht. Ich nehme an, sie war mit anderem beschäftigt, außerdem hatte sie meinen Vater zu wenig gekannt und nicht geliebt.

Text 12[708]

Günther Kunert

Mann über Bord

Der Wind wehte nicht so stark. Bei einem Schlingern des Schiffs verlor der Matrose, angetrunken und leichtfertig tänzelnd, das Gleichgewicht und stürzte von Deck. Der Mann am Ruder sah den Sturz und gab sofort Alarm. Der Kapitän befahl, ein Boot auf das mäßig bewegte Wasser herunterzulassen, den langsam forttreibenden Matrosen zu retten.

Die Mannschaft legte sich kräftig in die Riemen, und schon nach wenigen Schlägen erreichten sie den um Hilfe Rufenden. Sie warfen ihm einen Rettungsring zu, an den er sich klammerte. Im näher schaukelnden Boot richtete sich im Bug einer auf, um den im Wasser Treibenden herauszufischen, doch verlor der Retter selbst den Halt und fiel in die Fluten, während eine ungeahnte hohe Woge das Boot seitlich unterlief und umwarf. Der Kapitän gab Anweisung, auf die Schwimmenden und Schreienden mit dem Dampfer zuzufahren. Doch kaum hat-

---

[708] Zit. nach: Deutschbuch. Texte, Themen und Strukturen. Neue Ausgabe. Hrsg. von Bernd Schurf und Andrea Wagener. S. 184.

te man damit begonnen, erschütterte ein Stoß das Schiff, das sich schon zur Seite legte, sterbensmüde, den stählernen Körper aufgerissen von einem zackigen Korallenriff, das sich knapp unter der Oberfläche verbarg. Der Kapitän versackte wie üblich zusammen mit dem tödlich verwundeten Schiff.

Er blieb nicht das einzige Opfer: Haie näherten sich und verschlangen, wen sie erwischten. Wenige der Seeleute gelangten in die Rettungsboote, um ein paar Tage später auf der unübersehbaren Menge salziger Flüssigkeit zu verdursten. Der Matrose aber, der vom Dampfer gestürzt war, geriet unversehrt in eine Drift, die ihn zu einer Insel trug, auf deren Strand sie den Erschöpften warf; dort wurde er gefunden, gepflegt, gefeiert als der einzige Überlebende der Katastrophe, die er selber als die Folge einer Kesselexplosion schilderte, welche ihn weit in die Lüfte geschleudert habe, sodass er aus der Höhe zusehen konnte, wie die Trümmer mit Mann und Maus versanken.

Von dieser Geschichte konnte der einzig Überlebende auf jener Insel trefflich leben; Mitleid und das Hochgefühl, einen seines Schicksals zu kennen, ernährten ihn. Nur schien den Leuten, dass sein Verstand gelitten haben musste: Wenn ein Fremder auftauchte, verschwand der Schiffbrüchige, erblassend und zitternd und erfüllt von einer Furcht, die keiner deuten konnte: ein stetes Geheimnis und daher ein steter Gesprächsstoff für die langen Stunden der Siesta.

Text 13[709]

Bertold Brecht

Der hilflose Knabe

Herr K. sprach über die Unart, erlittenes Unrecht stillschweigend in sich hineinzufressen, und erzählte folgende Geschichte: „Einen vor sich hinweinenden Jungen fragte ein Vorübergehender nach dem Grund seines Kummers. ‚Ich hatte zwei Groschen für das Kino beisammen.', sagte der Knabe, ‚da kam ein Junge und riß mir einen aus der Hand', und er zeigte auf einen Jungen, der in einiger Entfernung zu sehen war. ‚Hast du denn nicht um Hilfe geschrien?' fragte der Mann. ‚Doch', sagte der Junge und schluchzte ein wenig stärker. ‚Hat dich niemand gehört?' fragte ihn der Mann weiter, ihn liebevoll streichelnd. ‚Nein', schluchzte der Junge. ‚Kannst du denn nicht lauter schreien?' fragte der Mann.

---

709 In: Brecht, Bertolt: Geschichten vom Herrn Keuner. Werke; Prosa 3:438. Zit. nach Kämper-van den Boogaart: Lässt sich normieren, was als literarische Bildung gelten soll? S. 36.

‚Dann gib auch den her.' Nahm ihm den letzten Groschen aus der Hand und ging unbekümmert weiter."

Text 14[710]

Bertold Brecht

Ich habe gehört, ihr wollt nichts lernen

Ich habe gehört, ihr wollt nichts lernen
Daraus entnehme ich: ihr seid Millionäre.
Eure Zukunft ist gesichert – sie liegt
Vor euch im Licht. Eure Eltern
Haben dafür gesorgt, dass eure Füße
An keinen Stein stoßen. Da musst du
Nichts lernen. So wie du bist
Kannst du bleiben.

Sollte es dann noch Schwierigkeiten geben, da doch die Zeiten
Wie ich gehört habe, unsicher sind
Hast du deine Führer, die dir genau sagen
Was du zu machen hast, damit es euch gut geht.
Sie haben nachgelesen bei denen
Welche die Wahrheiten wissen
Die für alle Zeiten Gültigkeit haben.
Und die Rezepte, die immer helfen.

Wo so viele für dich sind
Brauchst du keinen Finger zu rühren.
Freilich, wenn es anders wäre
Müsstest du lernen.

---

710 Zit. nach Grzesik: Texte verstehen lernen. S. 134.

Kompetenzstufenmodell zu den Bildungsstandards im Kompetenzbereich Lesen für den Mittleren Schulabschluss[711]

Niveau 1:
Es können einzelne Informationen im Text lokalisiert werden, vor allem dann, wenn sie auffällig platziert sind (z.b. grafisch hervorgehoben oder zu Beginn oder am Ende von Absätzen). Was gesucht wird, sind häufig Bezeichnungen für Konkretes wie Eigennamen. Dabei kommt es gelegentlich vor, dass der Text attraktive Distraktoren enthält, also Informationen, die der gesuchten mehr oder weniger ähneln.
Es gelingt ebenfalls, auch längere und komplexere Texte auf das Vorhandensein einer einzelnen Information hin zu durchsuchen. Darüber hinaus werden Aufgaben gelöst, bei denen es um die Herstellung lokaler Kohärenz geht: Im Text benachbarte Informationen, deren Relationen nicht explizit sind, werden auf der Basis von verbreitetem Weltwissen bzw. vor allem aufgrund von Sprachwissen miteinander verknüpft. Dabei ist das, was in der Aufgabe als Information bereits gegeben ist, oft mit dem Wortlaut bzw. der Bedeutung eines Teils der Information, die im Text identifiziert werden muss, identisch oder verwandt. So ist z.B. gefragt Wer verfolgt die Prinzessin?, und im Text ist der (Teil-) Satz ...dass sich die Prinzessin auf der Flucht vor den ... Trollen weigert weiterzulaufen, zu ergänzen.
Gelöst werden auch Aufgaben, bei denen angesichts eines strukturell einfachen und kurzen Textes das Textthema identifiziert werden muss bzw. bei denen thematisch Relevantes von weniger Relevantem unterschieden werden muss. Es handelt sich meistens um geschlossene Aufgabenformate, vor allem um Mehrfachwahlaufgaben.
Schülerinnen und Schüler, die auf diesem Niveau liegen, verfehlen deutlich die Vorgaben, wie sie in den Bildungsstandards der KMK für den Bereich Lesen verfasst sind. Die Stufe I beschreibt dementsprechend einen Leistungsabschnitt, auf dem auch ein Bildungsminimum im Sinne von Mindeststandards nicht erreicht wird.

Niveau 2:
Auch auf diesem Niveau werden vor allem Aufgaben gelöst, bei denen es um Lokalisieren geht. Die gesuchten Informationen sind häufig weniger auffällig platziert. Über Aufgaben hinaus, bei denen Relationen von im Text benachbarten Informationen zu explizieren sind, werden auch einige Aufgaben bewältigt, bei denen die Verbindung von Informationen verlangt ist, die über mehrere Ab-

---

711 IQB: Kompetenzstufenmodell zu den Bildungsstandards im Kompetenzbereich Lesen für den Mittleren Schulabschluss. S. 9ff.

schnitte verteilt sind. Vereinzelt werden hier auch Aufgaben gelöst, bei denen es darum geht, auf der Basis mehrerer Informationen eine angemessene Bezeichnung für das Handlungsmotiv eines Protagonisten auszuwählen. Häufig sind wie auf Niveau 1 Teile der Aufgabe mit Teilen der gesuchten Information bezeichnungs- oder bedeutungsgleich oder sie sind ihnen ähnlich. Das für die Lösung einiger Aufgaben nötige Weltwissen kann als weithin geteilt angesehen werden. So muss z.B. im Kontext einer Aufgabe zu einem ICE-Prospekt geschlossen werden, dass man ein Problem mit einer Fahrkarte im Wagen mit einem Service Point zur Sprache bringen kann. Bei einer Reihe von Aufgaben, bei denen Lokalisieren gefragt ist, gibt es einen, manchmal auch mehrere attraktive Distraktoren im Text. Gelöst werden auch Aufgaben, bei denen ein mehrfaches Durchsuchen von Texten nach einzelnen Informationen gefordert ist. Neben Mehrfachwahlaufgaben kommen Aufgaben vor, bei denen ein Kurztext zu schreiben ist. Darüber hinaus gibt es einige Zuordnungs- und mehrteilige Wahr-Falsch-Aufgaben, die teilweise gelöst werden.
Schülerinnen und Schüler, die diese Niveaustufe erreichen, zeigen Leistungen, mit denen die in den Bildungsstandards der KMK implizierten Kompetenzstände noch nicht erreicht werden. Da einfache Verknüpfungen aber bereits gelingen und auch über den Text verstreute Informationen integriert werden können, interpretieren wir dieses Niveau im Sinne der Erreichung von Mindeststandards.

Niveau 3:
Über die bereits auf den Niveaus 1 und 2 lösbaren Aufgaben hinaus werden hier Aufgaben gemeistert, in deren Rahmen u.a. bei längeren Texten vorgegebene Absatzüberschriften in die richtige Reihenfolge zu bringen sind. Bei einem anderen auf die Textgliederung zielenden Aufgabentyp sind Absatzüberschriften Zeilenintervalle zuzuordnen. Hinzu kommen Aufgaben, bei denen bei komplexeren Texten aus mehreren vorgegebenen Alternativen das zutreffende Textthema zu wählen ist. Es gelingt auch - ebenfalls im Blick auf den ganzen Text - im Kontext einer Mehrfachwahlaufgabe die Erzählperspektive anzugeben. Weitere Aufgaben zielen auf die Differenzierung von Textsorten, z.B. auf die Differenz von „historisch" und „phantastisch", und darauf anzugeben, welches von mehreren Merkmalen am ehesten geeignet ist, einen Text der Phantastik zuzuweisen.
Es werden auch Aufgaben gelöst, bei denen die Bedeutung von Wörtern kontextuell erschlossen werden muss. Bereits auf ein zentrales Element einer Interpretation als Resultat eines komplexen Schlussprozesses zielt die auf diesem Niveau beantwortbare Frage, auf welche von vier genannten Gruppen sich ein Personalpronomen bezieht.

Schülerinnen und Schüler, die diese Niveaustufe oder eine höhere erreichen, zeigen Leistungen, wie sie in den Bildungsstandards der KMK für den Bereich Lesen verfasst sind. Die Stufe III kann dementsprechend im Sinne der Erreichung von Regelstandards interpretiert werden.

Niveau 4:
Auf diesem Niveau können Aufgaben der bisher beschriebenen Arten gelöst werden, d.h. u.a. Aufgaben zur Strukturierung von Texten in Abschnitte und zur Angabe der Textsorte. Neben Aufgaben, die sich auf die Verknüpfung von Informationen über Abschnitte hinweg oder auch auf lokale Relationen von Informationen beziehen, sind auch noch Fälle von Lokalisierungsaufgaben im Spiel. Hier gibt es allerdings anders als auf den unteren Niveaus kaum noch eine Identität oder offensichtliche Ähnlichkeit von Aufgabenformulierung und Darstellung im Text.
Unter Berücksichtigung des gesamten (narrativen) Textes können darüber hinaus verschiedenen Figuren Merkmale zugeordnet werden. Man kann auch über einen Text verstreute Varianten der Bezeichnung eines Gegenstandes nennen und sich begründet für eine von mehreren Interpretationen eines Textabschnitts entscheiden. Im Text nicht explizit genannte, sondern zu erschließende Wissensbestände von Figuren werden ebenso erkannt wie das Motiv eines Erzählers, einen Sachverhalt auf eine bestimmte Weise darzustellen.
Auf diesem Niveau können auch Aufgaben gelöst werden, die sich auf Kombinationen von Grafik und kontinuierlichem Text beziehen. Dabei müssen u.a. Informationen in beiden Formaten miteinander abgeglichen werden und es geht auch darum, den partiell hierarchischen Charakter der Grafik, d.h. die Einbettung einer Liste in eine andere Liste, zu verstehen.
Auf Stufe IV werden somit insgesamt Leistungen gezeigt, die bereits über den Vorgaben der KMK liegen, so dass wir diese Stufe im Sinne der Erreichung eines Regelstandards plus interpretieren.

Niveau 5:
Schülerinnen und Schülern lösen hier nicht nur mit hoher Sicherheit Aufgaben der Niveaus 1 bis 4. Es gelingt ihnen auch, Interpretationshypothesen plausibel zu beurteilen und in einem argumentativen Text zentrale Thesen zu identifizieren. Dabei geht es auch um das Erkennen der argumentativen Funktion von Beispielen. Ebenso können in einem umfangreichen Text einzelne Stellen als Fälle von positiven oder negativen Bewertungen identifiziert werden. Wörter und Wortgruppen in fiktionalen Texten, die für die Interpretation zentral sind, können verständig erläutert bzw. es kann die angemessene Lesart ausgewählt werden.

Bei einem weiteren Typ von (Teil-) Aufgaben, die auf diesem Niveau gelöst werden können, ist eine nur partiell ausgeführte schematische Darstellung relevanter Elemente eines langen Sachtexts vorgegeben. Fehlende Elemente sind einzufügen, was nur gelingt, wenn im Text verstreute Informationen identifiziert und verknüpft werden können. Darüber hinaus müssen für die korrekte Platzierung der Einträge in dem Schema Analogien berücksichtigt werden. Anders als auf den Niveaus 1 bis 4 ist bei einem großen Teil der Aufgaben auf Niveau 5 verlangt, selbstständig einen mehr oder weniger umfangreichen Text zu produzieren.

Insgesamt werden auf Stufe V Leistungen gezeigt, die vermutlich nur unter sehr günstigen schulischen und außerschulischen Lerngelegenheiten erreichbar sind. Wir interpretieren dieses Niveau dementsprechend im Sinne eines Maximalstandards.

STUDIEN ZUR PÄDAGOGIK DER SCHULE

Hrsg. von Stephanie Hellekamps, Wilfried Plöger
und Wilhelm Wittenbruch

Mitbegründet von Rudolf Biermann

Band 1 Josef Fellsches: Erziehung und eingreifendes Handeln. Eine Grundlegung pädagogischer Praxis. 1981.

Band 2 Rudolf Biermann (Hrsg.): Unterricht - ein Programm der Schüler. 1981.

Band 3 Hubert Steinhaus: Hitlers pädagogische Maximen. "Mein Kampf" und die Destruktion der Erziehung im Nationalsozialismus. 1981.

Band 4 Reinhard Fischer: Lernen im non-direktiven Unterricht. Eine Felduntersuchung im Primarbereich am Beispiel der Montessori-Pädagogik. 1982.

Band 5 Dieter Schulz: Pädagogisch relevante Dimensionen konkurrierender Schulentwicklungsplanung. Bestandsaufnahme und qualitative Analyse der Schulentwicklungsplanung in den Ländern der Bundesrepublik. 1981.

Band 6 Ingrid Fähmel: Zur Struktur schulischen Unterrichts nach Maria Montessori. Beschreibung einer Montessori-Grundschule in Düsseldorf. 1981.

Band 7 Doris Bosch/Wilhelmine Buschmann/Reinhard Fischer: Beziehungstheoretische Didaktik. Dimensionen der sozialen Beziehung im Unterricht. 1981.

Band 8 Roswitha Abels: Einstellungen und Veränderung der Einstellungen von Eltern zur Gesamtschule. Eine empirische Untersuchung an der Gesamtschule Bochum 1978/79. 1983.

Band 9 Wolf-Eberhard Allihn: Schülererwartungen an den Pädagogik-Unterricht am Gymnasium. 1983.

Band 10 Horst Haecker/Walter Werres: Schule und Unterricht im Urteil der Schüler. Bericht einer Schülerbefragung in der Sekundarstufe I. 1983.

Band 11 Franzjörg Baumgart / Käte Meyer-Drawe / Bernd Zymek (Hrsg.): Emendatio rerum humanarum. Erziehung für eine demokratische Gesellschaft. Festschrift für Klaus Schaller. 1985.

Band 12 Kornelia Möller: Lernen durch Tun. Handlungsintensives Lernen im Sachunterricht der Grundschule. 1987.

Band 13 Wilfried Plöger (Hrsg.): Naturwissenschaftlich-technischer Unterricht unter dem Anspruch der Allgemeinbildung. 1988.

Band 14 Michael Soostmeyer: Zur Sache Sachunterricht. Begründung eines situations-, handlungs- und sachorientierten Unterrichts in der Grundschule. 2. Auflage. 1992. 3., überarbeitete und ergänzte Auflage 1999.

Band 15 Elke Sumfleth: Lehr- und Lernprozesse im Chemieunterricht. Das Vorwissen des Schülers in einer kognitionspsychologisch fundierten Unterrichtskonzeption. 1988.

Band 16 Eva Müller: Bildnerische Eigentätigkeit im Religionsunterricht der Primarstufe. Entwicklung einer Lernform. 1990.

Band 17 Ortwin Nimczik: Spielräume im Musikunterricht. Pädagogische Aspekte musikalischer Gestaltungsarbeit. 1991.

Band 18 Wilfried Plöger: Allgemeine Didaktik und Fachdidaktik. Modelltheoretische Untersuchungen. 1992.

Band 19 Birgit Rödl: Lehrer-Eltern-Kooperation in der Grundschule. Erfahrungen und Reflexionen. 1993.

Band 20 Michael Lönz: Das Schulportrait. Ein Beitrag der Einzelschulforschung zur Schulreform. 1996

Band 21 Walter Werres (Hrsg.): Schüler in Schule und Unterricht. Berichte und Untersuchungsverfahren. 1996.

Band 22 Ulrike Kurth: Zwischen Engagement und Verweigerung. Lehrer an katholischen Gymnasien im Schnittbereich kirchlicher und schulischer Perspektiven. 1996.

Band 23 Rudolf Biermann/Herbert Schulte; unter Mitarbeit von Hans-Eckehard Landwehr und Burkhard Lehmann: Bildschirmmedien im Alltag von Kindern und Jugendlichen – Medienpädagogische Forschung in der Schule. Projekt "Medienerziehung in der Schule" – Forschungsbericht Teil 1. 1996.

Band 24 Rudolf Biermann/Herbert Schulte; unter Mitarbeit von Hans-Eckehard Landwehr: Leben mit Medien – Lernen mit Medien. Fallstudien zum medienpädagogischen Handeln in der Schule. Projekt "Medienerziehung in der Schule" – Forschungsbericht Teil 2. 1997.

Band 25 Barbara Müller-Naendrup: Lernwerkstätten an Hochschulen. Ein Beitrag zur Reform der Primarstufenlehrerbildung. 1997.

Band 26 Markus Brenk / Ulrike Kurth (Hrsg.): SCHULe erLEBEN. Festschrift für Wilhelm Wittenbruch. 2001.

Band 27 Hans-Ulrich Musolff / Stephanie Hellekamps: Die Bildung und die Sachen. Zur Hermeneutik der modernen Schule und ihrer Didaktik. 2003.

Band 28 Inge Angelika Strunz: Sprachenvielfalt an Hauptschulen. Ein Anstoß für die Schulprogrammarbeit. 2003.

Band 29 Markus Brenk: Kunsterziehung als pädagogisches Problem der Schule. Zur Bedeutung eines didaktischen Konzepts der Kunsterziehungsbewegung für das Verhältnis von Allgemeiner Didaktik und Musikdidaktik. 2003.

Band 30 Beate Lückert: Europa-Projekte. Das Konzept *projet éducatif* und seine Realisierung an einer Schule mit europäischer Ausrichtung. 2003.

Band 31 Gerhard Fuest: Freie Katholische Schule. Studien zu ihrer postkonziliaren Theorie und ihrer pädagogischen Praxis. 2010.

Band 32 Markus Brenk / Anton Salomon (Hrsg.): Schulporträtforschung und Schulentwicklung. Grundlegung, Modelle, Projekte, Instrumentarien. Unter Mitarbeit und Beratung von Franz Hammerer und Wilhelm Wittenbruch. 2010.

Band 33 Claudia Hidding-Kalde: Das Programm "Reflexives Lernen". Seine Funktion in der pädagogisch orientierten Schulentwicklung und Lehrerfortbildung. Studien zur Gründungs- und Aufbauphase einer Grundschule. 2010.

Band 34 Stephanie Bermges: Die Grenzen der Erziehung. Eine Untersuchung zur romantischen Bildungskonzeption Friedrich Schleiermachers. 2010.

Band 35 Martina von Heynitz: Bildung und literarische Kompetenz nach Pisa. Konzeptualisierungen literar-ästhetischen Verstehens am Beispiel von Test-, Prüf- und Lernaufgaben. 2012.

www.peterlang.com